이화여자대학교 한국문화연구원 해제번역총서

근대 수신 교과서 3

|역자|

김민재(金珉在)_한국교원대학교 윤리교육과를 졸업하고 동대학원에서 박사학위논문을 준비 중이다. 현재 한국교원대학교와 전주교육대학교에서 강의하고 있다.

이화여자대학교 한국문화연구원 해제번역총서

근대 수신 교과서 3

초판 인쇄 2011년 2월 20일 **초판 발행** 2011년 2월 25일

저자 신해영 **역자** 김민재 **펴낸이** 박성모 **펴낸곳** 소명출판 **출판등록** 제13-522호

주소 서울시 서초구 서초동 1621-18 란빌딩 1층

전화 02-585-7840 **팩스** 02-585-7848 **전자우편** somyong@korea.com **홈페이지** www.somyong.co.kr

값 37,000원

ISBN 978-89-5626-568-1 94810
ISBN 978-89-5626-565-0 (세트)

이화여자대학교 한국문화연구원 해제번역총서

근대 수신 교과서 3

김민재

소명출판

|일러두기|

1. 번역의 저본은 이화여자대학교 중앙도서관 소장『倫理學教科書』를 사용하였다.
2. 원문의 두주(頭註)는 가독의 편의상 각 단락의 소제목으로 처리하였다. 장 · 절의 도입부에 있는 두주는 장 · 절의 제목과 중복되므로 생략하였다.
3. 편차와 체제는 저본을 따랐다. 단 독자의 편의를 위하여 저본의 내용을 해치지 않는 범위에서 문장 길이를 조정하거나 문단을 나누었다.
4. 번역은 직역을 원칙으로 하되, 문맥이 통하는 자연스러운 현대역의 의의를 살리도록 하였다.
5. 맞춤법과 띄어쓰기는 '한글맞춤법통일안'을 따르는 것을 원칙으로 하였다.
6. 한글 표기를 원칙으로 하고, 고유명사나 이름, 관직, 지명, 기타 전문용어는 한자 또는 원어를 ( ) 안에 표기하였다. 반복되어 나올 경우에는 한글로만 표기하였다.
7. 연대는 원문에 있는 표기 방식을 살려 쓰되, '( )' 안에 서력 기년을 부기한다. 필요에 따라 한국 연호나 역조 임금의 즉위 기년을 환산하여 부기한다. 추정연도는 '[ ]'를 사용한다.
   예) 광무 1년(1897), 673년(문무왕 13)
8. 부호는 다음과 같이 구별하였다.
   ( ) : 음이 같은 한자 표기
   [ ] : 한글과 발음이 다른 한자 표기
   " " : 인용문, 대화
   ' ' : 재인용, 대화 안의 대화
   「 」 : 항목명, 편명, 조명, 논문명
   『 』 : 서명

발간사

이화여자대학교는 한국의 전문 근대교육기관의 선두주자로서, 한국학 연구에 대한 꾸준한 관심을 기울여 왔습니다. 본교가 2005년 이후 지속적으로 지원하고 있는 '한국학특성화사업'은 한국학 연구의 정체성 확립을 위한 새로운 연구방향을 모색하고자 하는 끊임없는 노력의 일환이라 하겠습니다. 이 사업의 결과물로 출간된 『고서해제』 1, 2권과 한국어 · 역사 · 현대문화 · 예술 분야의 국제화 교재들은 본교의 한국학특성화 사업이 '우리 것에 대한 학문적 성찰'이라는 수렴적 방향과 '우리 것의 세계화'라는 확장적 방향을 동시에 지향하고 있음을 잘 보여주고 있습니다.

한국학 연구자들에게 있어서 가장 절실한 연구의 동력은 새로운 자료의 발견과 그에 대한 해석에서 비롯된다고 알고 있습니다. 따라서 아직 학계에 보고되지 않은 자료를 소장하고 있다는 것은 그 자체로 한국학 연구 분야에서는 대단히 중요한 경쟁력이며, 그것의 발굴 및 해석의 선편을 이끄는 것은 곧 한국학 연구 역량을 획기적으로 확장시킬 수 있는 중요한 관건이 될 것입니다. 그런 의미에서 2010년 특성화사업의 결과로 『이화여자대학교 한국문화연구원 해제번역총서－근대 수신 교과서, 근대 역사 교과서』를 출간하게 된 것은 매우 기쁜 일입니다.

2010년 특성화사업은 본교 소장 고서의 특징적 자료군인 근대 귀중본을 대상으로 해제와 번역, 그리고 원문 영인을 동시에 진행하여 자료에 대한 학문적 접근성과 학술적 가치를 체계적으로 드러내주고 있습니다. 특히 그 중에서도 근대 교과서를 특징적으로 부각시킨 본 총서는 최근 한국학 연구 분야에서 매우 민감한 이슈로 떠오르고 있는 근대성 연구 분야에서 중요한 기초 자료를 제공하고 다양한 연구를 촉발시켜줄 것으로 기대합니다.

1년간의 짧은 사업기간에 알차고 내실 있는 성과를 만들어내기 위해 노력한 많은 분들의 수고가 있었습니다. "한국학 · 한국문화 교육의 국제화 사업단"의 단장으로서 본 사업을 실질적으로 기획하고 추진해주신 전혜영 전 원장님, 자료의 지원을 흔쾌히 해주신 문숙재 전 중앙도서관장님께 특별한 감사를 드립니다. 그리고 한국문화연구원의 모든 관계자 선생님들과 사업의 실무를 담당한 연구원들께도 고마운 마음을 전합니다. 또한 본교의 심화된 한국학 연구 역량을 확인시켜준 교내 번역위원님들과 본 사업에 참여하신 번역 · 교열위원 선생님들 한분 한분께 깊은 감사의 말씀을 전합니다.

앞으로도 "한국문화연구원 해제번역총서" 작업이 계속 순조롭게 진행되기를 바랍니다.

2011년 2월

이화여자대학교 총장

김선욱

서 문

한국문화연구원－한국학 · 한국문화 교육의 국제화 사업단에서 추진한 2010년 특성화사업은 이화여대 중앙도서관 소장 근대귀중본 중에서 수신 및 역사 분야의 근대 교과서를 해제 · 번역 · 영인하는 것이다. 이는 이전 고서해제사업 과정에서 특히 그 가치를 높이 인정받아 후속 작업의 필요성이 강하게 제기되었던 본교 소장 근대자료를 최대한 활용하여 이를 체계적으로 정리할 수 있는 학술적 결과물을 만들고자 시도되었다.

2010년 3월 1일부터 시작된 2010년 특성화사업의 경과는 다음과 같다. 먼저 본교 소장 근대서 귀중본의 목록과 범주를 정리하고, 타교나 타 한국학 기관의 소장 및 해제 여부를 확인하는 기초 작업을 진행하였다. 다음 단계로 근대 초기의 시대적 전형성과 이데올로기적 영향력 면에서 학술적 중요성과 의의를 고려하여 근대서 귀중본 중 '수신 · 역사 교과서'류를 사업 대상으로 선정하였다. 이후 전문가를 초빙하여 본교에 소장된 '수신 · 역사 교과서' 자료의 가치와 의의에 대한 감수를 진행하고 그에 의거하여 사업대상 목록을 확정하였으며, 전문 집필진을 구성하여 번역과 해제를 진행하였다.

본 근대 교과서 해제 및 번역 사업은 이화여대 소장 귀중본 자료의 존재와 가치를 학계와 일반 대중 누구에게나 그 내용을 읽고 접할 수 있도록 직접 해제, 번역하고 뒤에 원문까지 영인하여 공간(公刊)한 것이다. 이는 자료의 학문적 인지도와 활용도를 높일 수 있는 가장 효율적인 방식이라고 자부하며, 더욱이 최근 들어 높아지고 있는 근대성 논의에 대한 학계의 높은 관심과 학제간적 연구 경향에 비추어 볼 때, 역사적 가치가 높은 근대 교과서를 해제하고 번역한 본 사업단의 결과물은 학계와 일반의 큰 관심과 반향을 불러일으키기에 충분하다고 판단된다.

『이화여자대학교 한국문화연구원 해제번역총서－근대 수신 교과서, 근대 역사 교과서』의 발간으로 본교에 소장된 귀중한 자료들이 지속적으로 소개되고 연구의 대상으로 주목을 받게 되길 바란다. 또한 본서가 한국의 개화기 및 근대의 역사, 문화적 자료에 관심을 갖고 있는 모든 분들과 학계의 연구자들께 작은 도움이 되었으면 한다. 그동안 본서의 발간을 위해 노력을 아끼지 않은 모든 관계자 여러분께 감사의 마음을 전한다.

2011년 2월

한국문화연구원 원장

최준식

근대계몽기 교과서 해제

허재영

1. 근대계몽기 교과서의 성격

교과서는 '교과용 도서(敎科用圖書)'의 준말이다. 달리 말해 교과(敎科) 운영을 전제로 교육용 재료를 모아 편찬한 책이 교과서이다. 교과서는 한 사회의 교육 이념을 반영할 뿐 아니라 그 사회의 구조 및 지식 발전 정도를 반영한다.

우리나라 최초의 근대식 교과서는 1895년 학부에서 편찬한 『국민소학독본』으로 알려져 있다. 이 시기 한성사범학교령, 소학교령이 공포되고 이에 따라 한성사범학교 규칙과 소학교 교칙이 만들어졌다. 학교령과 학교 규칙에서는 학교 운영에 필요한 교과를 제시하고 해당 교과에서 사용할 수 있는 교과서의 범위를 정해 놓았다.

학제 도입 초기의 교과서 개발은 『국민소학독본』, 『소학독본』, 『신정심상소학』과 같이 학부에 의해 편찬되었다. 그러나 편찬한 종수가 많지 않았고 보급도 활발하지 않았기 때문에 대부분의 학교에서는 『사민필지』, 『서유견문』과 같은 서적이나 『고문진보』, 사서 등의 서적을 교과서로 사용하였다.

그러나 학제가 정비되고 교육에서 교과서가 중요한 의미를 갖게 됨에 따라 좀 더 체계적인 교과서 개발이 이루어지기 시작했다. 엄밀히 말하면 초기의 교과서는 학부 편찬의 교과서와 민간 차원의 저술이 공존했다. 학부대신이 인정한 교과서는 전통적인 한문 고전과 『사민필지』(1886~1892년 사이 육영공원 교사였던 헐버트가 지은 지리서), 『서유견문』 같은 책들이었다. 그렇지만 통감시대에 이르러 교과서 편찬이나 보급 과정에서 학부의 역할이 커져갔는데 이 시대는 을사늑약 이후 일제의 식민 지배가 시작되던 시기로 '교과용 도서 검정 규정' 발포(1908.8)와 같은 교과서 통제가 강하게 이루어졌다. 근대계몽기의 교과서 변화를 두 시기로 나누어 그 특징을 표로 나타내면 다음과 같다.

[근대계몽기 교과서 변천사]

시기	특징	비고
제1기 (1895 ~ 1905)	근대식 학제 도입에 따른 교과서 개발기	ㅇ학부 편찬의 교과서 출현 ㅇ개인 저술의 비교적 자유로운 교과서 출현 ㅇ학부대신이 인정한 고전이나 개인 저술
제2기 (1906 ~ 1910)	통감시대 학정 잠식기의 교과서	ㅇ일본인의 학부 관여 및 교과서 편찬 간섭 ㅇ학부 편찬 교과서를 일본에서 발행함(국어독본, 수신서 등) ㅇ교과용 도서 검정 규정 발포와 교과서 검정 조사 사업 실행 ㅇ일본문(日本文) 교과서 편찬 발행(일어독본, 이과서) ㅇ검정 규정에 따른 검정 교과서의 내용 변질 ㅇ기존의 교과서 가운데 국권회복이나 민지 계발과 무관한 교과서만 인정 ㅇ기존의 교과서 가운데 국권회복이나 민지 계발 등이 들어 있을 경우 불인정 도서로 규정

특히 통감시대 이후 학부의 교과서 편찬은 식민 지배를 전제로 하였기 때문에 이 시기 개발된 『보통학교학도용국어독본』(1907, 일본 도쿄의 대일본주식회사에서 인쇄), 『보통학교학도용일어독본』(1908, 일본 도쿄의

대창서점에서 인쇄), 『보통학교학도용수신서』(1908, 일본 도쿄의 삼성당서점에서 인쇄)는 1910년 강제 병합 이후 병합과 관련된 사항을 수정한 정정본(이 정정본에서 국어는 '조선어'로, '일본어'는 '국어'로 책명을 바꾸었음)을 발행할 수 있었다. 이와 같이 통감시대 교과서 통제 정책으로 인하여 학부에서 인정하지 않은 교과서가 늘어났으며, 검인정을 통과한 교과서의 내용에도 적지 않은 변화가 일어났다. 교과용 도서 검정 규정 이후 해마다 실시된 '교과서 조사 사업'의 결과 1910년의 교과용 도서 가운데 학부 검정을 통과한 교과서는 33종 47책이었으며, 인정 교과는 40개 교과 305종이었다. 이에 비해 교과용 도서로 인정을 받지 못한 도서가 70종, 검정 무효 및 검정 불허가 교과용 도서가 13종이었는데 이들 도서의 대부분은 '수신, 국어, 역사' 관련 교과서였다.

이처럼 근대계몽기의 교과서는 근대식 학제 도입과 전개 과정, 근대 한국 사회의 구조와 역사성, 지식 수입 정도를 반영하는 중요한 자료라고 할 수 있다.

2. 근대계몽기 교과서의 양상과 특징

근대계몽기 교과서는 교과별로 다양한 양상과 특징을 보인다. 1895년 소학교령 발포 당시의 소학교 교과목은 '수신, 독서, 작문, 습자, 산술, 본국지리, 본국역사, 외국지리, 외국역사, 이과, 도화, 체조, 외국어'

였는데, 이 가운데 '수신, 독서, 작문, 습자' 교과는 별도의 교과서를 편찬하지 않고 '독본(讀本)' 형태로 개발하였다. 『국민소학독본』(1895, 학부), 『소학독본』(1895, 학부), 『신정심상소학』(1895, 학부)은 모두 소학용 수신 및 독서를 전제로 개발한 교과서이다. 이들 독본류는 과별 편제를 원칙으로 하였으며, 전통적인 수신 윤리와 근대국가의 이념, 서구의 과학 사상, 우화를 중심으로 한 교훈적인 내용 등을 중심으로 하였다.

교과별 교과서의 편찬은 1905년 이후에 본격적으로 이루어졌다. 이 시기 수신과 교과서는 기존의 소학용 독본과는 달리 '수신교과서', 또는 '윤리학교과서'라는 책명을 사용하였다. 이 시기 수신교과서 개발은 대부분 민간 차원에서 이루어졌으며 대표적인 것으로 『윤리학교과서』(1906, 신해영), 『초등윤리학교과서』(1907, 안종화), 『녀자소학슈신서』(1907, 노병희), 『중등수신교과서』(1907, 휘문의숙), 『초등소학수신서』(1908, 유근), 『고등소학수신서』(1908, 휘문의숙), 『초등수신』(1909, 박정동) 등이 있다. 이들 교과서는 개인 저작물로 편제 방식은 과별 편제, 장절식 편제 등 다양한 방식을 취하였으며, 주요 내용은 전통적인 수신 윤리와 근대적 사회 이념 및 국가 윤리를 담고 있다. 다만 1908년 공포된 '교과용 도서 검정 규정' 이후의 교과서에서는 자주 독립을 전제로 한 근대국가 이념은 교과서 통제 정책에 따라 포함될 수 없었다. 이와는 별개로 학부에서 편찬한 『보통학교학도용수신서』(1909, 학부)는 식민 지배를 전제로 만들어진 교과서여서 내용 면에서 개인 저작물과는 차이가 있다. 이 교과서는 강제 병합 직후 일부 내용을 수정한 상태에서 재발행되었다.

역사과 교과서는 근대식 학제 도입 이후 꾸준히 발행되었다. 1895년 학교령 발포 이후 발행된 『조선역사』(1895, 학부), 『조선역대사략』(1895, 학부), 『동국역대사략』(1899, 학부), 『대한역대사략』(1899, 학부) 등은 기존의 역사 편제 방식을 바탕으로 사실 위주의 설명 방식을 취한 학부 편찬의 교과서이며, 『보통학교동국역사』(1899, 현채)는 개인 저작의 교과서이다.

1905년 이후의 역사교과서 편찬은 을사늑약과 통감부 설치라는 시대 상황에서 개인 차원의 저술이 활발하게 이루어졌다. 이 시기 개인 저술의 교과서는 학교별 수준을 고려하여 '초등', '중등'을 구별하였으며, '본국역사'와 '외국역사'를 구분하여 편찬하였다. 『보통교과 대동역사략』(1906, 국민교육회), 『초등본국역사』(1909, 유근), 『초등대한역사』(1908, 조종만), 『초등대한역사』(1908, 정인호), 『초등본국역사』(1909, 안종화), 『초등대동역사』(1909, 박정동), 『초등본국역사』(1909, 홍사단), 『신찬초등역사』(1910, 유근) 등은 초등용 본국역사를 대상으로 한 교과서이며, 『중등교과 동국사략』(1905, 현채), 『신정동국역사』(1906, 원영의, 유근) 등은 중등용 교과서이다. 또한 초등과 중등을 구분하지 않았지만 『역사집략』(1905, 김택영), 『대동역사』(1905, 최경환), 『대동역사』(1905, 정교), 『대한력사』(1908, 헐버트, 오성근) 등이 편찬되기도 하였다. 외국역사를 대상으로 한 『만국사』(1906, 김상연), 『동양사교과서』(1908, 유옥겸), 『만국사물기원역사』(1909, 장지연), 『서양사교과서』(1910, 유옥겸) 등이 편찬되었다.

지리교과서는 주로 개인 차원에서 개발하였는데 본국지리교과서로는 『대한지지』(1899, 현채), 『대한신지지』(1907, 장지연), 『초등대한지지』(1907, 안종화, 유근), 『초등지리교과서』(1907, 국민교육회), 『최신 고등대한지지』(1909, 정인호), 『중등지문학』(1907, 윤태영), 『신찬지문학』(1907, 민대식), 『초학디지』(1906, 밀러) 등이 있으며, 외국지리교과서로는 『중등만국지지』(주영환, 노재연), 『만국지리』(1907, 황윤덕), 『초등만국지리대요』(1909, 안종화) 등이 있다.

산술, 교육학 등과 관련된 교과서도 다수 편찬되었다. 산술교과서에는 『정선산학』(1908, 남순희), 『신정교과 산학통편』(1908, 이명칠), 『중등교과 산술신서』(1908, 이상설), 『신식 산술교과서』(1908, 이상익) 등이 있으며, 교육학교과서로는 『간명교육학』(1908, 유옥겸), 『신찬 보통교육학』(1908, 김상연), 『보통교육학』(1910, 학부) 등이 있다. 그 밖의 박물학이나 위생학, 기하학, 법제와 경제, 광물, 잠업 등의 특수 분야의 교과서도 다수 편찬되었는데, 1909년(융희 3) 3월 20일부터 1910년(융희 4) 7월까지 학부에서 조사한 '교과서 조사 사업'의 결과를 바탕으로 할 때 근대계몽기에 개발·보급된 교과서는 대략 440종이 넘을 것으로 추산된다.

3. 이화여자대학교 소장본의 가치

지금까지 근대계몽기 교과서에 대한 기초 연구는 강윤호(1973), 박붕배(1987), 이종국(1992) 등을 통해 이루어져 왔다. 또한 한국교과서연구재단(2000)에서도 전수 조사의 차원에서 근대계몽기 교과서 목록을 작성한 바 있다. 그러나 전수 조사를 목표로 한 앞선 연구에도 불구하고 이 시기 교과서 발행이나 교과서 통제에 대한 체계적인 연구가 충분히 이루어지지는 못했다. 그 주된 이유 가운데 하나는 기초 조사의 차원에서 발행 교과서를 확보하는 일이 쉽지 않았기 때문이다.

이러한 상황에서 이화여자대학교 중앙도서관(이하 중앙도서관)에 소장되어 있는 근대계몽기 교과서는 매우 값진 자료적 가치를 지닌다. 중앙도서관과 이화여자대학교 한국문화연구원의 협력 하에 진행된 조사 결과 이 시기 교과서는 일제강점기를 포함하여 365종에 이른다. 이들 교과서를 교과별로 분류하면 국어 · 일어 · 문학 등의 '어학' 교과서 80종, '역사' 교과서 30종, '지리' 37종, '수신 · 소학 · 윤리서' 36종, '수학 · 산술' 32종, '물리 · 화학 · 과학' 29종, '동식물학' 15종, '생리 · 위생학' 11종, '경제학' 4종, '법학' 4종, '교육학 · 심리학' 6종, '농업 · 광업' 15종, '창가 · 음악' 22종, '가정 · 재봉' 18종, '도화 · 서법' 15종, '박물학 · 기타' 10종으로 나눌 수 있다.

근대계몽기 개발 · 보급되었던 교과서 가운데 이화여자대학교 소장본은 양적으로 방대할 뿐만 아니라 아직까지 학계에 알려지지 않은 것들이 상당수 포함되어 있으므로 이에 대한 체계적인 연구가 시급하다.

4. 번역의 의의

근대계몽기 교과서 연구는 교육학, 국어교육학, 국어학, 국문학, 역사학 등의 모든 분야에 걸쳐 중요한 의미를 갖는다. 교과서의 지식과 언어는 규범적인 성격을 지니므로 그 교과서가 제작된 시대의 사회와 문화를 가장 정확하게 드러내는 자료라고 할 수 있다.

지금까지 근대계몽기의 교과서 연구는 교과서 발행 실태 조사에 그

친 경우가 많았고 그나마 전수 조사의 차원에서 교과서의 제작 · 보급 과정을 파악하는 데도 소홀한 면이 있었다. 이와 같은 입장에서 이화여자대학교 소장본의 교과서를 체계적으로 정리하여 번역 · 소개하는 일은 근대계몽기의 문화 사상사를 이해하는 데 중요한 의미를 갖는다. 이 작업은 이 시기의 언어와 문화를 이해하는 실증적인 작업이 될 것이다.

이에 한국문화연구원에서는 이화여자대학교 중앙도서관 소장본 근대계몽기의 수신과와 역사과 교과서 가운데 교육사적 가치가 높은 것을 선별하여 우선적으로 번역을 하였다. 이번에 번역 · 소개하는 교과서는 다음과 같다.

교과	책명	저자 및 편자	발행 연도	출판사
수신 교과	초등여학독본(初等女學讀本)	이원경(李源競)	융희 2년(1908)	보문사(普文社)
	초등윤리학교과서(初等倫理學教科書)	안종화(安鍾和)	융희 1년(1907)	광학서포(廣學書鋪)
	초등수신교과서(初等修身教科書)	안종화(安鍾和)	융희 3년(1909)	광학서포(廣學書鋪)
	고등소학수신서(高等小學修身書)	휘문의숙(徽文義塾)	융희 1년(1907)	휘문관(徽文館)
	초등소학수신서(初等小學修身書)	유근(柳瑾)	융희 2년(1908)	광학서포(廣學書鋪)
	보통교육 국민의범(普通教育國民義範)	진희성(陳熙星)	융희 2년(1908)	의진사(義進社)
	윤리학교과서(倫理學教科書)	신해영(申海永)	융희 2년(1908)	보성관(普成館)
	녀자소학슈신서	노병선(盧秉鮮)	융희 3년(1909)	박문서관(博文書館)
	초등수신서(初等修身書)	박정동(朴晶東)	융희 3년(1909)	동문사(同文社)

	보통교과수신서 (普通教科修身書)	휘문의숙 (徽文義塾)	융희 4년(1910)	휘문관(徽文舘)
	중등수신교과서 (中等修身教科書)	휘문의숙 (徽文義塾)	광무 10년(1906)	휘문관(徽文舘)
역사 교과	정선 만국사 (精選萬國史)	김상연 (金祥演)	광무 10년(1906)	황성신문사 (皇城新聞社)
	초등본국역사 (初等本國歷史)	안종화 (安鍾和)	융희 3년(1909)	광덕서관(廣德書館)
	초등대한역사 (初等大韓歷史)	정인호 (鄭寅虎)	융희 2년(1908)	옥호서림(玉虎書林)
	동양사 교과서 (東洋史 教科書)	유옥겸 (兪鈺兼)	융희 2년(1908)	우문관(右文館)
	보통교과 동국역사 (普通教科東國歷史)	현채 (玄采)	광무 3년(1899)	발행지, 발행자 불명
	중등교과 동국사략 (中等教科東國史略)	현채 (玄采)	광무 10년(1906)	중앙서관(中央書館)
	초등대한력사	조종만	융희 2년(1908)	한양서관
	보통교과 대동역사략 (普通教科大東歷史略)	미상	광무 10년(1906)	대한 국민교육회 (大韓國民教育會)

수신서 장르 해제

박병기

1. '수신서(修身書)'의 기본 성격

수신서는 몸과 마음을 갈고 닦아 온전한 성인(聖人)의 경지에 오르는 것을 목표로 삼은 유교의 수신(修身) 개념을 전제로 하는 도덕교과서이다. 몸과 마음을 분리된 것으로 받아들이지 않는 동아시아 도덕교육의 전통 속에서 수신은 단순히 몸을 건강하게 하는 노력을 의미하는 차원을 넘어서 선한 마음의 싹을 갈고 닦아 성인을 지향하고 그 과정의 또 다른 실천적 이상향인 군자(君子) 또는 선비[士]로서의 삶을 올곧게 견지해내고자 하는 노력을 의미하는 개념으로 자리잡았다.

우리 역사 속에서 수신서는 이러한 유학적 전통과 함께 불교의 수행(修行) 전통을 포용하는 도덕교과서이기도 했다. 참선을 중심으로 하는 선불교 전통이 강한 한국불교가 간화선(看話禪)이라는 화두(話頭) 중심의 수행 전통을 확립해서 현재에 이르고 있는데, 그 수행의 전통이 조선 성리학자들에 의해 비판적으로 극복되면서 선비의 수양(修養)은 모든 선비들이 반드시 이행해내야 하는 과제로 자리매김하게 된 것이다.

조선 선비들은 자신의 몸과 마음을 갈고 닦는 수양[修己]과 그 결과를 백성들에게 나눠주기 위한 치인(治人) 또는 안인(安人)의 삶에 대한 지향을 동시에 갖고 있었다. 그 열망이 현실 속에서 좌절되거나 당쟁의 혼란 속에서 소인배로 전락함으로써 그 둘 모두를 포기한 선비들이 없었던 것은 아니지만, 퇴계와 율곡, 남명 등으로 대표되는 진정한 선비들의 삶 속에서 이러한 두 지향점의 만남을 확인하는 일은 어렵지 않다. 남명의 경우 벼슬길로 나가지 않고 자신의 정치적 소신을 펼치는 상소를 올리거나 제자들을 길러 미래를 대비하는 삶을 택함으로써 수기치인의 또 다른 전형을 보여주었다는 점에서 차이가 있을 뿐이다.

이러한 수신은 기본적으로 어린 시절의 스승을 전제로 하여 습관화를 꾀하는 타율적인 단계와 스스로 성인을 목표로 삼아 자발적인 수양을 해나가는 자율적인 단계로 다시 나누어볼 수 있다. 따라서 수신서의 경우에도 각각 타율적인 단계에 맞는 수준의 것과 자율적인 단계에 맞는 수준의 것으로 나누어볼 수 있고, 중국 송나라의 주희에 의해 『소학(小學)』이라는 초등 수준 교과서가 편찬된 이후로는 타율적 단계의 수신서 대부분이 이 '소학'을 준거로 삼아 편찬되었다.

우리 한국에서도 이 주희의 '소학'을 근간으로 삼아 조선의 효행 사례 등을 추가하는 방향으로 재구성된 소학책이 발간되었다. 조선시대를 대표할 만한 수신서로는 율곡 이이가 편찬한 『격몽요결(擊蒙要訣)』과 『성학집요(聖學輯要)』가 있다. 전자는 아동을 위한 수신서이고 후자는 왕을 위한 수신서로 각각 타율적 단계의 수신서와 자율적 단계의 수신서를 대표할 만한 것으로 평가받기에 손색이 없다. 성리학적 질서를 근간으로 삼아 도덕과 정치를 이끌어가고자 했던 조선 성리학자들은 아동뿐만 아니라 왕도 수신교육의 대상으로 설정했음을 알 수 있고, 후자에 속하는 또 다른 수신서로 퇴계 이황의 『성학십도(聖學十圖)』를 꼽을 수 있다.

근대의 수신서들도 대체로 이 책을 근간으로 삼아 저술되었음을 쉽게 확인할 수 있다. '소학'을 저본으로 삼은 근대 수신서들은 명칭에 있어서도 『국민소학독본』, 『초등소학수신서』 등과 같이 '소학'을 구체적으로 드러내는 방식으로 제목과 내용을 정했다.

물론 수신(修身)이 소아(小兒)들에게만 해당되는 것이 아니라 성인(成人)들에게도 계속 해당되는 것이기 때문에 수신서도 타율적 단계에 있는 아동들만을 대상으로 하는 것은 아니지만, 현실적으로 성인들을 위한 수신서는 각자의 자율적인 영역에 맡겨지는 것을 원칙으로 하기 때문에 기본적으로 수신서는 아직 성인이 되지 못한 어린이와 청소년들을 상대로 하여 만들어지는 도덕교과서라고 규정해도 큰 무리가 없을 것이다. 물론 그 대상이 어린이와 청소년들이었기 때문에 글자와 문장의 의미를 정확하게 알게 하는 국어교과서로서의 성격도 동시에 지니고 있었다.

이런 목적으로 편찬된 수신서를 가지고 교사가 중심이 되어 기본예절의 습관화와 도덕적 모형 제시 등의 방법을 활용하여 교육해온 것이 우리 교육의 핵심 전통이고, 그것은 곧 도덕교육과 인성교육을 교육 자체와 동일시해온 역사이기도 했다. 이러한 교육 전통이 바탕이 되어 근대 개화기 이후 서구식 교과목 중심 체제로 학교 교육과정을 개편하는 과정에서 '수신 교과'라고 하는 독립된 도덕 교과가 만들어지게 되었다.

2. '근대 수신서'의 양상과 특징

근대 수신서는 전통적인 수신서의 내용과 체계를 일정 부분 계승하면서도 당시 상황을 적극적으로 반영하는 내용을 담거나 오히려 그것을 중심 내용으로 내세우는 방식으로 그 형태가 변화되기도 한다. 각 학교의 상황에 맞는 교과서를 개발하는 것을 허용하는 교과서 검정제를 채택했던 대한제국기에 대부분의 근대 수신서가 발간되었기 때문에 그 종류가 다양하고 각 교과서마다 내용 전개 방식이 다르지만, 목적과 전통을 공유하고 있었기 때문에 큰 틀에 있어서는 대동소이하다.

이러한 공통 요소를 바탕으로 삼아 근대 수신서들이 보여주는 특징을 정리해 보면 다음과 같다. 첫째는 전통적인 '소학' 중심의 덕목과 함께 서구 근대사상에 기반한 덕목이나 가치를 동시에 중시하는 내용으로 이루어져 있다는 점을 들 수 있다. 유근의 『초등소학수신서』나 안종화의 『초등윤리학교과서』가 그 대표적인 경우이다. 유근은 효와 충, 우애와 같은 전통적인 유교 덕목은 물론 자유나 의무와 같은 민주주의의 핵심 가치를 주제로 삼는 독립된 장을 배치하고 있고, 안종화도 준법[守法]이나 납세(納稅) 같은 민주시민으로서의 의무도 중요한 수신교과서의 내용으로 제시하고 있다.

둘째는 개화기에서 대한제국으로 넘어가서 결국 일본 제국주의에 의해 식민 지배를 받게 되는 당시의 상황이 교과서 내용 구성 원칙의 중요한 축으로 작동하고 있다는 점을 들 수 있다. 국가와 민족의 운명이 바람 앞의 등불과 같이 흔들리고 있음을 근대 수신서 저자들인 당대의 지식인들은 적극적으로 수용하고자 했고, 그러한 위기에 대응할 수 있는 근본적인 방안으로 교육을 택했음을 짐작할 수 있게 하는 내용들을 대부분의 수신교과서에서 발견할 수 있다. 위에서 언급된 수신서들은 말할 것도 없고, 여학생들을 대상으로 하는 노병선의 『녀자소학수신서』에도 적은 부분이기는 하지만 '가사노동의 전담자로서 가정을 이끌고 자녀를 잘 교육하여 애국적 인재로 육성시키기 위한 역량을 축적하는 것'을 목적으로 삼는 내용이 담겨있을 정도이다.[1]

셋째는 근대 수신서가 보여주고 있는 통합적 성격에 주목할 필요가 있다. 근대 수신서는 기본적으로 사범학교나 소학교 등의 교과목으로 설정된 수신교과(修身敎科)의 교과서로 편찬되었다. 그런 점에서 근대 수신교과서는 독립된 도덕 교과를 전제로 하는 유교문화권 특유의 도덕 교과서로서의 성격을 지니고 있었다고 보는 것이 타당할 것이다. 그러나 일부 수신서는 그 내용으로 다른 사람의 재산에 대해 다루거나 헌법의 종류와 같이 법교육과 관련한 내용을 담고 있기도 하다. 다시 말해서 현재의 우리 교과를 기준으로 해서 보면 경제교과서나 법교과서 같은 내용을 포함하고 있다는 것이다. 신해영이 편찬한 『윤리학교과서』가 그 대표적인 경우이다.[2]

네 번째 특성으로는 역시 당시의 상황을 담고 있는 것으로 남녀차별적 전제를 여전히 떨치지 못한 채 교과서 내용을 구성하고 있는 점이다. 아예 여성을 위한 수신서를 따로 편찬할 정도로 강한 차별성의

1 김수경, 「녀자소학슈신서 해제」 참조.

2 이 교과서 해제자인 김민재는 이러한 특성을 감안하여 '학제적 특성이 강한 책'이라고 평가하고 있다. 김민재, 「신해영의 『윤리학교과서』 해제」 참조.

전제 위에서 교과서가 개발되었고, 그렇게 개발된 교과서의 내용도 당연히 여성의 역할을 주로 가정 안에 한정시키는 한계를 노정시키고 있다. 이미 언급된 노병선의 수신서 이외에도 이원경의 『초등여학독본』의 경우에도 대동소이한 내용을 담고 있다. 이 책은 "지금에 와서 풍습이 크게 열리고 여자의 권리가 비로소 해방을 맞았으니, 남자를 가르치는 것보다 여자를 가르치는 것이 더욱 급하다"라는 분명한 문제의식을 담고 있다는 점에서 노병선의 교과서보다 진일보한 내용을 담고 있기는 하지만, 여전히 주된 내용으로는 여자로서의 행동이나 시부모와 남편 봉양 등을 강조하고 있어 질적인 차이까지 확보하지는 못하고 있다.

이러한 특징과 한계들을 명확하게 인식하는 것이 근대 수신서의 현재성을 함께 견지해낼 수 있는 기본자세일 것이다. 그러나 그와 함께 근대 수신서들이 지니고 있는 역사성에도 우리는 함께 주목할 필요성을 느낀다. 당시의 상황 속에서 민족과 국가의 현실과 미래를 걱정하는 선각자들이기도 했던 교과서 저자들이 한편으로는 교육을 통해 국난극복의 주인공들을 길러내고자 하는 장기적인 독립운동을 하고자 했다는 점을 먼저 인식할 필요가 있고, 다른 한편으로는 그럼에도 성리학적 교육 전통 속에서 성장했던 자신들의 한계를 온전히 극복할 수는 없었다는 점을 함께 인식할 필요가 있다. 유교적 덕목과 민주주의적 가치를 조화시키고자 하는 의도를 분명히 갖고 있었지만, 그것을 구체화할 수 있는 수준이나 능력은 갖추지 못했던 우리 근대 지식인들과 당시 학문적 담론 자체의 한계를 동시에 확인할 수 있는 지점이기도 하다.

그럼에도 일제 식민지 통치가 본격화하기 이전에 자유발행제와 검정제라는 제도적 기반 위에서 발간된 다양한 형태의 수신교과서들은 우선 전통 교육의 긍정적 유산을 독립된 도덕교과로 계승하면서 새로운 시대를 준비하기 위한 치열한 노력들의 산물이라는 점에서 중요한 의미를 지닐 뿐만 아니라, 그러한 노력을 구체화하기 위한 다양한 방법들을 선보이고 있는 도덕교육 방법론의 경연장을 보여주고 있는 점에서도 실천적 의미를 지닌다. 그림을 활용하는 것은 말할 것도 없고, 각 장마다 화두적 성격의 질문을 던짐으로써 학생들의 창의적인 사고와 의지를 함께 유도해 내고자 하는 방법들이 전통적인 소학교육의 방법론과 어깨를 나란히 하면서 등장하고 있다.[3]

3. 이화여대 소장본 '근대 수신서'의 가치와 번역의 의의

이번에 번역 · 해제되는 10권의 수신서를 포함하여 이화여자대학교 도서관은 다수의 근대 수신서를 역사서 등과 함께 소장하고 있다. 개화기 이후 우리의 국민교육 체제가 대한제국의 출범과 함께 구체화되었지만, 그 과정에서 기독교 선교사들이 중심이 된 사립학교의 비

3 전통 수신교과서인 『소학』에 담겨 있는 도덕교육 방법론적 의미와 구체적인 방법들에 대해서는 졸고, 「초등 도덕교육론의 텍스트로서의 『小學』 읽기」, 『초등도덕교육』 창간호, 한국초등도덕교육학회, 1996, 1~22면을 참조할 수 있다.

중과 위상은 독립지사들이 중심이 된 민족학교의 비중과 더불어 공립학교 체제에 결코 뒤지지 않았고, 이러한 전통은 현재까지 이어져 우리의 중등학교와 대학은 다수의 사립과 소수의 국공립이 병존하는 형태를 유지하고 있다.

그 과정에서도 특히 주목받을 만한 학교가 기독교 선교사들이 중심이 되어 설립한 이화전문학교와 연희전문학교인데, 이들 학교는 오늘날 우리나라를 대표하는 명문사학으로 자리잡아 중요한 역할을 담당하고 있다. 특히 이화전문학교는 이화여자대학교로 발전하여 우리나라 여성교육의 중심축 역할을 충실히 수행하는 수준을 넘어서서 세계 속의 대학으로 자리잡아가고 있는 중이기도 하다. 이러한 대학의 도서관에 개화기와 대한제국기, 일제 식민지 통치기의 수신서가 다수 소장되어 있다는 사실은 그 역사적 전통을 잘 보존해 왔다는 증거로 평가받을 만하다.

이번에 번역되는 수신서들이 물론 이화여대 도서관에만 소장되어 있는 것은 아니다. 그 중의 일부는 이미 1970년대에 '한국학문헌연구소'에서 편집하여 한국교원대학교를 비롯한 다수 대학의 도서관에 소장되어 있기도 하고, 일부 개인적으로 소장하고 있는 경우도 없지 않다. 그러나 이화여대 소장본은 우선 그 숫자에 있어서 다른 경우를 압도하고 있을 뿐만 아니라, 보존 상태도 양호하여 실천적인 연구를 함에 있어 질 높은 자료를 제공해 줄 수 있는 여건을 갖추고 있다.

이번 번역에 포함된 수신서 이외에도 번역할 만한 가치가 높은 자료들이 많이 남아 있기 때문에 여건이 닿는 대로 지속적인 관심을 가질 필요가 있고, 가능한 범위 안에서 영인본 등의 형태로 많은 사람들이 접근할 수 있도록 할 수 있었으면 좋겠다. 학문 연구와 교육을 위한 자료의 가치는 소장 자체로서의 의미보다는 그것이 어떻게 또 얼마나 활용되느냐에 의해 평가될 수 있을 것이기 때문이다.

그럼에도 이번 번역과 해제를 통하여 그 중 중요한 수신서 일부가 공식적으로 연구 자료와 교육 자료로 활용될 수 있게 된 점은 개화기와 근대의 교육 내용과 목표, 성격 등에 관한 연구가 현저하게 부족한 우리 교육계에 참신한 연구와 교육의 열망을 불러일으킬 수 있는 계기가 될 수 있을 것이다. 또한 현재 우리가 처해 있는 어려움을 인식할 수 있는 준거는 물론 바람직한 대응 방법을 찾아가는 데 좋은 참고 자료로서의 역할도 할 수 있을 것으로 기대한다.

이번 번역은 직역을 원칙으로 하면서도 현재의 관점에서 이해할 수 있는 수준으로 재구성하는 노력도 함께 기울였기 때문에 단순한 역사적 자료로서 과거 교과서를 확인하는 정도를 넘어서서 현재 우리 도덕교육의 좌표와 지향점을 찾는 과정에도 중요한 시사점을 제시하여 줄 수 있을 것으로 기대한다. 번역자 개인의 문투를 존중하면서도 전문가들이 주관하는 치밀한 감수의 과정을 거쳤기 때문에 가독력이나 완성도 측면에서도 일정한 완결성을 갖추고 있다는 점도 이번 번역본의 장점으로 꼽을 수 있다. 특히 학교 현장의 도덕 교사들이 적극적으로 활용하여 도덕교육의 새로운 활로를 열 수 있는 좋은 수업 자료로 평가받을 수 있었으면 한다.

삶의 일정 영역에서 여전히 전통이 살아있으면서도 경제성장과 민주화 과정을 비교적 성공적으로 이끌어낸 우리의 현대사는 가치관 영역에서의 극심한 혼란과 함께 세계화와 지역화를 동시에 이룩해내야 한다는 새로운 시대적 사명을 부여받고 있다. 이런 시점에서 500년 역사를 간직한 조선이 붕괴하고 세계의 열강들이 모두 자신들의 이득을 위해 한반도로 몰려오던 19세기 말과 20세기 초반 민족과 국가의 좌표를 고민했던 당대 선각자들의 화두(話頭)를 현재적 관점으로 만나는 일은 그 자체로 미래를 위한 단단한 기반이 되어줄 것이다.

차례

윤리학 교과서 권1

윤리학 교과서 권2

윤리학 교과서 권3

윤리학 교과서 권4 253

윤리학 교과서 권1

『윤리학 교과서』 해제

김민재

1. 저자

신해영(申海永)은 1865년(고종 2)에 경기도 김포에서 태어났으며 초명은 좌영(左永)이고 자는 윤일(潤一), 호는 동범(東凡)이다. 본관은 평산(平山)이고 갑호개혁 때 관비로 일본에 유학을 갔으며, 게이오의숙[慶應義塾]에서 4년간 경제학을 공부하였다.

신해영은 다양한 분야에서 번역과 저술 활동을 하였는데, 우선 미국인 의사 필하와(Eva Field Pieters)의 수학교과서를 번역한 『산술신편』(1902)이 있으며,[1] 수신교과서로 사용하기 위해 편술한 『윤리학 교과서』(1906)가 있다. 공저로는 원응상(元應常)과 함께 저술한 『경제학』(1907~1908로 추정)이 있

1 여러 판이 인쇄되었으며 『고등 산학신편』이라고 제목 붙여지기도 하였다.

으며,[2] 원응상의 『재정학』과 최재학(崔在學)의 『실용작문문법』을 교열 및 감수하기도 하였다.

신해영의 이력을 살펴보면 크게 두 가지로 구분할 수 있는데, 한 가지는 개화기 대한제국의 관리라는 것이며 다른 한 가지는 교육자라는 것이다. 『대한제국 관헌이력서』에 따르면 그는 관리로서 꾸준히 진급하였음을 알 수 있는데, 1898년 11월 29일에 중추원 의관(中樞院 議官)을 맡았으며, 1904년 9월 25일에는 예식원 참리관(禮式院 參理官)을, 같은 해 12월 5일에 탁지부 참서관(度支部 參書官)을, 그리고 1906년 8월 30일에 학부 편집국장(學部 編輯局長)을 맡았다. 그리고 『승정원일기』에 따르면 1907년(고종 44) 3월 9일 박제순(朴齊純)과 이완용(李完用)의 건의에 따라 윤치호(尹致旿)의 뒤를 이어 신해영이 일본 유학생 감독을 맡는다. 이 직책은 그가 1909년에 사망할 때까지 계속된다.

교육자로서의 면모를 살펴보면 당대의 지식인으로서 신해영이 꾸준히 교육에 참여하여 왔음을 알 수 있다. 자신의 전공이었던 경제학을 중심으로 각 급 학교에서 강사로 강의하였다는 기록이 남아있으며, 사립 광흥학교와 사립 한성법학교 등에서도 학생들을 가르쳤다.[3] 신해영의 교육자로서의 이력에서 빼놓을 수 없는 것은 1905년에 설립된 사립 보성전문학교의 교장일 것이다. 구한말의 정치가로서 여러 요직을 겸하였던 대표적인 친러파 이용익(李容翊)은 1905년(고종 42)에 일본에서부터 여러 서적과 인쇄기기를 가지고 들어와서 편집소인 보성관 및 인쇄소인 보성사를 설치하였으며, 보성소학교 · 보성중학

2 「갑오경장 뒤 경제학 저서 · 논문 12,000여건」, 『동아일보』, 1981. 1. 30, 10면 참조.

3 앞의 기사 참조; 『황성신문』, 1898. 11. 3, 4면 광고 참조; 『황성신문』, 1905. 1. 16, 3면 광고 참조.

보성전문학교 전경

교 · 보성전문학교를 설립하였다.[4] 이 때 이용익은 학교 설립에 관한 구체적인 계획을 신해영에게 맡겼으며, 이런 과정을 통해 설립된 사립 보성전문학교의 초대 교장을 그가 맡게 된 것이다. 또한 『승정원일기』에 따르면 1906년(고종 43) 9월 3일자로 신해영은 학부 편집국장으로 재직하면서 동시에 겸임으로 관립 한성일어학교장 · 관립 한성법어학교장 · 관립 한성사범학교장 등을 맡기도 한다.

신해영은 이런 관리이자 교육자의 생애를 살면서 애국 계몽 활동의 최전선에서 활동하지는 않았으나, 늘 그런 활동들을 보좌하기 위해 노력하였던 것으로 보인다. 또 그 과정에서 신해영 자신이 일본 유학파 출신이자 일본 유학생 감독을 맡기도 해서 그렇겠지만, 유학파 출신의 지식인과 유학생들을 위한 많은 노력을 한다. 예를 들어 중추원

4 「재계산맥 근세 100년 산업과 인물 이용익」, 『매일경제』, 1981.9.25, 7면 참조.

의관으로 재직하던 당시에는 처벌을 감수하면서도 여러 의관들과 함께 박영효(朴泳孝)와 서재필(徐載弼)을 대신으로 천거하였다. 그리고 민중의 계몽과 민족의 주체성을 강조하는 대한구락부(大韓俱樂部, 1905)의 창립을 결의하였으며, 박은식(朴殷植)과도 교우가 있어 서우학회(西友學會, 1906)의 운영을 돕기도 하였고, 독립운동가이자 조선기독교회를 조직한 김정식(金貞植)과 함께 유학생 단체인 대한흥학회(大韓興學會, 1909)의 조직에 노력하기도 하였다. 특히 이 대한흥학회에서 발간하는『대한흥학보』제1호에서는 여러 명의 필자와 함께「愛我大韓興學會」[5]라는 축하의 글을 남기기도 하였다.

신해영은 1909년 일본 유학생 감독으로 재직하던 당시 여름 동안에 귀국하였다가 다시 동경으로 돌아가는 길에 부산과 시모노세키[馬關]를 통행하는 연락선에서 괴질로 사망하였으며, 그의 시체는 화장되었다는 기사가 남아있다. 그의 사망 소식은 공식 문서나 신문 혹은 일기 형태의 글에 두루 실렸다.[6] 대한제국에서는 1909년(순종 2) 9월 21일 태극장 훈장을 하사하였으며, 그 다음날 종 2품으로 승품하였다. 또 대한흥학회는『대한흥학보』제6호에 신해영의 사망에 따라 "다른 나라의 산과 강에 근심스러운 기운이 슬프고도 괴롭고, 지사 사회에 슬퍼하는 눈물이 뚝뚝 떨어지도다. 옛말에서 이르기를 '어진 이가 죽으면 나라가 병든다'라고 하더니 과연 이것을 이르는 것인가"라고 하여 깊은 애도를 표하였으며 다음과 같은 신해영의 유언을 실었다.[7]

---

5 「祝辭」,『대한흥학보』제1호, 대한흥학회, 1909.3.20 참조.

6 "日本遊學生監督申海永卒, 亦以疫也, 是時疫死者, 卿宰只李道宰.", 黃玹,『梅泉野錄』卷6;「신해영씨 객사」,『신한민보』, 1909.10.20, 3면 참조;『고종시대사』제6권, 국사편찬위원회, 1909.9.22 참조.

"내가 세상에 태어나 사십 여생에 종종 국가의 위급한 경우를 목격하였으나, 만분의 일이라도 은혜에 보답을 다하려는 정성이 없었는데 오늘 죽으니 별도로 유언할 일은 없거니와, 단 원컨대 윤군(옆에서 임종을 지키던 유학생 윤태진(尹台鎭))은 동경에 도착하는 날에 유학생들에게 '정신을 모아 노력하고 의지와 기개를 분발하여 업을 이룬 후 다른 날에 이미 잃은 국권을 광복하게 하면 나는 저승[泉臺]에 있어서도 춤을 추면서 치하하겠다'고 전해다오."

이와 같이 신해영은 죽는 순간까지 자신이 맡고 있던 일본 유학생 감독이라는 국가의 직분과 동시에 교육자로서의 사명을 다하고 있음을 확인할 수 있다.

2. 구성

『윤리학 교과서』의 전체적인 구성은 권1 앞에 붙어있는 목차와 일러두기[例言]를 포함하여 권1 · 권2가 상편이 되고, 권3 앞에 붙어있는 목차를 포함하여 권3 · 권4가 하편이 되어 총 4권 2책이다.

일러두기에서는 "중학교 수업 기한의 4학년을 기준으로 한 것"이라고 하여 『윤리학 교과서』가 네 권으로 편성된 까닭을 밝히면서, "이 책을 가르치는 여러분들은 책의 본문 외에 『대학』, 『중용』, 『논어』, 『오

7 「監督 申海永氏 病沒始末」, 『대한흥학보』 제6호, 대한흥학회, 1909.10.20 참조.

륜행실도』 등 여러 서적으로부터 오늘날 우리나라의 윤리에 적절한 도덕과 아름다운 말, 그리고 선행을 가려 뽑아 보강할 수 있을 것이다"라고 제언한다. 실제 『윤리학 교과서』에도 옛 서적의 내용들이 두루 인용되고 있다. 또한 각 권당 면수가 그리 큰 차이가 없으며 그 정도의 면수를 정한 까닭으로 "한 학년당 한 권을 가르치고자 하기 때문에 한 학년의 수업 시수를 무릇 40시간으로 산정하고 쪽수를 이에 의거하여 제한"한 것이라고 밝히고 있어 책의 구성이 상당히 체계적임을 보여주고 있다.

『윤리학 교과서』는 그 기본 강령이 1895년 2월 2일 고종이 발표한 조칙(詔勅)과 이어지고 있다. 고종은 그 조칙에서 교육의 3대 기강이 덕양(德養)·체양(體養)·지양(智養)에 있다는 것을 명시하고 있는데, 『윤리학 교과서』 역시 권1의 총론(總論)에서 "신체의 건강과 지적 능력의 연마 숙달 및 덕성의 함양은 자신을 닦는 방법에 있어서 항상 병행하고 어그러지지 않게 하여서 잠시라도 편중되거나 폐하지 않아야 할 것이니, 교육의 이른바 체육(体育)·지육(智育)·덕육(德育)이 곧 이것들이다"라고 밝히고 있다.

각 권은 모두 그 시작에 총론이 있어 그 권에서 다루고자하는 영역을 정의 및 제시하며, 왜 그 영역이 도덕적으로 중요한지를 언급하고 있다. 각 권의 영역과 장·절 구성을 간단히 살펴보면 아래의 표와 같다. 영역에 따라서 지금의 교육에도 큰 시사점을 제공하는 것이 있는 반면 특수한 시대 상황이 반영된 것도 있는데, 보다 구체적인 것은 3. 내용에서 밝히도록 하겠다.

	영 역	장 · 절 구성	
권1	자신	1. 총론 3. 친구, 습관, 그리고 근면 5. 용감 7. 덕을 닦음	2. 체육 4. 자제 6. 학문을 닦음
권2	가족	1. 총론 3. 부모의 의무 5. 형제자매의 의무 7. 친척 및 주인과 종	2. 부모에 대한 의무 4. 부부의 의무 6. 가족에 대한 의무
	친지	1. 친구의 의무	2. 스승과 제자의 의무
권3	사회	1. 총론 2. 사회의 공정한 도리 3. 사회의 공적인 덕	 (1). 생명에 관한 의무, (2). 재산에 관한 의무, (3). 명예에 관한 의무 (1). 박애 및 공익 (2). 예양(禮讓) 및 예문(禮文)
권4	국가	1. 총론 3. 애국심 5. 국제 관계의 의무	2. 국민의 의무 4. 황실에 대한 의무 6. 결론

또한 『윤리학 교과서』는 머리말을 활용하여 장 혹은 절 내에서 문단들의 소제목을 밝히고 있다. 예를 들어 권1의 제4장 「자제」는 '육체적 욕구의 절제', '욕망의 절제', '명예의 욕망', '재산의 욕망', '인색과 사치', '절약과 검소', '쾌락의 욕망', '열정의 절제', '분노', '인내', '오만과 질투', '정욕을 제어하는 방법', '정(情)을 제어함에는 정으로써 해야 한다' 등을 소제목으로 하는 문단들로 구성되어 있다. 이런 소제목들은 일종의 소주제들인데 머리말에 위치하여 있기 때문에 책의 가독성을 떨어뜨리지 않으면서도 학습자들이 무엇을 학습하고 있으며 또 해야 하는지 적절히 지적하고 있다. 또 이미 일러두기에서 언급한 연간 수업 시수에 수업 진도를 맞추기 위하여 내용의 분량을 조정하는 역할로도 충분히 활용 가능하였을 것으로 보인다.

3. 내용

개화기에 편찬되고 발행된 교과서는 개혁 바람의 산물이었으나, 그 이념적인 지주(支柱)로 말하면 열강의 쇄도에 따른 자극으로부터 영향을 받아 국력을 배양해야 한다는 데 기본적인 편찬 취지를 두고 있었다.[8] 신해영이 편술한 『윤리학 교과서』 역시 이런 편찬 취지에서 크게 어긋나지 않는다. 따라서 일제 통치하에서 출판법의 시행 및 검정제도의 실시에 따른 식민주의 교과서가 편찬되기 시작한 1909~1910년 이후에, 『윤리학 교과서』는 학부 불인가 교과용 도서(學部 不認可 教科用圖書)가 되어 사용이 금지되었다.[9] 이런 점으로 미루어 볼 수 있는 『윤리학 교과서』의 내용들, 예를 들면 애국심의 고취나 황실에 대한 의무를 강조하는 내용들을 이 해제에서 중복 언급할 필요성은 없을 것으로 보인다. 간단한 내용 해제는 이미 다루어진 것들이 있다.[10] 따라서 본 해제에서는 현대적 시각에서 『윤리학 교과서』의 일반적인 내용 특징을 몇 가지만 살펴보고자 한다.

첫째, 『윤리학 교과서』는 권1의 시작에서 도덕 및 윤리학이라는 개념에 대하여 일반적인 정의(定義)를 내리고 있는데, 그 정의에 대하여 단지 선언하는 것이 아니라 보다 구체적인 근거를 밝히고자 하고 있다.

---

8 이종국, 『한국의 교과서 변천사』, 대한교과서, 2008, 57면 참조.

9 김홍수 · 박준수, 「한국 근대 교과서 편찬과 교과서에 나타난 신문화 수용 실태」, 『인문사회교육연구』 제5집, 인문사회교육연구소, 2002, 32면 참조.

10 강윤호, 『개화기의 교과용 도서』, 교육출판사, 1985, 184~186면 참조; 송인자, 「개화기 남녀 수신교과서의 지향점 분석」, 『한국문화연구』 제 13집, 이화여자대학교 한국문화연구원, 2007, 130~131면 참조; 한국학문헌연구소, 『한국개화기 교과서 총서』 10, 아세아문화사, 1977, 해제 참조.

"사람이 이 세상에 태어나서는 마땅히 행해야 할 의무가 있으니 이것을 도덕(道德)이라 말하는 것이다. 그러나 도덕은 우연히 몸으로 행동하다가 마음으로 얻어지는 바가 아니요 반드시 느끼고 깨달으며 이해하는 방법으로 말미암는 것이니, 윤리학(倫理學)은 곧 이런 방법을 사람들에게 가르치고 깨우쳐주는 학문이다."

도덕 및 윤리학에 대한 위의 정의는 권4의 결론에 이르기까지 시종 계속되고 있으며, 이와 같은 의무윤리학적 성격의 근거를 최종적으로 인간의 행복과 국가에서 찾는다. 도덕의 원리란 "선한 행위를 장려하고 악한 일을 경계함에 있는 것"인데, 이 문제는 인생의 목적 즉 "쾌락과 도덕적 의무의 융화 일치"되는 원만한 행복에 있다고 밝힌다. 그러나 도덕의 원리가 근본적인 것이라 할지라도 그것을 실행하는 방법은 국가마다 다르다는 점을 지적하면서, "충성과 신의 및 효도와 우애는 우리나라 인륜의 기초요 공동 애국은 국민의 도덕적 의무의 표준"이 된다고 말한다. 요컨대 "황실은 국권의 존재하는 곳이요 통치의 본원"이기에 대한제국의 황제와 황실을 받드는 것은 도덕의 기본이 되는 것이다.

도덕 및 윤리학의 근거를 결국은 국가에 대한 충의에서 찾는다는 것은 곧 시대 상황적인 한계를 보여주는 것이다. 그러나 『윤리학 교과서』 내에서 그 논리가 전개되는 과정의 평형적 감각, 예를 들어 도덕 및 윤리의 보편성과 국가별 상대성에 대한 논의나, 양지(良知)·양능(良能)의 만족과 육체적인 쾌락의 조화에 대한 논의 등은 상당한 수준이다. 이런 논리적인 구체성과 호소력은 현재의 윤리교과서들에 뒤지지 않는다.

둘째, 『윤리학 교과서』에서 강조하는 평형적 감각은 격언을 인용하거나 설명을 위하여 특정 인물을 거론할 때도 잘 드러난다. 많은 부분에서 『논어』와 『대학』 및 『중용』 등의 내용을 인용하고 있으며, 중국의 공자(孔子)·맹모(孟母)·주희[朱文公] 등과 한반도의 삼국 혹은 조선시대의 인물들을 거론하고 있지만, 서양의 격언이나 위인들의 소개도 놓치지 않는다. 예를 들어 소크라테스[邵久羅斗蘇]·브루노[富婁老]·갈릴레오[葛里禮五]·예수[基督]·워싱턴[華盛頓] 등이 거론되며, 그들의 행위에서 본받아야할 점 역시 강조되고 있다. 특히 유학과 기독교의 대표적 인물인 공자와 예수의 격언을 함께 논의하는 부분이 있는데, 말미에 "이 두 가지는 그 하나를 치우쳐 폐하지 아니하고 두 가지를 모두 병행한 후에야 비로소 사회에 대하여 완전한 의무를 행할 수 있는 것이다"라고 밝히고 있다. 이런 논의의 과정은 교수자는 물론이고 당시 학습자로 하여금 대한제국이 처한 상황을 보다 평형적인 감각으로 바라보게끔 하는데 도움이 되었을 것이라고 생각된다.

또한 서양인들의 나이와 지위 고하를 막론하고 일에 대한 열정을 가지고 있다는 점과 공공의 재산을 아낀다는 점 등을 언급하면서 서양의 미풍을 강조하고 있다. 한반도 전통의 미풍을 지켜야 한다는 것은 『윤리학 교과서』 전체를 관통하는 내용이나, 이와 병행해야만 하는 것이 올바른 서양의 미풍을 채택하여 본받는 것이라는 점을 강조하는 것이다. 그리고 이런 관점은 "독립과 평등의 지위를 각각 보유하여 그 권리를 서로 존중하는 것은 국가 상호간의 의무"라는 국제 관계에서의 국가관과도 이어지고 있다.

셋째, 『윤리학 교과서』는 학제적(學際的, interdisciplinary) 성격이 강한 책이라고 할 수 있다. 본래 도덕 및 윤리라는 용어가 함축하고 있는 바는 보편적 성격이 강하지만, 그 내용들을 실천으로 옮기는 경우에는 주체가 처한 상황이 매우 큰 역할을 하고 있다. 따라서 도덕 및 윤리라는 용어가 상대적인 성격을 가지고 있다는 것도 중요한 사실이다. 이런 이유로 현대의 윤리교과서들 역시 상당한 학제적 성격을 지니고 있다. 그러나 『윤리학 교과서』는 순수한 윤리교과서라고 보기도 어렵거니와, 당시에는 여러 교과목들이 체계적으로 개설된 것도 아니기에 현재라면 다른 교과목에서 배워야할 많은 내용들이 함께 『윤리학 교과서』 안으로 들어와 있다. 예를 들어 다른 사람의 재산에 관한 실제적 의무를 설명하는 경우에는 대차(貸借)·재산의 의탁·매매(賣買) 등과 관련된 내용이 언급되고 있으며, 국가 체제와 정치 체제의 구별을 설명하는 경우에는 헌법의 종류 및 황제를 보좌하는 입법·행정·사법 기관과 관련하여 구체적인 설명들이 다루어지고 있다. 이 외에도 굳이 도덕 및 윤리를 다루는 교과에서 설명하지 않아도 될 내용들이 많이 있다. 그러나 이것은 『윤리학 교과서』가 그 설명의 출발점을 개인으로부터 하여 가족과 친지 및 사회와 국가에 이르기까지 전반적인 상황에서의 도덕 및 윤리를 두루 설명하려하다 보니 빚어진 일일 것이다. 또한 학제적인 내용들이 실제 상황의 내용을 구체적으로 다루고 있어 학습자들의 교양을 향상시키는데 있어서도 긍정적인 역할을 수행하였을 것으로 보인다.

넷째, 국가 사회적 덕목은 전통시대 수신서에서는 거의 나타나지 않던 내용이다. 충군에 대한 덕목은 강조되었으나 국가 개념과 단체나 지역에 대한 개념 및 사회와 공익 등과 관련된 덕목이 강조되는 것은 개화기에 나타나는 새로운 부분이라 할 수 있다.[11] 이런 점과 관련하여 뚜렷한 내용들을 지니는 것도 『윤리학 교과서』의 내용 특징이라고 제시할 수 있다. 권3과 권4에서는 각각 사회와 국가에 대한 세부적인 개념들과 내용들을 다루고 있다. 생명 · 재산 · 명예에 관한 사회의 공정한 도리와, 박애 · 공익 및 예양(禮讓) · 예문(禮文)과 같은 사회의 공적인 덕을 구체적으로 다루고 있다. 또한 일정한 국토와 국민 그리고 주권으로 성립되는 국가의 개념을 설명하는 것 이외에도 "자국의 관념은 다른 국가들을 대해야 비로소 생기는 것"임을 확실하게 드러내고 있다는 것은, 기존의 폐쇄적인 입장을 탈피하여 국제 관계 속에서의 국가와 사회 개념을 뚜렷이 인식하고 있음을 드러내고 있는 것이다.

이상에서 『윤리학 교과서』의 내용 특징을 개략적으로 살펴보았다. 물론 이러한 내용 특징들을 지니는 『윤리학 교과서』가 현대적 시각으로 볼 때 문제가 없는 것은 아니다. 그런 문제들은 이 책이 지니는 가치와 함께 다음 장에서 개략적으로 살펴보도록 하겠다.

4. 가치

교과서란 무엇인가. 범위를 좁게 보자면 교과서는 학교라는 공간에서 교사와 학생이라는 교육의 두 주체 사이에 상호적으로 발생하는 교수 · 학습 과정의 가장 일반적이면서도 중요한 수단이다. 그러나 교

11 송인자, 앞의 글, 144면 참조.

과서의 내용이 무엇인지를 고려한다면 그 범위는 금세 확장된다. 교과서는 당시대인이 경험한 가치 체계와 문화 및 전통, 또 당시대인의 통합된 의견, 일과 삶의 내용들이 반영된 것이기 때문이다.[12] 하지만 교과서에 반영된 것이 과거와 현재의 것이라 할지라도 지향하는 지점은 미래에 있다. 요컨대 교과서란 한 시대의 정선된 지식 내용의 전달 매체인 동시에, 바람직하고 미래지향적인 인간을 육성하고자 하는 당시 사람들의 합의된 이상을 담고 있는 문화적 결집체인 것이다.[13] 이런 점에서 본다면 신해영이 편술한 이 『윤리학 교과서』가 지니는 가치는 어떤 것이 있을까. 그것은 사료적 가치와 교육적 가치로 나누어 살펴볼 수 있을 것이다.

사료적 가치란 『윤리학 교과서』가 그 당시 사람들의 문화적 수준과 삶을 살아가는 태도 및 세계관을 보여준다는 것이다. 이런 가치는 이 책이 학제적 성격이 강한 만큼 뚜렷이 드러난다. 예를 들어 남녀평등과 여성교육에 대한 면을 살펴보자. 대한제국의 1880~1900년대를 살아가는 여성들, 특히 교육을 받아야 할 나이가 된 어린 여자 아이들에게는 그 이전 여자 아이들에게는 생길 수 없었던 일이 생기는데, 그것은 학교에서 교육을 받을 기회가 부여된다는 것이었다. 즉 그 동안 신분과 경제적 여건으로 사회에서 소외된 계층들, 특히 여성들에게는 자신의 잃어버린 자아를 배움을 통해 찾을 수 있는 새로운 개념의 배움터가 생겼다는 것이다.[14] 그러나 그 실상은 어떠한가. 여학교의 설

12 이종국, 『한국의 교과서 출판 변천 연구』, 일진사, 2002, 51면 참조.

13 김항구, 「근대이후 한국 교과서의 변천」, 『박물관 연보』 제1집, 한국교원대학교 박물관, 2001, 39면 참조.

14 이지애, 「개화기 '배움터'의 변화와 '자아 찾기'로의 일상성」, 『근대의 첫 경험』, 이화여자대

립 등 외형적으로는 여성들이 배울 수 있는 교육의 기회가 늘어갔으나 그 내용적 측면은 현대의 그것과 사뭇 다르다. 당시 상황에 따르면 여성에 대한 교육 내용이 학교마다 혹은 교과서마다 차이가 있기는 하지만, 전체적으로 여성의 능력 개발이나 지위 확보로 이어지지 못하는 한계가 있으며 성별 이원론에 입각한 성정체성에서 벗어나지 못하고 있던 것이다.[15] 그리고 이런 측면은 『윤리학 교과서』에서도 잘 드러나고 있다. 예를 들어 『윤리학 교과서』 권2의 제4장 「부부의 의무」에 보면 '남녀 평등한 권리의 이치'라는 소제목의 단락이 있는데, 그런 점이 여실히 드러난다. 이런 측면은 남녀의 평등이란 문제에 대하여 당시의 인식을 잘 보여주는 사료적 가치를 지녔다고 할 수 있다. 이외에도 권2 제7장에서 주인과 종[婢僕] 사이에 상호간에 지켜야 할 의무를 설명한 내용이나 권4 제4장에서 황제와 황실에 대한 의무를 설명한 내용, 제5장에서 전쟁의 목적과 의무를 설명한 내용 등은 현대적 시각으로 바라보자면 시대적 한계라고 말할 수 있겠으나, 조금만 다른 면에서 본다면 당시 사람들의 세계관을 잘 보여주는 사료적 가치를 지니는 것이라고 할 수 있겠다.

그렇다면 『윤리학 교과서』가 지니는 교육적 가치란 무엇인가. 인간의 모든 영역의 지혜는 언제나 미래 지향적이며 미래 예견적이라고 말해도 무방하다. 심지어 과거만을 되새겨보는 전형적 지혜의 한 가지 형태인 역사학도 과거를 위해서보다는 미래를 위해서 쓰이는 것이다.[16] 이런 관점에서 보았을 때 『윤리학 교과서』에 나오는 여러 가지

학교 출판부, 2007, 150~156면 참조.

15 송인자, 앞의 글, 149면 참조.

덕목들은 가치의 포화 상태에 직면하여 무엇이 선(善)하고 무엇이 불선(不善)한지 제대로 인식하기 힘든 현대의 상황에 많은 시사점들을 제공하고 있다. 부모와 부부, 형제자매와 친척, 친구와 사제 관계 사이에서 경시되어선 안 되는 덕목들마저 종종 경시되고 마는 현대에서, 당시의 성리학적 당위(當爲)만을 강조하는 내용들을 탈피하여 그런 관계들이 왜 자신에게 중요한지를 호소력 있게 설명하는 『윤리학 교과서』의 여러 내용들은 지금의 삶에도 그 미래지향적 가치가 충분하다고 할 수 있다. 그리고 그런 관계들이 일방적인 것이 아닌 쌍방적인 것임을 항상 주지시키는 것 역시 이 책이 지니는 교육적 특징이라고 할 수 있다. 가령 "자녀를 꾸짖어 가르침에 정밀하고 상세히 하며 부모가 된 도를 설명함에 소략하게 하는 것은 옛날부터 지금에 이르기까지 동양 도덕의 일종의 부족한 점"이라고 지적하면서 부모가 된 자의 마음먹어야 할 바를 상세히 설명한다. 이런 점은 인간의 관계적 측면에서 평형적 감각을 잘 드러내는 예라 할 수 있겠다.

한편 『윤리학 교과서』는 도덕과(道德科) 교육의 교육사적인 맥락에서도 중요한 의미를 지닌다고 할 수 있겠다.[17] 현재의 교육과정 문서를 살펴보자. 중학교와 고등학교 교육과정 해설서에는 도덕과 교육과정의 변천을 설명하면서, 1945~1954년의 '교수요목기'부터를 하나의 단락으로 시작하고 있다. 그 이전의 내용을 다루고 있긴 하지만, 중학교와 고등학교 교육과정 해설서 모두 "근대적 의미의 도덕과 교육의

---

16 김승주, 「구한말 『수신서』와 『바른 생활』의 교과서에 관한 비교 연구」, 한국교원대학교 대학원 석사학위논문, 1994, 1면 참조.

17 이와 관련된 보다 자세한 연구는 졸고, 「근대 수신 교과서를 통해 살펴본 '도덕과 교육'의 연속성」, 『한국문화연구』 제19집, 이화여자대학교 한국문화연구원, 2010, 85~127면 참조.

역사는 1894년 갑오개혁 때부터 시작되어 일제 강점기에는 수신(修身) 과목으로 지속해오다가, 1945년 광복 후 미군정 하에서 사회생활과를 설치하여 공민(公民) 분과를 통해서 주로 민주 도의 교육을 하였다"[18] 정도에서 그치고 있다. 초등학교 교육과정 해설서에는 조금 더 자세히 서술되어 있긴 하지만 마찬가지로 '교수요목기'부터를 하나의 단락으로 시작하고 있다.[19] 물론 대한민국 건국 시점 이후를 고려한다든가, 일제 강점기에 의하여 자율적인 도덕과 교육이 성립되지 못하였던 점은 교육과정 해설서를 작성하는데 중요한 영향을 미쳤다고 할 수 있겠다. 그러나 현재와 같은 형태의 짧은 언급 정도로 그치고 마는 것은 그 해설서를 주로 참고하는 예비 혹은 현직 교사에게 도덕과 교육의 시작은 단지 1945년 이후에 시작되었다는 인식을 심어줄 우려가 있다. 허나 『윤리학 교과서』의 내용으로 미루어보건대 1890~1900년대 초반에도 도덕과 교육의 내용이 상당한 수준으로 정립되어 있음을 알 수가 있다. 따라서 그 시기의 여타 수신 도서들을 도덕과 교육의 교육사적인 맥락에서 좀 더 체계적으로 연구할 필요성이 있다. 이것은 1905년 일본의 학정 참여관(學政 參與官)이 서서히 대한제국의 수신 교육을 포함한 공 · 사교육 전반에 간섭해오다가, 1910년의 국권피탈 및 1911년 8월 22일의 제1차 조선교육령 시행을 거쳐 이후 1945년까지 단절되어버린 자율적인 도덕과 교육이 실제 어디에서 출발하였는지

---

18 교육과학기술부, 『중학교 교육과정 해설 (II) 국어, 도덕, 사회』, 교육과학기술부, 2008, 161면 참조; 교육과학기술부, 『고등학교 교육과정 해설 3. 도덕』, 한국보훈복지의료공단 신생인쇄조합, 2008, 171면 참조.

19 교육과학기술부, 『초등학교 교육과정 해설 (III) 국어, 도덕, 사회』, 교육과학기술부, 2008, 211~212면 참조.

맥락을 짚어줄 수 있기 때문이다. 그리고 이런 연구의 과정에서 『윤리학 교과서』는 중요한 역할을 할 수 있을 것으로 보인다.

지금까지 신해영이 편술한 『윤리학 교과서』에 대해서 저자, 구성, 내용, 가치라는 순서대로 개략적으로 살펴보았다. 불과 100여 년이 약간 지난 그리 멀지 않은 시기의 일임에도 불구하고 개화기의 근대 교과서나 그 교과서를 지은 저자들에 대한 연구는 그리 충분하게 되어 있지 못한 실정이다. 그러나 한편으로는 역동적으로 변화하면서도 다른 한편으로는 너무나 불안했던 그 시기를 주체적으로 살아가면서 교육을 위하여 노력했던 저자들과 그들의 교과서들을 구체적으로 살펴보는 것은 더 이상 늦추어져서는 안 되는 일일 것이다. 이 『윤리학 교과서』의 번역과 해제 작업이 그런 과업의 조그마한 보탬이 되었으면 하는 바람이다.

참고문헌

강윤호, 『개화기의 교과용 도서』, 교육출판사, 1985.

교육과학기술부, 『초등학교 교육과정 해설 (III) 국어, 도덕, 사회』, 교육과학기술부, 2008.

__________, 『중학교 교육과정 해설 (II) 국어, 도덕, 사회』, 교육과학기술부, 2008.

__________, 『고등학교 교육과정 해설 3. 도덕』, 한국보훈복지의료공단 신생인쇄조합, 2008.

김민재, 「근대 수신 교과서를 통해 살펴본 '도덕과 교육'의 연속성」, 『한국문화연구』 제19집, 이화여자대학교 한국문화연구원, 2010.

김승주, 「구한말 『수신서』와 『바른 생활』의 교과서에 관한 비교 연구」, 한국교원대학교 대학원 석사학위논문, 1994.

김항구, 「근대이후 한국 교과서의 변천」, 『박물관 연보』 제1집, 한국교원대학교 박물관, 2001.

김홍수 · 박준수, 「한국 근대 교과서 편찬과 교과서에 나타난 신문화 수용 실태」, 『인문사회교육연구』 제5집, 인문사회교육연구소, 2002.

송인자, 「개화기 남녀 수신교과서의 지향점 분석」, 『한국문화연구』 제13집, 이화여자대학교 한국문화연구원, 2007.

이종국, 『한국의 교과서 변천사』, 대한교과서, 2008.

_____, 『한국의 교과서 출판 변천 연구』, 일진사, 2002.

이지애, 「개화기 '배움터'의 변화와 '자아 찾기'로의 일상성」, 『근대의 첫 경험』, 이화여자대학교 출판부, 2007.

한국정신문화연구원, 『한국민족문화대백과사전 14』, 한국정신문화연구원, 1991.

______________, 『한국인물대사전(ㄱ~ㅅ)』, 중앙 M&B, 1999.

한국학문헌연구소, 『한국개화기 교과서 총서 10』, 아세아문화사, 1977.

黃玹, 『梅泉野錄』 卷 6.

국사편찬위원회, 『고종시대사』 제6권, 1909.9.22.

대한흥학회, 「祝辭」, 『대한흥학보』 제1호, 대한흥학회, 1909.3.20.

________, 「監督 申海永氏 病沒始末」, 『대한흥학보』 제6호, 1909.10.20.

「갑오경장 뒤 경제학 저서 · 논문 12,000여건」, 『동아일보』, 1981.1.30, 10면.

「재계산맥 근세 100년 산업과 인물 이용익」, 『매일경제』, 1945.10.19, 7면.

「신해영씨 객사」, 『신한민보』, 1909.10.20, 3면.

『황성신문』, 1898.11.3, 4면 광고.
_________, 1905.1.16, 3면 광고.

윤리학 교과서

신해영(申海永) 편술

『윤리학 교과서』 권1 목차

일러두기

○ 이 책은 권1, 권2, 권3, 권4의 네 권으로써 편성되었다.

○ 이 책을 네 권으로써 편성함은 무릇 중학교 수업 기한의 4학년을 기준으로 한 것이니, 배우는 자의 학력 정도에 맞추어 분량을 나누어 몇 해에 걸쳐 가르칠 수 있을 것이다.

○ 이 책을 가르치는 여러분들은 책의 본문 외에 『대학(大學)』, 『중용(中庸)』, 『논어(論語)』, 『오륜행실도(五倫行實圖)』 등 여러 서적으로부터 오늘날 우리나라의 윤리에 적절한 도덕과 아름다운 말, 그리고 선행을 가려 뽑아 보강할 수 있을 것이다.

○ 이 책은 한 학년당 한 권을 가르치고자 하기 때문에 한 학년의 수업 시수를 무릇 40시간으로 산정하고 쪽수를 이에 의거하여 제한하니, 가르치는 여러분들은 이러한 의도를 특별히 살펴야 할 것이다.

몸과 마음을 수양하는 방법

제1장 총론

도덕과 윤리학

사람이 이 세상에 태어나서는 마땅히 행해야 할 의무본무(本務)는 즉 의무가 있으니 이것을 도덕(道德)이라고 말하는 것이다. 그러나 도덕은 우연히 몸으로 행동하다가 마음으로 얻어지는 바가 아니요 반드시 느끼고 깨달으며 이해하는 방법으로 말미암는 것이니, 윤리학(倫理學)은 곧 이런 방법을 사람들에게 가르치고 깨우쳐주는 학문이다.

무릇 일에는 끝과 시작이 있고 사물에는 근본과 말단이 있으니, 때문에 사람의 마땅히 행해야 할 의무 곧 도덕은 두 가지 서로 다른 도리가 없으나 이것을 성취하는 방법에 이르러서는 선후의 구별이 없을 수 없다. 그렇다면 도덕의 가르침은 어떤 것으로써 먼저 하는 것이 옳은가? 곧 자신을 수양하는 것이 이것이다.

자신을 수양하는 것은 도덕의 첫 단계이다

충(忠)과 효(孝)는 인륜의 큰 도리이니, 곧 우리 대한제국 교육의 근본이다. 국민 또는 개인이 덕행을 닦아 체득함이 실로 이 두 가지에 뿌리박고 있으니, 이것들은 우리가 잠시라도 게을리 할 수 없는 것이다. 형제는 우애로써 서로 양보하고, 부부는 화락으로써 서로 도우며, 친구 간에는 신의로써 서로 사귀는 것이 또한 사람의 마땅히 행해야할 도리이다. 또 사회에 대해서는 그 직업을 따라서 의무를 완전히 하고, 다른 사람의 생명과 재산을 존중히 하여 이것을 방해하지 아니하는 것을 필요로 하며, 여력이 있으면 널리 사랑하는 마음으로 공공의 행복과 이익을 생각해보아야 할 것이다. 하물며 국가에 대해서는 국가가 정한 법률을 좇아 받들어 감히 배신하고 어그러뜨리지 아니함은 다시 말할 것이 아니요, 급작스러운 일이 있는 때에는 공정한 도리를 위하여 한 몸을 바칠 수 있는 의분[敵愾]의 기상을 평소에 길러두어야 할 것이다. 이것은 국민된 사람의 마땅히 행해야 할 의무이니, 윤리학이 연구하여 밝히는 것이 또한 여기에서 벗어나지 않는다.

그 이유

그러나 충성 · 신의 · 효도 · 우애와 박애 · 충의 · 용기와 기타 공적인 것과 개인적인 것 일체의 의무에 관하여 이것을 행할 수 있는 기초는 모두 자신에게 있으니, 어떠한 미덕과 어떠한 고상한 의리라도 다만 이것을 알기만 할 뿐이고 몸소 실천하지 아니하면 그 처음으로부터 알지 못함만 같지 못한 것이다. 그러하기에 이것을 행동하고자 하면 자신에게 평소에 길러 미리 갖추어야 하니, 따라서 도덕의 가르침이 자신의 수양함을 우선으로 삼는 까닭이 여기에 있다.

자신을 수양함은 백행의 근본이니, 자신을 수양하지 못하면 도덕을 실행할 도리가 없는 것이다. 무릇 나쁜 뜻을 품은 자는 선한 일을 행하지 못하며 사사로운 이익을 탐하는 자는 공공의 이익을 영위하지 못하니, 그 마음을 스스로 속이고서 어찌 다른 일에 대해서는 성실한 자가 있으며, 그 몸을 스스로 소중히 여기지 아니하고 어찌 다른 일에 대해서는 공경하고 사랑하는 자가 있겠는가. 따라서 도덕을 행할 때를 맞아서는 본래 충과 효 등을 중요하게 여겨야 하는 것이나, 윤리의 가르침은 반드시 자신을 수양하는 것을 우선으로 삼는다.

자신을 수양하는 방법

자신을 수양하는 방법은 하나 둘에 그치지 아니한다. 그러나 신체의 건강을 유지하고 보호하는 것이 곧 제일 먼저 힘써야 할 것이니, 신체가 건강하지 아니하면 어떠한 사업이든지 마침내 성취하기가 힘든 까닭이다.

그러나 지적 능력을 계발하지 아니하며 재주를 갈고 닦지 아니하면, 비록 신체가 건강할지라도 한갓 소와 말의 사역을 행함에 불과할 것이니, 따라서 우리는 신체의 건강을 유지하고 보호함과 함께 지적 능력의 연마를 소홀히 하지 않아야 한다. 그러나 비록 학업에 숙달할지라도 이것을 따르는 덕성이 없으면 그 학업은 도리어 덕을 어그러뜨리고 도리에 어긋난 행위를 조장하는 조건이 될 뿐이다. 그러므로 신체의 건강과 지적 능력의 연마 숙달 및 덕성의 함양은 자신을 수양하는 방법에 있어서 항상 병행하고 어그러지지 않게 하여서 잠시라도 편중되거나 폐하지 않아야 할 것이니, 교육의 이른바 체육(体育) · 지육(智育) · 덕육(德育)이 곧 이것들이다.

요약하건대 사람의 마땅히 행해야 하는 도덕의 의무는 그 종류가 매우 많으나 그 뿌리가 되는 것은 자신에게서 벗어나지 않는다. 여기에 자신의 의무를 먼저 논하는 것은 반드시 다른 사람에 대하여 스스로를 귀중히 여기는 것을 위함이 아니고, 다른 사람들에 대한 도덕을 완전하게 하는 것을 위하는 준비라는 점을 분명히 알아야 한다.

제2장 체육

모든 도덕은 자신에 기인하는 것과 같이, 자신을 수양하는 방법은 체육으로써 뿌리를 삼는다.

덕행과 건강

충과 효는 인륜의 큰 도리이나 신체가 건강하고 온전하지 아니하면 어찌 이런 의무를 행할 수 있겠는가. 무릇 병역은 국가에 대해서 신하와 백성의 으뜸이 되는 의무이거늘, 신체가 허약하여 병역 복무를 감당하지 못하면 어찌 그 의무를 복종하여 행하겠는가. 하물며 갑자기 큰 일이 있는 시기에는 충의와 용기의 뜻으로 나라의 어려움에 달려가는 것은 신하와 백성 전체의 큰 의무이거늘, 만일 신체가 건강하고 온전하지 못하여 바쁘게 돌아다니는 것을 감당하지 못하면 어찌 그 의무를 행할 수 있겠는가. 부모에 대해서도 역시 그러하니 무르고 약한 사람은 비록 마음에 품은 뜻을 애써 노력하여도 효성으로 봉양하는 방법이 능히 뜻만 같지 못하여 그 결과가 종종 인륜을 어그러뜨리는 무리와 동일하니, 하물며 부모가 그 자식의 병을 근심하여 그 뜻이 상하는데 있어서는 어떠하겠는가.

다만 충과 효에 있어서 그러할 뿐만 아니라 모든 행위가 하나라도 신체의 건강함을 서로 필요로 하지 아니함이 없으니, 때문에 덕행을 닦으며 공공의 뜻을 길러 인륜의 의무를 완전히 하고자 하려면 반드시 신체의 건강함을 유지하고 보호해야 한다.

지혜를 기르는 것과 건강

지혜를 기르는 것도 또한 체육을 서로 필요로 하여 완전함을 기대할 수 있으니, 건강한 정신은 건강한 신체에 머무른다는 것은 실로 오랜 세월의 격언이다. 사람이 진정 선천적으로 지능이 낮거나 미친 것이 아니라면 배워서 알지 못할 지식이 없으며 익혀서 통달하지 못할 업무가 없으니, 그 효력이 나타나는 여부는 체력의 능히 견딜 수 있는지 여부를 말미암는 바가 많은 것이다. 세상에는 비범한 천부적 재능을 가지고 쓸모 있는 기량을 품고서도 신체의 가냘프고 약함으로 인해서 평범하고 변변치 못한 반열로 떨어져 근심하고 탄식하는 자가 적지 않으니, 우리는 크게 거울로 삼아 경계해야 할 것이다. 저 학생들이 꽃다운 나이에 요절하며 중도에 학업을 그만두는 자는 족히 거론할 바가 아니다.

사람마다 몸은 그 사람만이 소유한 것이 아니다

우리의 한 몸을 단지 자기의 소유로 생각하는 것은 옳지 않으니, 만일 무리를 떠나고 세속과 떨어져 높은 산 거친 들판에 홀로 거처할 뜻을 품으면 그만이거니와, 가족 중에서 성장하며 사회 안에서 존재하며 국가 아래에서 주거한 이상은 임금[君][1]에 대해서는 신하와 백성이

---

1 원문에는 군(君)이라는 말이 많이 등장하는데, 고종과 관련된 것을 지칭하는 경우는 황제, 황실, 황족 등으로 번역하였으며, 그렇지 않은 것은 일반적인 임금, 군주 등으로 번역하였음을 밝힌다. 또한 신해영이 1897년 고종이 황제라는 칭호를 사용하기 이전의 일을 설명하는 경우, 그 인용문과 관련하여 고종을 지칭할 때는 임금이라고 번역하였음을 밝힌다.

되고 부모에 대해서는 자녀가 되며 부부 · 형제 · 친구 · 사제 간에 또한 특수한 의무가 각기 있는 것이다. 따라서 우리는 가족 · 사회 · 국가에 대하여 반드시 신체의 건강함을 완전히 할 의무가 있으니, 만일 어떤 이가 자신의 건강 여부가 다른 것들에 관여한 것이 아니라고 생각하는 것은 도리에서 어긋남이 심한 것이라고 이를 만하다.

신체의 건강함을 유지함에 필요한 낱낱의 조목

우리의 신체는 어린 시기에 있어서는 부모에게 맡기는 것이 옳은 것이나 이미 자라서 13~14세에 다다른 시기는 다른 사람의 관여를 기다리지 말고 스스로 명심해야 하니, 지금에 그 주요한 사항을 들 것인데 첫 번째 음식을 절제하는 것, 두 번째 신체와 의복을 정결히 하는 것, 세 번째 운동을 태만히 하지 않는 것, 네 번째 수면에 절도가 있는 것, 다섯 번째 정신을 항상 맑고 상쾌하게 할 것 등이다.

음식의 절제

젊고 기운찬 때를 맞아서 우리의 건강함을 가장 해치는 것은 음식 등을 절제하지 않는 것보다 심한 것이 없으니, 본래 발육이 왕성한 젊고 기운찬 때에 있어서는 음식을 절제하는 것이 노년과 같이 엄밀한 우려를 요구하지는 않으나, 폭식과 과식에 이르는 것은 깊이 삼가함을 마땅히 더해야 할 것이다. 식욕이 이미 찬 후에도 좋은 맛을 더욱 탐하는 것은 어린 시기에 늘 보는 것인데, 이것은 그 사람이 해가 있음을 능히 알고 있으면서도 좋은 맛에 유혹된 것이 되어서 음식을 절제하지 못한 폐단에 스스로 다다른 것이다. 이런 종류의 일에서부터 마침내 자기의 욕망을 절제하지 못하는 습관에 익숙하게 되면 그 해가 미치는 것이 어찌 신체의 건강을 상처내고 해침에만 그치겠는가. 매우 작은 일과 같으나 우리가 깊이 경계해야할 것이다. 또 젊고 기운찬 때에는 과자와 과실 등을 사이사이에 먹어서 제 때에 먹어야 할 식사량을 줄어들게 하는 경우가 잦으니 이 역시 폐해가 되는 습관이다. 의사의 말을 근거로 하건대, 성장 후에 위장의 병으로 신음하는 것은 이런 종류의 원인으로 생기게 되는 것이 많다고 한다. 음주와 흡연은 해가 많고 이익이 적으니, 특히 음주는 아주 조금이라도 취하면 갑자기 마음과 정신을 뒤흔들어 어지럽게 하여 자제력을 마침내 잃게 하기 때문에, 차라리 스스로 처음부터 술을 마시지 않음만 같지 못하다. 흡연 같은 것은 다만 습관으로 즐기고 좋아하는 것이기에 따라서 젊고 기운찬 때에는 이런 종류의 습관을 엄밀히 스스로 끊음이 좋을 것이다. 담배가 해를 끼침은 한 대의 종이 담배에 함유된 독성으로써 이십 마리의 참새를 능히 죽인다고 하는 연구자의 한 마디로 증명함이 충분한 것이다. 그러나 최근에 마을 어린 아이들이 다수 흡연하여 완연히[滔滔] 습관이 되어버림은 사회 전반에 대하여 실로 몹시 애석한 것이다.

한 종류의 습관은 다른 습관으로써 능히 다스리고 버릴 수 있으니, 폭식과 과식 등은 일종의 습관에서 벗어나지 않기 때문에 그 욕망을 점차 절제함을 통하여 마침내 전체적으로 바로잡을 수 있을 것이다.

청결

청결은 위생에서 가장 명심할 것이다. 청결의 근원은 각자의 신체에 있으니, 신체가 이미 청결하면 더러워진 의복을 몸에 두름에 참지 못할 것이며, 신체와 의복이 함께 청결하면 가옥과 정원도 또한 청결할 것이다. 이와 같은 사람들이 모여 살아서 마을을 이루며 면(面)과 시(市)를 이루면, 다만 개인의 건강을 증진시킬 뿐 아니라 여러 종류의 전염병의 해와 독을 능히 면할 것이다.

의복과 신체의 청결은 다만 육체의 건강을 유지하고 보호함에 크게 중요할 뿐 아니라, 그 사람의 외관을 아름답고 곱게 하며 또한 좋은 습관을 길러주기 때문에 정신에 도움과 이익을 줌이 적지 않다. 불결한 사람은 지저분하고 더러운 물건을 몸에 칠하여 붙이고 있는 것과 같기 때문에 다른 사람에게 대하여 예의를 스스로 잃은 자이다. 그러나 항상 청결함을 태만히 하지 않는 사람은 평소에 질서가 있는 노동과 꼼꼼히 주의하는 습관이 들기 때문에 깨닫지 못하는 사이에 조심하고 근면하여 여러 일들을 실행하여 나가는 좋은 습관을 이룰 수 있으니, 무릇 외부의 육체로부터 내부의 마음을 바로잡고 절제함[矯制][2]은 덕성을 기를 수 있는 신묘한 방법이다.

---

2 교제(矯制) : 관용적으로 '왕명을 칭탁하여 행사함'이라는 말. 그러나 여기서는 글자 그대로 축자적으로 풀이하는 것이 문맥상 맞는 것으로 보인다.

운동

운동은 위생에서 빼놓지 못할 것이니, 운동은 소화의 기능을 전적으로 도와주며 혈액의 순환을 잘 인도하고 또 마음과 정신을 상쾌하게 하는 효력이 있다. 사람이 만일 편안히 지내며 앉거나 눕거나만 하여서 운동이 적거나 없는 때는, 마음과 몸이 불쾌하며 식욕이 갑자기 줄어들고 혈색이 함께 쇠하여 원기가 또한 눈물이 흐르듯 사라짐에 자연히 이른다. 그래서 정신을 항상 바쁘게 하고 시간을 항상 아끼는 사람은 가장 운동을 게을리 하지 않는 것이다. 운동에 소비하는 시간은 잠깐 보면 혹 무익한 것 같으나, 공부에 힘쓰는 사람에게 그 필요성이 노동하는 사람의 쉬는 것과 같다.

운동의 본래 의미는 신체 기능의 활동함을 도와주고, 아울러 공부에 힘쓰는 사람의 원기를 기르는 것에 있다. 따라서 그 한도를 초과하여 도리어 신체를 피로하게 하는 것은 옳지 않으니, 음식에 한도가 있는 것과 같이 운동에도 또한 제한이 있는 것을 항상 유념해야 한다. 그러나 젊은 나이의 학생이 종종 공놀이와 뱃놀이 등의 과도한 경쟁으로 도리어 건전한 신체를 상하게 하여 고치기 어려운 병의 빌미를 만들어내는 것은 곧 운동의 본래 의미를 망각한 것이라고 하겠다.

하물며 운동은 우리의 정신을 상쾌히 함에 지대한 효과가 있는데, 정신이 답답하여 우울하고 즐겁지 않은 때에는 사물에 접촉할 때마다 불쾌한 마음의 실마리가 저절로 생겨서 떨쳐 일어날 도리가 없으니 이런 때를 만나서 어떤 일을 맡을 수 있겠는가. 마음자리의 활발 여부는 다소간 그 사람의 성격에서 기인하는 것이나 그 육체의 조화를 잃어버린 것이 주요한 원인이니, 이런 때를 만나서 교외에 잠시 산보를 하는 것은 사람의 육체와 정신으로 하여금 바로 쾌활하게 하며 혹은 업무에 즐겁게 나아감을 흥기시키는 일도 되는 것이다. 또 휴가시기를 맞아 명산대천에 여기저기 돌아다니며 두루 보는 것은 정신을 수양함에 무척 큰 효력이 특히 있는 것이다.

수면의 절도

수면에 절도가 있음은 또한 신체의 건강을 유지하고 보호함에 빼놓지 못할 것이니 발육이 왕성한 젊고 기운찬 때에 있어서는 더욱 그러한 것이다. 세상의 학생들이 공부에 힘씀에 과도하게 열심히 하여 종종 수면의 시간을 줄여서 심지어 새벽에 이르기까지 독서하는 자가 많으니 가장 깊이 삼가야 할 바이다. 수면이 충분치 못함으로 신체가 쇠약하여 마침내 여러 가지 병의 뿌리를 만드는 자가 세간에 그 예가 적지 아니할 뿐 아니라, 이러한 신체로 공부를 억지로 하는 경우 그 이해득실이 어떠한가 하는 것은 경솔하게 판정하기 어렵다. 수면이 부족한 때는 신체의 일반 기능이 쇠약하기 때문에 정신이 또한 몽롱하여 명확치 않으니, 이로써 종일토록 책상에 기대어 움직이지 않는다고는 하나 그 얻는 바의 결과는 수면을 충분히 한 후의 반나절 공부에도 미치지 못할 것이다. 그러나 수면을 과도히 하는 것도 또한 심신을 나약하게 하는 해가 있음을 기억해야 한다.

정신을 항상 상쾌하게 하는 것도 또한 신체의 건강을 보전함에 빼놓지 못할 것이다. 정신이 침울한 때는 진귀한 음식도 맛있지 않으며 혈색이 시들하여 밤에 잠을 이루지 못하여서 마침내 치료하기 어려운 [膏盲][3] 병을 기르게 되니 이것은 우리가 흔히 보는 것이다. 인생이 본래 기쁘고 즐거운 일만 있는 것은 아니지만 반드시 정신을 상쾌히 하여 작은 일이 뜻대로 되지 못함에 근심함을 필요로 하지 말고 항상 심기(心氣)[4]가 즐겁도록 노력해야 하니, 이렇게 한 후에야 비로소 활달하게 행동하는 성격을 기를 수 있을 것이다.

자살의 옳지 않음

신체의 건강을 유지하고 보호함은 가족과 사회 및 국가에 대한 우리의 의무가 되기 때문에 개인적인 감정과 분노를 말미암아 자살하는 등의 일은 죄악의 가장 큰 것이 됨은 다시 말할 바가 아니거늘, 세상의 사람이 자살로서 일체의 죄악을 소멸하는 것에 충분하다고 생각하는 자가 혹 있으니 이것은 곧 애처롭고 가엾게 여기는 정으로써 정의(正義)의 이치를 끝내버린 자이다. 그러나 국가 공공의 이익을 위해서 한 몸의 희생으로 이바지한다는 사상이 없지 않을 것인데 이것은 소위 지사(志士)·인인(仁人)이 몸을 희생하여 인(仁)을 이루는 것이니, 우리가 평소에 신체 건강을 유지하는 의무가 있음은 실로 이와 같은 사정을 조우해서 그 의무를 완전히 하고자 함에 벗어나지 않는 것이다. 어

---

3 고맹(膏盲) : 여기서 맹(盲)은 황(肓)이 되어야 할 것으로 보인다. 고황(膏肓)은 '심장과 횡경막 사이'라는 말. 이 사이에 병이 생기면 낫기 어렵다는 것으로 고황지질(膏肓之疾)은 '고치기 어려운 모진 질병', '난치병' 등의 의미를 지닌다. 번역문에서는 고황의 의미로 풀이하였다.

4 심기(心氣) : 관용적으로 '마음으로 느끼는 기분'이라는 말. 그러나 문맥상 단지 기분에 그치는 것이 아니고 정신의 상태와 연결되기에, 기분으로 번역하지 않고 그대로 심기라고 표현하였다. 이 용어는 뒤에도 한 차례 더 언급되는데 그 때도 단순한 기분으로 풀이되지 않는다.

쩌다 몸이 가난하고 고생스러움에 핍박을 당하여 살아서 존재하는 것이 세상에 무익하기 때문에 차라리 죽는 것만 같지 못하다고 생각하는 자가 있으니, 그 생각이 매우 애처롭고 가여운 바가 없는 것은 아니나 그 약한 의지와 경박한 행동은 심히 꾸짖지 않을 수 없다. 이와 같은 때를 맞아서는 백절불굴의 의지를 굳게 지켜서 곤란함을 제거하고 밀어내며 행운을 붙잡아 회복함을 힘써 꾀할 것이니, 정신을 한 곳으로 모으면 어떤 일이든 성취하지 못하겠는가. 허름한 집에 틀어박혀서 헛되이 스스로 슬피 탄식함은 큰일을 이루려는 남자가 하지 않는 것이다.

제3장 친구, 습관, 그리고 근면

사람은 모방적 동물

사람은 모방적 동물이라서 나이가 어릴 적에 있어 가정에서 사랑하여 기를 때는 부모를 모방하고 점차 자라서 가정 밖에서 나가 노닐 때에는 친구를 모방하니, 가정의 교육은 어린 아이 자신이 관계하여 참견할 것이 아니나 친구의 선택은 우리 자신에게 마땅히 맡겨진 것이다.

친구는 우리의 지혜와 덕에 깊고 절실한 감화력이 있는 것이니, 비유하건대 물은 그릇의 모난 부분과 둥근 부분을 따라서 그 형태가 달라짐이 있는 것과 같이 사람은 친구의 선악을 따라서 그 행실이 서로 나누어진다. 따라서 그 교유하는 바의 친구를 통하여 그 사람을 알 수 있으니, 흰 색은 붉은 색과 서로 섞이지 아니하며 현명한 사람은 어리석은 사람과 서로 교분하지 아니하고 선량한 사람은 사악한 무리를 친구로 아니하기 때문이다.

사람은 무리지어 주거하는 동물이라서 친구를 구하는 것은 본래 고독함을 싫어하는 당연한 정에서 나오는 것이나, 그 감화력의 관계가 이와 같음을 생각하여 교유를 선택함에 특별히 명심해야 할 것이다.

도움이 되는 친구와 손해가 되는 친구

무릇 친구에는 도움이 되는 친구와 손해가 되는 친구의 두 가지가 있는데, 나보다 지혜와 덕이 뛰어난 자를 도움이 되는 친구라 말하고 열등한 자를 손해가 되는 친구라 말하니, 우리는 반드시 도움이 되는 친구를 친하여 가까이 하고 손해가 되는 친구를 멀리해야 할 것이다. 평소에 지혜가 빼어나고 덕이 높은 사람은 사귀면 알지 못한 것을 자연히 깨닫게 되고 충분하지 못한 것을 능히 보충하여서, 공경하여 우러르는 마음으로 나도 또한 그 사람과 같아지고 싶음을 희망하니, 때문에 깨닫지 못하는 사이에 나의 덕도 점차 나아가는 것이 좋은 향기가 나는 방에 들어가 그 향기를 배어들게 하는 것과 같은 것이다. 그러나 우매하고 질이 낮은 사람과 친하고 가까이 하면 오래된 사이에 그 악취를 느끼지 못하게 되는 것이 건어물 가게에 들어감과 같아서 깨닫지 못하는 사이에 나도 또한 함께 타락함에 이르는 것이다. 또 인정이 있고 충성과 신뢰가 있어서 나의 뜻을 거스를지라도 능히 나의 과실을 공격하고 바로잡는 사람은 곧 도움이 되는 친구라 말할 수 있으며, 아첨하고 경박하여 나의 뜻을 두둔하고 맞추어서 악으로 유도하는 자는 곧 손해가 되는 친구라 말할 수 있다. 공자(孔子)[5]도 "교언영색(巧言令色)하여 인(仁)한 자는 드물다"[6]라고 하였으니 친구를 선택하는 사람은 깊이 신중해야 한다.

---

5 공자(孔子, BC 551~BC 479) : 중국 춘추 시대의 사상가 · 학자. 이름은 구(丘). 자는 중니(仲尼). 노나라 사람으로 여러 나라를 두루 돌아다니면서 인(仁)을 정치와 윤리의 이상으로 하는 도덕주의를 설파하여 덕치 정치를 강조하였다. 만년에는 교육에 전념하여 3,000여 명의 제자를 길러 내었다고 한다.

6 출전은 다음과 같다. 子曰, 巧言令色, 鮮矣仁. 『論語』「學而」.

습관

습관은 친구를 사귐과 같이 성격을 이루는 데에 있어 지대한 관계가 있는 것이다. 무릇 사람의 마음은 사물을 응하여 바뀌는 것이다. 따라서 글씨나 서화를 보면 시를 생각하고 현악기와 관악기를 보면 음악을 생각하는 것이니, 하물며 사상이 아직 굳건히 정해지지 않은 젊고 기운찬 때에 있어서는 어떠하겠는가. 따라서 일상에 친근히 접하는 바의 외부 사물은 깨닫지 못하는 사이에 그 정신에 스며들고 젖어서 오랜 시간 이루어진 습관이 되면 마침내 단단히 고정되어 움직일 수 없는 지경에 이르니, 이른바 습관이 본성이 된다는 것이 곧 이것이다. 따라서 우리는 마땅히 습관을 경계하고 신중히 함이 그 친구를 선택함과 같이 해야 할 것이다.

습관이 본성을 이룬다

큰 강은 작은 개천으로부터 그 깊음을 이루며 사람의 본성은 습관으로부터 그 버릇을 이루는 것이다. 미국의 한 죄수가 사형에 처함을 맞아서 그 죄를 참회하여 말하기를 "내가 큰 죄를 범함에 이른 것은 어린 시절에 있어서 매일 아침에 침상에서 일어남에 과단성이 없던 것이 원인이다"라 하니, 침상에서 일어남에 과단성의 있고 없고는 일견 매우 사소한 일이라서 충분히 개의할 것이 아닌 듯하다. 하지만 이것을 원인으로 하여 점차로 유혹에 깊이 물들어서 능히 바른 도리에 나아가지 못하는 습관에 익숙하게 되면, 그 폐해가 미치는 것은 마침내 이런 한 죄수에게서 보이는 바와 같은 것이다. 일상의 행동거지라도 익혀서 본성을 이루면 이어져 모든 행위를 좌우함에 이르게 되니 깊이 경계하고 두려워해야 할 것이다. 서로 반대되어 평소에 선량한 습관을 이루면 악을 피하는 것을 뱀과 전갈을 피하는 것과 같이 하고, 선에 나아가는 것을 지초와 난초에 나아가는 것과 같이 하여 애쓰지 아니하고도 도에 진실로 화합할 수 있으니, 도덕의 근거는 반드시 고원한 것에 있지 아니하며 실로 매일 하는 보통 행위에서 벗어나지 않는 것이다. 물을 뿌리고 비로 쓸며 · 상대하여 응답하고 · 나아가고 물러나고 · 일어나고 머무르는 등 사물동정(事物動靜)이 도덕적 의리의 실제 장소가 아닌 것이 없으니, 정의 · 용감 · 근면 · 인내 등의 중대한 여러 덕들도 그 처음을 찾아 연구하면 매일 하는 보통 행위들 사이의 습관에 기인하는 것이 많다.

예의의 필요

예의는 단지 교제에 있어서만 중요하게 갖추어야 할 것이 될 뿐만 아니라, 또한 선량한 습관을 이룸에 있어서도 적지 않은 관계가 있는 것이다. 마음이 능히 육체를 바르게 하는 것과 같이 육체도 또한 능히 마음을 바로잡으니, 때문에 평소에 겉모습을 엄정히 하고 안색을 정돈하여 가지런히 하며 말을 온순히 하면, 마음도 또한 사악한 생각을 저절로 싹 틔우지 아니하며 행동도 또한 도탑고 공손함에 저절로 이르게 되는 것이다. "예가 아니면 보지 말며 예가 아니면 듣지 말며 예가 아니면 말하지 말며 예가 아니면 움직이지 말라"[7]라고 함은 곧 공자가 안연(顔淵)[8]이 인을 물음에 답한 말이니, 예를 근거로 하여 마음에 책임을 지운 것이 성인의 은미한 뜻이 지극히 다하였다고 이를 것이다. 세상 사람들이 문득 예의를 쓸데없는 형식이라 지적하고 거칠게 주먹질하며 크게 말함으로써 스스로 충분하다고 하지만, 그 마음이 또한 그 모습을 따라서 깨닫지 못하는 사이에 방탕해지고 소홀해짐을 면하지 못하니 깊이 경계하고 두려워해야 한다.

근면한 행동은 가장 좋은 습관

가장 좋은 일종의 습관은 근면한 행동에 있으니 근면한 행동이란 것은 언제나 자신이 맡은 일에 최선을 다함을 말한다. 근면한 행동의 종류는 사람마다 서로 다를 것이나 그 처지와 경우를 따라서 적절하고 합당한 일을 선택해야 한다. 그리고 평소에 이런 일을 따라하는 것은 덕성을 함양함에 빼놓지 못할 일이니, 사무를 보는 것은 사람에게 순순히 복종함을 가르쳐주고 절제를 가르쳐주는 것이요 또 능히 조심 · 근면 · 인내의 여러 덕을 익숙하게 하는 것이다.

게으름은 여러 악의 근본

세상에 게으름과 같이 인간의 본성에 해를 끼치는 것이 없으니 게

---

7 출전은 다음과 같다. 顔淵問仁. 子曰, 克己復禮爲仁. 一日克己復禮, 天下歸仁焉. 爲仁由己, 而由人乎哉. 顔淵曰, 請問其目. 子曰, 非禮勿視, 非禮勿聽, 非禮勿言, 非禮勿動. 顔淵曰, 回雖不敏, 請事斯語矣.『論語』「顔淵」.

8 안연(顔淵, BC 521~BC 490) : 중국 춘추 시대의 유학자. 공자의 수제자로 학덕이 뛰어났다.

으름은 여러 가지 악의 근본이다. 학업에 힘쓰지 아니하고 안일함을 좋아하는 마음은 곧 만 가지 악의 근원이니, 옛말에 "소인은 할 일 없이 있으면 선하지 못한 행동을 한다"[9]라고 말하는 것은 이것을 이르는 것이다. 무릇 소인뿐 아니라, 일함이 없고 망연히 시간을 소비할 때는 안일한 즐거움에 빠져 선량한 성품을 지닌 사람이라도 놀고 게으름에 점점 휩쓸려서 천한 욕정과 나쁜 생각이 또한 틈을 타서 그 마음을 스며들어 젖게 함에 이르는 것이다. 따라서 정당한 일에 몸을 떳떳이 맡길 때에는 마음이 순수하고 한결같기 때문에 천한 욕정이 일어날 수 없고 사악한 생각이 싹을 틔우지 못하여 근면 · 정직의 습성을 구하지 않아도 스스로 성취함에 이르는 것이다.

인생의 진정한 가치는 그 하는 일로써 측정함이 옳음

무릇 근면한 행동은 인생의 큰일이니 덕과 의 · 재주와 학문 · 공로 · 명예 · 재산과 기타 인생의 일절 행복은 모두 근면한 행동을 통하지 아니하는 것이 없다. 인생의 진정한 가치는 그 하는 일로써 측정해야 하고 그 연령으로써 측정하지 않아야 하니, 가령 백세의 나이를 누리고 유지한다 할지라도 방탕하게 즐기며 게으른 가운데 술에 취하여 살며 꿈을 꾸다가 죽으면[醉生夢死][10] 충분히 장수했다라고 말하지 못할 것이다. 이와 서로 반대하여 설령 스무 살에 요절했다 할지라도 살아

---

9 출전은 다음과 같다. 小人閒居爲不善, 無所不至. 見君子而后, 厭然揜其不善, 而著其善. 『大學』

10 취생몽사(醉生夢死) : 술에 취하여 꿈을 꾸다가 죽는 것으로, 일생을 의미 없이 보내는 것을 이르는 말.

있을 때의 공적이 죽은 뒤에도 사라지지 않으면 감히 단명했다라고 말하지 못할 것이다. 근면은 만 가지 일의 근본이다. 과일도 그 껍질을 깎지 않으면 그 내용물을 먹지 못할 것이니, 조금의 노력도 없이 어찌 조금의 이익을 얻을 이치가 있겠는가. 옛날부터 지금에 이르기까지 세상에 다시는 없을 천재라고 일컬어지는 자도 십 중의 팔구는 마음을 애태우며 학문에 힘씀의 결과가 아닌 것이 없으니, 세상에 하는 일로써 그 마음과 몸을 스스로 상하게 하는 자가 있으나, 방탕하게 즐기며 나태함으로써 그 몸을 스스로 그르치는 자에 비하면 십분의 일에도 미치지 못한다.

제4장 자제

자제라고 하는 것은 감정을 억제하고 욕망을 금지함을 말하는 것이니, 감정과 욕망은 반드시 천하고 열등한 것으로 여길 것이 아닐 뿐만 아니라 높은 지조와 유익한 일은 언제나 여기에서 근원하는 것이다. 그러나 정욕은 비유하건대 준마와 같이 잘 달리는 힘은 있으나 마땅히 달려야 할 장소를 알지 못하는 것과 같은 것이다. 따라서 기수로 하여금 준마가 제 맘대로 행동함에 방임하고 적합한 제어를 하게 함이 없으면, 어떤 경우에는 구렁에서 구르고 어떤 경우는 시내나 못에 빠져서 마침내 그 몸을 스스로 상함에 이르게 된다. 따라서 우리는 명확한 인성과 천리 및 견강한 의지와 기개에 기인한 자제의 힘으로써 항상 정욕이 함부로 날뜀을 견제하여 이로써 중정의 도를 유지함이 옳은 것이다.

자제의 주요한 것을 든다면 무릇 세 가지 종류가 있으니 신체의 욕구를 절제함이 그 첫 번째요, 욕망을 절제함이 그 두 번째요, 열정을 억제함이 그 세 번째이다.

육체적 욕구의 절제

굶주림과 목마름 곧 음식의 욕구는 알맞은 시기에 있어서 알맞은 양분을 받아들이는 것이 옳은 것으로써, 사람 신체의 건강과 활기를 보전함에는 십분 필요하여 가히 빼놓지 못할 것이다. 그러나 진한 향기와 좋은 맛을 탐하여 알맞은 정도를 초과하며 오히려 포만함을 알지 못하는 때에는 다만 건강을 손상하고 생명을 위태롭게 해칠 뿐만 아니라, 지능을 노둔하게 하고 덕성이 자라나면 밟아버려 방탕하게 놀고 사치하는 습성을 양성함에 이르게 되니, 주색의 욕구는 더욱 허황하고 어지러우며 미혹되어 탐닉하는 근심이 있는 것이다. 따라서 자제의 힘으로써 미리 이것을 알맞은 정도로 금지해야 한다. 만일 국민을 다 들어서 정욕의 노예가 될 때는 정치 체제의 개량 및 학문과 기예의 진보도 또한 어찌할 수 없는 지경에 빠질 것이니, 국가의 장래를 여기에서 알 수 있다. 아편을 즐기고 좋아함에 빠진 중국인들[支那人] 같은 것이 실로 그 적당한 예이다.

욕망의 절제

욕망도 또한 신체의 욕구와 같이 어느 정도까지는 인생에서 빼놓지 못할 것이다. 사람이 만일 명예를 바라고 재산을 욕구하며 쾌락을 구하는 생각이 전혀 없다면 그 행복의 태반을 잃어버린 것이니, 다만 우리는 평소에 이것들을 경계하고 두려워하여 그 정도를 초과해 도리어 욕망의 노예가 되지 아니함을 기대해야 하는 것이다.

명예의 욕망

표범은 죽어서 가죽을 남기고 사람은 죽어서 이름을 남기니, 명예를 희망하는 것은 인생의 미덕이다. 그러나 오로지 명성을 추구하고 그 다른 것들을 돌아보지 않을 때는 다른 사람들을 제쳐버리고 유아

독존의 마음을 굳게 지켜 어떤 경우는 오만불손하며, 어떤 경우는 자신을 굽혀서 다른 사람의 뜻을 구차히 맞추고자 하여 말은 잘하나 실속이 없고 비굴함에 이르니, 그 폐단이 미치는 바가 결단코 하나 둘에 그치지 않을 것이다. 스스로를 존대하여 사람에게 겸손히 자신을 낮추지 않고 아직 알지 못하는 일을 이미 알고 있는 것 같이 하며, 나의 지혜를 스스로 사용하고 다른 사람에게 묻지 않으며 오만하게 자신을 높여서 다른 사람들을 멸시하는데, 이런 종류의 행동은 일시적으로 세상 사람들의 눈을 놀라게 하나 결단코 빈 명성이 오래가지 않는다. 뿐만 아니라 그 지혜가 나날이 어두워지고 그 학식이 나날이 퇴보하여 마침내 그 몸을 스스로 그르침에 이르니, 학식이 과연 참으로 다른 이들보다 특히 빼어나다 할지라도 이것을 과장하여 부모 형제를 능멸하고 어른을 업신여기는 자는 덕을 어그러뜨림이 심한 자이다. 만일 다른 사람들의 좋은 평가를 취하고자 하여 나의 양심을 굽혀서 사람에게 아부하고 동조하여 그 뜻을 구차히 합하고 그 자취를 추종함은 비루함의 심함이 이보다 더한 것이 없으니, 이런 종류의 일은 모두 자제력의 부족한 까닭이다.

재산의 욕망

재산은 인생에서 필요한 첫 번째 요건이니, 작은 것으로는 한 개인의 독립적인 행복으로부터 큰 것으로는 국가의 안녕과 부강에 이르기까지 모두 재산을 서로 필요로 하지 아니하는 바가 없다. 따라서 재산을 만들어서 이것을 증식하는 것은 인생의 필요한 의무인 것이다.

인색과 사치

그러나 세상 사람들이 종종 재산을 증식하는 애초의 목적을 망각하여 자신과 다른 사람 사이에 아무런 행복과 이익을 함께 하지 않고, 다만 재화를 축적함을 즐거운 일로 생각하여 그 재화를 이용함에 아주 작은 것도 생각하지 아니하는 자가 있으니 이것을 인색이라 말한다. 또한 이와 서로 반대하여 무익하고 급하지 않은 욕망을 충족하고자 하여 금전을 낭비하는 자가 있으니 이것을 사치라고 말하는데, 이 두 가지는 중정한 도리를 다 잃은 것이다. 재화가 인생에 귀중함이 되는 까닭은 자신과 다른 사람의 행복을 증진함에 있어서이거늘, 다만 탐욕을 제 마음대로 하며 축적을 오로지 일삼고 자신과 다른 사람에 대하여 조금의 공과 이익을 함께 하지 아니하면, 비록 큰 부를 가진다 할지라도 이것은 일개 수전노에 그칠 뿐이니 아주 가난한 자와 무엇이 다르겠는가. 또 인색한 자는 이자에 이자를 붙여 재산 불림을 일삼음으로써 그 폐해가 극도에 달하였는데 다른 사람에 대하여 당연한 의무를 하지 않고 염치의 마음이 없으며 사랑하고 불쌍히 여기는 정이 결핍되어, 친척과 친구들의 어려움이라도 이것을 구해주지 않고 굶주린 자에게 은혜를 베푸는 것을 알지 못하며, 줄만한 일에 베풀지 아니하고 취해선 안 될 일을 탐하여 의리를 까맣게 모르고 인정을 어그러뜨림이 이보다 더욱 큰 것이 없다. 심한 자에 이르러서는 어떤 경우는 부정한 물품을 매매하고 어떤 경우는 소액의 금전을 빌려주고 심한 이익을 취하는 자가 있으니, 이런 종류의 인색한 사람의 행위는 어찌 사람이 지켜야할 도리로써만 꾸짖음에 충분하겠는가. 사치도 또한 크게 경계하고 두려워해야 할 것이니, 들어오는 돈을 계산하지 않고 소비하는 돈을 지나치게 하며 들어오는 것보다 써서 없어지는 것이 도리어 높음은 몸을 망치고 집을 허무는 근원인 것이다. 재물을 쓰는 도리를 알지 못하여 마침내 빈곤에 빠지면 자신의 독립적인 처지를 보존하지 못할 뿐 아니라, 가족을 보양하고 군주를 섬기며 사람에게 베풀어 주는 여러 가지 일을 하는 것이 힘들어서 인륜의 상도가 자연히 어그러짐에 이르는 것이다.

사치는 쓰는 것이 지나치고 인색은 모으는 것이 지나치니 모두 욕망이 과도한 까닭이다. 중정한 도는 이 두 가지의 가운데에 있으니 절약과 검소가 이것이다.

절약과 검소

절약과 검소란 것은 분수를 맞추어 스스로 공손히 함을 이르는 것이다. 사람은 귀천상하의 구별을 따라서 그 지위를 유지하고 의무를 완전히 하는 것에 있어서도 또한 서로 다른 것이 없지 않다. 그러므로 만인을 통하여 일률로 대략 한정지어버림은 도저히 어려울 것이나, 그 핵심은 다만 나의 처지와 경우를 따라서 적합한 생활을 경영함에 있을 뿐이다. 일상의 음식은 봉양함에 그칠 뿐이요 풍성하고 아름다움을 요구하지 말아야 하며, 의관은 갖추면 그칠 뿐이요 화사한 것을 바라지 말아야 한다. 선조가 물려주신 것을 받아서 가업을 힘써 노력하고 검약을 위주로 하여 낭비함이 없으면, 여유 있는 재산이 언제나 있어서 다른 이들의 불행을 가련히 여겨 구제할 것이니 그 기쁨이 어찌 크지 않겠는가. 사람이 검약하면 사욕이 작아지고, 사욕이 작아지면 사물에 부림을 당하지 아니하니, 이와 같은 연후에 비로소 정신을 편안히 길러서 사람의 도리를 행할 수 있는 것이다.

개인이 절약하고 검소하면 그 집안이 능히 다스려지고 국민이 절약하고 검소하면 그 국가가 능히 다스려지니, 절검하여 자산이 풍요로운 때에는 백성이 그 생업을 각각 편안히 하여 임금을 공경하고 국가를 사랑하는 마음이 저절로 생길 것이다. 만일 사치의 풍습이 국민들 사이에 유행하여 사람들이 귀중한 재산을 낭비하고 무익한 정욕에 충실하여 이로써 그 마음의 힘을 소모할 때는 한 나라의 원기가 또한 사라짐에 이를 것이다. 옛날부터 지금에 이르기까지 여러 나라의 흥하고 망함은 그 백성의 절검과 근면 및 사치와 방탕하게 즐김에 달린 경우가 많으니, 로마[羅馬] 제국의 말로와 같은 것이 그 적당한 예이다.

쾌락의 욕망

쾌락의 욕망도 또한 명예, 재산의 욕망과 같이 그 알맞은 정도에서 제한되지 아니치 못할 것이다. 대저 쾌락을 좋아하고 고통을 싫어함은 인간의 천성이니, 사람의 행위의 대부분은 이 천성에 끌리어서 쾌락을 얻고자 함에서 벗어나지 않는 것이다. 천성에 뿌리 둔 것은 서서히 수련함이 옳고 갑자기 금지함은 옳지 않으니, 고대에 마음의 이치를 공부하는 한 학자가 일반적이지 않은 힘든 수행을 애써 함으로써 모든 쾌락을 거부하여 끊어버리고자 한 자가 있는데, 이것은 다만 본성을 없애고 마음을 해함에 그칠 뿐이요 도덕에 도움과 이익이 되는 바는 적은 것이다. 하물며 쾌락을 알맞은 정도로 향유하고 받아들이는 것은 결단코 이 무리의 사유함과 같이 질 낮은 정욕으로부터 나온 것이 되지 아니할 뿐 아니라, 정신을 상쾌히 하고 활기를 유지하며 근면한 행동을 장려하고자 함에는 도리어 필요함이 되는 것이다. 다만 적합하고 마땅한 정도를 초과하며 다른 필요한 근면한 행동을 내버려 버리고 여기에 잠기어 빠져버림은 깊이 경계해야 할 것이다.

쾌락의 알맞은 정도라 하는 것은 어떠한 정도를 가리키는 것인가. 이것을 말하는 것은 쉬우나 행동하는 것은 어렵다. 그러나 실제에서 표준에 거의 가까이 한 자는 언제나 과도함에 나아가지 아니하고 이에 그침에 있으니, 옛 사람이 말하기를 "환락이 극에 달하면 슬픈 심정이 이른다"[11]라고 하였다. 세상에 불유쾌한 일이 많은데 욕망의 과도함을 원인으로 하여 생기는 것보다 더욱 불유쾌한 것이 없으니, 이와 같은 경우에 있어서는 쾌락이 정신과 기백을 고무하고 근면한 행동을 장려해야 하는 당연한 목적을 달성하기 어려울 뿐 아니라, 도리어 마음과 몸을 게으르게 하여 각종의 부덕을 끌어와 일으킨다. 세상에 도를 어기고 죄를 범하는 자는 항상 그 처음에 쾌락의 절제를 게으르고 태만히 함에 근본 원인이 있는 자가 많으니 가장 명심해야 할 것이다.

열정의 절제

열정도 또한 잘 절제함이 옳다. 무릇 사람은 감정의 동물이니 한 번에 하나의 사물에 대하여 깊은 흥미를 느끼어 마음이 움직인 때에는,

---

11 흥진비래(興盡悲來)를 말하는 것으로 보인다.

정신이 미혹되고 마음이 뺏기어 반성하고 고려할 여지가 없고 하나의 뜻으로 이에 잘 듣고 좇게 되며, 심지어는 자신과 다른 사람에 대한 의무를 던져버리고 오히려 그 끝에 도달치 못하면 그만두지 않는 자가 있다. 이런 때를 만나서 도리를 변별하고 시비이해가 있음을 명료히 하여 이로써 격렬한 감정을 제지하는 습관을 익숙히 하지 않으면 사람은 항상 죄와 허물 안에서 신음함을 면하지 못할 것이다. 그러나 열정으로 하여금 도리 하에 제어하게 되면 곧 알맞은 기계를 통하여 운용되는 증기와 같을 것이니, 그 강대한 기세와 힘이 어디로 향한들 이용되지 않겠는가.

분노

열정 중에 있어서 가장 현저한 것은 분노이다. 노기가 가슴에 충만할 때는 종종 미치광이와 같아서 죽음도 오히려 피하지 않는 자가 있으니, 따라서 분노할 때 행한 일은 십 중의 팔구는 허물을 그 몸에 남기어 종신토록 뉘우치고 한탄해도 다하지 못하는 것이 있다.

분노는 반드시 항상 악한 것은 아니니, 사람이 부정하고 무례함을 받아서 냉담히 돌아보지 않음은 바른 의리를 알고 있는 선비가 행하지 아니하는 것이다. 우리는 분노해야 할 때는 분노하지 아니해서는 안 되니, 부끄러움을 단지 참아서 다른 이에게 굴종하는 것은 비겁함이 심한 자이다. 그러나 분노가 그 절제를 잃으면 가슴 안에 도리가 없어서, 친척도 되돌아보아 생각할 여지가 없고 오랜 친구도 용서할 겨를이 없으며 은혜와 정의를 끊고 신의를 버려서 일생의 재앙과 실패로써 일시적인 유쾌함을 사는 자가 있으니, 따라서 사람은 어린 때에서부터 인내의 습관을 평소에 길러야 할 것이다. 갑자기 분노의 정이 일어난다 할지라도 곧 이것을 생각하고 버티어 두 번 세 번 반성하면 거의 과실이 없게 될 것이요, 또 분노의 정으로 하여금 억제함이 되면 헐뜯고 욕하며 폭행하는 등의 과실도 자연히 면할 수 있을 것이다.

인내

인내는 교제할 때의 친화를 위해 필요한 것이다. 사람의 마음이 다른 것은 그 얼굴의 다름과 같으니, 사람의 말과 행동이 나에게 맞지 않기 때문에 일일이 분노하면 집에서 화목할 수 없고 친구와 친밀할 수 없으며 사회의 사람들과 모두 반목하여 떠나보냄을 벗어날 수 없을 것이다. 용서해야 하는 자는 이 사람을 용서하고 내가 홀로 저 사람의 선을 취할지니, 이것은 모두 인내의 미덕을 따른 것이다.

오만과 질투

분노와 같이 또한 깊이 삼가해야 하는 것은 오만과 질투이니, 오만은 자기의 우수함을 끼고서 다른 사람을 능멸하고 혹은 다른 사람을 경멸하여 자신의 위엄의 무거움을 더하려고 하는 감정이요, 질투는 다른 사람의 우수함을 몹시 부러워하는 극한 지점에서 도리어 그 재주와 식견 및 명예와 인망을 시기하고 미워하는 감정이다. 무릇 위엄의 무거움은 사람의 진가가 바깥에 자연히 드러나는 것이요, 모방하여 비슷하게 본뜨는 것은 능히 한 때를 속여 넘길 수는 있으나 족히 이로써 오랫동안 유지하고 보존하지는 못한다. 또 다른 사람을 경멸하고 업신여기는 것은 조금도 나의 품격을 고귀하게 하는 것이 아니요, 다른 사람의 행복을 꺼리고 시샘하는 것으로써 그 까닭을 통하여 자기의 행복을 증진할 수 있는 것도 아니니, 이런 종류는 다만 무지몽매의 거동이 될 뿐 아니라 또한 비열하고 부덕함이 가장 심한 것이다.

정욕을 제어하는 방법

정욕을 제어하는 방법은 어떠한가. 정욕의 성질이 지극히 크고 강하니, 한번 격렬하게 높아진 기세를 타서 발흥할 때는 도리의 힘도 능히 이것을 막지 못한다. 따라서 이해득실을 설명하여 이것을 금지시킴이 이치에 당연한 것이나 사태에 직면하면 필경 쓸모없는 것이 되니, 정(情)을 제어함은 다만 정으로써 하는 것이 옳다고 할 것이다.

정(情)을 제어함에는 정으로써 해야 한다

저 정치가가 국가 안의 소란을 진정시키고자 하여 외국과 교섭을 일으키는 것과 같이 정욕은 다른 정욕으로써 이것을 억제함이 가능하다. 가령 분노를 이기지 못할 때에는 그윽하고 고요한 음악을 듣고 불평함을 이기지 못할 때에는 탁 트이고 조용한 산천에 유람하면 마음이 편안하고 정신이 상쾌하여 일시적인 열정이 과연 참으로 무익하다는 것을 스스로 깨닫게 됨이 있을 것이다.

정욕이 정점에 도달했을 때는 그 기세가 자못 당해내지 못할 것이나 오래 걸리지 않아 쇠퇴하는 것이 일반적인 예이다. 따라서 열정이 발흥할 때에 그 정욕을 굳건히 참아서 스스로 고요히 지키는 습관을 길러 체득하는 것은 자제하는 방법의 가장 필요한 일이니, 인생의 화와 복이 이 한 번 변화하는 때의 인내 여하에 달려 있는 것이 많다. 옛날에 급한 성품을 가진 사람이 있어서 분노가 나올 때에 열정에 부림을 당하였는데, 말을 하며 일을 행하려고 할 때는 항상 그 분노한 기운을 굳건히 인내하고 일부터 백에 이르는 수를 세어 이로써 시간을 옮겨서 분노한 기운을 제어하였다고 하니, 충분히 오늘의 좋은 교훈이 될 것이다.

제5장 용감

용감은 사람으로 하여금 곤란을 능히 견딜 수 있게 하는 것이다. 인생의 가치가 있는 사업은 하나도 곤란이 없는 것이 없으니, 사람이 만일 곤란에 대하여 굴하거나 흔들리지 아니하며 좌절하지 아니하고 굳세고 순수함으로써 그 본래의 의지를 관철하는 용감의 기운이 없으면 어떤 일이든지 성취하기가 어려울 것이다.

도덕적이고 지적인 용감

여기에서 용감이라고 하는 것은 체력의 날램을 말하는 것이 아니니, 만일 다만 근육과 뼈의 힘으로써 이것을 취하는 것이면 사람은 어떤 식으로 강건할지라도 마침내 소나 말에 미치지 못할 것이다. 진정으로 받들어 높여야 하는 것은 도덕적이고 지적인 용감이니 의무를 완전히 하고 진리를 드러내고자 하여서 어떠한 곤란을 만난다 할지라도 굽히고 꺾이지 아니하고, 마침내 처음의 뜻을 이룸은 과연 참으로 받들어 높여야 하는 진정한 용감의 기운이니, 사회의 행복과 진보는 이런 부류의 용감한 사람이 져야 할 바가 많은 것이다.

사회의 진보는 용감한 사람이 져야 할 바가 많음

일찍이 역사를 살펴서 연구하니 어떠한 시대에 있어서든지 사회의 진보는 항상 일을 맡은 자들이 반대 의견과 어려움을 밀어낸 결과로부터 시작하였다. 이러한 일의 중심이 된 자들은 권문세가와 귀족에 대항하여 스스로 믿는 바를 변치 않는 도덕가요, 총애 받는 이에 대하여 그 머리를 굽히지 않는 애국자요, 도에서 벗어난 학문을 닦아 세상에 아부하지[曲學阿世][12] 아니하는 사상가요, 사욕을 내버리고 공익에 진력하는 사업가이다. 이런 이들은 모두 굳세고 흔들리지 아니하여 선을 믿고 진실을 인식하는 일은 어떠한 곤란을 물리칠지라도 이것을 성취하지 아니하면 포기하지 않는 용감한 사람이다. 을지문덕(乙支文德)[13]은 고구려 사람이니 그 때에 수(隋) 나라 병사가 침입하여 전국이 유린되는 것을 보고 앞장서서 출전하여, 일백삼십만 무리의 수나라 병사를 살수(薩水) 아래에서 모조리 무찌르고 국가의 위엄을 요서(遼西)에 한 번에 떨쳐서 수나라 도적들로 하여금 감히 동토를 다시 엿보지 못하게 하였다. 박제상(朴堤上)[14]은 신라 사람이니, 왕자 미사흔(未斯欣)[15]이 일본에 붙들리어 국가가 모욕당함을 보고 단신으로 바다를 건너서 숨겨놓은 배로써 왕자를 돌려보내고 저 일본에 체류하였는데, 일본 왕이 가혹한 형벌로써 신하가 될 것을 핍박하고 요구하여 마침내 몸이 불타 죽음에 이르러서도 그 뜻을 굽히지 아니하고 '신라의 신

12 곡학아세(曲學阿世) : 도에서 벗어난 학문을 닦아 세상에 아부함을 이르는 말.

13 을지문덕(乙支文德, 생몰년 미상) : 고구려 영양왕 때의 장군. 영양왕 23년(612)에 중국 수나라 양제가 고구려에 대군을 이끌고 쳐들어오자 이를 살수에서 물리쳤다. 지략과 무용에 뛰어났으며 시문에도 능하였다.

14 박제상(朴堤上, 363~419) : 신라 눌지왕 때의 충신. 고구려에 볼모로 가 있던 왕제(王弟) 복호(卜好)를 데려왔으며, 왜(倭)에 볼모로 간 왕제 미사흔(未斯欣)을 돌려보내고 자신은 체포되었는데, 왜의 협박과 회유에도 굴하지 않고 충절을 지키다가 피살되었다. 부인은 그를 기다리다 망부석이 되었다는 전설이 있다.

15 미사흔(未斯欣, ?~433) : 신라 내물왕의 아들. 실성왕 1년(402)에 일본에 볼모로 잡혀갔다가 눌지왕 2년(418)에 박제상의 꾀로 돌아오게 되었는데, 그 은혜에 보답하기 위하여 박제상의 딸과 결혼하였다.

하'[鷄林臣]라는 세 자의 소리가 입에 끊이지 않아서 외적으로 하여금 동국의 충성스럽고 선량함이 이와 같음을 탄식하고 사모하게 하였다. 이 두 사람의 확실한 곧은 충성과 높고 높은 굳센 용기는 오로지 나라를 사랑하는 정신으로부터 나와서 그 몸이 있음을 알지 못한 것이다. 소크라테스[邵久羅斗蘇][16]는 희랍(希臘)의 철학자이니, 세상 사람들이 반대하여 이단이자 나쁜 가르침이라고 지목하는 것을 두려워하지 않고, 독약을 먹이어 죽음에 이르기까지 스스로 믿는 바를 고치지 않아서 위업을 후세에 드리웠다. 브루노[富婁老][17]는 이태리(伊太利)의 학자이니, 당시의 잘못된 학문을 통렬히 공격함으로써 몸이 화형을 당함에 임하여 태연히 법관에게 말하기를, "너희가 나를 사형에 선고함은 내가 사형을 받는 것보다 두려운 일이다"라고 하였다. 갈릴레오[葛里禮五][18]는 이태리의 과학자이니, 지동설을 처음으로 제창하여 사제 무리의 반대와 압제를 받아 옥중에 갇히었는데 그 진리로 인식한 바를 끝까지 굽히지 아니하여 아직까지 학자들 사이에서 미담이 된다. 저 학자들의 위업을 달성함은 단지 학문이 심원하고 식견이 뛰어남을 통해서일 뿐

---

16 소크라테스[邵久羅斗蘇, Socrates, BC 469~BC 399] : 고대 그리스의 철학자. 문답을 통하여 상대의 무지(無知)를 깨닫게 하고, 시민의 도덕의식을 개혁하는 일에 힘썼다. 신(神)을 모독하고 청년을 타락시켰다는 혐의로 독배를 받고 죽었다. 그의 사상은 제자 플라톤의 『대화편(對話篇)』에 전하여진다.

17 브루노[富婁老, Giordano Bruno, 1548~1600] : 이탈리아의 철학자. 우주의 무한성과 지동설을 주장하고, 반교회적인 범신론을 논하다가 이단으로 몰려 화형을 당하였다.

18 갈릴레오[葛里禮五, Galileo Galilei, 1564~1642] : 이탈리아 르네상스 말기의 물리학자 · 천문학자 · 철학자. 진자의 등시성(等時性)을 발견했고, 물체의 낙하 속도가 무게에 비례한다는 아리스토텔레스의 잘못을 증명하였으며, 물체 운동론을 연구하여 관성의 법칙, 낙하 물체의 가속도가 일정하다는 사실, 탄소가 포물선을 그린다는 사실 등을 밝혔다. 1609년에 망원경을 제작하여 달의 산 · 계곡 및 태양의 흑점, 목성의 위성 따위를 발견하였으며, 지동설을 주장하여 교황청으로부터 종교 재판을 받았다.

아니라, 필경 선으로 믿고 진리로 인식한 것을 실행해서 드러내어 밝히는 것을 위해서는 죽음도 또한 피하지 않는 용감의 기운이 있는 까닭이다. 이와 같이 용감이 있는 사람은 위세와 무력도 능히 그 의지를 꺾지 못하며 권세도 능히 그 의지를 빼앗지 못하고 부귀도 능히 그 의지를 바꾸지 못하여, 비록 그 몸이 불운으로 죽는다 할지라도 꽃다운 이름이 빛나고 빛나서 오랜 세월 후에도 높이 전한다. 만일 이상의 여러 사람으로 하여금 굳세며 굽히지 않는 정신이 바탕에 결핍하여 한때의 위험을 물리치지 못하였다고 한다면, 오늘날에 있어서 누가 그 위대한 자취를 추모하는 것이 있겠는가.

용감은 일상생활에 드러날 수 있음

사람은 어떠한 곤란을 만난다 할지라도 이것을 인내하는 용감한 기운이 없어서는 안 될 것이다. 인생은 순조로운 일만 있는 것이 아니요 때에 따라 어떤 경우에는 역경에 빠져서 불운의 고초를 두루 맛봄이 있으니, 용감한 사람이라야 비로소 이것을 견디어내어 능히 어려움을 변하게 하여 행복을 달성하는 것이다. 또 용감은 특별한 일이 있는 때에만 나타나는 것이 아니라 일상생활에 있어서도 항상 드러나는 것이니, 일을 함에 있어서 순수하고 올바른 용감과 유혹에 저항하는 용감과 자신의 의무를 스스로 편안하게 여기는 용감 등은 우리들의 평소 생활에 필요한 것이다.

결단의 용감

우리의 악덕은 결단력이 부족함에 원인이 있는 것이 많으니 가령 그것이 의무가 된다는 것을 알고 있다 할지라도 결연히 이것을 행하지 못하며, 비록 올바른 도리가 된다는 것을 믿는다 할지라도 결연히 이것을 이행하지 못하며, 명예와 이익의 유혹함을 한 번 만나면 결연히 이것을 부정하다고 인식하지 못하여 마침내 그 몸을 스스로 그르침에 이르니 이런 종류는 필경 결단의 용감이 부족한 까닭이다.

자기의 본분을 스스로 편안하게 여기는 용감[19]

또 교만과 사치의 뜻으로 겉[邊幅]을 꾸미고 거만함의 뜻으로 곁에 있는 사람을 깔보고 무시하며 학문을 스스로 자랑하고 덕을 거짓으로 행하는 자는, 필경 본분을 스스로 편안하게 여기는 용감의 힘이 없기 때문에 다른 사람으로 하여금 자기가 가지고 있지 않은 것을 가지고 있는 듯이 믿게 하고자 하는 것이다.

독립의 용감

용감 중에서 가장 받들어 높여야 할 것이 독립이니, 독립이란 자기

19 『윤리학 교과서』 원문에는 소제목으로 '자기의 본분을 스스로 편안하게 여기지 못하는 용감'이라고 나와 있으나, 여기에 해당하는 본문에는 '본분을 스스로 편안하게 여기는 용감'이라고 나와 있다. 문맥상 후자가 맞는 것으로 보인다. 따라서 역자가 후자에 맞추어 소제목을 바꾸었음을 밝힌다.

의 힘으로써 세상에 살면서 도를 행하고 조금도 다른 사람을 의지하지 아니함을 말하는 것이다. 사람은 자기의 다리로 서는 것이 아니면 안 되는 것과 같이, 자기의 마음으로써 생각하며 헤아리고 자기의 의지로써 행하며 자기 자산의 힘으로써 생활해야 하기 때문에 이런 사람을 독립한 사람이라고 말하니, 독립한 사람이라야 비로소 진정한 사람이라 칭하는 것이다. 독립이라 함은 무리와 갈라져 혼자 사는 것을 말하는 것이 아니니, 사람이 모여서 가족을 이루고 사회 국가를 형성하면 그 속한 바 단체의 행복과 이익을 증진시키기 위하여 서로 도와주어 유지해야 하는 것은 자연스러운 도리이다. 그러나 한 명의 사람이 되어서 행하는 말과 행동은 종신토록 얽매이지 않고 독립함을 보전하는 것이 옳다. 독립이라 하는 것은 또 외람되고 망령되이 나를 스스로 높이고 다른 사람을 밀쳐냄을 말하는 것이 아니니, 옳고 그름과 바르고 사악함을 막론하고 반드시 자기의 뜻을 관철하고자 하는 자는 완고하며 어리석으며 근거가 없는 무리의 행동하는 바가 될 뿐이기에, 옳고 그름과 이익과 손해를 막론하고 다른 사람을 맹종하는 자와 그 폐해가 균등할 것이다. 자기의 선천적인 도덕의식[良知]과 양심을 돌이켜 살펴보아서 진실로 도리가 있는 것은 필부의 말이라도 자기를 버리고 이것을 따름에 싫어하지 않으며, 만일 도리에 상반되는 것은 귀하고 높은 자의 명령이라도 이것을 맞서 싸움에 꺼리지 않아야 할 것이니, 이것을 진정한 독립이라 말하는 것이다.

독립의 주요한 것이 세 가지가 있으니 첫째는 스스로 살아가는 것이요, 둘째는 스스로 믿는 것이요, 셋째는 스스로 결정하는 것이다.

스스로 살아감

생활은 모든 일의 근본이다. 따라서 생활로 하여금 독립하지 못하면 그 사람은 어떤 일이든지 독립할 수 없을 것이다. 자기의 진정한 능력을 의지하지 않고 어떤 경우는 다른 사람이 자애롭게 베풀어주는 은혜를 받아서 생활하며, 어떤 경우는 빌린 돈을 의지하여 입고 먹을 때는 그 의지의 기운도 또한 비굴함을 면하지 못할 것이며, 어떤 경우는 다른 사람의 찡그림과 웃음으로 기쁨과 걱정을 삼아 콧숨의 기세를 엿보는 자는 자기의 믿는 바도 이것을 주장하지 못하고 자기의 행하고자 하는 바도 이것을 실행하지 못할 것이다. 이런 무리는 차라리 사회에 없느니만 같지 못하니 이것은 생활이 독립되지 못함으로부터 나오는 폐해이다.

스스로를 믿음

또 당연한 이치로 스스로를 믿어 신념에 이른 이유가 분명히 존재할 때에는 어떠한 사정을 만난다 할지라도 그 확신한 것을 굴하지 않는 용감이 없어서는 안 된다. 옛날부터 지금에 이르기까지 세상의 보기 드문 대학자라 칭하는 사람은 다만 그 학식의 넓고 깊음을 기인할 뿐만 아니라, 권세 · 위엄 · 무력에 대해서도 그 확신하는 것을 바꾸지 않으며, 당시의 유행과 세속적인 기호에 뒤섞이기 위하여 그 언제나 주장하던 바를 굽히지 않는 진정한 독립의 기상이 있었던 까닭이다.

스스로 결정함

또 사물을 판단할 때를 만나서 전적으로 다른 사람을 의지하는 것은 곧 자기의 독립심이 없음을 표시하는 것이니, 자기 식견의 부족한 것을 명확히 하고자 하여 선배와 원로의 의견을 참고하는 것은 실로 무방한 것이나, 일을 임하여 스스로 결단하지 못함은 자기를 스스로 믿지 못하는 것이니 천하고 졸렬함이 이보다 심한 것이 없다. 요컨대 독립심이 없는 사람은 능히 스스로를 무겁게 여기지 못하며 스스로를 무겁게 여기지 못하면 능히 다른 사람을 존중히 여기지 못하니, 이것은 자기의 품격과 위엄을 실추할 뿐만 아니라 다른 사람에 대해서도 덕과 의를 모자라게 하는 실마리가 되는 것이다. 독립심이 없는 사람이 모여서 국가를 이루면 그 국가의 독립도 또한 결단코 굳셈을 기약하지 못할 것이니, 쳐져서 망하는 국가의 정황을 대강 살펴보면 여기에 충분히 징험할 바가 있는 것이다.

의로운 용기

의로운 용기는 독립과 함께 사람이 빼놓지 못할 것이다. 소위 호랑이를 맨손으로 때려잡고 강을 배 없이 건너는[暴虎馮河][20] 것의 무모한 용기는 강도라도 능히 행하는데, 이것은 혈기의 용기라서 족히 칭찬

20 출전은 다음과 같다. 子謂顏淵曰, 用之則行, 舍之則藏, 唯我與爾有是夫. 子路曰, 子行三軍, 則誰與. 子曰, 暴虎馮河, 死而無悔者, 吾不與也. 必也臨事而懼, 好謀而成者也. 『論語』「述而」.

하거나 상줄 것이 아니다. 의(義)에 있어서 마땅히 행동함이 옳음을 알지라도 사람들이 비방하면 이것을 행하지 아니하며, 의에 있어서 마땅히 행동함이 옳지 않음을 알지라도 사람들이 칭찬하면 이것을 행하는데, 이것은 스스로 결정함의 용기가 없을 뿐 아니라 도리어 겁이 많고 나약한 자이다. 이것과 서로 반대하여 의가 있는 것은 많은 사람들이 비방한다 할지라도 그치지 아니하며, 의가 있지 않은 것은 많은 사람들이 칭찬한다 할지라도 행하지 아니하니 이것은 진정한 의로운 용기이다.

국가에 대하는 의로운 용기

의로운 용기는 일상에 있어서 빼놓지 못할 미덕이니, 그 가운데 가장 큰 것은 국가를 대하는 의로운 용기이다. 우리가 한 국가의 안에 살고 있어서 생명과 재산의 안전함을 얻고 또 여러 행복을 향유하고 누릴 수 있음은 모두 국가의 은택이니, 이것을 선조에게 이어받고 이것을 자손에게 전하여 지키는 것은 우리의 큰 의무이다. 이 한 가지 일로써 할지라도 갑자기 국가에 위급한 일이 있을 때는 한 몸을 바쳐서 국가의 독립 안전과 행복을 유지함이 옳으니, 임금께서 종묘에 나아가서 고하고 내린 칙어에서[21] 이르시길 "너희 백성들은 너희의 마음을 하나로 하여 오로지 국가를 사랑하며 너희의 기운을 함께 하여 오로

---

21 1894년(고종 31) 12월 13일 고종은 왕세자와 함께 종묘에 나가서 서고하였다. 그리고 중앙과 지방의 백성들에게 자주 독립을 고취시키는 윤음을 내리는데 이하 내용은 그것을 말하는 것이다. 또한 이 시기는 고종이 아직 황제의 칭호를 사용하지 않은 때이므로 임금이라고 풀이하였다.

지 임금에게 충성하라. 진실로 이와 같으면 짐이 말하기를 '적에 대한 분노가 있다' 하며 짐이 말하기를 '외부로부터 당하는 모욕을 막아냄이 있다'고 하리라"[22]라고 하심이 곧 이것을 깨우치신 것이다. 가령 학식이 어떠하게 박식하고 고매하며 관작이 어떠하게 존귀하고 이름 높다 할지라도 국가의 큰일을 당하여 우물쭈물함이 있으면 반생의 영광스러운 명예는 하루아침에 오명이 되어, 살아서는 그 시대의 경멸과 욕을 면하지 못하고 죽어서는 후대의 수치스러움과 비웃음을 피하지 못할 것이다. 따라서 큰 절개에 임해서 그 의무를 완전히 함을 위하여 평소에 용감의 기운을 가르쳐 길러주어야 한다.

그러면 무엇을 의라 이르며 무엇을 불의라 이르는가. 이것을 명확히 구별하지 아니하면 우리는 의로운 용기와 의로운 용기가 아닌 것을 변별할 수 없을 것인데, 이것을 위함에는 반드시 지식을 갈고 닦음이 필요하니, 그것이 곧 우리에게 학문을 닦는 의무가 있는 까닭이다.

22 해당 부분은 다음 실록에 실려 있으며, 원문은 다음과 같다. 惟爾庶民, 一乃心, 惟國是愛, 同爾氣, 惟君是忠. 允若玆, 朕曰有敵愾, 朕曰有禦侮. 『高宗』 卷32.

제6장 학문을 닦음

신체가 건장하고 근육과 체력이 강건할 뿐으로는 아직 이것으로써 쓸모 있는 인물이라고 칭하지는 못할 것이다. 사람이 되어서 그 몸에 지식을 갖추어 사물의 이치를 변별하는 힘을 가지고 있지 않으면 세상에 살면서 능히 유익한 업무를 성취하지 못할 것이니, 집에 많은 재산을 쌓아 놓는다 할지라도 지식이 없으면 무엇이 비천한 사람과 다르다 하겠는가.

지식을 도덕에서 빼놓아서는 안 될 것이다

또 지식은 도덕에서 빼놓지 못할 것이니, 도덕이란 것은 선을 행함을 이르는 것이다. 그러나 만일 선과 불선을 인식하고 구별하는 지식이 없으면 어찌 이로써 선을 체득하여 행하겠는가. 선을 행함이 옳음을 알고 이것을 행하며 악을 행함이 옳지 않음을 알고 이것을 하지 않음이 진정한 도덕인 것이다. 세상의 충성과 효도를 하지 않고 신뢰를 이지러뜨리며 의를 실추하고 욕망을 자행하여 몸을 스스로 망치는 자도 그 사람의 사람됨이 반드시 악독하고 이치에 어긋난 것은 아니요, 항상 지식이 부족하여 선악의 차별을 능히 구별하지 못하는 까닭인 것이다.

보통의 도덕은 보통의 지식으로써 행할 수 있을 것이나, 고상한 도덕에 이르러서는 다만 고상한 지식이 있는 사람이라야 이것을 행할 수 있는 것이다. 따라서 과거로부터 지금에 이르기까지 오랜 세월의 귀감이 되는 행위는 항상 뛰어나고 범상치 않은 지식 중에 나오니 공자, 예수[基督],[23] 석가(釋迦),[24] 소크라테스와 같은 성현도 모두 그러한 것이다.

지식은 인간사의 기초다

지식은 인간사의 기초이니 인간사의 일들은 숫자로써 대략 들지는 못할 것이나 하나도 지식을 의지하지 않는 것이 없다. 하물며 문화가 발달한 현재에 있어서는 어떤 일을 실행하여 나가든지 더욱 더 지식을 요구하는 세상에 이른 것은 당연하다. 따라서 그 처지와 직업의 어떠함을 막론하고 우리는 반드시 교육을 받아야 적어도 보통의 도리를 깨달아 아는 지식이 있을 것이다. 또 지식은 사람의 품격을 고상하게 하는 것이 되기 때문에, 심원한 지식이 있는 사람의 언행은 단아하고 포용력 있으며 점잖아서 사람으로 하여금 자연히 흠모하는 정을 느끼어 생기게 하니, 그 심원한 사상과 고상한 기개와 도량이 겉모습에 자연히 드러나는 까닭이다. 무릇 하나의 이치가 가슴 속에 자명하면 여러 가지 일을 실행하여 나감에 스스로 함양한 바가 있어서 결단코 서

---

23 예수[基督, Jesus Christ, BC4?~AD 30] : 기독교의 창시자. 처녀 마리아에게 성령으로 잉태되어 베들레헴에서 태어나 30세쯤에 세례 요한에게 세례를 받고 복음을 전파하다가 바리새인들에 의하여 십자가에 못 박혀 죽었다. 그의 예언대로 죽은 지 사흘 만에 부활하고 40일 후 승천하였다고 한다.

24 석가모니[釋迦, BC 563?~BC 483?] : 불교의 개조. 과거칠불의 일곱째 부처로, 세계 4대 성인의 한 사람이다. 지금의 네팔 지방의 카필라바스투 성에서 슈도다나와 마야 부인의 아들로 태어났으며, 29세 때에 출가하여 35세에 득도하였다. 그 후 녹야원에서 다섯 수행자를 교화하는 것을 시작으로 교단을 성립하였다. 45년 동안 인도 각지를 다니며 포교하다가 80세에 입적하였다.

로 어긋나 거슬리거나 두려워하고 삼감이 없으니, 저 지식이 없는 사람은 해와 달의 빛을 보아도 능히 지혜의 빛을 보지 못하며 유형한 세계에 행동하여도 능히 무형한 세계를 엿보아 알지 못하는 것이다. 따라서 눈앞의 일에만 고착하고 원대한 사상이 전혀 없어서 가슴에 품은 생각이 협소하기 때문에 언행이 또한 비루함을 면하지 못하는 것이다.

학문은 지식을 계발하는 핵심

학문은 지식을 계발하는 핵심이니, 그러하므로 우리는 반드시 널리 알아 막힐 것이 없고 심원한 학문을 배워 제 것으로 함이 옳은 것이다. 하물며 문명의 진보와 한 나라의 부강은 오로지 학문의 실력을 기인하지 않는 것이 없음은 당연한 것이다. 유럽과 미국의 여러 나라들 중에서 어떤 어떤 나라가 현재에 저와 같은 부강을 이루게 된 것은 당초 그 나라의 학자들이 이학과 공학 등의 지식을 기반으로 하여 생산물을 늘리고 산업을 일으키는 실마리를 계발함에 원인이 있으니, 따라서 문명국의 경쟁은 무력의 경쟁이 아니요 실로 지력의 경쟁인 것이다. 지금 우리나라와 여러 외국간의 교제가 매해 번창함을 따라서 지력의 경쟁이 또한 더욱 더 격렬함은 명확한 사실이니, 그러므로 우리 국민된 자는 더욱 더 노력하고 힘을 써서 지식을 연마하여 이로써 다른 날에 국가에 쓰임이 있는 쓸모 있는 그릇이 될 것을 스스로 기약해야 하는 것이다.

학문의 선택

그러면 사람들이 어떠한 학문을 배우고 닦는 것이 옳은가. 학문을 닦아서 익히고 지식을 갖추고 있어야 하는 것은 각 개인의 필요한 의무이나 어떠한 사람이 어떠한 학문이든 배우는 것이 옳은 것이 아니요, 그 재산과 천성 및 신체 건강의 정도를 맞추어 그 뜻한 바를 확정함을 필요로 할 것이니, 무릇 사람은 각각 스스로 편안할 수 있는 본분이 있음을 밝게 깨달아야 한다.

경제적인 능력과 학문

우선하여 자기 집의 경제적인 능력에 맞추어 학문을 닦음이 옳으니, 내가 어떤 종류의 학문에 열심히 한 끝에 그 경제적인 능력이 과연 여러 해의 수업을 능히 지탱할 수 있을지의 여부를 스스로 고려하지 아니하는 때는 다만 불행히 그 학문을 중도에 포기할 뿐만 아니라, 그 부모와 친척으로 하여금 예상치 못한 곤란을 함께 입게 하여 내가 얻는 것은 없고 도리어 사람을 곤란하고 고생하게 할 것이다. 이런 무리는 차라리 당초부터 공부를 하지 않음만 같지 못하다. 저 학업을 끝내지 못하고 중도에 뜻을 이루지 못하는 청년들은 항상 처음부터 경제적인 능력을 맞추어 그 업을 선택하지 못한 무모함의 과실을 오로지 이유로 하는 것이다. 실용과는 거리가 먼 고상한 학문에 심취하여 산업의 방법을 알지 못하고 스스로 살아가는 길이 서있지 않을 때는, 다만 그 뜻만 지나치게 커서 몸이 천한 노동에 나아가는 것을 달갑지 않게 여기다가 배고픔과 추위가 몸을 핍박함에 이르러서야 이런 것에 관련이 없는 지식으로 각종 불량한 사업을 꾀하고 도모하니, 이런 무리의 허물과 폐해는 작으면 한 몸과 한 집안에 그치고 크면 사회와 국가에 미칠 것이니, 학문을 뜻하는 자는 깊이 명심해야할 것이다.

천성과 학문

사람은 출생함으로부터 각각 특별히 다른 천성을 갖추어 가지고 있으니, 천성에 적합한 일은 지나치게 노력하지 아니하고도 여러 사람들에 비해 특별히 뛰어남이 있으나, 이와 서로 반대하여 천성에 부적합한 일은 아무리 마음과 몸을 애쓴다 할지라도 마침내 범상한 수준에 자연히 그침이 있는 것이다. 그러므로 사람은 학업을 선택함에도 반드시 천성에 적합한 것을 취해야 한다. 학문의 범위는 넓고 또 심원하니 한 사람으로서 만 가지 기예를 통함은 도저히 바랄 수 있는 것이 아니다. 따라서 사람마다 그 장점을 좇아서 갈고 닦는 노고를 쌓아야 한다. 다만 그 장점을 좇아서 업무에 나아가기 전에는 반드시 보통교육을 배워서 닦아야 하니, 보통교육은 중등 이상의 국민이 되고자 하는 자의 꼭 배워서 익혀야 할 것이다. 또 각자의 천성의 장점은 처음에서부터 알아서 익히는 것이 가능한 것이 아니요, 이것을 아는 것에는 먼저 여러 과목의 학문과 기술을 넓게 섭렵함을 필요로 하는 것이니, 이 점으로부터 본다 할지라도 보통교육의 빼놓지 못할 이유는 명확한 것이다. 보통교육에 있어서는 학문을 배우는 자의 나이가 아직 어리고 또 학습한 바의 과목이 매우 많아서 아직 고상한 이론을 일삼지 아니한다. 그러나 사람마다 능히 그 천성에 가까운 것을 스스로 알 것이니, 이미 그 천성의 장점을 알고서 보통교육을 완료한 후에 배움을 뜻하는 자는 다시 한층 심원한 연구에 종사하면 그 학문을 크게 완성하는 데 또한 어려움이 없을 것이다.

건강과 학문

학문을 닦음에는 경제적인 능력과 천성 외에 또 각자의 신체 건강함이 여기에 능히 견딜 수 있는지 여부를 되돌아보아 생각하지 아니할 수 없을 것이다. 학문을 닦음은 심히 아름답고 고상한 것이나 이것을 통하여 그 건강을 오히려 해침은 매우 옳지 않은 것이다. 건강은 모든 일의 기초이니 모든 도덕은 건강한 신체를 의지하여 비로소 실행할 수 있는 것이다. 한 때의 열심에 끌려 오로지 그 뜻한 것을 달성하고자 함으로부터 그 신체가 질병에 걸림을 알지 못하고 갑자기 스스로 구하지 못함에 이르러서, 홀연히 지난날의 무모함을 뉘우치고 한탄한다 할지라도 어찌 쫓아서 따라잡겠는가. 배움이 아직 달성되지 않은 때에 급하게 질병 때문에 그만두며 어떤 경우는 업적을 겨우 달성하고 즉시 사망하는 자가 있는데 이런 사람은 미리 그 건강을 되돌아보아 생각하지 아니한 까닭이니, 다만 한 몸의 불행이 될 뿐만 아니라 부모 형제와 국가에 대해서도 또한 그 의무를 이지러지게 한 자라 이를 것이다. 지금에 일반 학교에 있어서 입학시험 중에 체격 검사하는 규제를 세워 이로써 이런 걱정을 예방하지만 대개 형식에 그칠 뿐이니 사람마다 각자 명심함이 중요하다.

실행과 학문

학문으로써 몸과 명예를 세워 드높이고자 하는 전문 학자에 있어서는 그 학문을 아는 것이 많아 막힐 데가 없고 또 광대하고 깊게 함을 필요로 할 것이요, 단지 이전 사람의 수립한 것을 그대로 본받아 좇음으로써 만족한다 함은 안 되는 것이다. 앞선 학자의 아직 발명하지 못한 것을 계발하고 밝혀 세계 학술의 진보에 많든 적든 도움과 이익을 주는 것이 아니면 족히 이로써 그 직책을 완전히 하였다고 이르지 못할 것이다. 그러나 이것은 전문학자의 일이요, 보통 사람들에게 있어서는 학문과 함께 실제의 업무를 연습하지 아니하면 반드시 실용과는 거리가 먼 것으로 흐르는 폐단을 면하기 어려울 것이다. 그러므로 사람은 반드시 실제 유용한 학문을 배우고 현실과 먼 이론이나 무익한 배움을 피해야 할 것이니, 배운 것으로써 행동하고 익히면 그 학문이 비로소 유익하다 할 것이며, 행하는 것이 배운 바에 기초하면 그 행실이 비로소 적절함을 얻을 것이다. 따라서 학문과 실행을 병행하여 학습하는 것은 인생의 필요한 일이다.

학문을 닦는 법

학문을 닦는 법은 어떠한가. 그 주요한 것이 두 가지가 있으니, 첫 번째는 인내요, 두 번째는 시간을 아끼는 것이다.

인내

학문은 정신의 아름다운 꾸밈이 되어서 인품을 고상하게 하는 것이니, 신체의 아름다운 꾸밈은 일시에 변하여 감소하나 정신의 아름다운 꾸밈은 일생에 불변하는 것이다. 학문은 이와 같이 귀중한 것이 되기에 이것을 닦고 익히는 방법도 또한 힘들고 어려움을 면하지 못하니, 따라서 인내의 정신은 학자의 첫 번째로 필요한 것이다. 젊은 시절에 배움에 뜻을 둔 자들은 그 처음에는 능히 열심히 노력하지만, 세월이 경과함과 함께 게으른 마음이 점차로 생겨서 자신의 근면이 부족함을 반성하지 아니하고, 도리어 완성하지 못하는 허물을 다른 것들에 돌리니, 심히 잘못된 것이라고 이를 것이다. 어떠한 사람이든지 한가로이 지내면서 그 배움의 성취함을 스스로 기대하는 것은 안 될 것인데, 옛날로부터 지금에 이르기까지 학식이 뛰어난 선비라 칭하는 사람도 대개는 높은 수준의 재질을 통한 것이나 그 실제는 고생하며 배운 사람이 아닌 자가 없으니, 하늘의 재주로도 오히려 그러한데 하물며 평범한 사람은 어떠하겠는가. 세상 사람들이 변하지 않고 오래가는 굳게 지닌 의지가 없고, 자신의 한 달 혹은 반년의 노력으로써 다른 사람의 일생의 공에 비교하고자 하여, 일이 여의치 못하면 그 의지를 갑자기 그만두는 것이 다 떨어진 신발을 벗어 버림과 같이 하니 이와 같이 하고서 어찌 그 학문을 익혀 달성함을 바라겠는가.

전문 학문에 이르러서는 뜻과 이치가 정밀하고 깊으며 그 규모가 매우 크기 때문에 그 힘들고 어려움도 또한 보통에 비교할 것이 아닌데, 다만 널리 탐구하고 깊이 찾아 살펴서 거친 생각과 잡념을 잘라 버리고 마음을 가라앉히고 숙고하여 힘쓰고 부지런히 하면 거의 그 뜻을 달성할 수 있을 것이니, 거칠고 서투른 마음의 의지로 그 번민을 싫어하며 그 오래됨을 감당하지 못하는 자는 결단코 성취할 이치가 없을 것이다.

시간을 아끼는 일

학문을 닦음에 대하여 가장 생각을 두어야 할 것은 시간을 아끼는 것이니, 인생의 생명은 한계가 있는 것이요 학문은 한계가 없는 것이다. 따라서 이 짧은 세월 사이에 한계가 없는 학문을 닦아 배우고자 하려면, 반드시 무익한 시간을 소비하지 말고 여가가 있으면 이것을 학문에 채움을 필요로 할 것이다. 낭비한 재화는 다시 얻을 수 있으나 낭비한 시간은 한 번 떠나면 다시 돌아올 기약이 없으니, 따라서 학자에 있어서는 시간과 같이 귀중한 것이 없는 것이다.

젊고 왕성한 시기는 가장 학문을 닦기에 적당하니 이것은 그 지조가 아직 정해지지 않고, 심기(心氣)[25]가 비어있기 때문이다. 따라서 사람이 나이가 어린 시기에 있어서 배움을 닦고 지식을 계발한 때는 일생에 그 은혜를 자연히 입게 될 것이다. 이것과 서로 반대하여 반생을 게으름 중에 보내고 끝낼 때는 악한 습관이 본성을 이루고 편벽이 바탕을 이루어서, 오랜 시간을 스며들어 젖게 하면 굳고 단단하여[甄牢][26] 뽑아버릴 수 없음에 이르게 되니, 나이가 어린 때는 이와 같이 학문을 닦음

---

25 심기(心氣) : 여기서도 심기는 관용적인 '마음으로 느끼는 기분'으로 쓰이지 않았고, 채워주어야 하는 무엇으로 보고 있기에, 앞에서와 마찬가지로 그대로 심기라고 표현하였다.

26 견뢰(甄牢) : 이것은 여러 사전류에서는 사용되지 않는 표현인데, 견(甄)이 '질그릇을 굽는 일, 질그릇을 굽는 가마', '벽돌' 등의 의미가 있어 견(堅)과 의미가 통할 것으로 보인다. 견뢰(堅牢)는 '굳고 단단하다'는 의미인데 문맥상 통하여 여기서는 이 의미로 풀이하였다.

에 필요한 시기가 되기에 이때에는 시간을 낭비하지 아니함을 특별히 명심해야 한다. 주희[朱文公][27]의 「권학문(勸學文)」에서 이르기를, "오늘에 배우지 아니하고도 내일이 있다고 말하지 말며, 올해에 배우지 아니하고도 내년이 있다고 말하지 말라. 해와 달이 가는지라, 세월을 늘리지 못하는 것이다. 아! 늙음이여. 누구의 허물인가"[28]라고 하니, 우리 젊은 나이의 학생들은 마땅히 두려워하여 생각해야 할 것이다.

시간의 도둑

시간이 학문에 귀중함이 이와 같으니 우리는 다른 사람들에 대해서도 또한 그 시간을 낭비하지 아니하게 함을 명심해야 한다. 세상에 다른 사람을 방문하는 자가 빨리 그 처리하고자 하는 일을 판별하여 밝히지 아니하고 한담 잡설로 시간을 버리는 자가 있는데, 이는 시간의 도둑이라고 칭할 수 있는 자이니, 학자 간에 있어서는 특별히 경계할 것이다.

학문을 닦음에는 학교에 입학하여 좋은 선생에게 친히 가르침을 받는 것이 필요할 것이나 그 큰 부분은 독서의 방법을 필수로 할 것이니, 무릇 좋은 선생을 얻을지라도 낮밤으로 그 곁에서 항상 따르며 그 가르치고 타이르는 바를 마음 내키는 대로 얻어 들을 수는 없는 사정이 있기 때문이다.

---

27 주희(朱熹, 1130~1200) : 중국 송나라의 유학자. 자는 원회(元晦) · 중회(仲晦). 호는 회암(晦庵) · 회옹(晦翁) · 운곡산인(雲谷山人) · 둔옹(遯翁). 도학(道學)과 이학(理學)을 합친 이른바 송학(宋學)을 집대성하였다. 주요 저서에 『사서집주(四書集註)』 등이 있다.

28 출전은 다음과 같다. 勿謂, 今日不學, 有來日. 勿謂, 今年不學, 有來年. 日月逝矣, 歲不我延. 嗚呼. 老矣. 是誰之愆.「勸學文」.

학문과 서적

그러나 인류의 문화가 점차 시작하면서부터 세상에 서적이 있고 여러 시대의 학자들이 또한 많고 적은 저술을 남기어 전하지 않은 자가 없으니, 서적의 수는 고금내외를 통틀어 몇 천만 권에 이르는지 알 수 없다. 그러나 우리의 경제적인 능력은 능히 이것을 수집하지 못할 것이며, 능히 이것을 수집한다 할지라도 우리의 일생에 있어서 한 번이라도 이것을 읽어서 지나감은 불가능할 것이다. 그런즉 보통교육을 받는 자로서 정규과정 이외의 여가 시간에 책을 읽고자 하는 자는 특별히 서적을 선택하는 것이 옳다.

서적 선택의 필요

대체로 보아 현행의 서적은 대부분 유익한 책은 아니니, 무익한 서적을 읽는 것은 곧 무익한 시간을 소비하는 것과 같기 때문에 서적의 선택은 학자 자신을 위하여 필요한 일이라고 이를 것이다.

사람마다 그 업을 따라서 그 배움을 서로 다르게 하며, 그 배움을 따라서 그 책을 서로 다르게 하는 것이다. 따라서 전문 학업에 종사하는 자에 대해서는 읽어야할 서적을 하나의 보기로 지적하는 것이 불가능할 것이다. 그러나 보통의 지혜와 덕을 수양함에 있어서는 우리의 가슴 속에 품어두어야 하는 것이 적지 않으니 아래[左][29]에 이것을 대략 서술하겠다.

---

29 『윤리학 교과서』 원문에는 좌(左)라고 표기되어 있는데, 과거의 서적들이 세로쓰기를 하고 있기에 의미가 있다. 그러나 현재는 가로쓰기를 하고 있으므로 좌(左)를 '아래'라고 의역하

사람은 사이좋게 사귀는 친구를 통하여 그 인물의 어떠함을 알 수 있는 것과 같이 또한 그 즐겨 읽는 바의 서적을 따라서 그 사람을 알 수 있는 것이다. 서적은 사람의 마음을 감화함에 있어서 그 힘의 위대함이 벗에 못지않은 바가 있으니, 따라서 사람은 손해가 되는 친구와 사귀어 노는 것을 하지 말아야 하는 것과 같이 또한 잡다한 서적과 접하는 것을 하지 말아야 한다.

고전

서적의 진정한 가치는 그 시기와 함께 낮아졌다 높아졌다 하는데, 그 발간한 당시에 모든 사람이 아름답게 여기고 칭찬하는 것이라도 세월이 흘러가고 사물이 바뀜을 따라서 마침내 한 사람도 돌아보지 않음에 이르는 것이 있으니, 이것은 해당 서적이 항구한 가치가 없음을 충분히 증명하는 것이다. 따라서 수십 년 혹은 수백 년 전의 저작으로써 현재에도 오히려 그 평판이 떨어지지 않는 것은 유익한 것이니 반드시 읽어야 할 서적으로 간주하는 것이 옳을 것이며, 당시의 유행과 세속적인 기호를 좇아서 현재 발행하는 각개 학파의 서적 같은 것은 적어도 십몇 년 뒤에 비평이 하나로 정해짐을 기다려 이것을 깊이 생각하며 읽어도 오히려 늦지 않았다고 할 것이다. 진리는 과거와 현재를 통하여 변하거나 바뀌는 것이 없으니, 옛날 성현의 남기어 전한 여러 서적은 우리의 종신토록 가슴 속에 넣어두어야 할 것이 많다.

였음을 밝힌다. 『윤리학 교과서』 원문에는 여러 번 이 표기가 나오는데, 그 때마다 '아래'라고 의역하였다.

사실의 책

나이가 어릴 때에 있어서는 반드시 사실을 기재한 서적을 즐겨 읽어야 한다. 무릇 지식의 기초는 사실에 있으니, 이론 혹은 원리라 칭하는 것은 무수한 사실 중에서부터 총합한 도리에 벗어나는 것이 아니다. 지금에 이 사실을 깨달아 알지 아니하고 바로 이론을 탐하는 때는 그 이론의 유래한 바를 알지 못하기 때문에, 어느 틈에 공상에 빠지는 자가 있다. 저 젊은 나이의 학생이 늘 공허한 이론을 앞장서서 부르짖으면서 고상함으로 자처함은 필경 사실의 지식이 없는 까닭이니, 사실은 사람의 사상으로 하여금 진정 순수하고 참되게 하는 것이다.

소년의 의지와 기개를 장려하여 저절로 분발하게 하는 것은 훌륭하고 뛰어난 사람의 전기와 같은 것이 없으니, 원래 소년은 칭찬하는 것을 모방하는 정신이 바탕에 풍부한 것이다. 전기는 충성과 효도 · 절개와 의리 · 학문을 근면히 함 · 견디기 힘든 일을 통하여 수양을 쌓음 · 공을 세워 이름을 떨침 등의 이야기로 역사의 사실을 가지고 우리에게 설명하여 주는 것인즉, 그 가운데 우리로 하여금 감동하여 마음이 발동해서 흥기하게 하는 것이 자연히 있다. 때문에 과거로부터 지금에 이르기까지 큰 뜻을 세우고 훌륭한 업적을 달성하는 자는 앞선 사람의 일의 자취에 감동받음을 원인으로 하는 자가 매우 많았다. 이것과 서로 반대하여 소설 형식으로 꾸며 쓴 역사 이야기와 같은 것은 아직 사상이 정해지지 않은 소년에 대해서는 다만 정욕을 꾀어 움직이게 하고 공상을 끌어와 흥기시킬 뿐이니, 도리어 순수하고 바른 정신을 닳아서 없어지게 하는 우려가 있기 때문에 여기에 접근하지 않게 해야 한다.

독서의 순서

보통교육을 받는 자로써 정규과정 이외에 독서를 하고자 하는 자는 반드시 그 정규 과정의 수업을 충분히 공부한 후에 하는 것이 옳다. 정규 과정을 소홀히 하고 다른 서적을 탐독하는 것은 그 지식으로 하여금 공연히 산만하고 경박하며 화려하게 하는 것에서 벗어나지 않으니, 이것은 소년의 가장 명심해야 할 것이다. 또 정규 과정 이외의 서적을 읽음에도 순서가 자연히 있음을 알고 있어야 하니 전문적인 학문에 있어서는 더욱 그러한 것이다. 우리는 그 지식 정도에 맞추어 읽을 수 있는 서적을 선택해야 하는데 공연히 고상하고 난해한 서적을 읽는 것은 손해만 있고 이익이 없는 것이다. 자신의 지식에 서로 합당하지 않은 서적은 가령 자기는 능히 이해하였다고 생각하나, 진정 밝게 이해하는 자로부터 이것을 보면 태반은 잘못 이해하였거나 어긋나게 읽음을 면하지 못할 것이요, 설령 이것을 잘못 이해함이 없다 할지라도 그 서적의 진정한 의미는 결단코 깨달을 수가 없어서, 마침내 하나쯤 알고 반쯤 이해한 정도에 그쳐서 한 평생에 이것을 완전히 깨달을 기회가 없을 것이다. 깊이가 얕은 서적이라도 이것을 완전히 이해하고 익히면 그 가운데에 무한한 의미가 있고, 고상한 서적이라도 이것을 이해하고 익히지 못하면 그 오묘한 뜻이 어디에 있겠는가. 지식의 진보는 길을 가는 것과 같아서 아직 일리를 가지 아니하고서 십리에 도달함을 바라는 것은 안 되는 것이니, 자기의 지식을 헤아리지 아니하고 공연히 고상한 서적을 즐기는 것은 그 어리석고 우활함이 이와 같은 것이다. 따라서 생각하며 읽을 만한 서적의 종류와 정도 등에 대해서는 미리 교사와 선배 등의 의견을 참작하고 물어서 듣고 따르는 것이 옳다.

학문과 친구

학문은 대개 스승과 서적을 의지하는 것이나 또한 친구를 의지하여 이익을 보는 것이 적지 않으니, 한가한 날에 같은 마음의 사람들이 회합하여 의심스러운 의미를 서로 물어보고 의견을 서로 말해보며 상세한 경위를 변론함은 학문을 연구하는 방법에 빼놓지 못할 일이다. 따라서 학문에 있어서도 또한 그 친구를 가려 택하는 것이 옳다.

의문은 학문을 닦음에 빼놓지 못할 것이다

학문은 마땅히 의심이 들고 어려운 부분이 있음을 필요로 하는 것이다. 학문을 하는 것은 본래 믿는 바에 스스로 편안함을 위한 것이지만 이 목적을 달성함에는 의문을 필수로 해야 하니, 다른 사람의 글이나 설명에 무조건 따르는 자는 가령 만권의 서적을 읽어내었다 할지라도 조금도 유익한 바가 없는 것이다. 서적을 임하여 일일이 참으로 그러한지를 스스로 인식하여야 어떤 사람의 설명한 것이라 할지라도 만일 의심스럽고 어려운 부분이 있으면 이것을 확실히 이해하기까지는 확신하지 아니하고, 정밀하게 생각하고 곰곰이 궁리하여 그 가슴 속에 깨달음에 이르러야 비로소 진정한 지식을 얻을 것이니, 다만 많이 읽음을 오로지 일삼고 스스로 정해진 견해가 없는 자는 일개 움직이는 자전에 불과할 것이다. 그러나 의심스럽고 어려운 문제를 헛되이 생각하여 다른 사람들을 배척하고 스스로 완전히 깨달으려는 의지가 없는 자는 또한 학문의 어떤 특징됨을 알지 못하는 자이니, 의문은 학문의 방법이요 학문의 목적은 아닌 것이다.

제7장 덕을 닦음

사람이 금수와 다른 것은 덕성이 있기 때문이니, 만일 덕성을 갖추고 있는 바가 없으면 신체의 건강함은 모질고 사나움의 기초가 되고 지능의 탁월함은 간악함의 매개가 될 것이다.

덕과 덕성

의무의 명하는 바에 복종하여 말과 행동하는 것을 덕이라 이르고, 우리로 하여금 이 덕을 행하게 하는 바를 덕성이라고 이른다. 건강과 지식이 모두 도덕을 실행함에 필요한 것이나 만일 이것을 이끄는 덕성이 없을 때는, 비유하건대 우수한 병사가 있으되 이를 이끄는 좋은 장수가 없음과 같은 것이다.

의무에 복종함은 덕성의 근본이다

덕성의 핵심은 한 마디로써 총괄한다면 의무에 복종함에 있는 것이다. 사람의 양심은 의무의 표준이니 한 가지 일 한 가지 물건을 모두 양심의 명령에 복종하여 그 사이에 사사로운 마음과 욕심을 끼워 넣음이 없을 때는, 그 행위는 거의 과실이 없을 것이며 그 사람도 또한 유덕한 사람이 될 것이다. 이제 우리의 평생 가슴 속에 넣어두어야 할 덕성의 주요한 것 두 세 가지를 아래[左]에서 들겠다.

신의

우리가 만일 다른 사람이 나에 대하여 신의를 지키게 하고자 한다면, 우리는 먼저 내가 다른 사람에 대하여 신의를 지켜야 한다. 믿음[信]이란 것은 허위의 반대이니 속이지 않는 것을 이르는 것이요, 의리[義]란 것은 도리가 존재하는 것은 어떠한 어려움이라도 제거하고 물리치고 여기에 좇아서 따라가며 도리가 존재하지 아니하는 것은 어떠한 이익이라도 행하지 아니함을 이르는 것이니, 사회 전반의 사업은 신의(信義)를 의지하여 성립하는 것이다.

사람마다 신의를 존중히 여기지 아니할 때는 한 나라의 도덕은 다른 것들에 쓸려 버림에 이를 것이니, 『논어』에 "말이 충성과 신의가 있고, 행동이 독실하고 공경스러우면 비록 오랑캐의 나라일지라도 행해질 수 있다"[30]라고 함은 곧 신의의 덕을 말하는 것이다. 따라서 내가 먼저 성실함으로써 사람에 대하여 진심을 가슴 속에 둘 때에는 모질고 사나우며 무도한 사람이라도 능히 자기를 해함이 없을 것이나, 이와 서로 반대하여 의리가 없고 무도한 마음으로써 다른 사람에게 대할 때는 온후하고 독실한 사람이라도 종종 이치가 아닌 것으로써 나에 대하여 갚음이 없지 않으니, 서양 속담에 이른바 "정직은 최선의 방책이다"라고 함이 곧 이것을 설명하는 것이다. 속임수로써 일시에 능히 사람의 마음을 농락할지라도 의롭지 않은 행복과 이익은 결단코 영구

---

30 출전은 다음과 같다. 子張問行. 子曰, 言忠信, 行篤敬, 雖蠻貊之邦, 行矣. 言不忠信, 行不篤敬, 雖州里, 行乎哉. 立則見其參於前也, 在輿則見其倚於衡也, 夫然後行. 子張書諸紳. 『論語』「衛靈公」.

히 이어질 것이 아니요, 얼마 못가서 명백히 드러나 마침내 사회가 싫어하여 물리칠 것이 된다.

성실과 약속을 지킴

신의의 본래 뜻은 빈말을 하지 않고 승낙한 것을 어기지 아니함에 있는 것이다. 사람이 승낙한 것을 지키지 아니하고 말과 행동이 서로 반대될 때에는 다른 사람은 그 믿지 못할 바를 분노하여 싫어하고 물리칠 것이니, 설령 이것을 원인으로 하여 타인에게 손해를 줌이 없을지라도 한 번 사회에 신뢰를 이지러지게 하면 명예를 잃고 체면을 떨어뜨려 장래에 협의하여 함께 일을 할 사람이 없을 것이다. 사람이 이 지경에 한 번 이르면 우애도 바랄 수 없으며 화합과 협의도 보지 못할 뿐 아니라 한 사람도 자기를 돌보고 보호하는 자가 없을 것이니, 몸은 사회에 있어도 마음은 거친 산과 궁벽한 들판에 홀로 거처함과 같은 것이다.

거짓되고 미덥지 아니함은 곧 덕이 아니다

세상 사람들이 혹 거짓되고 미덥지 아니함을 허물삼지 아니하고 도리어 익살이나 웃음거리의 좋은 자료로 알아서 깊이 개의치 않는 자가 있을 뿐 아니라, 더욱이 소년들에 있어서는 입으로 내뱉어서 일에 이해관계가 없는 때는 종종 용서하여서 그것을 내버려두고 묻지 않음이 있으니, 필경 거짓되고 미덥지 아니함이란 것은 어떠한 경우에 있어서든지 나쁜 결과를 낳는 것임을 생각하지 못한 폐습으로부터 나온 것이다. 하물며 허위는 진실보다 말하기 쉬운 것이다. 소년들이라는 이유로 다른 사람이 그 거짓되고 미덥지 아니함을 용서한 때는 점차 거짓말이 부덕이 된다는 생각을 상실하여, 깨닫지 못하는 사이에 거짓되고 미덥지 못한 습관을 길들임에 이르게 된다. 또 농지거리를 하는 중에도 거짓말을 좋아하는 자는 마침내 다른 사람의 신용을 잃게도 되니 무슨 까닭인가. 이런 종류의 사람의 언어는 어떤 점까지가 거짓되고 망령된 것이 아니어서 신용해야 하는지 미리 측정하기 어려운 까닭이다. 따라서 거짓말은 어떠한 경우에 있어서든지 일절 엄격히 잘라야 함을 필요로 할 것이다.

거짓말의 깊이 경계해야 함과 승낙한 것을 존중해야 함은 지금까지 설명한 것과 같으나, 우선 약속을 한 후에 있어서 마땅히 사건의 올바르지 못함을 깨달았을 때는 이것을 변경함에 주저해서는 안 되는 것이다. 우선 약속을 정하였다는 이유로 올바르지 못한 행동을 억지로 따름은 그 죄를 두 번 범한 것이라 이를 것이니, 그러므로 이런 종류의 실책이 없고자 하려면 그 말을 미리 신중히 해야 하는 것이다. 누가 약속한 것을 지키지 않음을 스스로 좋아하며 약속을 어김을 스스로 달게 여기겠는가. 항상 실제에 임하여 자력이 이것을 능히 감당하지 못함을 발견하고 부득이하여 일의 사태가 여기에 이른 것이니, 이것은 약속을 맺을 처음에 있어서 그 말을 신중히 하지 못한 까닭이다. 따라서 사람이 한 가지 일을 약속하고 한 마디 말을 함에 맞아서 내가 과연 이 약속과 말을 실제 행동할 힘이 있을지 먼저 이것을 곰곰이 생각해야 하는 것이다.

가벼운 말, 많은 말의 손해

가벼운 말, 많은 말은 가장 일을 행함에 유해한 것이니, 『중용』에서 "말은 행동을 고려하고 행동은 말을 고려하라"[31]라고 한 것이 이것을 이르는 것이다. 그러나 여기에 특별히 명심해야 할 것이 있으니 가령 친구들과 여기저기 돌아다니며 놀거나 혹은 산책을 미리 약속하고 그 때에 임하였는데, 부모의 병환 혹은 부득이한 급한 변고가 있을 경우에 있어서는 사태의 경중이 자연히 있기 때문에 그 약속을 이행하지 아니하더라도 감히 허물을 잡을 것이 없다. 다만 승낙한 것만을 무겁게 여기기에 부모의 병환 혹은 급한 변고를 버리고 이런 약속에 나아감은 도리어 덕을 어그러뜨림이 심한 자라 이를 것이다. 따라서 불시의 일의 변화가 약속을 이행하는 것을 방해하는 바가 있을 때는, 사건의 크고 작음을 서로 견주고 의무의 경중을 곰곰이 생각하여서 그 나아가고 물러감을 정하는 것이 필요한 것이다.

많은 말은 다만 말을 번복하고 약속을 어기는 폐단의 근원이 될 뿐 아니라, 품위를 스스로 실추하고 명예를 스스로 줄여서 여러 허물과 폐해가 자신에게 미치게 하는 것이다. 따라서 옛말에 "입은 재앙의 문이다"라고 말하였으니 언어는 신중하지 아니하면 안 되는 것이다. 사람은 그 생각을 반드시 토로하여 남김없이 해야 하는 의무가 있는 것은 아니니, 때와 장소를 따라서 말하지 않아야 하는 일과 말하지 아니해서는 안 되는 일이 있거늘, 세상에 말이 많음의 버릇이 있는 자는 홍

---

31 출전은 다음과 같다. 言顧行, 行顧言, 君子胡不慥慥爾. 『中庸』.

을 타서 재잘거려 자기의 불리하게 되는 것과 다른 사람의 미혹하게 되는 것을 돌아보지 않는다. 또한 그 부덕이 됨을 알면서도 그 입을 함구하지 못하고 말이 입 밖으로 한 번 나와서 네 필의 말이 쫓아오지 못함[駟不及舌][32]에 이르러서야 배꼽을 물어뜯는[噬臍][33] 후회를 비로소 시작하는 자가 있으니, 어찌 경계하고 두려워할 바가 아니겠는가. 언어는 마음의 형상과 발자취이니 사람의 품위와 지혜 및 덕은 그 말로써 알 수 있는 것이다.

언어는 능히 사람을 분노하게 하며 능히 사람을 기쁘게 하는 것이다. 따라서 다른 사람의 꺼리고 싫어하는 일을 말해서는 안 되니, 가령 사람의 선을 말할지라도 반드시 사람의 악은 말해서는 안 되는 것이다. 하물며 사람의 오래 전 죄를 폭로하는 것은 분노를 부르는 것일 뿐만 아니라 사람을 헤아릴 수 없음에 빠지게 하는 것이니, 과거로부터 지금에 이르기까지 한 마디 말로써 사람을 해치고 몸을 망하게 하는 것이 그 예가 매우 많다.

공손하고 겸소함

공손하고 겸소함은 사람에게 빼놓지 못할 미덕이니, 원활한 교제와 질서가 있는 사회는 오로지 여기에 기인하는 것이다. 공손하고 겸소함이란 것은 행동거지가 정중하여 방자하고 주제넘음에 흐르지 아니

---

32 사불급설(駟不及舌) : 한 번 입 밖에 낸 말은 사마(駟馬)로 쫓아도 붙들지 못한다는 것으로서, 말을 조심하라는 비유를 나타내는 말.

33 서제(噬臍) : 배꼽을 물어뜯으려 해도 입이 닿지 않는다는 것으로, 후회하여 이미 늦음을 비유하는 말.

하며, 말과 표정이 예절에 서로 합하여 규율을 스스로 약속함이 있는 것을 이르는 것이니, 재화의 절약과 검소도 또한 그 한가지이다. 사람이 평소에 있어서는 스스로 처함을 공손하고 검소하게 할 것이니, 엄숙하고 굳세며 위엄이 있고 씩씩함과 같은 것은 별도로 쓸 때가 있고 결단코 늘 해야 하는 도는 아닌 것이다.

사회의 증오와 불화 등이 대개 상호간의 감정이 충돌함에 원인이 있으니, 곧 만나고 상대할 때 안색과 말의 기운에 온후하고 평안하며 순함을 부족하게 하기 때문에 그 감정을 상하여 일생에 반목하여 떠나보내고 맞이함이 있으니 매우 슬픈 일이라 할 것이다. 만일 사람들로 하여금 공경하고 검소함의 덕을 지키게 한다면 거의 이런 지경에 다다름이 없을 것이다. 웃어른을 섬기고 친구를 사귀며 더욱이 잘 모르는 사람을 만나고 응함을 맞이해서는 마땅히 공경하고 검소함으로써 근본으로 해야 할 것이다. 사람이 혹시 편견을 가지고 올바른 이치를 따르지 않을 때라도 목소리와 얼굴빛을 힘쓰지 말며 말의 기운을 길게 하지 말고, 반드시 얼굴빛을 평화롭게 하여 이 사람을 부르며, 말을 순하고 부드럽게 하여 이 사람을 도와서 인도하고, 성심으로써 이 사람을 감동하게 함을 필요로 할 것이니, 무릇 이와 같음에 어찌 감화하지 아니하는 자가 있겠는가. 만일 이와 서로 반대하여 거만하고 오만함에 스스로 처하면, 덕이 있는 사람은 보고 족히 이로써 더불어 하지 못할 소인이라고 할 것이며, 소인은 보고 반드시 원망을 쌓으며 틈을 만들어 나를 해함이 있을 것이다.

부모를 섬기는 자는 순하고 기쁜 얼굴색으로써 하면 거친 음식과 야채 국이라도 부모가 반드시 기뻐할 것이며, 만일 안색이 순하며 화하지 아니하고 소리가 온순하지 아니하면 훌륭한 음식과 좋은 옷이라도 부모가 반드시 기뻐하지 아니할 것이니, 그러므로 얼굴색과 말의 기운의 공손함과 겸소함은 사회교제에 있어서 원활화평의 매개가 되는 것이다.

명망이 더 높아지고 관작이 더 귀해짐을 따라서 사람들에 대하여 더욱 공손하고 검소할 때는 사람들에게서 칭찬과 우러러 존경을 받게 될 것이니, 따라서 공손하고 검소하여 사람들에게 낮춤은 곧 지위와 명예를 오래 보존하는 덕업의 기초가 되는 것이다.

공검과 비굴

그러나 공손하고 검소하게 스스로 처함을 위하여 도리어 비굴함에 잘못 빠지지 아니할 것을 일상에서 항상 생각해야 하니, 비굴을 천하게 여기는 것은 공손하고 검소함을 귀중히 여기는 것과 동일한 것이다. 사람은 어떠한 경우에 있어서든지 자주 독립의 정신이 없어서는 안 될 것이니, 우리 국민된 자는 그 품격과 지위를 유지함에 잠시도 소홀해서는 안 될 것이다. 뜻을 굽혀서 다른 사람의 뜻을 맞추어주며 아첨함을 스스로 달게 여겨서 사람의 환심을 사는 것은 공손하고 검소함이 아니요 비굴인 것이다. 자신과 다른 사람의 교제를 원활하게 함을 위하여 사람과 사람이 서로 겸양하는 것은 사회를 구성함에 중요한 의무가 되나, 자기 품위와 인격의 존재하는 바의 핵심에 이르러서는 한올도 타인에게 훼손당하지 아니할 큰 결심이 없어서는 안 될 것이다. 겸양해야 하는 것은 이것을 겸양하고 지켜야 할 것은 이것을 지켜서 그 중용을 잃지 않음은 우리의 일상에서 명심을 필요로 하는 것이다.

예절과 공검

예절은 공손하고 검소함을 지키는 것으로 다만 외면의 꾸밈이 아니요, 마음속에 존재하는 공손하고 검소함의 미덕이 스스로 겉모양에 발현되는 것이다. 예절은 시대의 마땅함을 따라서 변해가는 것으로 그 정신은 고금을 통하여 동일하지만 그 방법에 이르러서는 크고 작은 차별이 없지 않은 것이다. 지금의 우리나라에 있어서 외국의 문물이 대단히 많이 국내에 수입되었기에, 만나서 응하고 · 서로 보답하며 · 집회하고 · 잔치하고 노는 등의 예절도 또한 지난 때와 같지 않은 것이 있는데, 여기에서 일일이 자세히 서술할 겨를은 없으나 오늘날 사회에 서고자 하는 자는 그 개략의 요지를 깨달아서 환히 알아야 하는 것이다.

요컨대 공손하고 검소함은 자기를 겸양하고 다른 사람을 포용함에 있는 것이다. 사람의 마음이 같지 않음이 그 얼굴이 같지 않음과 같으니, 만일 나와 같지 않은 사람들이 있는데 이런 이들을 포용하지 아니하면 세상에 협동 일치하는 것은 없을 것이다. 따라서 용납하고 인정하는 것은 사회의 질서를 유지하는 기본이다.

뉘우치고 고침

또 사람이 나의 과실을 꾸짖을 때는 빈 마음으로 되돌아보는 것이 옳으니, 제삼자의 말은 종종 적중하는 것이 있다. 무릇 성인이라도 혹 과실이 없지 않으니 과실이란 것은 무심히 잘못을 저질러서 도에 어긋남을 말하는 것이다. 하루아침에 그 과실을 깨달은 때는 빠르게 바꾸어 뉘우치고 고치면 유덕한 사람이 됨에 무엇이 어려운 바가 있겠는가. 이미 그 과실을 알고 이것을·고침에 꺼리는 바가 있으면 이것은 도가 아닌 것을 이유로 하기에 필경 악하고 어그러짐에 스스로 귀착하는 것이니, 우리의 깊이 경계하고 두려워해야 할 것이다.

– 윤리학 교과서 권1 끝.

윤리학 교과서 권2

『윤리학 교과서』 권2 목차

가족의 의무

제1장 총론

도덕과 의무

무릇 도덕을 완전히 함은 의무를 실행하는 것에 있으니, 의무란 것은 다른 사람들에 대하여 우리가 당연히 행해야 할 것을 말하는 것이다. 가령 충성과 효도는 신하와 아들의 의무요, 화목은 부부의 의무요, 신의를 지키는 것은 사회에 살고 있는 각각의 사람들의 의무요, 국가를 사랑함은 국민의 의무이니, 사람이 각자 이런 종류의 여러 가지 의무를 정성껏 지켜서 감히 위배하지 아니하면 그 도덕이 완전함을 얻었다고 말할 것이다.

자신에 대한 도덕과 다른 사람에 대한 도덕의 관계

자신을 수양하는 큰 요점은 필경 이런 종류의 다른 사람에 대한 의무를 완전히 하고자 하는 것에서 벗어나지 않으니, 우리가 만일 다른 사람에 대하여 당연히 행해야 할 의무를 극진히 할 때는 자신에 대한 도덕도 또한 완전함을 얻을 것이다. 도덕의 목적은 요컨대 사회와 국가의 안녕과 번창함을 통하여 개인의 행복을 증진함에 있으니, 자신의 행복은 자신 한 사람을 의지하여 누릴 수 있는 것이 아니요, 사람들이 집합하여 성립하는 바의 가족과 사회 및 국가의 행복과 서로 의존해야 비로소 성립하는 것이다. 때문에 이런 종류의 가족과 사회 및 국가에 대한 도덕은 자신의 행복을 누리고 얻기 전에 미리 실행함을 필요로 하는 것이다.

가령 가족이 화목하지 못하고 사회의 질서가 문란하며 국가의 권력이 미약할 때는 사람이 어찌 홀로 행복을 누리어 받겠는가. 안에 있어서는 한 가족이 능히 단란함의 기쁨을 누리지 못하고 밖에 있어서는 능히 생명과 재산의 안전함을 보존하지 못하며 명예를 실추하고 자유를 잃은 불행한 상태에서 두려워하고 조심하여, 오히려 행복을 홀로 누리는 사람이 있으면 이 사람은 미친 사람 · 선천적으로 부족한 사람의 무리가 아니면 간악하고 부끄러움이 없는 무리가 됨에 불과할 것이니, 진정 한결같은 성품이 있는 자의 행동할 바가 아니다. 그런즉 어떠한 도리로 가족과 사회 및 국가의 행복을 이룸이 옳은가. 다른 것에서 구할 것이 아니라 사람들이 이런 종류에 대한 도덕 곧 의무를 완전히 함에 있는 것이다. 따라서 다른 사람에 대한 도덕은 결단코 자신의 행복을 희생하여 이바지함을 말하는 것이 아니요, 도리어 이것을 누리고 받아서 유지하고 또 증진하는 것임을 깨달아야 한다.

다른 사람에 대한 의무, 가족과 사회 및 국가

요컨대 사람마다 자신을 수양하는 의무가 있는 것은 다른 사람에 대한 의무가 있다는 것을 위한 것이니, 만일 다른 사람에 대한 의무가 없을진대 어찌 자신에 대해서는 의무가 있겠는가. 다른 사람에 대한 의무를 무릇 세 가지 종류로 구별할 것인데, 첫 번째는 가족에 대한 의무요, 두 번째는 사회에 대한 의무요, 세 번째는 국가에 대한 의무이니, 이것은 범위의 넓고 좁음을 따른 것이다. 가족이란 것은 부모와 자식, 형제와 부부 등 한 집안에 같이 사는 혈연이 있는 각 개인들의 단체를 말함이요, 사회란 것은 혈통 및 주인과 종의 관계 유무를 막론하고 다만 생존과 행복에 관하여 그 이해를 함께 하는 각 개인의 집합을 말함이요, 국가란 것은 독립의 주권을 통하여 통치하는 일정한 토지 및 일정한 백성의 단체를 말함이다. 우리는 이런 종류에 대하여 각각 마땅히 행함이 옳은 의무가 있으니, 곧 집안에 있어서는 부모가 되고 자식이 되며 부부가 되고 형제가 되며, 사회에 있어서는 공민이 되고 군주에 대해서는 신하가 되며, 국가에 대해서는 국민이 되니, 이런 여러 가지는 병행하는 것이지 한 쪽으로 치우치거나 폐해서는 안 되는 것이다. 만일 그 한 가지를 이지러지게 하면 다른 것도 또한 온전히 함을 기대하기 불가능한 것이다.

실제에 있어서는 함께 필요한 것이 되나, 논리의 순서에 이르러서는 스스로 전후의 구별이 없지 못할 것이다. 따라서 우리는 먼저 가족에 대한 의무를 설명하고 사회와 국가에 대해서 차례로 미치고자 하니, 가족은 가장 각각의 사람들의 친밀한 것이 되어 사회의 교제와 자신과 타인의 관계 등 모든 도덕의 연원이 되기 때문이다.

가족은 사회와 국가의 기초

무릇 가족은 사회와 국가의 기초를 이루는 것이니, 가족이 없으면 사회와 국가가 없을 것이다. 따라서 가족은 도덕의 문이다. 만일 가족이 도덕에 있어서 빼놓는 것이 있으면 사회와 국가에 대하는 도덕도 또한 완전함을 바라지 못할 것이니, "충성스러운 신하는 효자의 문으로부터 나온다"[1]고 하는 것이 이것을 말하는 것이다. 저 몽매하고 야만의 사회에 있어서는 소위 완전한 가족이란 것이 없을 뿐만 아니라, 설령 있다손 할지라도 부자형제 간에 예절과 문물 및 질서가 없고 부부 관계 등에 있어서는 문란함이 더욱 심하니, 이와 같은 상황으로 생존하는 경우에는 완전한 사회와 국가는 도저히 성립할 수 없을 것이요, 그 행동하는 바는 모질고 사나우며 인륜을 배반하여 금수와 서로 떨어짐이 멀지 않은 것이다. 이와 서로 반대하여 우리가 일차적으로 원만한 가족을 구성하여 부모는 사랑하고 자식은 효도하며 형은 우애하고 동생은 공경하며 부부가 서로 화합하고 군주와 신하가 서로 신뢰할 때는, 다만 한 가족에 있어서는 화목한 기운이 흐르며 행복과 녹봉이 풍족할 뿐 아니라, 이것을 사회에 베풀어 함께 하면 신의 및 사랑과 관용이 되고, 이것을 국가에 베풀어 함께 하면 임금에게 충성하고 나라를 사랑함이 되니, 따라서 가족의 좋고 나쁨은 사회의 행복과 한 나라의 권력이 이것으로부터 나오는 것이다.

가족은 하나의 작은 국가 체제

가족은 비유하건대 하나의 작은 국가 체제라고 하는 것이 옳으니, 한 가족의 주인은 곧 한 나라의 원수요 그 가옥은 국토이며 그 자녀와

1 출전은 다음과 같다. 古人有言, 求忠臣必出於孝子之門. 『十六國春秋』. 이외에도 비슷한 문장의 여러 출전들이 있으나 여기서는 『十六國春秋』만 그 한 예로 들었음을 밝힌다.

종은 국민이요 그 가족의 계보는 곧 국가의 역사이다. 따라서 진심어린 정성으로 주인을 공경하고 집안을 사랑하는 자가 아니면 어찌 임금에 충성하고 국가를 사랑하겠는가. 하물며 우리 국가에 있어서는 우리의 조상으로부터 황제의 조상과 황족[2]을 공경히 우러르고 감사히 받들어서 군주와 신하의 의는 곧 부모와 자식의 정과 같으니, 그러함으로 부모에 효도하지 아니하고 군주에게 충성하는 자는 일찍이 없었다.

가족은 다만 사회와 국가에 대한 도덕의 근간이 될 뿐 아니라 또한 행복의 기초를 이루는 것이니 어떠한 것인가. 인생의 행복은 필경 부지런히 일하는 것으로부터 나오니, 우리의 근로를 하고자 함을 유발하게 하는 것은 필경 우리의 돌보고 사랑하며 기르고 보호하는 바의 가족의 행복을 유지하고 증진하고자 하는 희망에서 기인하는 것이다. 긴급한 때를 만났을 때 평범하지 않은 인물은 공공을 위하여 한 몸 한 가족을 돌아보지 않는 것이 없지는 않으나, 이것은 평소 일상의 가르치고 힘쓸 수 있는 것은 아니다. 따라서 가족의 관계를 친밀하게 하고 자애 및 도와서 보호함의 생각을 느끼게 하는 것을 평소에 풍부하게 함은 간접적으로 사회 및 국가의 행복과 이익을 증진하게 하는 까닭이다.

가족의 세 요소

무릇 가족을 이루는 요소가 세 가지가 있으니, 첫 번째는 부모와 자

2 1897년(고종 34) 10월 12일에 고종은 황제의 자리에 오르고, 그 다음날 국호를 대한으로 하며 임금을 황제로 칭한다고 선포하였기에, 이하 고종 및 왕실을 가리키는 말은 '황제' 및 '황실'로 번역하였음을 밝힌다.

식의 관계, 두 번째는 부부의 관계, 세 번째는 형제자매의 관계가 이것이다. 이 세 가지는 각각 특별한 의무가 있는 것이요, 이 외 주인과 종의 관계가 있으나 대개 가족을 구성함에 있어 필요가 되는 것은 아니다.

제2장 부모에 대한 의무

무릇 사람은 부모가 있는 연후에 비로소 그 몸이 있다. 사람의 가장 귀중히 여기는 것은 그 몸과 같은 것이 없으니, 그런즉 그 몸이 따라서 태어나는 바의 부모는 어찌 우리의 가장 공경하고 사랑해야 할 바가 아니겠는가.

부모 양육의 수고로움

부모가 그 자식을 사랑함은 본래 타고난 지극한 성품에서 나오는 것이니, 그 감정의 깊고 두터움이 다른 것에 비할 바가 없는 것이다. 그 처음에 어머니의 태내에 있는데 어머니가 이 아이를 위하여 큰 소리로 말하지 아니하고 발 구르지 아니하며, 음식을 선택하고 품행을 방정히 하며, 앉고 누우며 일어나고 머무름을 화락하고 조용하게 하여 잠시라도 태아의 건강함을 마음으로 빌지 아니함이 없다. 이렇게 출생함에 백방의 수고로움과 만반의 보호를 받음이 아니면 이 생명을 능히 보존하지 못할 것이다. 부모는 이것을 맞이하여 조금도 수고로움과 고생을 꺼리지 아니하고, 굶주리면 음식의 부족함을 걱정하며 배부르면 음식의 과도함을 걱정하는 것이다.

추울 때 옷을 입힘과 더울 때 시원하게 해줌은 다시 말할 것이 아니요, 아기의 한 번의 찡그림과 한 번의 미소를 마음에 남겨두어 기쁨과 슬픔을 함께 한다. 점차 자라서 포복할 때는 부모는 그 일어나서 서기를 바라고, 일어나서 설 수 있을 때는 그 걸음을 옮기기를 바라며, 육칠 세에 겨우 이르러 학교에 입학하면 부모는 그 진보의 신속함을 바라며, 질병에 걸린 때는 의사를 맞이하고 약이 되는 음식을 구하여 자신의 쇠약함을 돌아보지 않고 낮밤으로 간호하며, 나가서 노는데 해가 저물도록 돌아오지 않을 때는 문에 기대어 기다리면서 아이의 몸에 병이 없기를 마음으로 바라며, 아이가 마침내 보통교육을 수료하고 점점 독립의 생활을 스스로 영위함에 이르면 부모는 그 앞으로 갈 길의 십분 성취함을 희망하는 정이 더욱 절실하며, 아이가 행운을 탄 때는 부모도 또한 함께 기뻐하고, 아이가 불운에 넘어지고 떨어질 때는 부모도 또한 함께 근심하고 슬퍼하여 종신토록 아이에게 염려하는 정으로 이 생애를 보냄에 다하니 크도다! 부모의 은덕이여. 어진 하늘의 자애로움과 같도다.

세상 사람들은 한 끼 밥의 은혜에 대해서도 오히려 갚는 것을 중요히 하니, 산과 바다보다 높고 깊은 부모의 은덕에 대해서는 장차 무엇으로써 보답하겠는가.

부모를 모시는 방법

부모를 모시는 방법은 한 마디로서 요약한다면 효도 한 마디에서 벗어나지 않으니, 부모가 자식에 대하는 애정은 금수에 있어서도 이것을 오히려 볼 것이나, 자식이 부모에 대한 효행은 오직 인류에 있어서만 이것을 볼 수 있다. 따라서 효도는 사람의 인류 문화로서의 제 첫 번째 것이라 이를 것이다. 무릇 태어나서 자람에 긴 세월을 필요로 하는 것은 세상에 인류와 같은 것이 없으니 다른 동물에 있어서는 대개

일 년을 넘지 않아 독립의 생활을 할 수 있기 때문에, 그 부모의 은택을 입는 시간도 짧고 자식이 부모에 대하는 의무도 또한 저절로 가벼워질 수 있으나 오직 인류에 있어서는 그렇지 않다. 그 부모의 양육을 받는 세월도 가장 길고 그 부모의 몸과 마음을 수고롭게 함도 가장 크기 때문에 이에 대하는 의무도 가장 중대할 수 있는 것은 자연스러운 도리이다.

효도는 일가 행복의 핵심

또 효도는 일가의 행복을 이루는 핵심이다. 한 가족은 자못 한 나라와 같으며 부모는 자못 군주와 같으니, 군주가 한 나라를 통치함에 신하와 백성이 이에 충성하고 따르지 아니하면 국가의 잘 되는 흐름을 능히 기대하지 못할 것이며, 부모가 한 가족을 통솔함에 자녀가 이에 효도하고 따르지 아니하면 한 집안의 화협하고 즐거움은 또한 바라지 못할 것이다. 한 가족이 서로 조화하지 못하고 부자 형제가 다툼에 이르면, 이와 같은 가족으로부터 성립한 사회와 국가에 있어서는 또한 완전한 단체를 보지 못할 것이다. 따라서 효도는 모든 행동의 근원이라 함은 옛날부터 훈시한 것이니, 만일 효도에 있어서 이지러진 바가 있으면 다른 것에 대해 어떠한 잘하는 행동이 있을지라도 족히 칭찬할 것이 아니다.

효도는 모든 행동의 근원

사람의 도는 효도보다 큰 것이 없을 것이며 또 효도보다 앞설 것이 없으니, 효도의 마음으로써 임금을 섬기면 곧 충성이요, 효도의 마음으로써 사람을 사귀면 곧 신뢰이다. 따라서 무릇 일을 효도의 마음으로써 미루어 하면 도덕의 완전함을 거의 기대할 수 있을 것이다. 『논어』에서 말하기를 "군자는 근본을 힘쓰니 근본이 서면 도가 생겨나니, 효도와 우애란 것은 인을 행하는 근본이 될 것이다"[3]라고 하며 또 말하기를 "그 사람됨이 효도와 우애를 하고서 윗사람을 범함을 좋아하는 자는 드물다"라고 하였다.[4]

어떻게 효도를 다할 수 있는가

그런즉 우리는 어떻게 효도를 다할 수 있는가. 효의 방법이 하나 둘에 그치지 아니하지만, 대개 잘 따르고 · 친애하고 · 존경하고 · 은혜를 보답하는 것의 네 가지에서 벗어나지 않는다.

잘 따름

잘 따른다는 것은 공손하고 삼가 부모의 가르침과 명령을 준수함을 말하는 것이니, 결단코 어쩔 수 없이 부모의 뜻을 복종하는 것이 아니

---

3 출전은 다음과 같다. 君子務本, 本立而道生. 孝弟也者, 其爲仁之本與. 『論語』「學而」.
4 출전은 다음과 같다. 有子曰, 其爲人也孝弟, 而好犯上者, 鮮矣. 『論語』「學而」.

요, 십분의 정성스러운 마음으로 이것을 좇아서 받듦을 말하는 것이다. 따라서 사람의 자식이 된 자는 그 부모를 도탑게 믿어, 그 타이르는 바는 반드시 도의에 합하고 그 경계하는 바는 반드시 자애로부터 나오는 것이니, 그 명령을 준수함은 반드시 자신의 행복을 증진한다고 믿고 인정하는 것이 옳은 것이다. 또 부모로부터 이것을 볼지라도 그 자식으로 하여금 만일 교훈을 받지 않고 명령을 따르지 않으면, 부모는 비록 자애의 정이 마음 깊은 곳에 차고 넘친다 할지라도 어찌 그 자식을 교육하고 지도하여 이로써 부모가 된 본분을 다할 수 있겠는가. 세상에 그 부모의 자애가 없음을 원망하는 자가 간혹 있는데, 이것은 그 부모를 모시는 도에 십분 잘함을 다하지 못한 것을 원인으로 하니 그 죄와 허물은 자식이 된 자에게 있다.

절대적으로 좇아 따름

사람의 자식이 된 자는 어렸을 때에 있어서는 절대적으로 그 부모에게 좇아 따르지 아니할 수 없으니, 이것은 그 경험과 지식이 모두 모자라 아직 자기 독립의 의견을 통하여 행동하지 못하기 때문이다. 이런 때를 맞아서는 부모의 교훈과 명령이 있을 때마다 사사로운 마음을 없애고 이것을 공경히 들어서, 감히 권태 또는 불만스러운 얼굴색을 바깥으로 나타내지 말고 항상 순한 얼굴과 즐거운 기색을 유지하여 여러 가지 일을 좇아 따르는 것이 옳으며, 외람되고 망령되어 이에 반항하는 말을 하는 등의 일은 일절 깊이 삼가야 한다. 점차 자라서 사리를 스스로 분변하는 능력을 갖추어 있을 때라도 부모의 말은 거리

낌 없이 듣고 따라야 하니, 부모는 경력이 오래 쌓이고 경험이 역시 많기 때문에 그 학식의 어떠함을 불문하고 그 말이 실제에 적절함은, 젊은이들의 특히 미치지 못하는 것이 있기 때문이다. 만일 부모의 말이 나의 믿는 바와 같지 않은 것이 있으면, 실제에 이익과 손해가 없는 일은 이것을 분별하여 다투지 아니함을 의무로 할 것이며, 만일 이것을 간쟁하지 아니할 수 없을 때를 맞이해서는 말을 순하고 부드럽게 하여 온화하고 기쁜 기색으로써 서서히 그 믿는 바가 부모의 말과 같지 않은 것이 있음을 진술해야 한다.

상대적으로 좇아 따름

사람의 자식이 된 자가 나이가 점차 들어서 지식과 덕이 저절로 갖추어지고 처세의 경험이 또한 저절로 충분함에 이르면 부모에게 대한 좇아 따름도 또한 어린 시기와 자연히 달라지니, 이것은 그 부모가 자식이 성장하여 여러 가지 일에 능히 견디어냄을 보고 그 자유를 점차 용인하기 때문이다. 그러나 좇아 따르는 정신은 효도의 방법에 있어서 잠시라도 빼놓으면 안 되는 것이기 때문에, 부모가 세상에 있는 사이에는 반드시 그 뜻을 성찰하여 모든 방면으로 만족하게 함을 필요로 할 것이니, 만일 지능을 믿고 스스로 부모의 보호를 벗어나 그 뜻에 위반함을 돌아보지 않는 자는 결단코 효자의 도가 아닌 것이다. 부모의 나이가 이미 들고 혹은 다른 사고를 원인으로 하여 그 자식의 자유를 용납하여 허락하든지, 또는 자식이 부모의 사는 곳과 멀리 떨어져 일일이 그 의향을 이음에 겨를이 없거나, 혹은 자식이 관리와 병사가 되어 공무로써 사사로운 정을 따를 수 없든지, 이런 종류의 사정에 있어서는 자식이 된 자도 비로소 독립하여 자기의 의견을 실행할 수 있는 것이다.

좇아 따르는 것은 자식이 된 자의 의무가 되나, 만일 부모가 어그러지고 악한 일을 명할 때는 자식이 된 자는 다만 이것을 따르지 않을 뿐만 아니라 백방으로 간쟁하여 부모의 마음을 빨리 깨우쳐 고치게 할 것이니, 악한 일을 알고도 부모의 명이 되기에 이것으로 순종하여 받들고자 하는 것은 다만 자신이 죄인이 될 뿐 아니라 또한 그 부모를 죄과에 빠지게 하는 것이다. 또 부모가 불행히 부덕의 일이 있을지라도 이것을 오히려 힐문하거나 혹 폭로함은 또한 자식이 된 자의 도리가 아니니, 따라서 공자가 말하되 "부모는 자식을 위하여 숨기며, 자식은 부모를 위하여 숨기면 바름이 그 가운데 있다"[5]고 하시며, 법률에도 가족 간에 있어서 죄악을 엄폐함을 관용한다 하는 것은 또한 부모와 자식의 정과 의리에 근거한 것이다.

친애와 존경

친애와 존경은 효도의 방법의 핵심이다. 무릇 부모와 자식의 정은 본래 사람의 천성으로부터 나오는 것이요, 옳고 그름 · 나쁘고 바름의 의리를 원인으로 하여 외부로부터 억지로 하는 것이 아니다. 따라서 부모가 그 자식을 위하고 자식이 그 부모를 위함에 사사로운 마음을

5 출전은 다음과 같다. 葉公語孔子曰, 吾黨有直躬者, 其父攘羊, 而子證之. 孔子曰, 吾黨之直者異於是, 父爲子隱, 子爲父隱. 直在其中矣. 『論語』「子路」.

자르고 사사로운 욕심을 끊으며, 공경하여 어기지 않고 수고로움에 원망하지 않아서 그 행위가 완전히 이해득실의 밖에 있으니, 이는 부모와 자식의 정이 가장 귀중한 까닭이다. 사랑하고 공경함의 두 단어는 실로 이 지극한 성품의 근본이 되는 것이다. 친애의 정이 없으면 부모와 자식의 사이에 무엇이 다른 사람과 다르겠는가. 존경의 생각이 없으면 무례하고 거만하며 소홀함에 흘러서 마침내 부모를 경멸함에 이르며, 사랑이 있고 공경함이 없는 것은 짐승도 능히 하는 바요, 공경함이 있고 사랑이 없는 것은 무엇이 뼈와 살을 나눈 부모 자식 간이라 하겠는가. 사랑하고 공경함이 두루 미치지 아니하면 효도가 아니니, 두 단어를 모두 갖추지 아니한 자는 곧 사람된 지극한 성품을 이지러지게 한 자라 할 것이다.

은혜를 갚음

좇아 따르며 · 친애하고 · 존경하는 것의 세 가지를 완전히 가지고 있을지라도 아직 효도의 방법을 다하였다고 이르지는 못할 것이니, 효자의 가장 고심하고 힘써 행해야 할 것은 은혜를 갚음에 있다는 것을 깨달아야 한다.

은혜와 의리를 오랫동안 잊지 않아서 마침내 이것을 갚는 것은 실로 인류의 미덕이니, 우리의 일생에 받는 것으로 최대의 은덕은 부모의 은덕을 넘는 것이 없다. 부모가 나를 나음에 수고로이 노력하고 나를 기름에 지쳐서 병이 들며 나를 어루만지고 나를 길러서 두루 이르지 아니하는 것이 없다. 부모는 다만 그 육체와 생명을 우리에게 바칠 뿐 아니라 우리가 이것을 의지하여 이로써 이 세상에 생존할 수 있는 바의 일체 기본적인 것들도 또한 주신 것이니, 우리는 밤낮으로 그 은덕을 깊이 새기어 만분의 일이라도 보답을 스스로 기약치 아니하지 못할 것이다. 사람이 되어 부모의 은덕을 망각하는 것은 금수보다 더욱 못한 자라고 이르는 것이 옳다.

노년에 이르러 남은 삶이 많지 않음을 보면 잘 모르는 길가의 사람이라도 측은의 마음이 있을 것인데, 만일 자기의 부모로서 나이가 들고 쇠약함을 보면 누가 슬프고 가련한 정을 능히 감당할 수 있겠는가. 마땅히 양친이 나의 어린 시절에 나를 어루만지고 사랑해줌과 같이, 나도 또한 지극한 정성의 마음으로 양친의 자리를 깔고 위로하여 효로써 봉양함이 옳은 것이다. 자녀가 하루의 성장을 더하면 부모는 하루의 노쇠를 더하며 자녀가 이미 독립의 방법을 얻어서 부모를 공양할 시기에 이르면 부모의 남은 생은 이미 거의 없으니, 이 시기를 당하여 한 마음으로써 효의 도를 다함이 아니면, 백 년 뒤에 있어서 부모에게 효를 다하려 하였으나 이미 돌아가셔서 그 뜻을 이룰 수 없는 슬픔을 어찌하겠는가.

은혜를 갚는 방법

부모의 은덕을 보답함에는 두 가지의 방법이 있으니, 부모의 육체를 봉양함이 그 첫 번째요, 뜻을 봉양함이 그 두 번째이다.

육체의 봉양

육체를 봉양한다 함은 부모를 옷과 음식으로써 편안하게 함을 말하는 것이니, 곧 경제적인 능력이 미치는 한에 있어서는 부모를 위하여 맛있는 것을 골라서 드리며, 귀와 눈을 즐겁게 하고 주무시고 쉬시는 것을 편안하고 한가롭게 하며, 그 다른 생활에 필요한 것을 도와드려 이로써 효도로 봉양하는 도를 다해야 할 것이다. 만일 성년에 이르러서 오히려 부모를 봉양하지 못하여 쇠약하고 나이든 부모에게 육체의 봉양을 자주 빠뜨리는 것은 불효자 됨을 면치 못하는 것이요, 또 자신이 홀로 반짝거리는 옷을 입고 맛있는 음식을 배불리 먹으며 부모의 궁핍함을 돌아보지 않는 자는 인륜을 어그러뜨리고 무도함의 끝에 있는 자라고 말할 수 있을 것이다.

노년의 부모로서 사지와 몸의 동작이 여의치 못하여 앉고 눕거나 일어서거나 머물러 있음을 다른 사람의 조력을 필요로 할 때는, 자식이 된 자는 반드시 다른 사람의 손을 빌리지 말고 스스로 도와서 보호하고 잡아주는 일을 해야 하니, 부모는 같은 일이라도 그 자식의 손을 의지하면 매우 만족함을 느끼기 때문이다. 하물며 부모가 병으로 누운 때는 사정의 허락하는 한에 있어서 병상에 모시어 아침저녁에 간호하는 책임을 자신의 몸으로 감당해야 하니, 만일 자기가 어린 시절에 있어서 부모의 길러주는 수고로움이 어떠하였는지를 생각하면 효로써 봉양함을 어떻게 할지라도 능히 그 은덕의 만 분의 일을 갚지 못함을 밝게 알 수 있을 것이다.

뜻의 봉양

또 자식이 된 자는 부모의 육체를 봉양함과 함께 그 뜻을 봉양해야 하니, 부모의 뜻을 봉양한다는 것은 그 마음을 편안하고 한가롭게 하고 그 정을 기쁘고 즐겁게 하여, 항상 마음이 차있고 정신이 기쁘게 함에 있는 것이다. 육체의 봉양이 어떠하게 극진히 아름답다 할지라도, 그 자식의 심정과 행위가 직접 혹은 간접적으로 부모의 마음을 상하고 아프게 함이 있으면 부모가 어찌 편안하고 즐거움을 얻겠는가. 육체의 봉양은 인륜을 어그러뜨리는 무리라도 자산과 재물이 있으면 이것을 능히 행할 것이나, 참으로 부모의 마음과 뜻을 기쁘게 함은 진정한 효자가 아니면 행하지 못할 것이다. 따라서 뜻을 봉양함은 근본이요 육체를 봉양함은 말단이니, 옷과 음식의 양육으로써 효자의 방법을 다한다고 생각하는 자는 그 부모를 봄에 개나 말로써 하는 자라[6] 이를 수 있을 것이다.

뜻을 봉양하는 방법

자신의 건강을 유지함은 부모의 뜻을 봉양하는 바의 첫 번째이다. 부모는 오로지 그 자식의 행복을 희망하기에 그 자식이 질병에 걸리거나 혹은 허약하여 일을 함에 능히 감당하지 못할 때는, 이것을 통하여 그 뜻을 상함이 오로지 심한 것이다. 따라서 건강을 완전히 하는 것은

---

6 출전은 다음과 같다. 子游問孝. 子曰, 今之孝者, 是謂能養. 至於犬馬, 皆能有養, 不敬, 何以別乎. 『論語』「爲政」.

다만 자신을 위함에 필요할 뿐 아니라 부모에 대하여 효도의 방법을 다함에도 또한 빼놓지 못할 것이니, 다투어 싸우는 것을 좋아하며 모험을 즐기어 그 몸을 스스로 위급하게 하는 것은 또한 효자의 도가 아니다.

자기의 건강을 완전히 보호함

평범한 물건이라도 사람이 좋은 뜻으로써 나에게 주면 이것을 아끼고 소중히 하여 수용하는 것은 우리가 다른 사람의 호의에 대하여 존중하는 예의를 표하는 것이거늘, 하물며 우리의 육체는 부모가 준 몸이니 부모 한 평생의 수고로이 하는 노력은 우리의 육체에 응집되어 있다 하여도 결단코 심하게 말하는 것이 아니다. 그런즉 보전하고 이것을 잘 길러서 감히 손상치 아니하는 것을 중요히 하는 것은 어찌 자식이 된 자의 의무가 아니겠는가. 공자가 말하기를, "머리에서 발끝까지의 몸은 이것을 부모에게서 받았으니 감히 훼손하지 아니하는 것이 효의 시작이다"[7]라고 하시니, 오랜 세월의 아름다운 교훈이라 이를 것이다.

자신의 명예를 세워 높이는 일

그러나 다만 육체가 건장할 뿐으로는 아직 부모의 뜻을 봉양함에 충분하다고 이르지 못할 것이니, 부모는 그 자식의 건장함을 소망함과 함께 그 자식의 영예가 있음을 원하기 때문이다.

---

7 출전은 다음과 같다. 子曰, 夫孝德之本也. 教之所由生也. 復坐吾語汝. 身體髮膚受之父母不敢毁傷孝之始也. 『孝經』「開宗明義章第一」.

효도의 방법은 가족에만 제한되는 것이 아니다

만일 사회와 국가에 대하여 당연한 의무를 능히 다하지 못하여 몸과 이름을 더럽히고, 칠 척[8]의 큰 몸으로 천지간에 두려워하는 것[跼天蹐地][9]은 곧 부모를 욕되게 함이니, 따라서 효도의 방법은 결단코 한 가족 중에 제한되는 것이 아니요 밖에 대하여 몸을 세우고 도를 행함이 아니면 결단코 완전함을 얻었다고 이르지 못할 것이다. 따라서 임금을 모심에 충성을 다하지 아니하는 것은 효도가 아니요, 관직에 임하여 공경하지 아니함도 효도가 아니요, 친구를 사귐에 믿음으로써 아니하고 일에 임하여 정성으로써 아니하는 것도 효도가 아닌 것이다. 만일 국가에 일이 있는 때를 맞이하여 적개의 기운 및 충의와 용기의 뜻으로 임금과 나라를 위하여 한 목숨을 버리는 것은 국가의 충성스러운 신하가 되는 것과 함께 한 가족의 효자가 되는 것이니, 충성과 효도의 방법은 여기에 있어서 둘 다 완전함을 얻었다고 이를 것이다. 부모는 곧 그 자식의 명예로써 자기의 명예를 삼고 그 자식의 오욕으로써 자기의 오욕을 삼으니, 사람의 자식이 된 자는 마땅히 명심해야 할 것이다.

공자가 말하기를, "부모를 섬기는 자는 윗자리에 거하여 교만하지 아니할 것이며, 아랫사람이 되어서는 어지럽히지 아니할 것이며, 무리에 있어서는 다투지 아니할 것이니, 윗자리에 거하여 교만하면 곧

---

8 척(尺)은 약 30.3㎝ 따라서 칠 척은 약 2.1m에 해당한다.

9 국천척지(跼天蹐地) : 머리가 하늘에 닿을까 두려워하여 몸을 구부리고 땅이 꺼질까 두려워하여 발끝으로 살살 디디어 걷는다는 것으로, 두려워하여 몸 둘 곳을 모름을 이르는 말.

망하고, 아랫사람이 되어 어지럽히면 곧 형벌을 받을 것이며, 무리에 있어서 다투면 곧 죽임을 당할 것이니, 이 세 가지를 제거함이 아니면 하루에 세 가지 희생[三牲][10]의 봉양을 바칠지라도 오히려 불효가 된다"[11]라고 하시니, 이것도 또한 부모의 뜻을 봉양함에 아름다운 교훈인 것이다.

또 부모의 하시는 바를 도와서 기쁨과 슬픔을 함께 하는 것은 부모의 뜻을 봉양함에 또한 중요한 것이다. 따라서 사물의 어떠함을 불문하고 부모의 아끼고 공경하는 것은 나도 또한 이것을 아끼고 공경하고, 부모의 즐기고 좋아하는 것은 나도 또한 이것을 즐기고 좋아해야 한다.

부모가 돌아가신 후의 효도

이상은 부모가 세상에 있는 때에 당연히 행동해야 할 효도를 설명한 것이다. 그러나 효도의 방법은 부모가 돌아가신 후에 있어서도 계속해야 할 것이니, 곧 부모가 이미 돌아가심에 이른 때에는 예로써 장례를 지내서 '살아생전에 잘 모시고 돌아가신 후에는 후하게 장사지내는 것'[養生送死][12]에 부족함이 없음을 필요로 할 것이며, 유언이 있는 때는 이것을 준수하여 감히 위배하지 말고 그 유지를 계속하여서 하늘에 있는 영혼을 위로함을 필요로 할 것이요, 부모가 세상에 있는 때

10 삼생(三牲) : 제물로 쓰이는 세 가지 짐승, 곧 소 · 양 · 돼지를 이르는 말.

11 출전은 다음과 같다. 事親者居上不驕. 爲下不亂. 在醜不爭. 居上而驕則亡爲下而亂則刑在醜而爭則兵. 三者不除雖日用三牲之養猶爲不孝也.『孝經』「紀孝行章第十」.

12 양생송사(養生送死) : 부모를 생전에는 잘 봉양하고 사후에는 후하게 장사를 지냄을 이르는 말.

에 계획하고 성취한 일이나 물건 등은 반드시 이것을 보존할 것이니 사후에 이르러 소홀히 이것을 파괴하는 것은 효자의 정에 차마하기 어려운 것이다. 한 걸음 다시 나아가 안에 있어서는 더더욱 가족의 번영함을 꾀하고, 밖에 있어서는 사회와 국가를 위하여 유익한 업무를 성취하여 세상에 훌륭하고 뛰어난 인물이라고 칭송받아, 이로써 부모의 이름을 후세에 드러내어 높인 이후에야 비로소 효도를 완전히 하였다고 말할 수 있을 것이다.

충성과 효도의 두 가지 길의 일치함

부모를 잘 모시고 조상을 높이고 공경함은 본래 동양 전반의 문화에서 아름다운 풍속이 될 뿐만 아니라, 특별히 우리나라에 있어서는 옛날부터 지금에 이르기까지 효도의 도를 임금에 대해 충성함의 도와 함께 하여 어그러뜨리지 않아 이로써 떳떳한 도리의 근본을 이루었으니, 이것은 진실로 우리나라의 고유한 정수라 이를 것이다. 무릇 우리나라의 사람들은 모두 황제의 조상과 황족의 외손[外裔][13]으로 나온 것이니 황실은 곧 국민의 조상이요 부모이시다. 따라서 한 집안에 있어 부모에게 효도하는 것은 곧 한 나라에 있어서 군주에게 충성하는 것이니, 그 부모에게 효도하지 아니하고 그 임금에게 충성하는 자는 일찍이 있지 않았기에, 충성과 효도의 도는 이에 일치하는 것이지 둘이

13 외예(外裔) : 외예는 관용적으로 '먼 변방 지역'이라는 의미이나, 여기에서는 '외손의 후손', 즉 '외손'으로 사용되어야 할 것으로 보인다. 용례는 다음과 같다. 外後孫, 不計疏戚, 皆稱外裔. 『寒水齋先生文集』 卷17 「答金大有」.

아닌 것이다. 지금에 동서 여러 나라의 문물이 크게 우리나라에 수입되면서부터 효도라 부르는 것이 점차 멸시받음에 이르니 이것은 결단코 국가의 경사와 행복이 아니다. 우리는 외국의 장점인 것을 채택하여 씀과 함께 우리나라의 고유한 미풍을 보존함을 힘써 중요히 해야 할 것이다.

제3장 부모의 의무

자식이 된 자가 그 부모에 대하여 반드시 행해야 할 의무가 있는 것과 함께 부모가 된 자도 또한 그 자식에 대하여 반드시 행해야만 하는 도가 있으니, 부모에게 나에 대하여 반드시 행해야만 하는 도를 요구하는 것은 자식이 된 자의 도가 아니지만, 그 자식에 대하여 나에게 있는 도를 다함은 부모가 된 자의 깊이 마음먹어야 할 바이다. 하물며 자녀를 꾸짖어 가르침에 정밀하고 상세히 하며 부모가 된 도를 설명함에 소략하게 하는 것은 옛날부터 지금에 이르기까지 동양 도덕의 일종의 부족한 점이라 이를 수 있다.

부모의 도는 허다하나 한 마디로써 총괄하자면 자애의 한 단어에서 벗어나지 않으니, 자식이 효도하고 부모가 자애할 때는 부모와 자식의 도가 비로소 완전함을 얻었다고 이를 것이다,

진정한 자애

자애란 것은 자연스러운 사랑의 감정에 전적으로 맡기는 것이요, 지극히 사랑하여 법도가 없음을 말하는 것은 아니다. 그 목적하는 것은 자식의 영구한 행복에 있어야 하는데, 그 자식의 즐기고 좋아하는 바는 옳고 그름 및 바르고 잘못됨을 막론하고 원하는 것을 번번이 응하여 이것을 용납하고 허락하는 것은 곧 한 때의 애정을 원인으로 하여 도리어 그 자식에게 긴 세월의 화와 재앙을 주는 것이니, 자애롭지 않음이 이것보다 큰 것이 없다. 따라서 부모가 그 자식을 위하여 필요

로 하는 것은 모두 이해득실의 존재하는 바를 고찰하여, 눈앞의 사랑하고 가엾게 여김에 미혹되어 빠지지 말고 장래의 영원한 행복을 힘써 도모하는 것이다.

양육과 가르침

양육 및 가르침은 부모의 첫 번째 의무이다. 세상에 사람의 생명같이 귀중한 것이 없거늘, 자식을 낳아서 이 아이를 양육함이 불가능하고 몸이 가난하며 고생스러움에 빠짐은 곧 부모의 의무를 태만히 한 것이라 이를 수 있으니, 따라서 법률에도 또한 그 자식을 버리는 부모를 꾸짖고 벌하는 법규가 있음이 이것을 원인으로 하는 것이다. 그런즉 그 자식이 성장하여 독립의 생활을 영위할 수 있음에 이르기까지 이 아이를 양육하는 것이 부모가 된 자의 의무임은 쓸데없는 말을 필요로 하지 않고 매우 명료한 것이다.[14]

이미 양육의 의무가 있은즉 부모는 그 자식의 건강함을 보존하는 책임을 스스로 맡지 아니하지 못할 것이니, 유아는 본성의 이치가 아직 십분 발달하지 못하여 잘 자라고 건강한 방법을 스스로 분변하지 못하기 때문이다. 하물며 막 태어난 초에는 아주 약하고 부드러워 가련한 하나의 동물에 불과하기에, 일어나고 거함에 힘이 없고 언어를 이해하지 못하여 아직 사람을 향하여 보호를 구하는 것을 모르는 것

14 『윤리학 교과서』 원문에는 이 단락에 문단의 구분 없이 '罰'이라는 한 글자의 소제목이 들어가는데, 그 한 글자만으로 소제목을 삼아서 문단을 구분하기에는 부족한 점이 있어 역자가 소제목으로 넣지 않았음을 밝힌다.

이다. 따라서 다른 사람의 친절한 뜻과 두루 미치는 간호를 필요로 함이 아니면 생존하는 것이 어려우니, 이 시기의 직무는 하등의 관계가 없는 타인에게 돌아가지 않고 이 아이를 낳은 양 부모에게 자연스럽게 돌아감은 이치의 당연한 것이다.

가정교육의 필요성

양육하는 직무에 있어 다음이 될 수 있는 것은 가르침의 직무이니 사람은 태어나면서부터 인생의 필요한 지혜와 덕을 구비하는 것이 아니요, 다만 다른 날에 이와 같은 지혜와 덕을 누릴 수 있는 능력을 얻어 가질 뿐이다. 따라서 어린 아이의 때에 있어서 사람의 본성은 반드시 선한 것이 아니며 또한 다시 지혜로운 것도 아니요 자못 싹이 유연하여 바로잡기 쉬운 것과 같으니, 가르쳐서 인도하고 덕으로 감화시킴이 어떠한지를 통하여 비로소 그 성격과 바탕의 발달을 정할 수 있다. 따라서 그 자식이 어린 때에 있어서 가르치고 지도하는 책임을 스스로 맡음은 세상의 부모가 된 자의 가장 큰 의무 중 한 가지이니, 이것은 곧 가정교육의 필요한 까닭이다.

가정의 영향

무릇 가정은 인생의 가장 초기요 또 가장 중요한 학교라 이를 수 있으니 어째서 그러한가. 사람의 일생의 성격과 버릇 그리고 의향을 덕으로 감화시키고 이루어서 여러 가지 행위를 규정하는 것은 대개 가정 안에서 배태되는 것이기 때문이다. 습관은 본성을 이루고 친구는 사람을 변화시키는 것이나, 가정의 영향이 인성에 미치는 바에 비하면 실로 미미한 것이 됨에 이를 뿐이다. 사회와 국가의 사업은 하나 둘로써 논할 것이 아니나, 이것을 만들고 행동하는 인물은 그 누가 일찍이 가정 안에서 앙앙 울던 꼬맹이가 아니겠는가. 훌륭하고 뛰어난 사람이 한 세상을 크게 움직이는 것으로의 의견과 행위도 그 가정 사이에 있어서 어린 아이의 두뇌에 바로 얻는 것이니 자질구레한 생각의 근본 원인됨이 결단코 작지 않으며, 과거로부터 지금에 이르기까지 역사에 비범한 행동을 한 선비가 선량한 가정 안에서 길러져 자라지 아니하는 자는 거의 드문 것이다. 따라서 선량한 가정은 사회와 국가의 융성 부강함을 이룸에 있어서 빼놓지 못할 하나의 요소가 된다고 이를 수 있다.

어린 아이가 가정에 있어서 받는 가르침은 가령 미세한 일이라도 일생을 통하여 그 두뇌에 깊이 새겨져서 마침내 망각하지 아니하니, 따라서 어린 아이의 성격이 다자란 성인의 마음에 존재함은, 뿌리가 줄기 및 가지에 관련함과 같은 것이다. 하루의 날씨가 이른 아침 동안에 이미 나타남과 같이 일생의 운명은 어린 아이 시기에 이미 판가름 나니, 가정교육의 소홀하지 못함은 쓸데없는 말을 필요로 하지 않는다.

선량한 가정

가정교육에 있어 중요한 것은 첫 번째로 선량한 가정에 있다. 무릇 아이가 포대기를 떠나서부터 지각을 점점 갖추는 것이 자못 어두운

방을 떠나서 대낮을 향하여 마주하는 것과 같으니, 귀와 눈 등의 오관에 닿아 느끼는 바의 모든 사물이 신기하지 아니함이 없다. 이런 때를 맞아서 경험이 없는 어린 아이는 아직 자기의 의지로써 독립된 행위를 만들지 못하기 때문에, 바깥의 사물을 모방함에 오로지 마음을 다하는 것은 자연한 이치와 형세이다. 만일 이 때를 맞아서 어린 아이의 살고 있는 가정으로 하여금 부패함에 이르게 하면 저 깨끗하고 때 없는 어린 아이의 마음은 일생에 무엇을 발라도 지우지 못할 오점을 즉시 얻을 것이며, 이와 서로 반대하여 그 가정으로 하여금 예절 · 자애 · 정의 · 친목으로써 만들어냄에 이르게 하면 어린 아이의 마음은 홀로 불량함이 되고자 할지라도 얻지 못할 것이다. 따라서 부모로 하여금 그 자식의 완전한 발육을 희망하게 하려면 자신이 솔선하여 모범을 제시해야 하는 것이다.

부모가 양육함에 명심할 일

세상에 부모가 된 자는 각각 많은 직분이 있으나 한결같은 생각에 그 자식의 교육으로써 가장 중요한 사업으로 인정해야 할 것이니, 혹은 업무를 선택하고 혹은 주거지를 선택하며 기타 언어 · 음식 · 가구 · 의복 등 일상생활에 있어서 항상 그 자식을 교육하는 것에 관한 이익과 손해됨의 여하에 생각을 두고 있음을 필요로 할 것이다. 그래서 맹자(孟子)[15] 어머니의 세 번 이사함과 같은 일은 오랜 세월의 귀감

---

15 맹자(孟子, BC 372~BC 289) : 중국 전국 시대의 사상가. 자는 자여(子輿) · 자거(子車). 공자의 인(仁) 사상을 발전시켜 성선설(性善說)을 주장하였으며, 인의의 정치를 권하였다. 유학

이 될 수 있는 것이다. 부모는 또한 기회를 따라서 가르치고 기르는 방법을 스스로 책임져야 하니 그 자식이 의문이 있는 때는 진실한 사실로써 응답하는 것을 중요히 하고, 황당하고 근거가 없는 말로써 일시적으로 꾸며 넘어가는 것은 일절 해서는 안 되는 것이다. 선과 악 및 옳음과 그름의 판별이 머리에 점차 갖추어질 때는 부모가 된 자는 한층 더 마음먹어서, 권장할 것과 징계할 것을 명확히 하여 어린 아이로 하여금 일찍이 선을 사랑하고 악을 미워하는 성질을 고정하게 해야 하며, 또 이 아이를 인도하고 이끎에 엄격함과 위엄에만 치우치지 말고 관용으로 실수하지 않으며, 제한과 자유의 어느 한쪽으로 치우침 없으며 바름을 필요로 할 것이다. 어루만지며 사랑하는 것은 자애로운 어머니의 본성이요, 강직하고 굳셈은 엄격한 아버지의 본성이다. 따라서 그 자식으로 하여금 다만 한 측면만을 본받아 모범으로 할 때는 그 본성이 또한 한 측면에 치우침을 면하지 못할 것이니, 따라서 완미하며 선량한 성질을 길러 키우고자 한다면 반드시 양 부모의 덕으로 감화시킴을 통하여 항상 중정한 규율 아래에 복종하는 습관을 익숙하게 해야 하는 것이다.

직업의 선택

점차 성장한 때는 부모는 그 자식의 재주와 기량을 따라서 그 직업을 선택하게 하고 또 필요한 지도를 해주어야 하니, 무릇 나이가 어리

의 정통으로 숭앙되며, 아성(亞聖)이라 불린다.

고 기세가 날카로운 때에 있어서는 깊이 생각하고 열심히 궁리하여 자신과 다른 사람의 영원한 이익과 손해됨을 고찰하고 연구하여 앞날의 방침을 스스로 정하지 못하기 때문이다.

혼인의 관여

특별히 결혼하는 시기에 있어서는 부모는 그 자식의 앞날의 행복을 고려하여 적절하고 마땅한 감독을 필요로 할 것이니, 혼인은 인생의 큰일이라서 이것을 열정이 가득 찬 젊은 나이의 남녀에게 일임할 때는 그 폐해가 이보다 큰 것이 없다. 무릇 자녀에 있어서 가장 위험한 시기는 양친의 관할을 떠나서 자신의 지능과 자신의 혈기로 모든 일을 주관하고 판단하고자 함에 있으니, 이때를 즈음하여 부모가 된 자는 특별히 두루 미치는 엄밀한 타이름과 주의를 필요로 할 것이다.

늙었다고 물러나 한가로이 휴양해서는 안 된다

부모를 모시는 것은 자식이 된 자의 의무이나, 부모가 된 자는 결단코 그 자식에게 의지하는 마음이 없음을 필요로 할 것이다. 우리나라는 과거로부터 지금에 이르기까지 그 자식에게 의지하는 풍습이 있어, 부모가 된 자가 나이가 오육십에 도달하면 집안일을 들어서 그 자식에게 전적으로 맡기고 자신은 늙었다고 물러나 한가로이 거처하여 그 자식의 봉양을 전적으로 의지하며, 그러하지 않으면 자기의 남은 재산을 의지하여 여생을 안락하고 한가로운 가운데 보내고자 하는 자가 많다. 이것은 과거로부터 지금에 이르기까지 풍속과 관습에 의해 그러한 것이나, 부모가 된 자의 게으른 마음에 기원한 것이 적지 않은 바이니 가족 또는 사회와 국가에 관하여 손해가 있고 이익은 없는 것이다. 인생의 의무는 일생에 다하는 것이 없으니 현세에 생존한 이상은 본분을 응하고 직무를 따라서 마땅히 행동해야 하는 일이 없는 것이 아니거늘, 하물며 일에 능히 감당할 마음과 몸으로써 아무 것도 하지 않고 안락함에 세월을 소비하는 것은 차라리 사회와 국가의 해독이라고 이르는 것이 옳다. 서양에 있어서는 위로 제왕으로부터 아래로 서민에 이르기까지 몸이 일을 능히 감당하는 이상은 여러 가지 일을 설계함에 잠시도 게으름이 없어서 칠팔십의 고령인데도 공적이고 사적인 업무에 분주하다. 이것은 저 나라의 일반적인 아름다운 풍속이라서 우리나라 사람이 마땅히 채택하여 쓸 바이다.

늙었다고 물러나 한가로이 거처하는 것은 국가에 유해하다

가령 인생을 칠십으로 가정하면 사십이나 오십은 오히려 장년의 시기이거늘 쓸모가 없다고 자처하고 그 자식의 봉양을 필요로 하여 놀고먹는 것을 스스로 달게 여기는 것은, 다만 자손의 발달과 진보를 방해할 뿐만 아니라 국가 경제로 볼지라도 큰 손해를 줄 것이다. 나이 드신 부모로 하여금 편안하고 안락하게 스스로 거하여 남은 삶을 보내게 하는 것은 효자의 자연스러운 정이나, 세상의 부모가 된 자는 몸과 정신이 일에 능히 감당하는 이상은 반드시 그 자식에게 의지하지 아니함을 스스로 약속해야 할 것이다.

제4장 부부의 의무

한 국가의 기초는 한 가정에 있고, 한 가정의 기초는 부부에 있는 것이다. 따라서 부부의 화합은 작게 말하면 한 가정의 행복이 되고 크게 말하면 한 국가의 부강이 되는 것이니, 부부의 도는 인륜의 시작인 것이다.

부부

부부는 다른 성씨를 가진 타인들의 결합으로부터 이루어지는 것이니, 본래 뼈와 살을 나눈 친족은 아니나 하늘의 인연을 한 번 맺은 이후에는 다른 몸이지만 하나의 본체인 관계가 되어서, 고통과 즐거움을 함께 하며 번영과 쇠락을 같이 하여 한 평생에 서로 떨어지지 못할 반려자가 된다. 한 가정의 안전함은 부부가 화합함에 기인하고 인생의 최대 행복은 부부가 화목함에 존재하니, 그러하기에 남편된 자는 아내를 사랑하며 보호하고 아내된 자는 남편에게 부드러우며 순종하여 서로 친밀한 정과 의리를 유지해야 한다. 금슬이 좋고 화목함을 한 번 잃으면 한 가정의 도덕이 기초를 잃어서 효도와 공경의 도를 행할 것을 바랄 수 없으며 한 국가의 도덕도 또한 퇴폐함에 자연스럽게 이를 것이다.

애정은 부부의 근본 원리

애정은 부부의 근본적인 원리이니, 사사로운 이익과 욕심을 고려하지 말고 남편은 아내를 위하며 아내는 남편을 위하여 십분의 애정을 기울여 쏟아서 서로 영원한 행복을 희망하는 것은 곧 부부의 부부된 까닭으로 인생의 가장 귀한 정과 의리이다. 부부가 이것을 함께 할 때는 비록 걱정과 고통이라도 충분히 이로써 걱정과 고통이 되지 아니하고 도리어 깊고 두터운 서로의 이해를 통하여 일종의 기쁨이 생겨남을 느끼니, 애정은 부부를 일체가 되게 하는 쇠사슬이라고 할 수 있다. 애정이 없는 부부는 그 결합함이 엷고 약하여, 싫어하고 꺼리며 질투하는 등의 악한 인연이 그 틈을 번번이 타서 분쟁이 발생하니, 그 이름은 부부라 할 것이나 그 실제는 타인과 어찌 다르겠는가. 부부의 애정은 능히 다른 것으로 바꿈이 가능한 것이 아니니, 부부가 서로 사랑하는 정이 없는 때는 부귀영화를 그 궁극까지 누린다 할지라도 인생 행복의 진정한 의미는 누리지 못할 것이다.

혼인

부부 화합의 관계된 것이 이와 같이 중대하니, 따라서 부부 결합의 기초된 바인 혼인을 이루어 행함에 마주하여 깊이 신중함을 필요로 할 것이다. 혼인은 남녀 일생의 재앙과 복이 관계된 것이니, 한 번 결합을 약속한 이상은 다시 바꿀 수 없는 것이다. 이혼은 인생의 최대 불행한 것으로 남녀의 정신에 인생이 끝나도록 낫지 못할 상처를 입히는 것이니, 이것은 언제나 혼인 그 초에 있어서 십분 명심하지 못하여 죄를 받은 것이므로 젊은 나이의 남자와 여자 및 부모와 형제된 자의 깊이 성찰해야 할 바이다.

혼인과 고상한 애정

요컨대 혼인은 고상한 애정에 기인해야 하는 것이다. 저 재산과 용모 및 자태를 중요하게 보는 자는 결단코 영원한 행복을 누릴 수 없을 것이니, 재산은 모이고 흩어져 일정하지 않은 것이고 용모와 자태는 세월과 함께 시들고 떨어질 것이나, 진정한 애정은 어떠한 사정 아래에 있다 할지라도 쇠퇴하는 것이 아니기 때문이다.

진정한 애정은 인물을 공경하고 사랑하는 근본적인 정에 기인하는 것이다. 따라서 그 배우자를 택함에 있어서 남편은 여자 가운데 완숙하고 곧고 바르며 온화하고 착하여 가볍고 사악하며 들뜨고 천하지 아니한 자를 아내로 맞이할 것이며, 아내는 남자 가운데 건강하고 중후하며 근면하여 총명과 지혜와 덕이 갖추어진 자를 택할 것이니, 이것으로써 서로 믿고 이것으로써 서로 사랑하면 비로소 행복이 있는 한 가정을 구성할 수 있다.

부부 분업의 필요

이미 한 가족을 이루면 부부는 반드시 일을 나눌 필요가 생기니, 이것은 남녀의 구별에 있어서 그 성격과 바탕이 같지 않기 때문이다. 남자는 여자보다 신체가 건장하고 심성도 또한 강하고 굳세나 이와 서로 반대하여 여자는 본래 근골이 가냘프며 약하고 성질도 또한 연하고 부드럽기 때문에, 남편은 일생에 아내를 가엾게 여기어 힘을 다하여 도와주고 보호함을 필요로 하고 결단코 그 아내의 건강을 상처 입히거나 혹은 그 몸과 정신에 지나치게 힘든 업무를 직접 하지 아니하게 할 것이다. 남편은 또한 아내를 위하여 생활에 필요한 물품을 공급하는 의무가 있는 것이다. 따라서 능히 그 처를 보호하여 길러주지 못하는 자는 처음으로부터 아내를 맞아들이지 않음만 같지 못한 것이니, 이미 처를 맞아들이고 배고픔과 추위 가운데 곤궁하고 고통스럽게 하는 것은 남편된 도를 행하지 못하는 것이다. 또 아내는 남편에 비하면 재질과 도량 및 지식이 모자라고 한 가정의 정리를 오로지 일삼음으로써 사회의 경력이 또한 그 남편에 미치지 못할 것이니, 남편이 이치가 아니고 도가 아닌 것을 말하지 아니할 한계에 있어서는 반드시 잘 따르며 거역하지 않고 곧은 절개를 스스로 지킴으로 의무를 삼아 일생 고통과 즐거움을 함께 해야 하는 것이다. 남편이 노래를 하고 아내가 화답함은 인륜 도덕의 자연스러운 원리가 되기 때문에 아내된 자는 남편의 뜻을 마음대로 거슬러서 제멋대로인 행위를 감히 함부로 해서는 안 되니, 남편은 한 가정의 주권이요 아내는 보좌에 불과한 것이다. 따라서 두 가지가 서로 필요로 하여 비로소 완전한 한 가정의 생활을 할 수 있는 것이다.

남녀 평등한 권리의 이치

남편의 직무는 바깥에 있어서 사업에 종사하여 그 가족을 거두어 기름에 있고, 아내의 직무는 내부에 있어서 집안의 일을 정리하여 이로써 남편을 돕는 데 있으니, 이것은 그 성격과 바탕에 알맞게 응함을 통하여 직무를 분담한 것으로 남녀 평등한 권리의 이치도 또한 이 가운데 존재하는 것이다. 그러나 세상 사람들이 번번이 말하기를 여자도 남자와 같은 사람이라서 남편과 아내는 마땅히 같은 등급의 지위에 서서 같은 등급의 직권을 행하는 것이 옳다고 하니, 이것은 매우 이치에 맞지 않다고 이를 것이다. 남자와 여자는 본래 성질과 능력을 서로 다르게 하여 그 구별은 다만 신체 구조로부터 볼지라도 명확한 것이니, 남자는 골격이 강하고 커서 힘을 쓰는 일에 능히 감당할 것이나 여자는 그렇지 않은 것이다. 남자는 미루어 생각함에 장점이 있고 여자는 직관[覺力]에 장점이 있으며, 남자는 지력이 풍부하고 여자는 감정에 풍부하며, 남자는 진취적 성질이요 여자는 보수적 성질이다. 따라서 보호·용감·노동은 남자의 직무요, 보좌·겸양·유순은 여자의 직무이니, 음과 양이 서로 조화하고 강함과 부드러움이 서로 따르는 이치가 여기에 존재하는 것이다. 남자와 여자가 사람됨에 있어서는 본래 동일한 것이나, 그 자질에 있어서 저와 같이 서로 다른 이상은 타고난 능력을 각각 응하여 서로 마땅한 업무를 집행하는 것이 곧 남녀가 평등한 권리를 가졌다는 것의 진정한 의미라 할 것이다.

이미 자식을 낳은 때는 부부는 곧 부모이니, 적절하고 마땅한 양육과 가르침을 베풀어 가계를 이어나가고 또 사회와 국가를 위하여 행동하는 인물을 양성할 것이며, 그 애정에 있어서도 여러 많은 자녀에 대하여 치우쳐 불공평함이 없음을 중요히 할 것이다. 또 그 자녀는 부모와 함께 사회와 국가에 대하여 응분의 의무가 있는 자가 되기 때문에 이 자녀를 양육할 때에도 국민의 한 구성원으로 간주하여 그 덕성을 감화할 것이요, 만일 그 자식을 사유물로 인식하여 학대하고 심하게 대우함이 있으면 부모된 직무를 제대로 하지 못하는 것일 뿐 아니라 사회와 국가에 대하여 그 의무를 잃은 자라 할 것이다.

제5장 형제자매의 의무

부모와 자식, 남편과 아내에 다음하여 가장 중요한 것은 형제자매의 의무이다. 무릇 부부가 있은 후에 부모와 자식이 있고 부모와 자식이 있은 후에 형제자매가 있으니, 형제자매는 그 태어난 바를 같이 하고 자라남을 함께 하여 한 가정 안의 사람이 되기에, 다만 피를 나눈 관계가 가장 가까울 뿐 아니라 친목의 정도 또한 가장 깊은 자이다.

형제자매는 한 나무의 가지와 잎이요, 한 몸의 나누어진 팔다리이다

여기에 그 부모를 같이 하는 그 한 가지 일 때문이라 할지라도 형제간에 뼈와 살을 나눈 친근함을 서로 이음에 충분하거늘, 하물며 어린 시기에 있어서는 부모 좌우에서 함께 부모의 손을 끌며, 식사함에 상을 같이 하며, 잠을 잘 때에 이불을 같이 하고, 배움에 책상을 나란히 하며, 놂에 방법을 같이 하여 서로 필요하고 돕고 보호함이 좌우의 손과 같은 것이다. 이와 같이 형제자매는 한 나무의 가지와 잎과 같으며, 한 몸의 나누어진 팔다리와 같기 때문에 상호 우애하는 도를 반드시 다해야 한다.

형제자매간의 애정

형제자매의 애정은 부모와 부부의 애정과 함께 사람의 천성으로부터 나오는 것이니, 이해득실을 범위 밖에 두어서 한 점의 사사로운 마음을 용납하지 않는 친한 정은 오직 이 가운데에 볼 수 있는 것이다. 이와 같은 애정은 실로 인생의 지극한 보배라 이를 것이니, 재화를 산처럼 쌓아놓을지라도 능히 사서 구하지 못할 것이 되기에 사람마다 한마음으로써 이것을 영원히 잃어버리지 않음을 중요히 해야 할 것이다.

관용

형제자매는 각각 자기에 대하여 혹 예의와 애정을 빠뜨림이 있을지라도 이것을 관용하여 모질게 책망하지 말 것이니, 이것은 우애의 정을 유지함에 있어서 제일 필요로 하는 일이다. 만일 저와 나 사이에 털끝이라도 관용하고 용서함이 없어서 반목질시하는 극도에 이를 때는 마침내 형제자매의 정이 길에서 만난 사람과 다르지 않을 것이니, 항상 사랑과 은혜 · 자애의 뜻을 잃지 않아서 궁핍을 서로 구하고 걱정과 고통을 서로 위로하며 기쁨을 서로 나누면, 형제자매간에 그 정이 더욱 더 간절하고 두터워서 형제의 즐거운 일을 영원히 보존할 것이다.

무릇 부모는 그 자녀로부터 본다면 전반기의 생활을 함께 하는 자가 되기 때문에 차라리 이전 시대의 사람이라고 칭할 수 있을 것이나, 형제자매는 그렇지 않아서 비록 연령에 다소의 차이가 있지만 부모와 자식에 있음과 같이 심하지 않으니 차라리 같은 시대의 사람이라고 말할 수 있을 것이다. 따라서 형제자매는 일생 동안에 친근하여 서로 협조하며 서로 돕고 보호함을 해야 하는 것이다. 그러함으로 어린 시기에 부모 슬하에 있어서 아이들의 장난을 하던 친밀한 관계는 백 년이 지나도 하루와 같이 하여 조금이라도 서로 등지고 헤어지는 것은 옳지 않은 것이다. 점차 성장한 후에 부모의 집을 떠나서 그 직업을 서로 다르게 하고 그 거처가 멀리 떨어진 시기에 있어서도, 상호 왕래하여 화와 복을 서로 묻고 길흉을 서로 생각함이 오히려 한 가족과 같음을 필요로 할 것이다. 만일 멀리 떨어진 지역에 사는 시기에는 연중 명절에 소식을 전하고 받음을 게을리 하지 않아야 할 것이니, 형제자매의 진정한 정은 천리의 산과 강도 멀리 떨어졌다고 이르지 못할 것이다. 멀리 떨어져 있는 곳에 넘어가 있어 서신으로써 애정을 서로 의지함은 실로 인생의 지극한 기쁨이다. 어린 아이 시기에 있어서 부모의 옷자락에 앞뒤하였음을 돌이켜 생각하고 또 미래의 모여서 만날 것을 생각하고 바라면, 우애와 기쁨으로 가득한 정이 스스로 감당하지 못할 자가 있을 것이다.

형과 손위 누이 및 동생과 손아래 누이

형과 손위 누이는 동생과 손아래 누이보다 나이가 많기 때문에 지식과 경험이 언제나 동생과 손아래 누이보다 우월하니, 따라서 동생과 손아래 누이는 형과 손위 누이로써 부모의 다음 위치로 인식하여 그 가르침과 지도를 감히 어기거나 넘지 말 것이다. 타인이라도 나이가 많은 사람에 대하여 겸양의 예를 반드시 다함은 장유의 순서가 있기 때문이거늘, 하물며 형과 손위 누이에게 예를 다함은 당연한 것이다. 또 형과 손위 누이는 동생과 손아래 누이에 대하여 부모의 다음 위치가 되어 친절히 가르치는[耳提面命][16] 책임을 스스로 맡아야 할 것이요, 외람되고 망령되이 나이가 많음을 스스로 믿어서 사납고 거만하며 방자한 행위가 있으면 안 되는 것이다. 만일 동생과 손아래 누이로서 형과 손위 누이를 업신여기거나 혹은 형과 손위 누이로서 동생과 손아래 누이를 학대하는 것은 다만 인륜을 어그러뜨리는 소행이 될 뿐 아니라, 형제자매의 불행이 이것보다 큰 것이 없기에 그 해가 점점 뻗어나가 부모의 마음을 고민스럽게 하고 한 가정의 평화를 교란하여 마침내 사회와 국가의 근심을 양성함에 이를 것이다. 무릇 한 가정이 한 국가의 근본이 됨은 세포가 유기체에 있음과 같으니, 한 가정의 사람이 각각 서로 화합하지 아니할 때는 한 국가의 인심이 또한 일치하지 못할 것이며, 인심이 떠나서 배반할 때는 가령 억조의 군중이 있다 할지라도 능히 이로써 국가의 부강을 달성하지 못할 것이다.

화목하지 못한 형제에 대한 서양 철학자의 훈계

서양의 철학자 소크라테스가 형제의 화목하지 못함을 경계하여 말하기를, "형제는 재산과 보배보다 귀중한 것이니 돈은 감각이 없으나 형제는 서로의 이해가 있기 때문이요, 돈은 다만 우리의 보호를 필요로 하는 것이나 형제는 도리어 우리를 보호하기 때문이다. 사람은 단독으로 생활하는 것보다 반려자가 있음을 기뻐하는 것이거늘 어떤 이유로 형제를 소원하게 하는가. 또 형제는 부모를 같이하는 바이거늘 어떤 이유로 서로 사랑하지 아니하는가. 금수라도 함께 양육된 것들은 반드시 서로 사랑함을 보지 못하는가"라고 하니 진정 지극한 말이라 할 것이다.

---

16 이제면명(耳提面命) : 귀를 끌어당겨 들려주고 눈앞에서 가르쳐 주는 것으로, 곧 친절히 가르쳐 줌의 형용하는 말.

형제자매의 감화력

형제자매는 매일 서로 붙어있기 때문에 상호간에 존재하는 감화력이 심대한 사람이다. 사람이 친구를 선택하는 것은 잘못 사귀어서 악습에 잠기어 물드는 것을 두려워하기 때문이니, 형제자매의 친하고 선함은 어떠한 친구라도 미치지 못할 것이다. 그런즉 그 말과 행위의 배어들어가 파급함이 어찌 자연스러운 이치와 형세가 아니겠는가. 자식과 동생으로서 부모와 형의 인도와 이끎을 저항하거나 혹은 나이 먹은 사람에 대하여 사납고 거만하며 무례한 말을 내뱉는 것은 항상 형제자매 중에 있어서 아름답지 않은 모범을 행한 자가 있기에 기인하는 것이니, 연장자된 형과 손위 누이의 행위는 동생과 손아래 누이의 모범이 되는 것이다. 따라서 특별히 신중함을 더하여 하나하나의 움직임이 동생과 손아래 누이의 표준이 됨을 스스로 기약함이 옳은 것이다.

형제와 자매

형제는 자매에 대하여 특별히 보호의 책임을 스스로 맡아야 하는 것이다. 아내와 여자는 본래 신체의 특징이 가냘프며 연약하고 정신이 또한 순하고 부드럽기 때문에 세상에 있으며 일에 맞닥뜨려서는 반드시 남자를 의지하지 아니치 못할 것이다. 가령 어두운 밤과 먼 거리에 홀로 가는 것은 불가능할 것이며, 없는 말을 지어 헐뜯음과 의심스러운 혐의를 당한다 할지라도 그 이유를 항변하여 권리를 주장함이 남자와 같지 못할 것이니, 완숙한 여자의 만사에 처하여 남자의 보호를 필요로 함이 대개 이런 종류와 같은 것이다. 따라서 그 자매가 혼인하여 시집을 가 남편을 모시기까지 부모와 함께 인도하여 도와주고 보호함을 스스로 맡음은 형제된 자의 당연한 의무이다. 자매도 또한 그 형제에 대하여 다른 사람이 능히 하지 못할 이익을 준다. 어리고 왕성한 남자는 혈기를 타서 종종 거칠고 사나운 거동이 많고, 바로 앞에 용감히 나아가[直前勇往][17] 위험을 무릅쓰고 일하는 것을 좋아하여서 사물에 대해 인내함이 불가능하여 언제나 착오하고 굴러 넘어짐에 이르니, 이것을 하지 않도록 말리는 것에 가장 힘이 있는 것은 자매의 말이다. 대저 여자는 그 정이 도탑고 그 말이 간절하기에, 왕성한 나이의 객기를 만류함에는 도리어 남자의 면전에다 꾸짖거나 힘써 싸우는 것보다 우월하기 때문이다. 형제자매는 이와 같이 상호 도와주고 보호하여서 행복을 서로 사양하고 곤궁함을 서로 불쌍히 여길 때는 영원히 깊고 두터운 애정을 보존할 수 있을 것이다.

만일 부모가 사망하여 떠난 때는 형과 손위 누이는 부모의 지위에 서서 한 마음으로 그 동생과 손아래 누이를 양육해야 하니, 이 시기를 당하여 동생과 손아래 누이가 된 자는 그 형과 손위 누이를 부모와 같이 이바지하고 받드는 것이 옳다.

17 용왕직전(勇往直前) : 용왕매진(勇往邁進) 즉 용감하게 앞으로 나아감을 이르는 말.

제6장 가족에 대한 의무

효도와 자애는 부모와 자식의 도요, 화목과 순종은 남편과 아내의 도요, 우애는 형제의 도이니, 가족의 의무는 여기에 다하였다고 이를 것이다. 그러나 이외에 가족에 대한 의무가 아직 존재함을 밝게 알아야 하니, 이것은 우리나라 도덕의 일종의 특징으로 다른 나라에 그 비교할만한 종류를 거의 보지 못하는 것이다.

각 국가의 윤리에 특징이 있는 까닭

무릇 도덕의 원리란 것은 과거와 지금을 꿰뚫고 안과 밖을 통하여 마지막과 처음이 바뀌지 않는 성질이 있는 것이나, 그 실행하는 점에 있어서는 각 나라들이 특유한 사정을 응하여 윤리에도 또한 다소의 같고 다름이 있는 것이다. 따라서 크게는 국가로부터 작게는 가족 제도에 이르기까지 대한(大韓)에는 대한의 특징이 있고 유럽과 미국에는 유럽과 미국의 특징이 있는 것이다. 이것은 본래 그 나라의 인종과 역사, 풍토, 관습 등에 필연적인 근거가 있는 것이 되기 때문에 어떤 것을 맞다고 인식하고 어떤 것을 틀리다고 인식할 수 있는 것이 아니요, 자못 사람의 신체가 다름을 통하여 의복의 제도를 서로 다르게 함과 같은 것이니, 여기에 가족에 대한 의무라 함은 유럽과 미국 등 여러 나라에 존재하는 것을 말하는 것이 아니요, 홀로 우리나라에 존재하는 고유한 것을 말하는 것이다.

가족은 무엇을 이르는 것인가

여기에 가족이라 함은 우리의 주거하는 가옥을 말하는 것이 아니요 또 그 안에 주거하는 가족을 말하는 것도 아니요, 조상 이래 대대로 서로 이어져서 단절함이 없는 혈통을 이르는 것이니 이 혈통을 계속하고 또 더욱 더 그 영광을 증진하는 것은 호주된 자의 의무인 것이다. 이런 것의 가족이라 말하는 사상은 우리나라 사람들 사이에 선천적으로 고유한 것이니, 다만 한 나라의 미풍이 될 뿐만 아니라 국민의 도덕심을 홍기함에 있어서도 적지 않은 기세와 힘이 있는 것이다. 만일 우리의 조상으로서 명예가 있는 사업을 성취하여 사회의 높은 존경을 받는 바가 되던지 혹은 여러 대의 호주가 덕망이 있는 사람으로서 집안의 명예를 드러내 높이는 때는, 그 후를 누리는 우리는 더욱더 지식을 연마하여서 사회와 국가에 도움이 되는 업무를 성취하여 이로써 그 가족의 영광이 있는 역사에 오점을 남기지 말 것이다. 조상을 욕되게 함을 더하고 집안의 명예를 추락시킴은 곧 아버지와 할아버지에 대하여 효도를 다하지 못한 것일 뿐만 아니라, 우리 대한제국의 국민된 자의 명예를 훼손하는 것이다.

가계를 계속함과 집안의 명예를 드러내어 높임

가족에 대한 첫 번째 의무는 가계를 계속함에 있으니, 따라서 우리는 반드시 맏아들의 갈래, 즉 종가를 세워서 집안의 재산을 잇게 하여, 이로써 조상의 기초가 되는 사업을 영원히 쇠하지 않게 해야 할 것이다. 무릇 조상을 존경하는 것은 우리나라 가족제도의 기초이니 가장주의(家長主義)와 혈통을 계속해나가는 의무가 아울러서 여기에 기원한 것이다. 이것을 계속하는 자는 더욱더 집안의 재산을 확장하고 집안의 명예를 떨쳐 일어나게 하여, 이로써 조상을 드러내어 높여야 하는 한층 중대한 책임이 있는 것이다.

가족과 국가의 관계

가계를 계속하며 기초가 되는 사업을 이어나가서 영광을 후세에 드리우는 것은 우리나라에 특별히 드러나는 도덕이라고 이를 것이다. 무릇 우리나라의 국민은 황제의 조상이 국가를 건설한 이래로 선파(璿派)[18]의 혈연을 의지하여 모두 외손으로 나온 자가 되기 때문에, 황실에 대하여 신하와 백성이 된 동시에 가족이라 칭하여도 감히 망언이라고 이를 것은 아니니, 신자(臣子)라고 하는 말은 실로 이 관계를 표현한 것이다. 따라서 충성과 효도는 다른 나라에 있어서는 그 도가 서로 다르나, 우리나라에 있어서는 일치하고 둘이 아니어서 부모에게 효도함은 곧 임금에게 충성하는 것이니, 이것은 역대 임금의 조상들이 남기어 가르치신 것이요, 임금과 신하의 큰 의리도 또한 여기에서 배태된 것이다. 따라서 한 명의 사람이 되어 그 조상을 잊지 않고 가계에 대하여 반드시 다해야 하는 의무가 있음을 느끼고 깨닫는 것은, 곧 오랜 세월 하나로 합쳐온 국가에 대하여 더욱더 돕고 돕는데 전념하는(斷

18 선파(璿派) : 전주 이씨(全州李氏) 왕실에서 갈라져 나온 종파(宗派)를 이르는 말.

斷無他[19] 마음이니, 가족과 국가의 관계가 이와 같이 밀접하여 일치하고 둘이 아님은 실로 온 천하에서 뛰어난 것이다.

우리나라와 유럽 및 미국의 가족 제도의 서로 다른 점

가족에 대하는 의무가 있는 것은 우리나라의 특징이 되어 만방에 비교할만한 윤리가 없는 것이다. 지금 유럽과 미국 등의 여러 나라에 있어서는 가족의 관념은 매우 엷고 약하기 때문에 가족의 계통을 이어나감에 관하여 일정한 도덕이 없으니, 여기에서 유럽과 미국 제도를 말함은 종교 이외의 나라의 풍속을 지칭함 이것은 그 나라의 풍속이 우리나라와 다른 것이 있기 때문이요 저들과 우리 사이에 잘나고 못남을 필요로 하는 것은 아니다. 그러나 다만 서양인은 가족의 계통을 서로 이어나가는 법에 대해 야만의 남은 풍속이라 지칭하니, 이것은 생각하지 않음이 심한 것이라고 이를 것이다. 요컨대 가족의 계통을 중요하게 여기는 것은 국민이 한 가족이 되는 우리 국가 체제와 함께 우리 대한제국의 특유한 미풍이니, 우리는 더욱 더 노력하여 집안의 명예를 떨쳐 일으키고 조상을 드러내어 높이는 것을 스스로 기약해야 할 것이다.

19 단단무타(斷斷無他) : 성실하여 딴 마음이 없음을 이르는 말.

제7장 친척 및 주인과 종

가족에 다음을 차지하여 우리와 가장 친밀한 관계가 있는 자를 친척 및 주인과 종이라고 이른다.

친척은 무엇을 이르는 것인가

한 국가의 기원은 부부에 있으니, 부부가 자녀를 낳아서 이에 부모와 자식과 형제자매의 관계를 만드는 것이다. 그러나 형제자매는 영원히 한 가족 안에 함께 사는 것이 가능한 것이 아니요, 어떤 경우는 다른 가족의 아내가 되며 어떤 경우는 별도로 한 가족을 수립하여 이르든 늦든 그 거처를 서로 다르게 하는데, 이와 같이 시간을 보내고 대를 쌓을 때는 그 초에는 한 가족 안에 함께 살던 겨우 작은 가족이라도 마침내 많은 사람이 되어 곳곳에 흩여져 있음에 이르게 되니 이것을 친척이라고 말하는 것이다.

이상의 사실을 통하여 친척은 여러 대를 그 근원을 찾아 거슬러 오르면 모두 한 가족의 사람이 아닌 바가 없으니, 조금이라도 혈연이 없는 타인에 비하면 특별히 구별되는 친밀한 관계가 있다고 이를 것이다. 따라서 친척의 관계가 있는 자는 마땅히 한 가족의 사람과 같이 서로 보아서, 소식을 전하고 받음을 끊지 말고 길흉을 서로 물으며 궁핍을 서로 불쌍히 여김을 중요히 할 것이다. 온 세상이 이해와 득실로써 서로 떨어지고 서로 합하는 때를 맞이하여, 오직 친척과 가족이 사사로운 마음을 내버리고 진실히 정성스럽고 참된 동정심을 교환함은 진정 인생의 지극한 즐거움이라고 이를 것이다.

친척 간에 도와주는 의무

사람은 무관계한 이웃 사람과도 서로 가까이 하거늘 어떤 이유로 그 친척을 서로 가까이 하지 아니하는가. 친척은 다만 한 대의 자기를 알아주는 사람이 될 뿐만 아니라, 조상 누대의 자기를 알아주는 사람이 아닌가. 사람이 만일 떠돌아다니거나 길이 험하여 가기가 힘든 불행한 경우에 빠져서 벗이 이것을 구해주지 않고 오랜 친구가 이를 돌아보지 않을 때에 의지할 수 있는 자는 친척 이외에 누가 있겠는가. 친척은 실로 동족의 곤란과 재앙을 도와주는 의무가 있는 자이다.

종

종은 가령 한 가족의 혈연이 있는 자는 아니나 주인과 거주와 휴식을 함께 하고 그 명령을 따르고 받들어 집안일에 종사하는 자가 되기 때문에 친척에 다음에 있어서 우리와 가장 친밀한 관계가 있는 자이니, 이에 잘 따르고 유순하며 충실함은 종의 의무요, 보수 및 은혜와 자애로움은 주인의 의무인 것이다.

종의 의무

사람의 종이 되어서 일을 시키면 하는 것을 약속하여 동의한 자는 마땅히 주인의 명령을 준수하여 주인의 감시 여부를 상관하지 말고 한 마음으로 시종 게으르지 않아서 작업을 힘써야 할 것이다. 모든 일에 즐겁게 열심히 하여 만일이라도 불쾌한 기색을 드러내어서는 안 될 것이니, 동일한 일이라도 즐거운 기색으로써 할 때는 우수하게 주인의 만족함을 얻기 때문이다. 또 주인이 맡겨 부탁한 일은 충실히 받들어 행하여 한 점의 부정한 사념을 품어서는 안 되니, 저 주인 가정의 흠을 들어서 이웃들에게 향하여 얘기함은 심히 부덕한 것이라 이를 것이다.

주인의 의무

무릇 신체와 의지의 자유를 덜어서 적게 하여 부득이한 사정과 형세로 다른 사람의 지휘를 감수하고 머리 숙여 복종하는 것은 종으로부터 보이는 것인데, 본래 필요한 일이지만 또한 인생의 가장 불행한 경우라 이를 것이다. 따라서 주인이 된 자는 종에 대하여 항상 가엾게 여기어 사랑하는 정을 베풀어 적당한 업무를 부과하는 외에, 제한 없이 이 종을 몰아서 부리고 학대하거나 혹은 욕하고 꾸짖으며 강하게 핍박해서는 안 되는 것이다. 또 종의 보수는 그 스스로 몸의 자유를 판 대가가 되기 때문에 매우 신성한 것이라고 이를 것이니, 주인이 된 자는 반드시 보수에 대한 당초의 약속을 이행하여 감히 위반함이 없어야 한다. 주인은 가엾게 여기어 사랑함으로써 종을 부리고 종은 충성과 순종함으로써 주인을 섬길 때는 두 사람의 관계가 더욱더 친밀하여 한 가정의 행복을 증진함이 적지 않을 것이다.

종의 인물됨을 선택할 필요성

오늘날 중간 이상의 생활로 거처하며 살아가는 집안은 반드시 종을 필요로 하니, 종은 한 가정의 경제 모습에 관하여 적지 않은 영향이 있는 자가 되기 때문에, 이를 고용할 때에 그 인물을 선택함을 중요하게 할 것이다. 하물며 종은 한 가족의 자녀와 함께 거처하기 때문에 그 성격과 자질의 선하고 악함은 가정교육의 이익과 손해를 조성하는데, 간사하고 아첨하며 음란하고 사치하는 종이 좋은 가정의 자녀를 유혹하여 불량한 행위를 행하게 하는 재앙은 사람의 일상을 살면서 목격하는 것이니, 이것은 선택을 정밀히 아니하고 감독이 두루 미치지 못한 까닭이다.

주인과 종 및 임금과 신하

한 가정에 있는 주인과 종은 자못 한 국가에 있는 임금과 신하와 같은 것이어서 본래로부터 충성스러운 종, 의리 있는 종이라 칭하는 자들을 보면 보수와 급료 이외에 일종의 고상한 감정이 있어서 주인과 종 사이에 시종 바뀌지 않는 관련을 맺는다. 어떤 경우는 주인의 집안에 평생 사역하여 가족과 같은 자도 있으며, 어떤 경우는 주인의 집안의 큰일을 만나서 기쁨과 근심을 함께 하는 자도 있으며, 어떤 경우는 주인을 대신하여 한 올의 생명을 기쁜 마음으로 포기함으로써 영광을 삼는 자도 있으며, 어떤 경우는 주인을 위하여 그 원수를 갚은 일로 몸이 삶아 죽이는 형벌에 나아감을 한탄하지 않는 자도 있으니, 이런 마음으로써 임금을 섬길 때는 곧 충성스러운 신하이다. 이것은 필경 은혜를 느끼어 새기고 의에 용감히 떨쳐 일어나는 우리나라 사람의 고유한 미덕에 기인한 것이나, 또한 주인된 자가 일생 신임함이 두텁고 애정이 깊으며 절실함이 아니면 어찌 여기에 이르겠는가.

친지의 의무

제1장 친구의 의무

무릇 인류는 사교적인 동물이니 항상 집단 생활하면서 친목을 하는 경향이 있는 것이요, 집단과 떨어지고 풍속을 끊어버리는 것은 그 본성이 아니다. 따라서 안에 있어서는 가족을 이루고 밖에 있어서는 친구를 구하는 것이다. 저 적막하고 고독한 생활로 홀로 거처하는 자는 자신에게 딸린 식구가 없는 대(代)에는 사회 교제의 이익을 누리기가 어려울 뿐 아니라, 인생의 최대 행복을 고르게 누리는 일생의 세상맛을 모르는 자이다.

친구의 동정

친구는 우리의 근심과 고통을 서로 나누어 덜어서 적게 하고, 기쁨과 즐거움을 고르게 함께 하여 배로 덧붙이는 자이다. 어떠한 기쁜 일이라도 자기 한명 외에 친구가 그 즐거움을 함께 하는 것이 없으면 흥미가 적어짐을 면하지 못할 것이며, 또 슬프고 서러움과 같은 감정 상함을 막지 못하여 걱정하는 마음이 가득 한 때에 근심과 고통을 함께 나누어서 동정의 위로함을 향하여 이야기할 친구가 있으면 우리의 행복은 과연 어떠하겠는가. 하물며 학문 등을 배우기 위하여 먼 곳에 가거나 타국에 의지하는 나그네와 같은 사람에게 있어서는 선한 벗과 좋은 친구가 친척이나 형제보다 오히려 나을 때도 있다.

친구의 조언

친구는 가장 바르고 합당한 도움이 되는 말을 우리에게 해주는 자이다. 무릇 정이 달아올라 마음에 있고 뜻이 임박함에 이른 때는 언제나 공정한 사상을 생각하고 버티는 것이 힘들어서, 깨닫지 못하는 사이에 편견과 바르지 못한 도에 빠지기 쉬운 것이니, 이런 때를 당하여 충직한 친구의 조언을 따르면 거의 큰 허물이 없을 수 있을 것이다. 자기의 의견과 친한 벗의 의견은 종종 의심스러운 자의 아첨하는 말과 공평한 국외자의 판별과 같은 차이가 있으니 왜 그러냐고 한다면, 세상에 자기와 같이 의심스러운 것이 심한 자가 없기 때문이다.

친구의 조력

친구는 우리의 사업을 서로 도와주고 근심과 어려움을 서로 구해주는 편리한 이익이 있는 자이니, 사람은 결단코 단독으로 일을 달성할 수 있는 것이 아니요, 다른 사람의 협력을 필요로 하는 것이다. 하물며 오늘날에 있어서는 학예의 진보와 함께 새로운·사업이 점점 흥기함을 따라서 사회의 조직이 더욱 더 변화하고 바뀌며 분업의 방법이 점점 더 정밀해지기 때문에, 한 가지 사업을 시작하여 일으키고 한 가지 업무를 완성하고자 한다면 다수의 사람과 함께 공동 일치하여 여기에서 처음과 마지막을 필요로 한다. 따라서 친구와의 교제가 넓으면서도 친밀한 것이 나날이 그 필요성이 많아짐을 느끼는 것은 자연스러운 이치와 형세인 것이다. 또 질병과 사고가 있는 때는 더욱 다른 사람의 위로와 도와줌 혹은 구조를 의지하지 아니할 수 없을 것이니, 그 가족과 친척 외에 친구를 제외하고 또 어떤 사람을 필요로 하겠는가.

"친구는 다른 자기이다"

친구의 귀중함은 이상에 설명함과 같은 것이다. 서양의 철학자가 말하건대, "친구는 다른 자기이다"라고 하니 참으로 격언이라고 이를 것이다. 만일 사람으로 하여금 친구가 없게 하면 몸이 사회 안에 생활할지라도 그 마음의 적막함이 자못 깊은 산과 거친 들판 가운데 홀로 거처함과 같을 것이다.

친구의 선택

친구는 이와 같이 귀중하기에 교제를 택함을 마땅히 엄정히 할 것이니, 사람의 선악은 그 친구를 보아야 알게 되기 때문이다. 친구라고 서로 인식하는 방법이 많으니, 어떤 경우는 본관을 함께 함에 원인인 것도 있으며, 어떤 경우는 재주와 기량 및 덕행을 사랑하고 그리워함에 원인인 것도 있다. 그러나 그 친구 사이의 정을 맺는 정신은 결단코 일시적인 득실을 위함이 아니요, 이것을 영원히 지속하여 장래 상호간의 행복을 증진함을 목적으로 해야 하니, 따라서 진정 그 사람을 공경하고 사랑하는 마음이 있은 후에 비로소 친구로 좋아해야 하는 것이다. 하루아침에 아교와 옻칠처럼 친밀한 것과 같이 하고, 하루아침에 얼음과 숯처럼 멀어진 것과 같이 함은 친구 사이의 정을 장난감으로 보고 진정 귀중함을 알지 못하는 것이니, 이런 무리는 일생에 친구의 행복을 고르게 함께 할 수 없을 것이다.

신의는 교제의 첫 번째이다

이미 친구 사이의 정을 맺은 이상은 친구는 신의로써 서로 교제해야 한다. 신의는 교제의 첫 번째 의의이니, 신의를 이지러뜨릴 때는 꺼리고 의심하는 마음이 중간을 가리어 막기 때문에 사귀는 정이 홀연 쌀쌀해져 쇠붙이도 끊을 만큼의 우애[斷金之友][20]라도 마침내 길가의 사람과 같이 된다. 사람이 나에 대하여 신의가 있기를 소망한다면 내가 사람에 대하여 먼저 신의가 있음을 필요로 할 것이다. 따라서 친구가 진실한 마음으로 서로 믿을 때는 이간질하는 말도 여기에 틈을 주지 못하며 없는 말을 지어 헐뜯음도 이것을 분리하지 못할 것이니, 몸이 죽을지라도 친구 사이의 정은 결단코 없어져 끊어지지 아니할 것이다.

너그럽게 용서함

친구는 상호간에 그 과실을 너그럽게 용서해야 한다. 밤에도 빛나는 구슬이라도 능히 미세한 티가 없지 못할 것이니, 스스로 성인이 아니면 세상에 어찌 허물이 없는 사람이 있겠는가. 어떤 경우는 사람의 과실을 구하고 취하여 이것을 퍼뜨리고 한 발자국도 관용하지 아니하는 자가 있으니, 이는 친구 사이의 정을 존중히 함이 아닌 것이다.

---

20 출전은 다음과 같다. 子曰, 君子之道, 或出或處, 或默或語. 二人同心, 其利斷金, 同心之言, 其臭如蘭. 『周易』「繫辭上」.

친구의 충고

친구로서 부족한 곳이 있을 때는 시기를 보아 간절한 충고로써 그 허물을 서로 구하여 미래의 일을 잘 꾀할 것이며, 어떤 경우에는 이치가 아니고 무도함으로써 나에게 반대로 더함이 있을지라도 이것을 포용하여 나쁜 행동에 대해 스스로 깨달음을 기다려야 한다. 무릇 친구와 서로 교제함에 있어서는 벗과 화합하고 사랑하며 좋아하는 즐거운 경지에 있음을 주된 뜻으로 하여, 만일이라도 저와 같은 틈이 생김을 항상 고려하고 생각해야 할 것이다. 어떤 경우에 친구가 나의 착오함을 들어서 나에게 충고할 때는 이치에 적합함과 부적합함을 불구하고 겸허한 마음으로 부드럽게 받아들임으로써 이것을 경청함이 옳으니, 무릇 눈동자는 능히 백리의 먼 변두리를 볼지라도 속눈썹 위의 티끌을 보지 못하며 보배와 같은 거울이 비록 밝으나 능히 자신의 뒤를 비추지는 못하는 것과 같이, 어떠한 현명한 사람이라도 능히 자신의 과실을 알 수 있기는 어렵기 때문이다. 하물며 얼굴을 스스로 무릅쓰고 사람의 과실을 간하여 바로잡는 것은 우리의 과연 어려운 것이 되기 때문에, 충직한 말에 대하여는 그 두터운 뜻을 깊이 감사함이 옳은 것이다. 나에게 한 개의 과자를 주는 사람이 있으면 우리는 이것을 감사하다고 칭하거늘, 어떤 이유로 자신이 알기 어려운 자신의 과실을 얻어 듣고 감히 스스로 기뻐하며 스스로 책임지지 아니하겠는가. 저 곧은 간언을 꺼리고 싫어하는 사람은 정말로 몹시 어리석은 사람[下愚不移][21]이라고 이를 것이다.

친구의 협력

친구의 가장 귀중한 것은 끌어주고 인도하며 도와주고 보호함에 있는 것이다. 오늘날 사회에 있어서는 자기 단독의 힘으로써 성취하는 사업은 다수가 합동하는 사업에 비교하면 극히 미미한 것이니, 이것은 사회 조합 등이 계속하여 떨쳐 일으키는 바요, 오직 실업(實業) 사회 뿐 아니라 학술 사회에 있어서도 역시 그러한 것이다. 지금에 세계의 문화가 현묘한 이치를 찾아내고 오묘함을 통하는 것에 이르러 이론의 정교하고 치밀함과 범위의 광대함이 도저히 한 개인의 성취하지 못할 바요, 또 학문은 그 과목이 매우 넓고 많으나 그 관계가 극히 밀접하기 때문에 한 과목에 나아가 오로지 닦고자 하는 자라도 여러 타과에 나아가 필요한 지식을 가지고 있어야 하는 것이다. 따라서 같은 뜻의 친구가 서로 화합하여서 전공의 부분을 분담하여 상호 문답하고 또 적절하고 합당한 질의를 교환하는 것은 학업을 성취함에 매우 필요한 일이다.

근심과 걱정을 서로 구제함은 친구의 큰 뜻이다. 그 친구의 불행함을 보고 기꺼이 자기의 재산과 명예를 내던져서 이를 구휼하고 조금이라도 아끼는 것이 없음은 그 사람의 고상한 마음의 일을 표시하는 것이니, 우리의 감탄을 그치지 않게 하는 것이다. 평소에 손을 쥐어 기쁘게 웃는 것이 끊이지 않는 자라도 하루아침에 일이 있는 때를 만나서 몸을 돌려버리는 것은, 사람으로 하여금 침 뱉으며 꾸짖을 부덕한 행위라 말함이 옳을 것이다. 그러나 친구로서 도가 아닌 행위를 기획

---

21 하우불이(下愚不移) : 몹시 어리석은 사람의 기질은 변하지 않는다는 말.

하여 나의 도움을 간절히 구할 때는, 다만 여기에 협조하여 따르는 의무가 없을 뿐 아니라 백방으로 이것을 그만하기를 간하여 그 마음으로 빨리 깨닫게 함을 필요로 할 것이다.

사적인 사귐과 공정한 도리

또 자신이 관직에 있어서 일을 처할 때는 가령 친구에 관한 일이라도 편파적이고 부정적인 행위가 있어서는 안 되니, 공적인 일은 관리가 되어 이것을 행하고, 친구가 되어 이것을 행함은 아니기 때문이다. 또 친구의 이익을 계획하고 꾀하여 국가의 손해를 고려하지 않음은 그 친구에 대하여 어떠하게 높고 두텁다 할지라도 마침내 죄악이 됨을 면하지 못할 것이니, 필경 붕우의 교제는 사적인 덕이요 국가의 의무는 공적인 덕이 되기 때문이다. 따라서 공적인 덕 아래에 사적인 덕을 종속시킴은 국민이 된 우리의 항상 가슴 속에 넣어두어야 하는 것이다.

제2장 스승과 제자의 의무

스승과 제자의 관계

한 명의 완전한 사람이 되고자 한다면 우리는 반드시 지능을 계발해야 한다.

지능을 계발하는 방법

지능을 계발하는 방법이 무릇 세 가지가 있으니, 자기의 경험이 그 첫 번째요, 독서가 그 두 번째요, 교사의 덕으로써의 감화가 그 세 번째이다. 경험은 우리의 지식에 중요한 뿌리가 되는 것이나, 이것을 얻는 데에는 자신에게 있어서 사물의 도리를 변별하는 능력을 평소에 길러야 하는 것이다. 서적은 과거 및 멀리 떨어져 있는 사실을 기재하고 또 제반 학문과 기예에 관한 옛날부터 지금까지의 학자들이 이야기한 것을 망라함으로써 우리의 지식을 확충함에 필요하다는 것은 쓸데없이 이야기할 바가 아니다. 그러나 원래 서적은 전문 학자를 위함이 아니면 보통교육을 받는 독자를 위하여 저술하기 때문에, 이 서적을 깨달아 이해함에는 미리 해당 학과에 나아가 일반 지식을 밝게 통하고 또는 보통 사물에 대하여 옳음과 그름 및 바름과 오류를 변별하는 소양의 능력이 없어서는 안 될 것이니, 이것은 우리가 교육의 초기에 있어서 먼저 교사에게 나아가 배워야 할 필요가 있는 까닭이다.

교사의 필요성

무릇 연령이 아직 어려서 지력이 십분 발달하지 못하고 아울러 경험과 독서를 의지하여 자립으로 연구하기 어려운 때를 만나서, 우리를 이끌어 깨우치고 타이르고 가르침으로써 교육의 바른 길을 지도하는 자는 세상에 교사를 제외한 그 밖에 어떤 사람을 다시 필요로 하겠는가.

교사는 부모의 대리자

우리가 일찍이 나이가 어릴 때는 부모가 이 아이를 보육하나 점차 성장할 때는 가정에 있어서 완전한 교육을 해주기 어려우므로, 이 아이를 학교에 맡겨 부탁하여 교사의 지도하에 배움으로 나아가게 하는 것이다. 따라서 교사는 부모의 대리자가 되어 교육 업무의 절반을 부담하는 자라 할 것이니, 그러하기 때문에 우리는 교사에 대하여 마땅히 부모에 대한 때와 같이 순히 따르며 공경하고 사랑함의 의무를 반드시 다해야 한다. 무릇 교사로부터 이것을 본다면 세상에 아동의 교육과 같이 곤란한 것이 없으니, 저 아이들은 성인과 같은 변별력이 없고 언어와 동작의 세세한 마디에 이르기까지 일일이 교사의 관계함을 필요로 하기 때문이다.

교사의 책임의 중대함

교사의 책임은 어린 아동으로 하여금 양호한 습관과 정서 및 순수하고 바른 생각을 길러줌에 있으니, 저 아이들로 하여금 다른 날에 지혜와 덕을 겸비하는 선비가 되게 함과, 또는 거칠고 서투르며 비열한 무리가 되게 함은 유년에 있어서 교육과 지도가 어떠했는지에 기인하는 것이다. 따라서 사회의 안녕과 국가의 행복은 근본적으로 말한다면 교사된 자의 양 어깨에 올려져있는 것이라고 말하더라도 결단코 지나친 말이 아니니, 교사의 책임 있음이 저와 같이 무겁고 또 크다. 그런즉 제자가 된 자는 교사 직분에 관한 수고로움과 노력 및 걱정이 어떠한지를 미루어 살펴서, 그 은혜와 의리의 깊고 두터움을 감사하고 명심함이 옳은 것이다.

교사를 믿고 인정하는 필요성

그러함으로 제자가 된 자는 교사를 믿고 인정하여 그 가르쳐주는 바는 본래 나를 위하여 십분 도와줌을 희망하는 일념에서 나온 것임을 확신하여 교사의 명령을 좇아서 받들고 그 숙제를 오로지 힘써야 하는 것이다. 교사가 된 자는 그 제자의 노력함을 보고 한 마음으로 매우 기뻐할[偏喜] 것이나 이것은 그 제자를 도와주는 바가 있음을 기뻐함이요, 자기를 위하여 이것을 기뻐함이 아니니 왜 그런가. 교사는 강의함을 통하여 조금이라도 신기한 지식을 거두어 얻는 것이 없기 때문이다. 따라서 나에게 부여하는 바의 과정은 교사를 위하여 닦는 것이 아니요, 본래 나를 도와주기 위하여 이것을 배우고 닦음이니, 이를 밝게 깨닫는 것은 제자에게 있어서 가장 필요한 것이다.

그러나 교사의 행적을 오로지 본받아서 감히 위반하고 넘지 아니하는 것은 교육의 초보적인 수준에 있어서는 본래 필요한 것이나, 지식이 점점 발전할 때는 다른 사람의 지휘를 기다리지 말고 스스로의 힘으로 찾아 풀어서 학업을 수양함이 옳은 것이다. 무릇 교사의 독려함을 전적으로 의지하여 기초를 닦을 때는 두렵고 꺼리며 권태로운 생각이 저절로 생겨서 앞으로의 진보가 또한 완만할 것이나, 스스로 나아가고 스스로 구할 때는 학문은 일종의 오락(悞樂)[22]이 되어 조금도 고통을 느끼지 않아서 깨닫지 못하는 사이에 점차 진보함을 얻을 것이다. 그러나 의심스러운 뜻이 존재하는 것은 개인의 견해로써 이것을 억측하여 결단하지 말고 일일이 교사의 가르치고 깨우쳐줌을 따를 것이다.

교사의 은혜와 의리

교사는 우리의 지능을 계발함에 있어서 큰 은혜와 의리가 있는 자이니, 이것은 아버지와 형 및 친구가 능히 하지 못하는 것이요 오로지 교사가 나에게 주는 것이다. 만일 교사가 아니면 백 년의 경험을 쌓았고 만 권의 서적을 마음대로 보았다 할지라도 결단코 완전한 효과를 거두어들이지 못할 것이거늘, 세상 사람들이 어떤 경우는 교사에게 사례금을 주고 물품을 보내주어 이로써 그 은혜와 의리를 보답하였다고 자처하는 자가 있다. 하물며 학교 생도 중에는 작은 예물과 월 사례금으로써 그 수업을 사서 얻는 것과 같이 생각하고 조금도 교사의 은혜와 의리를 돌아보아 생각하지 아니하는 자가 있는데, 이런 종류의 것들은 그 양육비로써 부모의 은혜와 의리를 소각할 수 있다고 생각함과

22 오락(悞樂) : 원문의 오락(悞樂)은 오락(娛樂)이 되어야 할 것으로 보인다. 이하에도 계속 오락(悞樂)이라는 표현이 나오는데, 실상 모두 오락(娛樂)의 의미로 사용되고 있다.

동일한 것이니 부덕이 심한 것이라 이를 것이다. 가령 여기에 사람이 있으니 이미 성장하여 독립된 생활을 영위함에 이르러 부모에 대하여 의무가 없다고 말한다면, 누가 그 불효됨을 가증스럽게 여기지 않겠는가. 저 학교를 보는 것을 자못 여관과 같이 하고, 교사를 보는 것은 자못 여관의 방 빌려주는 사람[借人]과 같이 하여, 하루아침에 학교를 나가서는 자못 길가의 사람과 같이 전혀 상관없는 사람처럼 보는 것[越視][23]은 은혜를 잊고 의리를 배반하는 것이 심한 자라 이를 것이다.

교사의 의무

그러나 제자에게 제자의 의무가 있음과 같이 교사에게도 또한 교사의 의무가 있으니, 교육은 다만 한 개인 뿐 아니라 사회와 국가의 안녕 및 행복과 밀접한 관계가 있기 때문에 교사된 자는 그 직책의 중대함을 자각하여 진정 성의로써 그 직무에 종사해야 한다.

교사의 자격

우선 교사된 자는 그 책임 맡은 과목에 나아가 근본적 지식을 갖추고 있어야 함은 다시 말할 것이 아니요, 교육학 및 교수법에 나아가 상당한 수련이 없어서는 안 될 것이니, 교수방법에 밝게 통하지 못하고 경험만 의지하여 수업을 할 때는 가령 특히 뛰어난 지식이 있다 할지라도 십분 효과를 보지 못할 것이다. 또 학술에 대하여서는 열심히 하

---

23 월시진척(越視秦瘠) : 월인이 진나라의 척박한 땅을 보듯 한다는 것으로, 남의 고통이나 불행이 자기와 아무런 상관이 없음을 비유하는 말.

고 제자에 대하여서는 애정이 없어서는 안 될 것이니, 애정은 스승과 제자의 관계를 친밀하게 하는 쇠사슬이라 이를 것이다. 가령 교사로서 그 학식이 사람들이 경외하는 바가 될지라도 다만 준엄함을 스스로 지녀 조금이라도 그 제자를 친애하는 정이 없으면, 제자는 그 학업에 즐겁게 따라가지 못할 것이며 교육의 장려하는 방법도 또한 시행할 길이 없을 것이다. 또 교사는 자기 학술을 보충하여 닦음을 위하여 한층 애써서 매일 새로운 학문의 기운에 뒤처지지 않음을 스스로 약속해야 할 것이니, 그러하지 않은즉 결단코 제자의 마음으로 기뻐하여 진심으로 복종함 및 존경하며 사랑하고 그리워함을 얻지 못할 것이다.

교사의 덕을 길러줌

덕을 기르는 것도 또한 지혜를 기르는 것과 함께 교육의 목적이 되기 때문에, 교사된 자는 진심으로 삼가고 정직하며 공정함으로 스스로를 잡아서 그 제자에 대하여 도덕의 모범이 될 것을 스스로 기약해야 한다. 보통교육 학교에 있어서는 덕을 기르는 것을 위하여 특별히 윤리의 한 과목을 개설함이 있으나, 그 결과로부터 볼 때는 차라리 교사의 그 사람됨의 감화력이 현저히 큼에 미치지 못하니, 무릇 사람은 서적의 이론보다 눈앞의 실제 예에 쉽게 감동하기 때문이다. 따라서 교사는 그 가르치고 타이르는 바를 반드시 실천하여 자신으로써 활용하는 방법의 모범이 됨을 스스로 기약해야 하니, 지혜 및 덕과 함께 겸비한 후에야 비로소 완전한 교육의 결과를 얻을 것이다.

– 윤리학 교과서 권2 끝.

윤리학 교과서 권3

윤리학 교과서 권3 목차

제1장 사회 총론

사회

국가와 직접 관계가 없으며 아울러 일정한 법률과 제도 하에 있지 않고, 다만 생존과 행복의 손익을 함께 누리는 사람들 사이에 존재하는 결합체를 사회라고 칭하는 것이다. 따라서 사회는 그 범위의 넓고 좁음에 있어서 본래 일정한 한계가 없으니, 오늘날 지극히 작은 하나하나의 향당의 여러 사람들로부터 지극히 거대한 사해만방의 인류에 이르기까지, 이것을 조성한 사람들로서 그 생존과 행복의 손익을 함께 누리는 것은 모두 사회라 칭한다. 가령 한성(漢城) 사회라 말하며 대한(大韓) 사회, 동양 사회라 말하고 또 혹은 인류 사회라 넓게 칭하는 것은 모두 이런 이치를 이유로 하는 것이다. 무릇 우리는 나면서부터 인류 동족 사이에서 반드시 행동할 의무가 있으니, 그 속한 국가가 서로 다르고 태어난 인종이 서로 다르다 할지라도 이 세상에 함께 살아서 모두가 인류 사회를 이루고 있는 것이다.

사회와 국가의 관계

그러나 우리는 생존의 목적을 더욱 완전히 하기 위하여 국토와 인종이 가까운 자들이 서로 모여서 사회적으로 독립한 국가를 건설하여 하나로 통합된 체제에 복종하니, 이것은 곧 오늘날 세계의 현상이다. 따라서 사회란 것은 본래 그 범위에 정해진 한계가 없으나 실제에 있어서는 국가의 사업과 상호 관련한 것이 매우 많다. 때문에 세계를 공통하여 인류 사회된 것의 존재함을 방해하는 것은 없으나, 대한에는 대한 사회의 특징이 자연히 있고 유럽과 미국 등의 여러 나라에는 유럽과 미국 등의 여러 나라 사회의 특징이 자연히 있으니, 이것은 모두 그 국가의 특성으로부터 유래하여 저것과 이것이 서로 섞이지 못할 것이다. 도덕상에 실천하는 점으로부터 보면, 각국의 사회는 일반적으로 인류 사회의 도덕을 두루 가지고 있는 것 외에 그 풍토 · 인종 · 풍속 · 역사 등의 서로 다른 성질에 뿌리를 두는 특별한 도덕을 별도로 가지고 있어야 하니, 이것은 저자가 이 책을 논술함에 오로지 대한민국의 사회를 목적으로 삼는 까닭이다.

사람은 어떤 이유로 사회를 조직하는가

무릇 사람이 사회를 조직하는 것은 그 가족을 조직하는 이치와 다를 것이 없으니, 한 명의 사람이 가족에 있는 것은 하나의 가족이 사회에 있는 것과 흡사한 것이다. 우리는 본래 무리지어 머무는 사교적인 동물이다. 그러나 적막하고 쓸쓸한 개개 생활은 선천적인 현상이기 때문에 사람은 배우자를 구하며 자녀를 길러서 한 가정이 단란하여 생이 끝나도록 사랑하며 그리워하는 정을 잃지 않으니, 가족의 성립이 사람 본성의 필연적인 이치에 기인한 것임은 이로 보아도 명확한 사실인 것이다.

가족과 사회

그러나 우리의 사교적 욕망은 우리의 혈족 간에 자연히 성립하는 가족만으로써 만족하기가 어렵다. 우리가 만일 나의 가문 외에 있는 사람과 교제하지 아니하고 한 세상을 통틀어서 한 사람과도 이익을 교환함이 없으며 한 사람과도 감정이나 사상을 함께 통함이 없어서, 정의를 서로 지키지 아니하며 인자함으로 서로 구하지 아니하고 개개 독립하여 털끝도 관여하지 아니하면, 이것은 높은 산과 황량한 들판에 집지어 머무르는 것과 다를 게 없으니 어찌 우리가 능히 감당할 것이겠는가. 다만 실제 이익으로부터 미루어 볼지라도 이와 같은 상황으로는 가족이 영원히 성립할 수 없을 것이며, 개인도 또한 멸망함을 면하지 못할 것이다.

사교적 감정의 기원

사회의 성립은 우리의 사교적 감정에 기인하는 것이니 이 감정이 생기는 까닭을 미루어 연구한다면, 무릇 우리가 정신과 육체의 능력이 불완전하여 도저히 혼자의 힘으로 그 생존의 목적을 달성하기 어려움을 원인으로 하는 것이다.

개인과 사회

이것을 육체로부터 보면 즉 우리는 사회의 도움을 받지 않으면 생활의 바탕이 되는 힘을 얻지 못할 것이니, 자연 환경의 공격을 능히 감당하며 맹수의 괴롭힘을 능히 면하여 편안한 생활을 영위하는 까닭은 전적으로 사회가 도와주는 바를 원인으로 하는 것이다. 또 이것을 정신으로부터 보면 즉 사람이 고립하는 것을 꺼리며 싫어하는 정은 자못 죽어서 떠나는 것을 꺼리며 싫어하는 정과 다를 것이 없으니, 우리의 고유한 여러 종류의 감정과 사상은 타인과 함께 사귀는 것이 아니면 도저히 만족함을 얻지 못하는 것은 실제로 명백한 사실이다. 사람이 만일 다른 사람과 사귀고 통함을 일절 사절하고 이런 감정과 생각의 발생을 억압할 때는, 표현하지 못할 번민을 느끼게 될 것이며 심한 자는 마음을 상하고 정을 해쳐서 마침내 미쳐버림에 이를 것이니, 우리가 사회에 의지하는 바가 이와 같이 큰 것이다. 또 우리가 의지하여 생각을 교환하며 이런 생각을 보존하는 것으로서의 언어와 문자 등도 또한 사회의 조직을 원인으로 하여 비로소 존재하는 것이니, 이것을 헤아려보건대 우리가 향유하는 바의 일들이 한 개도 사회에 의지하지 않는 것이 없다.

사회에 대한 의무

개인과 사회의 관계가 지극히 밀접하여 잠시도 서로 떨어지지 못하는 것이 이와 같으니 이것을 중요히 하건대, 우리의 안녕과 행복은 작고 큰 것을 막론하고 모두 사회가 직접 혹은 간접으로 함께 하는 은혜에 있지 않음이 없는 것이다. 따라서 우리는 사회에 대하여 반드시 다할 의무가 있으나, 곧 한 몸 한 집안의 이익만을 꾀하지 말고 널리 사회의 대중을 위하여 그 행복과 이익의 증진함을 꾀함에 노력해야 하는 것이니, 이와 같이 사회의 공익을 위하여 영원한 기초적 사업을 설계함에 한 몸의 이익과 손해를 되돌아보지 않는 것은 실로 사회의 일원이 되어 그 의무를 완전히 한 자라고 이를 것이다.

애타주의(愛他主義)와 고독주의(孤獨主義)

순수한 이타적 정신은 도덕의 가장 고상한 것이니, 사회의 개선과 진보는 본래 이 정신으로부터 나오는 것이다. 따라서 박애주의(博愛主義)를 가지고 있는 일종의 인인(仁人)이 자신의 생명을 포기하여 사회의 희생이 된 때에는 후세 자손이 그 남긴 덕을 오래 향유하며 그 아름다운 풍속을 추모하니, 사회의 발달 여부는 이런 부류의 인물이 많고 적게 존재함에 실제 말미암는 것이라고 할 것이다. 만일 한 나라 안에 개인의 고립주의(孤立主義)가 크게 유행하면 자신의 이익만을 구하고 털끝만큼도 사회의 대중에게 마음을 두는 자가 없을 것이니, 이와 같은 때는 사회가 부패하며 무리가 쇠락하여 그 국가가 또한 쇠퇴와 쇠약함에 빠져버릴 것이다.

박애의 정신은 사람의 마음을 결합하는 쇠사슬이다

무릇 한 몸을 포기하여 사회의 대중을 위하는 것에 최선을 다함을 스스로 짊어지는 박애의 정신은 사람의 마음을 결합하는 쇠사슬이라 이를 것이니, 사회가 이것을 의지하여 선하고 아름다운 곳에 나아가며 국가가 이것을 의지하여 부강한 경지에 이르는 것이다. 진실로 이런 정신이 없으면 곧 사람의 마음이 흩어지고 붕괴함에 이를 것이니, 사람의 마음이 흩어지면 곧 사회와 국가가 무엇을 의지하여 선함과 부강함에 이르겠는가.

사회의 도덕과 국가의 법률

그러나 우리는 사회적으로 지금의 사회를 통일되고 질서 있게 하는 것으로서의 국가가 있음을 망각해서는 안 되는데, 국가는 독립의 주권으로써 일정한 토지와 국민에 있어서 그 제정한 바의 법률의 힘을 통하여 그 국민을 거느리니, 우리는 사회의 일원됨과 동시에 국가의 한 국민이 된 자이다. 따라서 사회의 일원이 되어 사회의 도덕을 완전히 함과 동시에 국가의 한 국민이 되어 국가의 법률을 준수하고 받듦이 옳은 것이다. 그러나 국가의 핵심은 원래 사회에 있지 않기 때문에 국가는 반드시 사회의 여러 가지 사업에 대하여 모두 간여하는 것이 아니니, 따라서 사회는 국가의 제정한 바의 법률 범위 안에 있어야 그 도덕의 자유를 보유하는 것이다. 만일 국가의 법률을 위반하여 범하고 오히려 사회의 도덕을 완전히 하고자 하는 것은 도저히 행하여 얻을 수 없는 것이니, 그 이유를 말한다면 도덕은 법률의 힘이 미치지 못하는 것을 제재함과 동시에 법률도 또한 우리의 안녕과 행복 및 이익을 위하여 사회도덕이 두루 미치지 못하는 것에 대해 그 제재를 시행하고 더하는 까닭이다.

사회에 대한 의무, 공정한 도리와 공적인 덕

사회의 대중에 대하여 힘을 다하여야 하는 의무는 능히 낱낱이 들기 어려우나 대략 공정한 도리와 공적인 덕의 두 가지로 구별할 수 있을 것이니, 우리가 사회에 대하여 우선 힘써야 할 것은 다른 사람의 권리를 침해하지 아니함에 있는 것이다.

공정한 도리

무릇 인류가 되어 하나의 사회 안에서 함께 있기에 사람이 된 권리는 자신과 타인 간에 심한 차별이 있을 이유가 없으니, 만일 우리에게 자신의 생명과 재산 및 명예를 향유하고 또 다른 사람의 침해에 대하여 보호 방위하는 권리가 있으면, 다른 사람도 또한 그 생명과 재산 및 명예에 관하여 이것과 동등한 권리를 향유함이 옳은 것이다. 따라서 사람들이 상호간에 다른 사람의 권리를 존중히 하여 감히 침해하지 아니함을 힘써 꾀하는 것은 사회에 대한 도덕의 첫 번째 근본적인 뜻이니, 바꾸어 말하면 이것은 곧 악한 일을 하지 않는 의무가 되어 사회의 안녕과 질서를 유지하는 까닭인 것이다.

공적인 덕

그러나 상호간에 다른 사람의 권리를 침해하지 아니할 뿐으로는 아직 우리가 사회에 대하는 의무를 전부 다하였다고 이를 수 없으니, 그

것은 다만 우리로 하여금 도덕과 혹은 법률의 죄인이 됨을 면하게 하는 바의 소극적인 제재에 불과한 것이다. 우리는 악인이 되는 것을 면할지라도 아직 이로써 선인이 되는 것을 얻은 것은 아니니, 우리로 하여금 사회에 있어서 한 명의 선인이 되게 하는 까닭은 실로 박애와 자선 등의 적극적 도덕에서 벗어나지 않는 것이다.

박애와 자선

무릇 박애와 자선은 도덕심의 가장 귀중한 것이다. 사람이 사람된 까닭은 실로 여기에 있으니 만일 한 몸이나 한 집안의 좁고 작은 행복을 위주로 하거나, 혹은 자신이 사랑하고 가까운 자의 이익만을 오로지 일삼아서 한 올도 사회의 대중에 대하여 널리 자애의 정을 가지고 있지 않으면, 어찌 이로써 산새나 들짐승과 다른 것이 있다 하겠는가. 따라서 우리는 타인의 권리를 존중히 할 뿐 아니라 한 걸음 다시 나아가 다른 사람이 곤란과 재앙 및 위급한 어려움에 임한 것을 원조하며, 다른 사람이 가난함과 궁핍에 있는 것을 구제해야 한다. 어떤 경우는 죄도 없이 예상하지 못한 재난을 입으며, 어떤 경우는 선천적으로 병약한 신체가 되어 운명이 박하고 불행한 자들이 이 세상에 매우 많다. 또 문화가 점차 진보하여 사회의 사정이 복잡해짐을 따라서 빈부의 현격함이 스스로 증가하기 때문에 운명이 박한 자의 수가 또한 증가함을 면하지 못할 것이니, 이런 자들은 비록 배고픔과 추위에 고통스러우나 도덕과 법률의 제재를 이유로 하여 능히 다른 사람의 권리를 침해하지 못하는 것이다. 따라서 부유한 자선자로서 가엾게 여기는 정을 드리워 이 사람들에게 은혜를 베풂이 있지 않으면, 저들은 앉아서 죽음을 기다리는 것 외에 다른 도리가 없을 것이다. 함께 이 세상에 생존하여 함께 사회의 구성원이 된 자로서 진실로 가엾게 여기는 인정과 도리를 알아야 하며, 오히려 팔짱을 끼고 옆에서 바라보는 것은 고상한 도덕심을 보유한 자가 차마 하지 못하는 것이다.

공익의 사업을 일으키는 의무

우리는 다른 사람의 권리를 존중히 하고 불행한 자를 구휼하는 외에 한 걸음 다시 나아가 공익이 있는 사업을 경영 관리하여 행복과 이익의 증진함을 힘써 꾀해야 한다. 우리가 사회로부터 누리는 바 무한한 은혜는 이미 기술함과 같으니, 만일 사회로 하여금 질서가 없고 대중으로 하여금 덕과 의리가 없으면 우리는 홀로 어디를 의존하여 행복한 생활을 영위하겠는가. 가령 어리석고 어두우며 무지한 야만 사회에서 생활하는 것을 가정해보자. 우리는 결단코 금수보다 우수한 생활을 영위하기 힘들 것이다. 우리의 행복을 보호하고 증진하는 것으로 사회의 질서 및 덕과 의리는 우리가 조상으로부터 계승한 것이니, 이것을 성취함에 있어서 우리가 능히 관여하여 알 바가 아닌 것이다. 이와 같이 태어나면서부터 앞선 사람들이 남긴 덕의 혜택을 입은 우리는 그 계승한 사회를 한층 완전히 아름답게 하여 이것을 자손에게 물려주는 것이 당연한 의무이다. 그러므로 사람은 각기 타고난 자질을 맞추고 직무를 수행하는 능력을 따라서 공익을 계획하며 세상의 일을 개발하여 사회로 하여금 더욱 더 선량하고 완전히 아름다운 경지에 나아가게 해야 하니, 그 계획하는 것은 다만 눈앞의 결과를 바라는 것이 아니요, 사회의 영원한 이익을 위해야 한다. 한 사람으로써 억조의 사람을 널리 구제하며 한 세대로써 백대의 뒤를 멀리 생각함은, 옛날로부터 지금에 이르기까지 성현의 공공심으로 나오는 인(仁)을 펼치는 방법이니 반드시 뒷사람의 모범으로 할 것이다. 이와 같은 사람은 몸이 비록 죽으나 공이 사라지지 않아 만세의 우러러 그리워하는 바가 되니, 사회적 도덕은 여기에 이르러야 이상적으로 완전히 아름다운 경지에 이르렀다 할 것이다.

공정한 도리와 공적인 덕은 동서양의 두 성인이 훈시한 바이다

이상에 서술함과 같이 다른 사람의 권리를 침해하지 아니할 뿐 아니라 도리어 곤궁한 자를 구조하고 다시 전체의 공익을 계획하는 것은 우리의 사회에 대한 의무의 핵심이니, 이것은 동양과 서양의 두 성인이 후세에 교훈으로 남긴 두 개의 격언으로써 총괄할 수 있을 것이다. "자기의 원하지 않는 바를 다른 사람에게 베풀지 말라"[1]는 것은 공자의 말이요, "자기의 원하는 바를 베풀라"는 것은 예수의 말이니, 이 두 가지 중에 전자는 소극적인 것으로 우리의 일을 행함을 제한하는 것이요, 후자는 적극적인 것으로 우리의 일을 행함을 장려하는 것이다. 전자는 나쁜 일을 행함을 경계하는 것이요 후자는 선한 일을 행함을 권하는 것이며, 전자가 훈시하는 것은 공정한 도리요 후자가 가르

---

1 출전은 다음과 같다. 仲弓問仁. 子曰, 出門如見大賓, 使民如承大祭. 己所不欲, 勿施於人. 在邦無怨, 在家無怨.『論語』「顔淵」.

쳐 깨우치는 것은 공적인 덕이니, 이 두 가지는 그 하나를 치우쳐 폐하지 아니하고 두 가지를 모두 병행한 후에야 비로소 사회에 대하여 완전한 의무를 행할 수 있는 것이다. 우리는 자신의 권리가 훼손당함을 원하지 않기 때문에, 타인에 대하여서도 그 권리를 침해하지 아니하는 것이니 이것은 전자가 훈시하는 것이다. 우리는 자신의 곤궁함을 스스로 불쌍히 여기고 사회 공익이 성취됨을 스스로 기뻐하기 때문에, 이것을 미루어 미쳐서 타인의 곤궁함을 구조하고 또 스스로 나아가 사회의 공익을 계획하고 꾀하니 이것은 후자가 훈시하는 것이다. 따라서 전자는 도덕의 의무가 됨과 동시에 아울러 법률의 의무가 되고 후자는 오로지 도덕의 의무가 되니, 다만 법률의 죄인이 되지 아니하고자 하는 자는 전자로써 족하다 할 것이나 진실로 도덕의 죄인이 되지 아니하고자 하는 자는 후자를 실천해야 하는 것이다.

제2장 사회의 공정한 도리

어떤 이유로 우리는 다른 사람에 대하여 의무가 있는가

무릇 우리가 다른 사람에 대하여 일정한 의무를 보유하는 것은 본래 우리가 자신에 대하여 보유한 의무를 확장하여 이것을 다른 사람에게 미루어 미침에 벗어나는 것이 아니다. 나와 사람은 동일한 사회의 일원이 됨에 있어서 본래 차별이 없으니, 만일 자기에 대하여 당연히 행해야 할 의무가 있으면 다른 사람도 또한 우리와 같이 각각 그 당연히 행해야 할 의무가 있는 것이다.

권리와 의무

만일 우리가 다른 사람이 자기의 권리를 침해하는 것을 부정한 행위로 간주한다면 동시에 자기가 다른 사람의 권리를 훼손함과 같은 것도 불의의 행위로 미루어 생각하여 이것을 매우 경계해야 하니, 각각 그 다른 사람의 권리를 존중히 하여 그 한도를 서로 넘지 아니하면 이것이 곧 사회의 공정한 도리가 발생하는 원인인 것이다.

우리의 주요한 권리는 생명과 재산 및 명예이다

오늘날 우리가 보유한 바의 권리를 연구하여 논한다면, 생명과 재산 및 명예의 세 종류가 가장 주요한 것이다. 무릇 우리가 세상에 살면서 도를 행하여 이로써 인생의 목적을 달성하고자 함에는 가장 먼저 신체 건강에 생각을 두어서 항상 일을 함에 능히 감당할 수 있는 활발한 정력을 유지해야 한다. 여기에서 우리는 다른 사람의 살상에 대하여 스스로 보호하는 권리를 보유하니, 이것이 곧 생명의 침해함이 옳지 않은 까닭이다. 또 인생의 목적을 달성함에는 맨손으로 능히 할 것이 아니요, 반드시 재산의 도움을 의지할 것이다. 정당한 수단으로써 취득한 재산은 자신의 능력을 확장함과 같기 때문에 인생에서 빼어놓지 못할 요소가 되는 것이니, 따라서 자기 소유의 재산을 자유롭게 처리하는 것은 우리의 자연스러운 권리이다. 명예도 또한 자기의 노력 가치를 통하여 얻은바 일종의 무형 재산에서 벗어나지 않기 때문에, 우리는 다른 사람의 훼손함이나 없는 말을 지어 헐뜯음에 대하여 스스로 보호하는 권리를 보유하는 것이다. 이 세 가지는 우리의 최대 권리가 되기 때문에 사회의 안녕과 질서는 오로지 이것의 안전함을 의지하는 것이니, 따라서 국가가 일부러 법률을 설정하여 이것을 보호하여 이로써 도덕적 제재의 미치지 못한 것을 보충하는 까닭이다. 아래 글에 이것을 일일이 상술하고자 한다.

제1절 생명에 관한 의무

생명의 소중한 이유

무릇 사람의 생명을 침해해서는 안 되는 까닭은 생명이 인생 전부의 권리와 의무의 기초가 되기 때문이다. 그러하기에 고의로 사람을 죽이거나 사람의 생명을 위해하는 것은 곧 인생과 사회가 성립한 바의 본래 뜻에 반대하는 것이 되기 때문에 죄악 중의 가장 무겁고 큰 것이니, 이것은 곧 각 국가의 법률이 모두 함께 극형으로써 살인죄에 견주어 적용하는 까닭이다.

정당 방어

우리에게 살상을 금하는 바의 원리는 곧 우리에게 정당 방어의 권리를 주는 것이다. 세상에 포악하고 무도한 무리가 반드시 없는 것이 아니니 우리는 이와 같은 강하고 포악한 무리가 우리의 생명을 협박할 때를 맞아서 그 흉악한 행동을 손을 묶고 달게 받아들일 것이 아니요, 반드시 자신의 안전을 유지하고자 하여 적당한 수단으로써 이것을 방어하지 아니할 수 없다. 다른 사람의 폭력에 저항함에는 자신도 또한 이와 같은 폭력을 필요로 하기 때문에 부득이한 때는 우리를 죽이거나 상처 입히려고 하는 자를 죽이거나 상처 입히는 것도 가능하다.

정당 방어가 도덕에 위반하지 아니하는 이유

이런 정당한 방어는 다만 살상을 금지하는 바의 법률에 위반되지 아니할 뿐 아니라 도리어 이것을 완전히 함이라 할 것이다. 그 이유를 말한다면 사람 목숨을 침해함이 옳지 않은 원칙은 본래 정의로부터 나오는 것이기 때문에, 정의에 거스르고 어그러져 다른 사람의 생명을 위해하는 자에게 대하여서는 인명 침해 불가의 원칙이 곧 바로 소멸할 수 있는 까닭이다. 만일 피해자로 하여금 정당하게 자기를 보호하지 아니하고 다른 사람의 폭력에 굴복하여 그 생명의 위해를 달게 받아들이게 할 때에는, 정의가 추락하여 더럽혀질 뿐 아니라 재산과 명예도 안전함을 얻지 못하여 사회의 질서가 뒤집어짐에 자연히 이를 것이다. 따라서 여러 나라 형법에 자기의 신체와 생명을 정당히 방어함을 위하여 부득이한 경우에 폭행인을 살상한 자는 자신을 위한 것인가와 타인을 위한 것인가를 나누지 않고 그 죄를 논하지 않는 것으로 규정한 것이다.

이와 같이 정당 방어를 위하여 다른 사람을 살상하는 것은 부득이한 일에서 나오는 것인데, 자신의 안전함이 이미 회복된 후에 있어서 오히려 사사로운 분노를 위하거나 혹은 격앙의 여세를 타서 다른 사람을 살상하는 것은 곧 자신이 다른 사람을 살상하는 죄를 고의로 저지른 것이다. 따라서 여러 나라 형법에서는 신체와 재산을 방어하고 지킴에서 나오는 것이라도 부득이한 경우가 아닌데 해를 폭행인에게 가하거나, 또는 위해가 이미 없어진 후에 여세를 타서 해를 폭행인에게 가한 것은 죄를 논하지 않는 한계에 있지 않은 것으로 규정한다.

정당 방어 이외의 살상은 모두 죄악이다

정당 방어를 제외한 것에는 어떠한 경우에 있어서든지 살인이 대죄가 됨은 다시 말할 것이 아니거늘, 사람의 세상에서 종종 공적이거나 사적인 분노와 원망으로 사람의 생명을 살해하여 정의를 위반하고도, 양심 있는 사람을 대하여 부끄러운 것이 없다고 생각하는 자가 있으니 이것은 도덕의 도둑이라 이를 것이다.

복수의 올바르지 못함

한 개인의 권리됨은 본래 자신의 이익과 손해에 관계가 있는 범위 내에 있어야만 존재하는 것으로, 우리의 신체에 대한 위해가 이미 제거되면 우리는 타인에 대하여 한 올도 침해함이 불가능할 것이며 이외에 있어서 제재를 가하는 것은 국가에 일임할 것이다. 무릇 국가의 법률을 위배하는 자는 가령 그 해가 한 명의 사람에 관한 때라도 또한 사회 전체에 대하여 죄악이 되는 것이니, 그 이유를 말한다면 사회는 하나의 단체가 되기 때문에 그 일부의 위해가 곧 전체의 안전을 훼손하는 것이 자못 인체의 일부를 상하면 몸 전체의 건강을 해치는 것과 같은 것이다. 따라서 가령 그 직접의 손해는 사회의 일부 또는 한 명의 사람에게 관한 경우라도 간접으로는 사회와 국가의 사람 전체의 손해가 되는 것이니, 이와 같은 죄인을 책하고 벌하는 직무는 국가에 있기 때문에 한 개인의 능히 간여할 바가 아닌 것이다. 인간 세상에서 혹 부정한 수단으로 부모와 형제 및 친척의 원수를 갚는 자가 있으니, 이런 무리는 이익 혹은 정욕으로써 권리와 정의를 짓밟는 자라 이를 것이다.

암살의 올바르지 못함

복수의 올바르지 않음은 세상 사람들의 이미 아는 바이나, 정치와 종교 등과 같은 사회 공공의 이익에 관한 사회에 있어서는 살벌하고 광포한 행위가 오히려 그 자취가 끊어지지 않는다. 특히 정치의 암살 같은 것은 폭행자는 국가를 위하여 간악한 도둑을 제거한다고 말을 제시하고, 사회의 사람들도 또한 그 올바르지 않음을 공적으로 인정하나 오히려 나라를 걱정하는 지극한 정성으로부터 나온 것이라 하여 도리어 여기에 동정을 표하는 자가 있는데, 이런 것은 곧 한 나라의 공정한 도리를 파괴하는 것이어서 우리들의 크게 배척할 바이다. 어리석고 어두우며 미개한 세상을 맞아서 법률이 행해지지 않고 정의가 허용되지 않으며 간신과 어리석은 군주가 횡포를 오로지 일삼아서, 선한 백성이 도탄에 빠지고 국가가 멸망에 가까운 시기에 있어서는 지사와 인인(仁人)이 몸을 버려 임금 곁의 악을 제거할 필요가 없는 바가 아니지만, 문명과 법치의 오늘날에 있어서 이와 같은 행위는 결코 허용하지 못할 것이다.

암살과 주륙

사람들이 혹 정치상의 척살을 가리켜서 주륙(誅戮)이라고 하나 주륙은 국가가 이미 정한 법률에 비추어서 사형을 선고함을 이르는 것이요, 척살은 그렇지 아니하니 척살이란 것은 흉기를 스스로 두르고 마음대로 집행하는 것인데 그 이유의 어떠함을 막론하고 광포하며 어그러짐이 이보다 심한 것이 없다. 그런데 사람들이 혹 나라를 사랑하고 왕을 위하여 노력한다고 칭하여 이것을 관용하니, 이는 곳 사사로운 정으로써 공정한 도리를 소멸하는 것이라고 이를 것이다.

결투의 올바르지 못함

결투도 또한 야만의 남은 풍속이다. 분쟁의 바르고 그름을 재단함에 세상에 법률이 자연히 있거늘 사사로운 분노를 타서 결투하여 스스로 옳고 그름을 가리는 것은 곧 법률을 제멋대로 하는 자이다. 또 결투는 사람을 죽임이 아니면 사람에게 죽임을 당하는 것이니, 함께 사람이 된 의무에 위반되는 것이다. 그 원인은 대개 자질구레한 사정에서 나오는 것이요, 그 승패도 또한 이치의 옳고 그름을 말미암지 않고 재주의 교묘함과 서투름을 원인으로 하는 것이니, 공정한 법률 제재에 맡기는 것과 동일하게 논할 바가 아니다.

사형

그러나 법률은 죄를 따라서 사람을 살해함이 있으니 사형이 곧 이것이다. 사형의 옳고 그름은 학자 간에 다소 다른 의견이 있는 것이나, 이것을 완전히 폐지하는 것이 아직 빠르다는 것은 문화 현상의 실제 사실이다. 무릇 형법은 일정불변함이 가능한 것이 아니요, 반드시 문화의 발달을 따라서 변경할 수 있는 것이다. 따라서 옛날의 가혹한 형벌은 오늘날 그 자취가 점차 사라져 우리[檻]에 가두어 복역시키는 등의 방법도 시간이 지나면서 개량되고 있으니, 이것을 말미암아 본다면 사회가 그 잔인한 해를 입지 않고 능히 사형을 완전히 폐지할 날도 멀지 않았다라고 할 것이다.

정당 방어에 있지 않고 살상을 허용하는 한 가지 예외

사람 목숨의 귀중함은 이상에 설명한 바로써 미루어 알 것이나, 여기에 정당 방어에 있지 않고 살상을 허용하는 한 종류의 예외가 있으니 전쟁이 곧 이것이다.

전쟁의 부득이한 이유

병기는 흉기이다. 따라서 남용해서는 안 되는 것이다. 전쟁이 사회에 해독을 끼치는 것은 사람이 숙지하는 바이나, 대지 위에 땅을 나누고 나라를 건설하여 각각 그 자국 백성의 행복과 이익을 증진하고자 함은 오늘날 세계 여러 나라의 현상이다. 만일 여러 나라 중에 갑자기 그 의견이 서로 달라서 외교[樽俎][2] 간에 평화를 바랄 수가 없는 때는 형세가 부득이하여 창과 방패를 들고 서로 보게 되니, 이런 시기를 맞아서 각 나라의 국민이 된 자는 각각 그 소속한 국가를 위하여 평소 길러둔

2 준조절충(樽俎折衝) : 연석(宴席)에서 대화로써 적을 제압한다는 것으로 즉 외교상의 담판을 이르는 말.

날카로운 기세를 떨치며 적개의 충성과 의리를 다하여 이로써 자국의 이익과 명예를 보전해야 한다. 이때에 있어서 적국의 사람을 살해하는 것은 다만 법률과 도덕의 금하지 않는 바가 될 뿐 아니라, 국가는 도리어 이것을 명령하며 공적인 비용으로써 그 준비에 공급하는 것이다.

전쟁은 신하와 백성의 당연한 의무

저 미개한 나라의 백성은 국가를 갑자기 잊어버리고 몸과 목숨을 다만 아끼기 때문에 현재 문서를 은닉하고 거짓으로 채워서 병역의 면제 받음을 꾀하는데, 이런 무리는 법률의 죄인이 될 뿐 아니라 도덕으로 보아도 결코 허용할 것이 아니다. 그 이유를 말하면 이미 국가의 보호 아래에 살며 숨 쉬는 이상은 국가의 독립과 안녕을 유지하는 것은 곧 신하와 백성이 된 자의 당연한 의무가 되는 까닭이다.

제2절 재산에 관한 의무

신체와 생명의 귀중한 일은 앞 절에서 이미 설명한 것이다. 다른 사람의 신체와 생명을 중요하게 여긴다면 그 행동과 말의 자유도 또한 중요하게 여겨야 하니, 그 소유한 바의 자유를 사용하기 어려우면 신체와 생명을 유지하는 것의 목적이 어디에 있겠는가. 만일 우리로 하여금 다른 사람의 이익과 정욕에 마음대로 휘둘리는 바가 되어 자신이 자유의 의사로 행동하는 것과 말하는 것을 어렵게 한다면, 도덕상에 있는 생명과 신체의 가치는 여기에서 완전히 실추하였다고 이를 것이다.

다른 사람의 재산을 침해해서는 안 되는 이유

이미 다른 사람의 신체와 생명의 자유가 있음을 귀중히 여긴다면, 이것과 동일한 이유를 의지하여 다른 사람의 재산도 또한 똑같이 중요하게 여길 것이니, 그 이유를 말한다면 재산이란 것은 그 사람의 부지런한 노력으로부터 나오는 결과에 벗어나지 않기 때문이다. 만일 우리의 자력으로써 얻은바 되는 것이 오히려 우리의 소유됨이 어려우면, 우리는 곧 타인의 이익을 위하여 행동하는 일개 기계와 다를 것이 없으니, 이와 같으면 우리의 신체와 생명의 자유가 있다는 사실이 어디에 있는가. 또 자기의 재산을 소유한 권리가 미약하다면 사람은 스스로 인생의 필요한 물품을 공급함이 어려울 것이며, 아울러 그 신체와 생명은 하루도 안전함을 얻지 못할 것이다. 따라서 시간과 공간을 막론하고 도둑질과 약탈 및 살상이 연이어 발생하여 사회의 최대 죄악을 양성할 것이니 어찌 경계하여 두려워하지 않겠는가.

소유권의 기초인 선점과 노력

이상은 일반 도덕으로부터 재산의 소중함을 대략 논한 것이다. 오늘날에 재산 소유권의 기초를 증명하는 바의 직접적 원리를 아래[左]에 설명하니, 즉 먼저 소유함[先有]과 노력이 이것들이다.

선점

아직 어떤 사람에게도 속하지 아니한 것은 우리가 이것을 취득하는 것이 가능하니, 주인이 없는 물건의 점유는 어떤 사람의 권리든지 침해함이 없는 까닭이다.

노력

그러나 먼저 점유한 권리라도 노력을 쓰지 않으면 취득할 수가 없다. 가령 그물을 설치하여 물과 육지에서 고기를 잡고 사냥을 하며, 사람이 없는 토지를 발견하여 이것을 사유함은 곧 선점의 권리에 기인하는 것이니, 그 사업에 어렵고 쉬움의 차별이 있으나 똑같은 노력의 결과는 아니라고 할 수 있는 것이다. 따라서 선점의 권리로 취득의 효과가 있게 하는 까닭도 또한 노력이라 할 수 있으니, 노력은 다만 선점뿐 아니라 모든 소유권의 근거가 되는 것이다.

획득함에 노력을 필요로 하지 않는 것은 재산이 아니다

무릇 인생의 잠깐도 빼놓지 못할 물건이라도 이것을 획득함에 조금도 노력을 필요로 하지 않는 것은 아직 재산이라고 칭할 수 없는데, 가령 공기 같은 것은 지구 도처에 존재하여 사람의 생활에서 자유롭게 호흡함에 전적으로 맡기며 그 분량도 또한 실제 사용에 정해진 한계가 없는 것이다. 따라서 재산이라 부르지 아니하는 것이다. 산새와 들짐승은 본래 어떤 사람의 소유에 귀속되지 아니하고 또 사람이 이것들을 만든 것도 아니지만, 사람이 이것을 포획하면 곧 재산이 되니 이것은 포획할 때 다소의 노력을 쓰는 까닭이다. 또 밭을 경작하여 쌀과 보리를 수확하며, 나무와 돌로써 가옥과 기구를 건조하는 경우에 있어서 이런 종류의 재산이 노력의 결과가 되는 것은 다시 논할 바가 아니니, 이와 같이 일종의 물건이 우리의 재산이 될 수 있는 것은 모두 우리의 근면과 생각하고 헤아림 및 노동으로부터 생기는 까닭이다.

소유권

무릇 생활의 재료를 공급하여 공적이거나 사적인 여러 가지 의무를 능히 다하게 하는 것은 재산이요, 우리로 하여금 재산의 사용 · 수익 · 처분을 자유롭게 하는 것은 소유권이니, 소유권을 확립함은 사회의 안녕을 유지하여 그 행복을 증진하는 것의 하나의 큰 표준이 되어 미개한 국가와 문명의 국가의 구별이 여기에 존재하는 것이다. 강제로 빼앗고 마음대로 탈취함이 공적인 일과 사적인 일 사이에 제멋대로 발생하는 사회에 있어서는, 백성이 능히 안도하지 못할 뿐 아니라 재산의 불안전함은 근면과 저축의 마음을 꺾이게 하여, 마침내 모든 사회로 하여금 게으름과 빈곤함에 함께 빠지게 하는 것이다.

소유권의 확립함은 법률과 함께 도덕의 제재를 필요로 함

무릇 소유권은 법률의 규정한 것이나, 각각 그 다른 사람의 재산을 존중히 하여 감히 침해하지 못하는 바의 도덕의 제재가 아니면 결단코 그 권리의 확고한 수립과 굳건함을 보지 못할 것이다.

저축과 양여권

우리는 이미 재산의 소유하는 권리를 향유하고 또 스스로 저축과 양여하는 권리를 보유하니, 이것은 원리의 당연한 것이라서 어떠한 사람도 의심을 허용할 바가 아니다. 저축은 다만 자신의 현재를 위할 뿐 아니라 후세 자손의 행복과 이익을 멀리 걱정하기 때문이니 우리의 가장 귀중한 특성이다. 만일 조금도 재산을 저축함이 없으면 하루아침에 예상하지 못한 재앙을 당하여 우리와 우리의 자손은 무엇을 의지하여 생존의 행복을 계속하겠는가. 사회사업의 진보도 또한 바랄 바가 없는 것이다. 양여의 권리도 또한 나의 소유권을 실행하는 일종의 방법에 불과한 것이니, 그 이유를 말한다면 우리의 살아있는 때와 사후에 있어서 내가 원하는 바의 사람에게 재산을 양여함은 곧 자유롭게 나의 재산을 사용함에 벗어나지 않기 때문이다.

세습 상속

세습 상속의 이유도 또한 이와 같으니, 만일 나의 사후에 있는 자손과 가족을 위하는 것이 아니면 우리는 어떤 이유로 이와 같이 스스로 애쓰면서 우리 생활에 필요한 것 이외에 있어서 저축하는 것을 부지런히 하겠는가. 이것은 다만 자손과 가족을 멀리 걱정하는 한결같은 마음이 있기 때문에 시종 힘쓰고 힘써서 낮밤으로 부지런히 일함을 스스로 달게 여기는 것이다. 만일 이와 같이 부지런히 일하여 저축한 재산으로 우리의 근본적인 뜻과 서로 반대하여 도리어 다른 사람의 향유하고 소비하는 것이 되면, 나의 자손과 가족에게 손해가 될 뿐 아니라 우리 자신의 손해가 되는 것이라 이를 것이다. 이것은 소유의 권리가 있음과 함께 양여의 권리가 있는 까닭이요, 또 우리의 재산은 그 후손의 소유가 됨이 아니면 친척의 소유가 되는 까닭이다.

공산주의(共産主義)

이상에 서술함과 같이 소유권이 성립되는 것은 어떤 경우는 선점을 이유로 하며 어떤 경우는 노동을 이유로 하며 또는 양여 및 상속을 이유로 하나, 그러나 그 권리를 존중히 하여 침해하지 못함은 동일한 것이다. 세상에 혹 공산주의(共産主義)를 앞장서 외치면서 재산의 사유함을 공격하고 논박하는 자가 있으며 또 부의 불평등함을 비난하는 자가 있으니, 이런 무리의 말이나 글은 모두 잘못된 견해와 망상에서 나오는 것인데 어찌 충분히 분변하여 밝힐 필요가 있겠는가. 따라서 우리는 다른 사람이 나에 대하여 나의 소유권을 존중히 함을 희망하는 것과 같이, 우리도 또한 다른 사람에 대하여 그 소유권을 침해함이 옳지 않으니, 이것이 곧 재산에 대한 우리의 의무이다.

이상은 재산에 대하여 대체적인 원리를 설명한 것이다. 아래[左]에서 그 실제 의무에 나아가 간략히 서술하고자 한다.

다른 사람의 재산에 관한 실제적 의무

다른 사람의 재산에 관계된 의무는 대략 네 가지 항목으로 구별할 수 있으니, 첫 번째는 다른 사람의 재산에 관한 직접적 의무이고, 두 번째는 빌려줌과 빌려옴에 관한 의무이며, 세 번째는 재산의 의탁에 관한 의무이고, 네 번째는 팔고 사는 것에 관한 의무가 이것들이다.

절도와 강탈 등의 죄악이 됨은 삼척동자라도 능히 알고 있으며 법률의 명백한 문구도 또한 엄정히 금하는 것이다. 그러나 도덕으로 말하면, 어두운 밤에 담장을 뚫거나 넘어가서 다른 사람의 재산을 훔쳐서 취하거나, 혹은 폭력 협박으로써 다른 사람을 강탈하는 것만 도둑이라고 이르는 것이 아니다. 즉, 자기가 실제로 가지고 있지 아니한 것을 실제로 가지고 있는 것과 같이 하는 거짓으로 꾸민 수단으로써 사람의 마음을 농락하여 자신의 이익을 계산하고 꾀하는 행위는 설령 법률의 제재하는 한도에 있지 않다 할지라도 도덕상 도둑의 죄를 범한 자라 이르는 것이 옳다. 하물며 속임수로써 재화를 속여 취하는 것은 법률의 엄정히 금하는 바가 어떠하겠는가. 세상에 다른 사람의 재산 주머니를 가리켜 이야기하는 것도 주저하고 싫어서 꺼리면서, 사람을 속이며 세상을 속여 법망을 교묘히 피하고 도리어 득의양양 하는 자가 있으니, 이런 무리는 빈곤에 빠지고 배고픔과 추위에 핍박당하여 부득이하게 도둑질하는 자에 비하면 도덕상의 죄악이 특별히 무겁고 큰 자라 할 것이다.

대차(貸借)

재산의 빌려주고 빌려오는 것은 경우를 따라서 필요한 바가 있는 것이다. 사람은 혼자 힘으로써 때를 임하여 일을 처리하는 것이 어려운 경우가 있으니, 이런 때를 맞아서 있는 것과 없는 것을 서로 통하게 하여 그 사업을 상호 도와주는 것은 실로 인간 세상의 칭찬할만한 아름다운 행실이다. 그러나 우리는 공정한 의리상 다른 사람의 청구를 좇아서 반드시 빌려주지 아니치 못할 의무가 있는 것은 아니니, 때문에 사람이 만일 호의로써 나에게 재산을 빌려준 때는 나도 또한 그 은혜와 덕을 마음에 새기고 감사하여 그 계약을 실행해야 하는 것이다.

이자의 의무

또 우리는 빌려준 바의 재산에 대하여 반환을 청구하는 권리가 있는 외에 다시 알맞은 이자[報酬]를 청구하는 권리가 있기 때문에, 빌려 쓴 자는 계약의 명백한 문구가 있는 경우는 다시 말할 것도 없고 설령 계약이 없는 때라도 그 재산을 빌려 쓴 까닭으로 자기가 누린 바 이익에 대하여 알맞은 이자를 행하지 아니해서는 안 된다.

과중한 이자의 올바르지 못함

그러나 빚의 주인은 이자를 받는 권리가 있음을 통하여 결단코 법외의 많은 액수를 요구해서는 안 된다. 이자의 따름은 공급과 수요의 관계를 의지하여 일정하게 하는 것이다. 따라서 이 일정한 이자율을 초과하는 것은 곧 부당한 이익을 탐하는 것이니, 도덕의 죄악이라 할 것이다. 그러나 세상 사람이 종종 빌리는 자의 급박한 사정과 형세를 타서 각종의 수단으로 법 이외의 과중한 이자를 수취하는 자가 있으니 실로 가증스러운 행위라 할 것이다.

친척 간의 대차

친구와 친척 간에 있어서는 빌리는 자는 도덕상 갚아 되돌려 줌을 스스로 약속해야 하나, 빌려준 자는 이것을 통하여 어떤 종류의 보수든지 바라지 아니해야 하니, 은혜를 팔아서 덕을 구하는 것은 고상한 우의 사이에 절대 금할 것이다.

돌려 갚음의 기한

또 빌려 쓴 사람은 돌려 갚음의 기한을 확실히 지켜야 한다. 어떤 사람은 돌려 갚음과 이자로만 빌려 쓴 사람의 주요한 의무로 인식하고, 돌려 갚는 기한의 늦고 빠름은 조금도 개의치 아니하는 자가 있으니 이것은 나쁜 폐단이 심한 것이다. 가령 학생으로서 교사와 친구의 서적을 빌려 쓰고 기한에 이르러서 이것을 되돌려 주지 아니하며, 심한 경우는 다른 사람에게 다시 빌려주고 조금도 부끄러워하는 바가 없는데, 이런 것은 자신과 다른 사람의 손해를 만들 뿐 아니라 빌려 쓴 사람의 신용을 스스로 깎아내리는 것이니 어찌 경계하고 삼갈 바가 아니겠는가.

부탁받아 맡게 된 물건에 관한 상호간의 의무

다른 사람으로부터 재화를 부탁받아 맡게 된 때는 이것을 자기의 재화와 같이 보관해야 하니, 부탁하여 맡긴 자의 명시 혹은 묵시가 없을 때라도 제멋대로 사용하거나 또는 소비함이 옳지 않으며, 부탁받아 맡은 물건으로부터 발생한 이익 등도 역시 그러한 것이다. 의외의 재난을 입거나 혹은 부득이한 사정을 통하여 이것을 손실한 경우를 제외하면, 부탁받아 맡은 자는 보존 관리함에 관하여 모든 책임을 지고 또 앞서 부탁을 받은 것과 동일한 재화로써 부탁하여 맡긴 자에게 돌려주어야 한다. 또 여기에 대하여 보관함으로부터 생긴 비용을 부담하고 또 알맞은 보수를 주는 것은 부탁하여 맡긴 자의 의무인 것이다.

매매(賣買)에 관한 의무

팔고 사는 것은 인생의 하루도 빼놓지 못할 것이니, 사회의 행복과 진보에 있어서는 필요의 조건이다. 사람과 사람이 그 업을 각각 나누며 그 직무를 서로 다르게 하여 각기 한결같은 마음으로 전문적인 직무에 종사하는 것은 문화 발달의 큰 근본이니, 그러함을 이루는 까닭은 모두 팔고 사는 것이 주는 바이다. 파는 자의 첫 번째 의무는 그 판매하고자 하는 재화와 물건에 대하여 정직한 가격을 부여함에 있으며, 품질의 정밀함과 거침 및 우등과 열등은 사는 자에게 물건을 내어줌을 맞아서 털끝도 가리거나 폐해서는 안 되며, 속이는 것에 가까운 약속은 엄밀히 피해야 한다. 가격 등은 법률로써 규정함이 옳은 것은 아니나 사회와 경제 등의 상황을 의지하여 서로 합당한 시가를 품평하여 정할 것이며, 소매로 영업하는 자가 보통 사람으로 어리석고 정직한 자의 시가를 잘 모름을 이용하여 부당한 고가를 탐하는 것은 파는 사람의 덕과 의리를 이지러뜨리는 것이다. 이것을 한 몸의 이익과 손해로 볼지라도, 기만으로부터 한 때의 이익을 취득하고자 하는 것을 통하여 도리어 오랜 세월의 신용을 실추하는 것은 매우 우매한 짓이라고 이를 것이다.

"정직은 최상의 방책"

서양의 속담에서 말하되 "정직은 장사하는 집안의 최상의 방책이다"라고 하니 실로 지금과 옛날의 격언이라 이를 것이다.

무릇 재산은 인생에 직접 관계가 있기 때문에, 도덕의 마음이 높지 못하고 의무의 생각이 강하지 못한 사람은 종종 그 유혹함에 저항하기 어려워 깨닫지 못하는 사이에 부정과 불의에 빠져 들어가는 것이 된다. 도둑질과 같은 것은 법률이 금하는 바가 되기 때문에 감히 어겨서 범하는 자가 적은데, 그러나 팔고 사고 · 물건을 부탁하여 맡기고 ·

빌려주고 빌려옴 등에 있어서 호의로 혹은 슬그머니 승낙함으로부터 나오는 것은 번번이 공정한 도리에 위배하여 도덕의 죄인이 되니, 이것은 필경 전체적인 사회의 도덕심이 박약하여 그렇게 된 까닭이다. 주어도 좋은 것은 사람이 구하지 않을지라도 주며, 취해서는 안 되는 것은 사람이 주더라도 취하지 않는 것이다. 한편으로는 다른 사람의 재산을 존중히 하여 감히 침해하지 말 것이며, 다른 한편으로는 자기의 의무를 확고히 지켜서 감히 위배하여 넘지 말 것이니, 사회의 안녕과 행복은 이와 같은 것을 통하여 더욱 더 진보함을 얻는 것이다.

제3절 명예에 관한 의무

무릇 사람은 육체의 욕망과 함께 정신의 욕구를 메워 채움이 아니면 만족하지 못하니, 따라서 따뜻한 옷과 음식을 배불리 먹음이 아직 충분히 이로써 행복이라 칭하지 못할 것이며, 부귀와 영화가 아직 충분히 이로써 행복이라 칭하지 못할 것이며, 박학하고 재능이 많은 것이 아직 충분히 이로써 행복이라 칭하지 못할 것이다.

명예를 귀중히 여기는 것은 사람의 고상한 성격이다

표범은 죽어서 가죽을 남기고 사람은 죽어서 이름을 남기니, 이것은 우리의 명예가 사후에도 흙에 덮이지 않음을 이르는 것이다. 우리는 다만 명예를 지금의 생에서 소중히 여길 뿐 아니라 이것을 후세에 전함이 아니면 결단코 원만한 행복을 누렸다고 이르기 어려울 것이다. 이와 같이 명예를 귀중히 여기는 한결같은 마음은 인생의 가장 고상한 성격에 뿌리를 두고 있으니, 사람이 하등 동물과 서로 다른 까닭이 여기에 있는 것이다.

특별히 우리나라에 있어서는 과거로부터 지금에 이르기까지 명예를 귀중하게 여기는 풍습이 성행하여, 남자가 세상에 서는 핵심이 된 것이다. 충성과 효도 및 절개와 의리를 존중하여 높이고 염치와 정직을 귀중하게 여기는 정신이 모두 명예심에서 스스로 맡는 것이니, 한 올의 목숨을 내던져서 만고의 명예를 완전히 하는 것은 우리 대한의 인사(人士)들 사이에서 족히 이례적으로 볼 것이 아니요 곧 우리나라의 고유한 미풍인 것이다. 무릇 명예란 것은 금과 은으로써 사지 못하며 재산과 보물로써 바꾸어 취하지 못하니, 인생에서 다시 이것과 비교할 것이 없는 까닭이다.

명예에 관한 의무의 기원

무릇 정당한 이유를 의지하여 각 사람에게 속한 것을 존중히 하며 보호하는 것은 사회의 의무이다. 따라서 생명과 재산을 보호할 의무가 있는 이상은 재산 중의 가장 귀중하고 어떤 때는 생명보다 더욱 귀중히 여기는 바의 명예를 한 층 사랑하고 중요하게 보호할 의무가 있으니, 이것은 해와 별과 같이 밝은 이치이다. 무릇 진정한 명예는 그 사람의 하늘이 준 재주와 부지런한 노력으로부터 나오는 결과이니, 이것을 취득하는 까닭은 형체가 있는 재산과 다르지 않은 것이다. 따라서 이것을 훼손하는 것이 죄악이 됨은 도둑질과 사기를 통하여 다른 사람의 재산을 침해하는 것이 죄악이 됨과 조금도 다름이 없으니, 따라서 생명 및 재산과 함께 명예를 보호하는 것은 옛날과 지금, 안과 밖의 법률을 막론하고 똑같이 규정한 것이다. 그러나 명예는 재산과 서로 달라서 본래 형체가 없는 것에 속하기 때문에 법률의 제재가 스스로 두루 미침을 얻을 수 없으니, 따라서 이것에 대한 의무는 오로지 중요히 도덕의 범위 안에 귀착하는 것이다.

없는 말을 지어 헐뜯는 것과 비방

없는 말을 지어 헐뜯는 것과 비방은 다른 사람의 명예를 침해하는 두 가지 큰 죄악이다. 없는 말을 지어 헐뜯는 것은 속임수의 수단으로써 다른 사람의 명예를 더럽혀 욕되게 하고자 하는 것이니, 그 천하고 비열한 행위는 도적보다 심한 것이다. 그 이유를 말한다면 도적은 다만 우리의 재산을 약탈함에 그칠 뿐이나, 없는 말을 지어 헐뜯는 것은 우리로 하여금 다른 사람의 존경을 상실하게 하며 공적인 것과 사적인 것 사이에 우리의 면목과 신용을 추락하게 함이 되기 때문이다. 소문이 한 번 나면 설령 근거가 없는 일이라도 세상에 그 성대한 명성을 질투하는 무리가 다투어 서로 왁자지껄하게 소문을 내기 때문에, 한 세상이 그 소문에 쏠려서 마침내 모든 입이 호응하여 공평하고 정직하며 성실한 사람도 또한 의심을 허용함에 이르니, 과거로부터 지금에 이르기까지 없는 말을 지어 헐뜯는 것을 통하여 명예를 실추하고 몸이 죽는 자가 그 예가 적지 않았다.

비방은 악의로써 다른 사람의 일이나 말과 행동 등을 논평하는 것을 이르니, 그 해됨이 없는 말을 지어 헐뜯는 것과 같이 심한 것은 아니나 공정한 도리에 손해가 됨은 동일한 것이다. 우리가 함께 동일한 사회에 살고 숨 쉬며 그 이익과 손해를 함께 한 이상은 상호간에 다른 사람의 이익을 조성하여 이로써 사회 전체의 행복을 증진함을 특별히 힘씀[另務][3]이 옳은 것이다. 따라서 사회 대중의 이익이 되지 아니할 일

---

3 과무(另務) : 원문에는 과(另)로 표기되어 있는데, 이화여대 소장본이나 국립중앙도서관 소장본 모두 그 글자의 상태가 좋지 않으며, 口와 刀 사이에 약간의 흔적이 있는 것으로 보아

은 설령 진정한 사실이라도 사람의 단점이나 흠이 되는 점을 지적하는 것은 도덕상에 결단코 허용하는 바가 아닌 것이다. 하물며 다른 사람의 손해를 오히려 기뻐하며 다른 사람의 고통을 오히려 즐거워하는 것은 그 심술의 음험하고 사악함이 이보다 심한 것이 없다. 경관과 검사 등과 같이 공직에 있는 자는 다른 사람의 악한 일을 적발함으로써 그 직무상의 의무를 삼으나, 그 직무에 있지 않은데 다른 사람의 악한 일을 폭로하는 것은 매우 가증스럽고 미워할만한 행위라고 이를 것이며, 명예를 공정한 도리에서 빌리고 말을 공익에서 핑계대어 자기 질투의 심정을 누설하는 자는 더욱 가증스러운 자라 이를 것이다.

죽은 자의 명예에 대한 의무

없는 말을 지어 헐뜯는 것과 비방을 행함이 옳지 않은 것은 다만 살아있는 자에 대한 의무가 될 뿐만 아니라, 또한 죽은 자에 대한 의무도 된다. 살아있는 자는 비방에 대하여 스스로 분변하여 해결하는 자유의 권리가 있으나, 죽은 자는 영구히 침묵하여 한 몸으로써 후세의 평판에 맡겨 부탁하는 것이다. 따라서 죽은 자에 대하여 헐뜯음은 더욱 비열함이 심한 것이니 대장부의 행할 바가 아니다.

령(另)일 가능성이 있다. 또한 문맥상 과(叧)보다는 령(另)이 의미가 통하기에, 후자로 해석하여 풀이하였다.

헐뜯음의 유래

무릇 없는 말을 지어 헐뜯음과 비방은 우리의 질투 및 시기와 의심 혹은 가볍고 소홀한 판단으로부터 나오는 것이니, 필경 자신을 신중히 아니함에 기인한 것이다. 우리가 만일 다른 사람의 성대한 명성을 공경하고 부러워한다면 스스로 떨쳐 노력하여 나도 또한 이와 같이 됨을 스스로 기약할 것이거늘, 자신은 스스로 해치고 다만 다른 사람을 질투하니 우매함이 이보다 심한 것이 없다.

다른 사람의 마음의 일을 헤아리는 것은 옳지 않다

또 망령되고 어그러져 다른 사람의 마음의 일을 헤아리며 그 옳고 그름을 비평할 때는 우리가 동요되면 문득 시기와 의심에 빠질 것이니, 우리는 다만 다른 사람의 행위가 외면에 드러나서 나온 것을 아는 것으로써 충분하다고 할 것이다. 사람은 성격과 자질이 각각 다르니 그 행위의 유래한 바의 마음의 일은 스스로 신령이 아니면 어찌 능히 이것을 미루어 살펴서 착오가 없을 수 있겠는가. 만일 다른 사람의 행위에 판단을 내릴 필요가 있을 때는 반드시 공정한 마음의 저울로 그 사실을 충분히 조사하며 헤아리고 생각하여 이로써 한 점의 기울어짐이 없음을 필요로 할 것이다.

가볍고 소홀한 판단의 폐해

한 마디의 좌지우지함을 통하여 사람을 상처 입히며 세상을 어지럽히고 또 그 몸을 패망함이 과거로부터 지금에 이르기까지 그 예가 적지 않으니, 이것은 항상 가볍고 소홀한 판단으로써 다른 사람을 비평함을 이유로 하는 것이다. 또 평소에 가볍고 소홀한 판단을 스스로 좋아하는 사람은 깨닫지 사이에 일종의 편벽한 습성을 이루기 때문에 일을 임하여 공정한 비평을 행하는 것이 어려울 것이다. 따라서 심사숙고함이 아니면 결단코 비평을 행하지 아니하는 습관을 익숙히 하는 것은 우리의 처세에 필요한 의무라 할 것이다.

나쁜 의도는 평판으로 하여금 가볍고 소홀하게 함

다른 사람에 대한 평판을 가볍고 소홀히 하게 하는 최대 원인은 그 사람에 대하여 나쁜 의도를 가지고 있음에 있다. 나쁜 의도를 가지고 있는 평판은 평판이 아니요 실로 헐뜯음이니, 헐뜯음으로 평판의 가면을 단장하여 꾸미는 것은 사람을 해하고 세상을 그르침이 더욱 거대한 것이다.

청컨대 우리는 사회 대중의 이익과 손해에 관련이 없는 이상은 반드시 다른 사람의 행위에 대하여 평판을 행하지 말아야 한다. 다른 사람의 악한 일을 감추어 묵묵히 있으며 간과하는 것은 선량한 사람의 차마 하지 못하는 것이나, 짐짓 이것을 적발하여 넓고 멀리 전파할 필요는 결코 없는 것이다. 옛 사람이 "침묵하는 것은 최상의 덕이다"라고 함은 오늘날 우리들의 마냥 고수함이 옳은 것은 아니지만 또한 전혀 그 이치가 없는 것은 아니다. 만일 사건이 공공의 이해와 손해에 관련이 있는 때는 사회를 위하여 이것을 지탄하여, 이로써 뒤처리를 잘하는 방법을 강구하는 것은 우리의 사회에 대한 의무이다.

제3장 사회의 공적인 덕

제1절 박애 및 공익

박애와 자선은 사람의 삶에서 가장 높은 도덕이니 정의는 나로 하여금 악인이 되는 것을 면하게 할 뿐인데, 그러나 나로 하여금 능히 선인이 될 수 있게 하는 것은 오로지 박애와 자선의 정신을 의지해서이다.

여기에 사람이 있으니 법률을 능히 엄격히 지키고 공정한 도리를 능히 도탑게 높이며 살상하는 것도 없고 도둑질도 없으며 또 헐뜯음도 없어서, 공경하여 몸을 굽히고 삼가하며 신중히 하는 도리를 힘써 행한다. 그러나 그럴지라도 저 사람이 어떤 이가 굶주려 죽는 옳지 못한 도를 보고 불쌍히 여기는 마음[惻隱之心]이 없으며, 어린 아이가 우물에 들어감을 보고 건져 구하지 아니하며, 사회의 사업이 저 사람에게 기대하는 바가 있을지라도 이것을 스스로 맡지 아니하면, 저 사람을 어찌 선인이라고 칭하겠는가.

박애란 것은 무엇을 이르는 것인가

박애란 것은 요컨대 자신의 이익을 버리고 타인을 위하여 힘을 다하며 조금도 보수를 바라지 아니함을 말하는 것이다. 무릇 같은 무리를 서로 사랑하는 것은 일반적으로 동물의 천성이니, 만일 만물 중에 가장 신령한 인류로써 자신의 이익만을 오로지 꾀하고 다른 사람을 돌아보지 않는 자는 금수에 대하여 어찌 부끄러운 것이 없겠는가.

박애의 순서

그러나 박애의 법이 반드시 순서가 있으니, 만일 자기의 가족을 포기하고 다른 사람의 가족을 먼저로 하며, 혹은 자국의 동포를 고려하지 않고 다른 나라의 백성을 먼저로 함은 결단코 그 법을 얻은 자가 아닌 것이다. 박애의 목적하는 것은 인류 전체에 있으나 가까운 가족으로부터 시작하여 점차로 여러 사람으로 미루어 미치는 것을 필요로 하니, 만일 가까움과 가깝지 않음을 구분하지 않고 저 사람과 나를 막론하면 충성과 효도의 도가 저절로 멸하고 애국의 마음이 저절로 그칠 것이니 이것은 박애의 본래 뜻이 아닌 것이다.

사람이 각각 박애의 정신이 평소 풍부한 때에는, 가정에 있어서는 부모와 자식 및 형과 아우가 서로 화합하고 사회에 있어서는 어른과 아이 및 늙은이와 젊은이가 가까우며, 사사로운 욕심을 방자하게 행하여 약탈함이 없고 분노와 원망을 서로 비교하여 다투는 것이 없으며, 가난한 자와 부유한 자가 서로 업신여겨 보지 아니하고 귀한 자와 천한 자가 서로 능멸하고 욕하지 아니하여서, 은덕이 피어오르고 질서가 무성하여 순박하고 도타운 풍속이 사회의 영원한 행복을 이룰 것이니, 사회에 화합하지 않는 죄악을 생기게 하는 것은 오로지 박애의 정신이 결핍함에 그 원인이 있는 것이다.

다른 사람의 불행을 구조하는 의무

박애의 정신이 있는 자는 다만 다른 사람의 생명과 재산을 침해하지 아니함에 그칠 뿐 아니라, 한 걸음 다시 나아가 다른 사람의 질병과 위급한 어려움 및 빈곤함과 고통스러운 재난을 구조하여 보호함에 힘을 다한다. 만일 자신의 불행으로 다른 사람의 구조를 얻고자 한다면 자신이 먼저 다른 사람의 불행을 구조해야 하니, 나의 원하는 바를 다른 사람에게 미루어 미침은 실로 인간이 된 자의 미덕인 것이다.

사람이 질병과 위급한 어려움에 빠져서 구조하는 자가 없음을 보면 누가 능히 불쌍히 여기는 마음을 일으키지 않겠는가. 어린 아이가 우물에 들어가는 것을 보고 오히려 수수방관하는 자는 사람이 아닌 것이다. 불쌍히 여기는 마음은 사람의 천성이어서 이것을 확충하면 박애의 정신이 될 것이거늘, 언제나 정욕이 하늘의 참됨을 가리기 때문에 마음과 일이 서로 응하지 못하여 마침내 사랑하지 않고 정이 없는 사람이 되니 실로 애석하고 한탄할 바이다. 몸을 떨쳐 빼내어서 능히 한 개인의 재앙을 도와주는 사람이 아니면 어찌 능히 사회를 위하며 국가에 목숨을 바칠 수 있겠는가. 몸을 빠르게 흐르는 물살 가운데 던져서 어린 아이의 생명을 구조하여 온전히 한 워싱턴[華盛頓][4]이기에 비로소 미국의 백만 생명을 압제 가운데로부터 구제하여 영원히 위대한 업적을 성취한 것이다.

설령 박애의 마음이 평소 풍부하다 할지라도, 삶과 죽음의 위험한 순간에 처하여 능히 구조의 목적을 달성하는 것은 용기 있는 결단과 담력의 빠르면서도 확고함을 필요로 하는 것이니, 우리는 여기에 있

---

4 워싱턴[華盛頓, George Washington, 1732~1799] : 미국의 초대 대통령. 건국의 아버지로 불린다. 대통령 취임 후에는 연방 정부의 기초 확립에 노력하였고, 프랑스 혁명에 따른 영불(英佛) 전쟁 때는 중립을 지켰다. 3선을 끝내 사양하고 은퇴하였다. 재임 기간은 1789~1797년이다.

어서 평소에 자신을 수양하는 일반적인 도덕의 필요함을 볼 수 있다.

전염병자의 간호 등과 같은 일은 자선 중에 가장 고상한 것이니 그 이유를 말한다면 자신의 생명을 버리고 다른 사람을 구조하고 보호하기 때문이다. 그러나 만일 자신의 위치와 직책이 중대하고 특별한 자로 있는 때는, 우리는 의무의 가볍고 무거움을 함께 비교하여 그 거취를 결단해야 한다. 만일 부모가 오로지 자신에게 의지하여 남은 생을 보내며 또 사회 및 국가의 행복과 이익이 될 일로 반드시 자신에게 기대할 때는 우리의 신체는 특별히 귀중한 것이다. 따라서 전염병자에게 근접하는 등의 일은 일절 힘써 피해야 한다.

은혜로이 베풂

물품을 은혜로이 베풀어서 다른 사람의 빈궁함을 구조하는 것은 실로 인생의 아름다운 일이니, 물품의 많고 적음 등은 반드시 가리켜 논할 것이 아니요, 그 은혜로이 베푸는 바의 심정에 있어서는 실로 고상하고 뛰어나게 아름다운 자라 이를 것이다. 따라서 은혜를 주는 것을 받는 자는 이것을 마음에 새겨 감사해야 하니, 그 이유를 말한다면 곧 다른 사람의 불행으로써 자기의 불행으로 인식하여 자기의 행복을 덜어서 이로써 다른 사람의 불행을 보상하고자 하기 때문이다.

자선의 귀중한 이유

자선 사업이 도덕상의 가장 귀중한 이유는 여기에 존재하니 만일 은혜를 베푸는 본의가 진정한 박애와 동정의 정신에서 나온 것이 아니요 도리어 외면의 허식 등을 위하는 것이 될 때는, 그 물품이 비록 과다하다 할지라도 조금도 칭찬하거나 상줄 바가 아니요 차라리 위선자로 인식하여 비난하는 것이 옳다.

위선자

은혜 주는 것을 받는 자도 그 은혜 주는 것이 위선에서 나온 것이라는 점을 알면 어찌 마음속으로부터 그 은혜를 감사히 여기는 자가 있겠는가.

진정한 자선자

진정한 자선자는 사람이 그 은혜를 망각함을 싫어하지 않고 다만 그 은혜가 두루 미치지 못함을 우려하니, 설령 사람은 나의 은덕을 망각할지라도 선행의 효과가 쌓임은 없어지는 것이 아니다. 은혜를 망각하는 것을 분노하여 자선을 폐하는 자는 그 처음에서부터 덕을 팔아서 보답을 희망하는 자요, 또 다른 사람의 은혜 베풂을 받고 그 은혜를 망각하는 자는 인류의 마음씨가 아니라 이를 것이다.

은혜를 베푸는 방법

은혜를 베푸는 방법이 어떠한지는 은혜를 베푸는 바의 물품과 함께 중요한 일임을 돌아보아 생각해야 한다. 무릇 자선의 본래 뜻은 빈곤한 사람의 한 때 쾌락을 위함이 아니요, 그 영구한 행복을 목적으로 하는 것이다. 따라서 은혜 베풂을 받는 자가 절약하고 검소히 하는 도(道)와 멀리 생각하는 마음이 없고, 은혜를 받음을 따라서 이것을 낭비하는 우려가 있는 때는 은혜를 베푸는 자는 이에 대하여 적당한 방법을 강구해야 하니, 그러하지 않은 즉 은혜를 베푸는 목적은 결단코 효과가 없는 곳으로 돌아갈 것이다.

감독과 거절

만일 다른 사람이 괴로워하며 부탁하는 것이 도리어 그 사람을 해할 때는 이것을 거절하는 것이 옳으니, 이것이 곧 진정한 자선인 것이다. 따라서 우리는 게으른 자가 스스로 근면하지 아니하고 다만 다른 사람의 은혜 베풂으로 입고 먹는 자에게 대하여 불쌍히 여김을 지나치게[濫垂] 해서는 안 되니, 이와 같은 불쌍히 여김은 헛되이 게으른 습성을 조장하여 자립의 마음을 소모하게 할 뿐인 까닭이다.

공공의 이익과 세상의 일을 널리 펴는 일

이상에서 설명한 바의 박애와 자선은 실로 인정의 아름다운 결과이니 도덕의 지극히 높은 것이다. 그러나 이 정신을 한층 힘써 공익을 확장하고 세상의 일을 널리 펴는 것이 아니면, 우리가 사회에 대한 의무를 힘껏 행하였다고 이르기 어려울 것이다. 한 개인의 곤궁을 구조하는 것도 아름다운 덕이 될 것인데 한 나라의 행복과 이익을 증진하는 것은 더욱 귀중한 미덕이 될 것이니, 다만 질병과 짝이 없는 늙은이만을 불쌍히 여기고 사회 대중의 이익과 손해에 마음을 기울이지 아니하는 자는 큰 덕과 높은 의리를 가진 사람이 아니다.

사람이 그 직분을 각각 응하여 공익에 힘을 다해야 하는 사업

사람이 각각 재능이 서로 다르고 직무가 서로 달라서 만인에 대하여 동일한 공과 업적을 바라는 것은 옳지 않으나, 그 직분을 응하고 그 재능을 따라서 공공의 이익을 위함에 무슨 달성하지 못할 일이 있겠는가. 농·공·상이 각기 실제적인 업무를 힘써 노력하는 것은 사회의 풍성하고 넉넉함과 국가의 강대함을 달성하는 기본이니, 여기에 종사하는 자는 낮밤에 관심을 가지지 아니하지 못할 것이다. 정치가가 정치의 개선을 계획하고 학자가 학예의 진보를 힘써 노력하는 것은 모두 공공의 이익을 위하여 힘껏 노력하는 바이다. 따라서 그 길이 비록 다르나 그 뜻은 동일하니 사회의 성함과 쇠함 및 한 국가의 강하고 약함은 실로 이런 종류의 국민의 많고 적음에 원인하는 것이다. 그러한즉 이미 자신을 수양하고 집안을 가지런히 한 자는 한 걸음 다시 나아가 사회의 유용한 실무를 위하여 힘껏 노력해야 한다.

공공의 이익을 힘쓰지 않는 자는 사회에 대하여 죽은 사람과 같음

학문을 닦으며 재화를 저축하고 조금도 사회의 공익을 힘쓰지 않으면 이런 종류의 사람은 세상을 살면서 있든지 없든지 무슨 관계가 있겠는가. 사람은 자신이 살고 숨 쉬는 사회 안에 그 공적을 남기지 않으면 인생의 의무와 쾌락 및 가치가 어디에 있겠는가. 그 사업이 세상의 도와 사람의 마음에 도움이 되는 것이 있는 사람은 몸이 죽을지라도 정신은 공적과 함께 영원불멸하여, 백 세 이후의 사람으로 하여금 우러러 그리워하는 정을 감당하지 못하게 할 것이다.

학자와 문인의 사업

학자와 문인의 사업은 항상 눈앞의 실리에는 관련이 없으나, 지식을 개발하고 품성을 고상하게 하여 한 국가의 문화를 권면하고 높이는 것이다. 따라서 학식이 있는 자는 평범하고 속됨에 미혹되지 않고 권세에 꺾이지 않으며 그 도탑게 믿는 바를 굳게 잡아서 여러 사람에게 나아갈 바를 제시하니, 한 대에 매우 뛰어난 석학이며 천재가 그 국가에 존재하는 것은 비유하건대 거친 동산 가운데에 한 줄기의 고운 꽃이 핀 것과 같이 한 국가의 광채를 더하고 명예를 높이는 바가 되기에, 과거로부터 지금에 이르기까지 국가가 뒤집어지고 백성이 멸하여 다할지라도 한 명의 석학 문인이 존재하여 능히 그 국가와 백성의 명예를 흙에 덮이지 않게 하는 증거와 자취가 적지 않은 것이다.

미술도 또한 문학과 같이 문명의 정수가 되어 한 국가의 품위를 고귀하게 하는 것이다. 특별히 우리나라에 있어서 과거로부터 지금에 이르기까지 다른 나라 사람이 본뜨지 못할 천연 미술의 뛰어난 재주가 있는 것은 산과 강의 수려함과 국민의 총명함에서 따라 나온 것이니,

이것은 오늘날 만국의 부러워하고 그 도를 기리는 바이다. 따라서 우리나라 사람으로서 미술의 천부적인 재능이 있는 자는 여러 나라의 세밀한 기예를 두루 채택하여 자국의 특별히 뛰어난 기술을 더욱더 발달하게 함을 스스로 기약해야 할 것이니, 설령 정치의 권력에 있어서 천하를 당당하게 압도할지라도 그 학문과 예술에 있어서 볼 수 있는 자가 없으면 이것은 곧 국가의 천년 영예를 스스로 없애버리는 것이다.

눈앞의 사업과 원대한 계획

일상의 길에서 사업은 인생에 빼놓지 못할 것이나, 사람은 눈앞에 그 결과를 취함으로써 만족하게 여기지 말 것이요 다시 후세 자손의 이익을 위하여 원대한 계획을 경영해야 할 것이니, 그러하지 않은 즉 사회의 진보는 결단코 기대하지 못할 것이다. 따라서 공을 한 사람에게 탐하지 말며 공적을 한 대에 취하지 말고 그 업무를 대대로 서로 이어서 사회의 영원한 행복과 이익을 계획하여 꾀해야 하니, 이는 곧 공공심의 가장 광대한 것이다.

인생의 가장 큰 박애

과거로부터 지금에 이르기까지 성현이라 칭하는 그 사람들의 사업은 모두 이와 같은 바이니, 한 사람으로부터 한 세대에 미루어 미치고 한 세대로부터 오랜 세대에 미루어 미치는 것이 실로 인생의 가장 큰 박애인 것이다.

공익사업에 돈을 모으는 의무

자산을 공익사업에 투자함은 어떤 사람이든지 할 수 있는 것이니 곧 전체 국민의 의무이다. 공익을 위하여 사용하는 자본은 술이나 음식에 낭비하는 재화와 같이 소실하는 것이 아니요 영원히 우리와 우리의 자손이 그 이익을 누리는 바이니, 그 예를 말한다면 항만의 부두를 쌓고 하천의 제방과 도로의 수선 및 길을 내는 것 혹은 황무지의 개간과 학교와 병원의 건설 등이 곧 이것이다. 특별히 학교의 건설 같은 것은 사회를 위하여 가장 유익한 사업이니 학문적 기운의 진보를 위하여 깊이 희망할 것이다. 사적인 자산을 투자하여 도서관을 공개함도 역시 그러한 것이요, 기타 양육원과 고아원을 설립하는 것도 자선사업의 가장 고상한 것이니, 한 나라의 문명의 정도는 실로 이런 종류의 사업의 많고 적음을 통하여 인증할 것이 적지 않다.

이에 특별히 명심해야 할 것은 공익의 미명을 이유로 하여 쓸데없는 사업을 경영하고 기록하는 것은 옳지 않은 것이거늘, 세상의 사람이 종종 좋은 일개 명의에 현혹되어 그 이익과 손해를 깊이 연구하지 아니하고 가볍고 소홀히 착수하여 중도에서 실패하는 자가 있으니, 이것은 다만 자기를 손해 입히고 사회를 방해하며 거리끼게 할 뿐만 아니라 어떤 경우는 뒷사람이 사업을 꾀하는 마음을 상실하게 함이 된다. 따라서 한 종류의 일을 일으키고 한 종류의 일을 그칠 때마다 그 이익과 손해 및 득과 실을 미리 자세히 조사해야 하는 것이다.

이름을 자랑하는 자와 공익을 중심으로 하는 자의 구별

자기의 이름을 자랑하는 것을 오로지 위하여 일을 공익에 핑계 대는 자의 가증스러움은, 자못 후세의 행복과 이익을 오로지 계획하여 꽃다운 이름의 남기어 전함을 희망하는 자의 가상함과 같으니, 두 사람의 그 자취가 서로 같은 바가 있으나 본래 뜻이 기인하는 바를 본다면 그 구별이 높은 하늘과 깊은 못과 같이 매우 큼에도 비교할 바가 아니다. 이름을 자랑하는 것은 자신을 위하여 행동하는 것이니, 그 뜻이 자기를 이롭게 하는 것에서 벗어나지 않는 것이다. 만일 그 이름이 뜻과 같이 드러나 올라가면 사업의 성공과 실패는 반드시 내버려두어 묻지 않을 것이다. 그러나 공공의 행복과 이익을 오로지 중심으로 하는 자는 그렇지 아니하니, 그 본래 뜻이 공익에 존재하기 때문에 만일 공익의 목적에 도달하지 못하면 그만두지 아니하고 그 명예의 드러나 올라감의 여부는 감히 개의치 아니하는 것이다.

공공의 사물을 귀중히 할 일

우리는 공익의 사업을 장려함과 함께 사회 공공의 사물을 존중해야 한다. 무릇 공유와 관계있는 것은 한 명의 사람과 직접적 관계가 적기 때문에 사람이 늘 가볍게 보아서 손상하고 깨뜨리고 훼손하고서도 개의치 아니하는 자가 있으니, 이것은 필경 공공심이 없어서 그렇게 된 까닭이다. 이미 한 개인의 재산을 침해해서는 안 되는 것을 알고 있는데, 어찌 한 개인의 단체가 되는 사회의 사물을 더욱 귀중하게 여김이 옳은 것을 알지 못하겠는가. 사람 중에 한 올의 실과 적은 돈을 침해할까 두려워하는 자로부터 도리어 대낮에 공공의 사물을 능멸함을 개의치 아니하는 자가 있는데, 가령 학교의 학생으로서 그 학교의 가옥과 기계를 훼손하고 전혀 돌아보지 않으며, 혹은 공원과 도로에 심어져 있는 나무를 꺾어서 상하게 하고 태연하여 이상하게 여기지 않으며, 혹은 사원과 누각의 담벽을 넘어뜨려 부수고 시원하게 스스로 기뻐하는 자가 있다. 이것은 우리나라 사회의 일상에서 목격하는 것이니 어찌 개탄하지 아니하겠는가. 서양에 있어서는 공공의 재산을 존중히 하는 한결같은 마음이 각 사람의 두뇌에 두루 퍼져 있어 감히 공공의 재산을 훼손하는 자가 없으니, 공원의 의자 같은 등속에도 그 후면에 자세히 기록하여 각 사람은 공유 재산을 보호하는 책임이 있음을 명시한 것이 있다. 이는 저 나라의 일반적인 아름다운 풍속이니 어찌 우리나라 사람의 모범으로 본받을 바가 아니겠는가. 무릇 국민의 공공심의 많고 적음은 그 공공의 사물을 존중하는 정도로부터 미루어 인식할 수 있으니, 공원의 한 개 돌맹이와 한 그루 나무는 사회의 이익과 손해에 크게 관련한 것은 아니나, 이것을 존중히 여기는 관념이 없는 것은 곧 그 사람의 공공심이 결핍되어 있음을 표시하는 것이 되기 때문에 사회와 국가를 위하여 크게 우려해야 할 것이다.

제2절 예양(禮讓) 및 예문(禮文)

예를 지켜 사양함의 필요성

실제의 사회는 도리만으로써 성립한 것이 아니니, 만일 여러 일을 맞아서 이치가 지시하는 바에 대해 한 걸음도 굽히는 것이 없으면 사회는 항상 충돌하고 불화하여 진정한 안녕과 행복을 구할 방법이 없을 것이다. 무릇 사람은 본래 감정에 끌리게 되는 경우가 많으니, 만일 다른 사람의 말과 행위가 나의 정에 불쾌함이 있으면 그 도리가 어떠한지는 내버려두어 묻지 않고 치우쳐서 그 사람을 싫어하여 꺼림은 우리가 상호간에 일상에서 목격하는 것이다. 활달하고 관습 등에 얽매이지 않는 사람에 있어서는 본래 어떠한 일이든 작은 것이나 이로써 일반 사회에 통하여 행하는 본보기를 이루는 것은 어려우니, 이 감정의 충돌을 방지하여 저와 나의 교제를 원활하게 하는 것이 곧 예를 지켜 사양함[禮讓]이다.

예를 지켜 사양함은 비유하건대 수레바퀴의 굴대를 매끄럽게 해주는 기름과 같은 것이다. 각 사람의 교제를 원활하게 하여 온정과 화목한 분위기 사이에 그 목적을 달성하게 하는 것이니, 사회의 평화를 유지하여 그 행복을 미루어 권면함을 위함에는 잠시도 빼놓지 못할 것이다.

예의

예를 지켜 사양함의 도는 예의와 겸양에 있는데, 예의는 각각의 사람들 사이의 관계가 이것을 의지하여 이로써 정리되는 바의 관례이니, 그 요점은 자신과 다른 사람이 접하여 발생하는 생각과 정서를 손상하지 아니하고, 서로 명예를 존중히 하며 서로 공경하고 사랑하는 호의를 표시함에 있는 것이다. 어떤 경우 예의로써 허식을 삼는 자가 있으나, 이것은 그릇됨이 심한 것이다. 실로 예의는 사회의 질서를 정리하여 각 사람이 서로 그 명예를 보전하는 것이니, 인생에서 하루도 빼놓지 못할 것이다.

예의의 기원

예의의 기원은 다른 사람에 대하는 존경의 정이 그 용모에 자연히 드러나는 것이다. 감정이 발생하여 드러나는 형식은 생활의 상황이 동일한 사람들에게 있어서는 자연히 동일하기 때문에, 그것을 그대로 따르는 것이 오래 허용되어 마침내 일정한 몸가짐을 이룸에 이른 것이다. 따라서 한 나라의 백성의 예의는 결단코 일시에 각자의 임의로 나오는 것이 아니요, 실로 수천 년간의 관습에 근본을 둔 것이다. 무릇 한 국가의 관습을 귀중하게 여기는 것은 곧 그 국가의 질서를 귀중히 여기는 바가 되기 때문에, 우리는 한 국가의 고유한 예의에 대해서도 또한 준수하고 받드는 의무가 있다 할 것이다.

진정한 예의는 형식과 함께 정신을 필요로 함

그러나 진정한 예의는 다만 형식으로써 충분하다고 못할 것이니,

반드시 이와 같은 형식은 그 안의 마음으로부터 자연스럽게 발생하여 드러나게 됨을 중요히 할 것이다. 정신이 없는 예식은 비록 정중함과 간절함을 극도로 갖추었다 하나 필경 허식일 뿐이니, 그 예가 더욱 높고 두터울수록 그 뜻이 더욱 비굴할 것이다. 겉만 번드르르하고 알랑거리며 아첨하는 것을 기뻐하는 자가 아니면 어떤 사람이 이것을 지탄하지 아니하겠는가. 따라서 예의의 본뜻은 항상 다른 사람을 대하여 존경하는 정성스러운 뜻에 존재하는 것이다.

예의의 형식은 이상에서 말함과 같이 생활의 상황을 의지하여 규정이 되기 때문에, 생활의 상황이 바뀌게 되면 예의도 또한 스스로 바뀌지 아니할 수 없다. 갑오경장(更張, 1894) 이래로 유럽과 미국의 문물이 많이 우리나라 사회에 수입이 되어 교제의 의식도 전날과 크게 다른 것이 있다. 따라서 오늘날 중등 이상의 사회에 서고자 하는 자는 반드시 저 나라들의 예식에 관하여 그 요점을 밝게 통하는 것이 필요하다.

겸양

겸양은 예의와 함께 교제에 있어서 빼놓지 못할 것이다. 만일 사람과 사람이 서로 교제함에 있어 조금도 서로 겸손함이 없으면, 담화는 항상 다투어 논함에 빠지고 교제는 서로 틈을 만드는 매개가 됨에 그칠 것이다. 따라서 다른 사람을 존경하는 자는 다른 사람의 앞에 있어서 감히 스스로를 존대하는 마음을 가지지 말 것이며, 또 외람되게 스스로를 믿고 자랑스러워하는 습관으로 행동하지 말고 한결같은 마음으로 겸손과 사양함의 정성을 다하여 항상 다른 사람의 명예를 도와서 이룸을 힘써 행할 것이니, 무릇 사람이 스스로 자기를 과장하는 것처럼 비루하고 또 사람의 생각과 정서를 상하게 하는 바가 없는 까닭이다. 따라서 자신을 비우고 사람을 사랑하는 마음으로써 다른 사람의 말을 경청하고 오로지 그 아름다운 공적과 장점을 권면하여 드높임은 공손하고 겸손함의 미덕이요, 교제의 중요한 길이다.

다른 사람의 사상과 신앙에 대한 존경

또 제 마음대로 방자하게 다른 사람의 사상과 신앙을 배척하는 것은 겸양의 덕을 잃어버리는 것이다. 학술의 연구함에 있어서 자신과 다른 사람 간에 그 학설을 서로 다르게 하여 전혀 조화의 방법이 없든지, 혹은 실제 사업에 있어서 자신과 다른 사람 간에 그 의견을 서로 다르게 하여 그 결과의 어떠함을 통하여 중대한 이익과 손해가 있든지, 이와 같은 경우에 있어서는 우리는 마땅히 각자의 소신을 잡아서 그 이치가 합당한지 그렇지 않은지를 토의하고 한 걸음도 굽히지 아니해야 한다. 그러나 일상 평화의 때에 있어서는 다른 사람의 말과 글이 나와 서로 다른 바가 있다고 하여 곧 이것을 공박하고 배척할 필요가 없으니, 그 결과가 언제나 자신과 다른 사람의 감정을 상하게 하여 서로 반목하고 질시함에 그칠 뿐이다. 그 마음을 너그러이 하여 사람을 대함에 그 태도를 공손하며 삼가하고 그 말을 온순히 하며, 다른 사람을 포용하고 자신을 스스로 존대하지 아니함은 예를 지켜 사양함이 있는 사람이 일상에서 마음먹는 바이다. 특별히 다른 사람이 귀의하는 바의 종교적 신앙은 그 사람에게 있어서는 생활의 표준이요 또 도덕의 이상이다. 따라서 우리는 자기의 신앙 생활함과 같이 이것을 특히 존경하고, 결단코 가볍게 여겨 업신여기고 헐뜯어 조롱하는 악습을 가지지 말아야 한다.

예의와 겸양은 한결같이 중요하게 각각의 사람들 상호간의 교제를 정리하고 또 나이가 많고 적음과 귀하고 천함의 질서를 유지하는 것이다. 그러나 우리는 한 명의 사람에 대하여 그러할 뿐만 아니라 일반 사회에 대하여서도 또한 서로 합당한 예의와 태도를 유지하여 말과 행동에 모범으로 본받을 바가 없지 않을 것이니 예문(禮文)이 곧 이것이다.

예문(禮文)

예문이란 것은 한 마디로 포괄하자면 사회에 대하는 예를 지켜 사양함인데, 한 명의 사람에 대하여 공경의 예를 극진히 하는 자도 종종 사회에 대하여 그 예의를 잃어버리는 자가 있으니, 이것은 필경 예문의 관념이 두루 미치지 못한 까닭이다. 앞에서 말한 것과 같이 동일한 사회에 주거하는 사람은 본래 동일한 이익과 손해가 있기 때문에 자기 한 사람의 뜻으로 오로지 방자하게 하고 조금도 다른 사람을 고려하지 않을 때는 사회는 하루도 성립하는 것이 어려울 것이니, 이것이 곧 사람이 대중의 생명과 재산 및 명예에 대하여 존중과 보호의 의무가 있는 까닭이요, 또 예를 지켜 사양함과 예문의 빼놓지 못할 까닭이다.

예문의 필요성

때 묻은 옷과 맨발로 큰 길에서 행동하는 자는 자기에게 있어서는 조금도 꺼리게 여기지 않으나, 이자와 접촉하는 사람으로 하여금 불쾌하고 싫어서 꺼리는 생각을 일으키게 하니, 어찌 사회에 대하여 예의와 태도를 갖추고 있는 자라 하겠는가. 사회의 사물은 따르는 장소에 일정한 관례가 있으니 여기에 위반할지라도 법이 이것을 금하지 아니하며 사람이 이것을 막지 아니하지만, 암암리에 대중의 불쾌를 빚어 일으켜 그 행복을 덜어 없앰이 그 예가 적지 않다. 가령 연회와 같은 것은 본래 각 사람들의 오락을 위한 것이거늘 만일 여기에 참석한 사람으로서 근심의 심정을 품어서 좋지 않은 안색을 표시하든지, 혹은 거만하고 스스로를 높여서 다른 사람을 멸시하고 함부로 날뛰며 꺼리지 않을 때는 반드시 동참한 자들의 기쁨과 즐거움을 방해하여 온 자리의 화목한 기운을 덜어서 상하게 할 것이다. 어떤 경우는 대항하여 다툼이 여기저기에서 일어나 기색을 갑자기 변화시켜 말과 글을 과격하게 하며 심지어 혈기의 용맹으로 완력을 시험하는 자가 있는데, 이것은 우리나라에 있어서 평소에 교육을 받은 자들 사이에도 종종 목격하는 바이니 야만스럽고 무례가 심한 것이라 이를 것이다. 진정한 논의는 때와 장소가 자연스럽게 있으니 오락을 목적으로 하는 모임에 있어서는 이것을 제기할 필요가 없는 것이다. 유럽과 미국 등의 여러 나라에서는 연회석에 있어서 단정적으로 정치나 종교의 문제를 말하지 않는 일종의 좋은 풍속이 있는데, 이것은 다툼을 야기하여 다른 사람의 즐거운 웃음을 방해할까 우려하는 까닭이니 실로 우리의 모범으로 본받을 것이다.

무릇 일종의 모임 자리에 참여하는 사람은 그 회합의 성질을 미리 살피고 생각하여 이로써 적당한 예절에 맞는 용모와 몸가짐을 스스로 보존해야 하니, 가령 장례식에 가서 참석하는 자로서 외람되고 망령되게 웃으며 이야기하고 농담하는 것은 다른 사람의 슬픔을 조롱하는 것과 같아서 무례가 심한 자라 할 것이다.

예문을 미루어 권면하는 것은 우리나라의 오늘날 사회에 있어서 특별히 필요한 것이라 이를 것이니, 평소에 교육을 받은 사람이 결단코 적지 않을 것이나 한 명의 신사로서 적당한 예문을 닦아 체득한 자는 실로 많지 않을 것이다. 고집이 세고 절개가 굳음을 자부하여 스스로 고상하다고 하는 자가 있으며, 해진 옷과 더러워진 얼굴을 스스로 깨끗하며 단아하다고 하는 자가 있으며, 기쁨과 노여움을 겉으로 드러내지 않고 말을 적게 하며 정좌하여 스스로 바르고 크다 하는 자가 있으며, 혹은 말하되 "대장부는 마땅히 작은 예절을 잡지 않는데 자질구레한 예의와 태도가 어찌 나에게 있겠는가"라고 하는 자가 있으니, 이것은 동양과 서양 및 과거로부터 지금에 이르기까지의 풍습에서 기인한 것이나, 이렇게 하면 문명국의 신사가 되어서 조금도 거칠고 경솔하며 저속하고 야만스러움이 없겠는가. 아첨을 스스로 달게 여겨 사람을 만나면 문득 머리를 조아림은 본래 해서는 안 되는 것이나, 일을 응하고 사물을 접하여 각각 적당한 몸가짐을 가지고 있는 것은 곧 다른 사람의 감정을 존중히 여기고 대중의 행복을 증진하는 까닭이니 문명사회에 빼놓지 못할 예문인 것이다.

– 윤리학 교과서 권3 끝.

윤리학 교과서 권4

『윤리학 교과서』 권4 목차

제1장 국가 총론

가족과 사회 및 국가

무릇 인류가 이 세상에 생존하면서 혼자 생활하기는 어려운 것이다. 그래서 반드시 가족을 이루는데 가족으로서만 생활하기가 어려운 것이다. 그래서 반드시 사회를 이루는 것이다. 그러나 사회를 이끌어나가며 제재하는 바의 주권이 없으면 그 행복과 이익의 증진은 바랄 도리가 없다. 여기에 있어 국가란 것이 일어나니 그 필요는 인류 생존의 목적을 이룸에 있을 뿐이다. 따라서 가족을 떨어져서는 개인이 없고, 사회를 떨어져서는 가족이 없으며, 국가를 떨어져서는 사회가 없는 것이다.

국가란 것은 무엇을 이르는 것인가

그러면 국가란 것은 무엇을 이르는 것인가. 국가란 것은 일정한 토지를 점유하고 일정한 독립 주권에 복종하는 다수의 백성의 단체를 말하는 것이다. 여기에 일대의 토지가 있으니, 그 산과 강은 고기를 잡고 사냥할 수 있고 그 평원과 들은 경작할 수 있을지라도 여기에 주거하는 백성이 없으면 족히 이로써 국가라 칭하지 못한다. 또 여기에 일군의 백성이 있으니, 인정과 풍속을 동일하게 하고 이익과 손해 및 기쁨과 걱정을 함께 같이 할지라도 일정한 토지에 주거함이 아니면 또한 족히 이로써 국가라 칭하지 못한다. 또 일정한 토지와 일군의 백성이 함께 있다 할지라도 이것을 이끌어나가는 바의 일정한 주권이 없으면 아직 족히 이로써 국가라고 칭할 수가 없다.

사회와 국가의 구별

무릇 백성이 그 이익과 손해를 같이하고 그 생존과 행복을 위하여 협동 일치의 운동을 행하는 것이 곧 사회이니, 사회는 권력으로써 백성에 임하는 것이 아니다. 따라서 한 번 그 이익과 손해를 서로 다르게 하면 나와 다른 저 무리는 곧 동쪽 서쪽으로 떨어져서 다투고 강제로 빼앗는 것이 이어서 발생할 것이다. 여기에서 일정한 법률로써 백성을 이끌고 일정한 사상과 목적으로써 천만인을 인도하여서 나아가고 물러가고 정리하는 것이 자못 한 사람과 같이 운동할 수 있는 바의 일정한 주권이란 것이 일어나니, 여기에 있어서 국가가 비로소 성립하는 것이다. 무릇 국가는 그 의지와 목적을 갖추고 있음이 자못 한 명의 사람과 같으며, 그 인격을 보유함이 또한 한 명의 사람과 같은 것이다. 토지 · 백성 · 주권의 세 가지는 국가가 이것을 의지하여 이로써 성립하는 것이나, 이미 성립한 이상은 국가는 각각의 사람들 외부에 있어서 다시 무형의 한 본체를 조직하여 독립의 의지로써 독립의 행위를 경영하고 행하는 것이다. 따라서 주권은 국가의 중심이요 또 생명이며 주권은 최상의 위력으로써 백성에게 명령을 하고, 백성은 또 함께 같이 생존의 목적을 완전히 하기 위하여 그 명령을 복종치 아니하지 못하며, 주권의 행위는 법률이니 곧 국가 의지의 발동인 것이다. 따라서 여기에 저항하는 자는 주권의 신성함을 침해하는 자이니 곧 국가의 안녕과 질서를 방해하는 자이다.

국가의 목적

국가 성립의 목적은 요컨대 밖에 대해서는 독립자존을 유지함으로 근본 뜻을 삼고, 안에 임해서는 백성의 안녕과 행복을 유지함으로 근본 의무를 삼으니, 여기에서 도덕은 법률이 되어 각종 법령과 제도가 사회 이익의 증진함을 위하여 일어나는 것이다. 국가는 사회 질서의 관리자요 또 사회 행복의 보호자이니, 그 전능한 권력과 공정한 법률은 국가가 이것을 의지하여 이로써 사회 백성의 원만한 공동 생존을 이루는 것이다.

주권과 국가의 체제

주권은 국가의 본체이나 그 소재는 각각의 국가가 그 법도가 같지 않으니 이것은 국가의 체제가 서로 다른 까닭이다.

공화국 체제와 군주국 체제

주권이 백성 전체에 있는 것을 공화국 체제라고 이르고 한 사람에게 있는 것을 군주국 체제라고 이르니, 공화국 체제는 주권이 백성에게 있기 때문에 국가의 정치를 백성이 스스로 행하는 것이다. 그러나 이것은 국가가 작고 백성이 적지 않으면 어려운 것이다. 따라서 근세의 공화국은 국민으로 하여금 백성을 대표하는 사람[代議士]을 선출하게 하고 또 대통령 한 사람을 선거하여 국가를 대표하게 하니 프랑스

[佛蘭西國]와 북미합중국 등이 곧 이것이요, 군주국 체제는 특정한 한 사람이 주권을 장악하여 이로써 전 국가를 이끄는 것을 이르는 것이니 중국 고대 진[支那] 제국과 러시아[露西亞國] 등이 이것이다.

그 이익과 손해

전자에 있어서는 국가 전체가 참정의 권리를 공유하여 다스림을 받는 사람과 다스리는 사람이 동일하기 때문에 폭력적이고 가혹한 군주의 폐해 정치를 받을 우려가 없다. 그러나 백성이 일시의 정욕으로 때로 국가 백년의 대계를 계획함이 어려워 종종 매우 과격한 변화 모습을 빚어 일어남이 없지 않으니, 이것은 역사에 족히 증명할 수 있는 것이다. 후자에 있어서는 그러하지 않으니 군주 한 사람이 만민에 군림하기 때문에 국가의 기관이 순일하고 그 이끌어가는 방법도 매우 원활하며, 또 군주는 전심으로 국가의 영원한 이익을 계획하고 또 때를 임하고 변화를 응하여 재빠르고 활발히 처단할 수 있으며, 백성도 또한 정치의 득실에 분주함이 없고 그 직업에 안심을 얻는다. 그러나 역사 중에서 군주가 그 덕을 잃어버린 자가 없지 않으니, 이와 같은 때에 있어서는 그 폐해가 매우 심하다. 따라서 근세에 이르러서는 문명의 여러 나라들이 대개 입헌정 체제로써 군주국 체제에 더하여 이런 종류의 폐해를 미연에 방어하는 것이다.

국가 체제와 정치 체제의 구별

국가의 체제와 정치의 체제는 서로 혼동해서는 안 되니, 국가의 체제는 주권의 소재를 이유로 하여 나누고 정치의 체제는 주권 행동의 형식을 이유로 하여 다른 것이다.

입헌군주정치 체제

따라서 군주가 주권을 모두 가지고 있는 것은 군주국 체제이니, 헌법으로써 통치의 큰 법을 정하고 입법 · 행정 · 사법의 여러 기관을 세워서 통치의 세칙을 실행하는 것을 입헌정 체제라 칭하고, 군주국 체제로서 입헌정 체제된 것을 입헌군주정치 체제라고 칭하는 것이다. 이런 정치 체제에 있어서는 군주 아래에 국민을 대표하는 기관이 있어서 백성이 선출한 대표가 국가 정치에 참여하여 입법과 재정 등 제반 사항에 관하여 협조하는 책임이 있기 때문에, 군주정 체제의 효과는 거두고 폐해는 버리는 것이 된다. 이것은 군주정 체제와 공화정 체제의 양쪽 국가 체제를 절충한 것으로서 오늘날에 있어서 비교적 가장 완전한 정치 체제라 이르니, 영국과 일본 등이 곧 이것이다. 군주국 체제에 있어서 입법의 기관이 없고 각종 법률이 군주의 명령으로 나오는 것을 군주전제정치 체제라고 이르니, 위 항목에서 말한바 진 제국 등이 이것이다

헌법

국가의 체제 및 정치의 체제의 성질을 확실히 정하여서 국가의 조직을 명료히 하여 다스리는 사람과 다스림을 받는 사람의 관계를 규정한 것은 곧 헌법이다. 이미 국가가 있으면 이로써 존립하며 이로써 행동하는 바의 조직과 질서가 없지 못할 것이다. 따라서 헌법은 곧 이 국가의 조직과 질서를 정한 것이니, 이것은 실로 국가 최고의 중대한 법전이 되어 국민이 공경하여 준수하며 배반해서는 안 되는 것이다.

불문헌법(不文憲法)과 성문헌법(成文憲法)

이와 같이 헌법은 한 나라의 주권의 행동을 규정하고 신하와 백성의 권리 및 의무를 관리하는 바의 대법전이 되기 때문에 국가를 성립한 자는 반드시 일정한 헌법이 없어서는 안 될 것이니, 다만 글로 완성되어 있는지 그렇지 않은지의 구별이 있을 뿐이다.

성문헌법의 종류

성문헌법은 그 제정자가 어떠한지에 따라 이름을 각각 다르게 하는데, 제왕이 친히 제정한 것은 흠정헌법(欽定憲法)이라 말하고, 임금과 신하의 상의를 통하여 완성한 것은 약정헌법(約定憲法)이라고 말하며, 백성이 제정한 것은 민정헌법(民定憲法)이라고 말한다.

입법권(立法權)과 행법권(行法權)

국가는 자체의 보전과 발달을 목적으로 하여 활동하는 유기체가 되기 때문에 이 목적을 달성하고자 하여 행위의 방법을 결정하고 또 결정한 것을 실행하는 기관이 없어서는 안 될 것이니, 전자는 곧 입법권(立法權)이요 후자는 곧 행법권(行法權)이다.

행정권(行政權)과 사법권(司法權)

행법권을 다시 두 가지 종류로 나누어 그 하나를 행정권이라 말하고 다른 하나를 사법권이라 말하니, 입법권은 국회의 도움을 경유하여 원수가 이것을 결정하고, 행정권은 국무대신의 보필을 의지하여 원수가 이것을 반포하며, 사법권은 독립된 재판소를 의지하여 원수가 이것을 시행하는 것이다. 이와 같이 입법·행정·사법의 삼권은 각기 특수한 기관으로서 원수를 도와주는 것들이나, 이것을 총괄하여 거느리며 다스리는 것은 원수의 대권이다.

우리 국가 체제의 특징

무릇 우리의 국가 체제는 군주국 체제로서 전제정 체제를 따르는 바, 곧 군주전제정치 체제이니 그 존엄하고 부지런히 힘쓰는 체제는 여러분 신하와 백성이 안과 밖에 자랑하여 보일 바이다. 왕조 건국 이래로 천자의 자리에 있는[一天萬乘][1] 군주가 억조의 무리에 군림하여 하루도 천명[寶籙][2]이 쇠하지 않아서, 신하의 도리를 지키지 않고 마음속에 다른 뜻을 품은 무리가 감히 분수에 맞지 않게 넘보지 못함은 여기에 다시 논할 바가 아니다. 시대 혹은 세상의 흐름의 추이를 따라서 권세 있고 가까운 귀족의 제멋대로 날뜀이 있었으나, 어떤 경우 주권 행동의 형식에 바로잡음이나 변화가 있었을 뿐이요 주권 소재에 있어서는 전과 다름없이 임금의 손 안에 있으시니, 따라서 정치의 체제와 국가의 체제는 백세를 뻗쳐서 일정하고 변동하지 않은 것이다. 무릇 군주는 고유의 권력을 의지하여 한 국가를 관할하는 자이거늘, 저 진 제국과 유럽의 지나간 옛날의 역사와 일본의 관백(關白)[3]의 제도를 살펴보면 이름은 황제라 칭하나 실제로 백성의 대표자에 불과한 자가 많았다. 어떤 경우는 국가 체제의 변경이 일정하지 않고 어떤 경우는 주권의 이전이 잦으니 이것은 주권의 일부를 장악하고 그 전부를 가지지 못한 자요, 어떤 경우는 그 본체를 겨우 가지고 있고 사용의 권능을 가지지 않은 자이니, 모두 군주의 명칭은 있고 군주의 실권은 없는 자이다. 이 예들로써 보건대 오랜 시간 한 줄기이며 오랜 시간 변하지 않은 우리 국가의 체제에 비교하면 어찌 하늘과 땅의 차이가 있을 뿐이

---

1 일천만승(一天萬乘) : 천자(天子), 천자의 자리. 주대(周代)에 천자는 병거(兵車) 만승(萬乘)을 소유하고 있었다는데서 유래하는 말.

2 보록(寶籙) : 록(籙)은 '화살을 담는 통'을 의미하는데 그렇게 풀이하면 의미가 잘 통하지 않는다. 록(籙)을 록(籙)으로 바꾸면 보록(寶籙)은 '봉황이 황제와 요에게 주었다는 책으로서 천명'을 의미한다. 따라서 록(籙)을 록(籙)으로 바꾸어 풀이하는 것이 문맥상 맞는 것으로 보인다. 그리고 본『윤리학 교과서』권4의 제2장에도 '籙'이 '籙'으로 표기되어 있다.

3 관백(關白) : 일본 헤이안[平安] 시대의 관직명. 천황이 어린 시기에는 태정대신(太政大臣)이 정사를 주관하는데 이를 '섭정'(攝政)이라 칭하고, 천황이 성년이 되어 직접 정치를 하는 이후에는 '관백'(關白)이라고 바꾸어 칭한다. 여러 가지 일이 먼저 관백을 거쳐 물은 연후에 천황에게 아뢰니, 관백이 실권을 장악하였다.

리오. 우리 국가에 있어서는 그렇지 않으니 통치의 여러 기관은 천부적인 헌법의 범위 안에 있어서 행동하며 주권의 본체와 사용은 항상 황제가 장악하고 있기에, 한 국가 통치의 대전과 법령은 모두 폐하의 권력으로 제정하시니 이는 각 군주국에 비교할만한 것이 없는바 곧 우리 국가 체제의 특징이다.

중흥의 황제의 업적

신성하고 문무를 겸비하신 우리 대황제 폐하께오서 그 자리에 오르신지 삼십년에 여러 제도를 개혁하시고 경고문과 조서를 환하게 펴서, 개국 오백삼년 십이월 십이일과 십삼일 국가의 체제와 정치의 체제를 확립하시고 신하와 백성의 권리와 의무를 명시하시며 국법 및 국가의 제도를 일정하게 하시어, 옛 나라의 이름을 새롭게 고치게 하시고 전 사람의 밝음을 더욱 빛나게 하시니, 이것은 천하만국이 공경하고 우러르며 높이 존경하는 바이다. 여기에 입헌제의 혹은 만일의 폐단이 있음을 걱정하여 아직 대헌법을 반포하지 아니하셨기에 입법의 기관은 잠시 없으나, 행정과 사법의 기관을 나누어 세워서 통치의 주권으로 이것들을 총괄하시고 중추원[樞院][4]을 특별히 세우셔서 언로를 넓게 여시어 백성에게 참정권을 거의 부여하시고, 여기에 불문헌법은 엄연히 존재

4 추원(樞院) : 추원 곧 중추원(中樞院)은 대한제국에서 근대적 형태의 입법 기관을 모방하여 설치한 기관이다. 독자적인 입법 기능이나 심의 기능은 보유하지 못했으므로 완전한 입법 기관은 아니었으나, 초기적 형태로 볼 수 있다. 1894년에 의결 기능을 갖춘 준입법 기관으로 개편된 뒤, 한일 병합 조약이 체결된 1910년까지 존속하였다. 한일 병합으로 조선총독부가 설치되고 일제 강점기가 시작되면서 폐지되었고, 총독부는 자문 기관으로 조선총독부 중추원을 설립하면서 대한제국 중추원의 이름을 그대로 붙였다.

하여 국가 조정 오백년이 넘는 순정한 역사에 배가 되는 광휘를 더하여 중흥의 거대한 기초 사업을 더욱더 튼튼하게 하신 것이다. 여러분 신하와 백성된 자는 성스러운 계책이 넉넉하고 두터우심을 아름답게 생각함에 어찌 감격이 끝없는 바가 아니리오.

여러 국가의 헌법의 핵심과 통치권

지금에 여러 외국들의 헌법의 핵심을 연구하여 확실히 한다면, 책을 펼쳐서 첫 번째에 통치의 주체가 되는 황위와 황위의 계승에 관한 일을 크게 쓰고, 이어서 통치의 객체가 되는 국토와 신하 및 백성에 관하여 그 권능과 의무를 규정하고, 이어서 통치의 기관이 되는 국회와 정부로부터 제반 작용에까지 미치게 하였다. 그래서 황위는 통치의 주체 곧 한 국가를 관할하는 주권의 소재가 됨을 표시하여 황제는 유일하고 한계가 없는 주권자가 됨을 명확히 하고, 황제는 통치의 본체와 작용을 아울러 가지는 자로서 입법과 행정의 권능의 말미암아 나오는 바요, 황제는 국법과 기관을 의지하여 통치하나 유일무이의 국권을 장악하여 신성불가침한 바가 되며, 황제는 헌법과 법률을 제정하여 국법의 원천이 된다 하니, 통치의 주권은 일국의 원수가 되는 황제가 장악하여 이것을 대대로 서로 이어서 영원히 황제의 후손에게 전하는 바가 되는데, 지금에 우리 국가의 체제에 비교한다면 조금도 차이가 없고 헌법은 다만 이것을 특별히 적어서 완성된 법으로써 명시함에 불과한 것이다.

국토 및 신하와 백성

국가의 근본은 국토 및 신하와 백성에게 있으니, 따라서 각 국가의 헌법은 국토 및 신하와 백성에 관한 일을 황제의 대권에 다음하여 기재한다. 무릇 통치권은 황제가 국가에 군림하여 신하와 백성을 어루만져 편안히 하는 지극히 높은 권리이니, 입법과 행정 등 모든 일이 이것으로부터 나오는 것이다. 따라서 안에 대해서는 불법을 규명하여 사회의 행복을 증진하고 밖에 대해서는 국가의 어려움을 방어하여 국가의 세력을 떨치어 펼치니, 신하와 백성이 이것을 의지하여 그 거처를 편안히 하며 이것을 의지하여 그 업을 즐거이 하기 때문에, 임금에게 충성하고 나라를 사랑함의 정신은 통치권의 완전한 작용과 서로 표리가 되는 것이다. 우리나라에 있어서 먼 옛날 이래로 일정한 국토와 일정한 주권 하에 일정한 신하와 백성이 생존과 행복의 즐거움을 완전히 한 것은 모두 우리 역대 성왕의 넓고 넓으신 성스러운 덕과 빛나고 빛나시는 위엄과 신령스러움을 의지함이니, 우리 신하와 백성된 자는 더욱 더 황실을 공경하며 사랑하고 국법을 순순히 따라서 충성과 용기로써 외세로부터 당하는 모욕을 막아내는 뜻을 떨쳐 힘써야 하는 것이다.

제2장 국민의 의무

국가가 있으면 백성이 있으니, 백성은 일정한 국토 및 주권과 함께 국가 조직에 서로 떨어지지 못할 것이다. 여기에서 법률은 그 권리 및 의무를 규정하여 우리 신하와 백성된 자의 국가에 대한 관계를 명시하는 것이다.

국권에 복종하는 신하와 백성의 첫 번째 의무

무릇 신하와 백성의 첫 번째 의무는 국권에 복종함에 있으니, 권리의 향유는 복종의 결과인 것이다. 따라서 우리가 그 생명과 재산 및 명예에 관하여 국가의 완전한 보호를 누리는 것은 모두 국가 통치권에 대하여 복종의 의무를 완전히 함에 기인하는 것이다.

우리 국가와 신민(臣民) 사이에 존재하는 특별한 관계

특별히 우리 대한제국에 있어서는 신하와 백성의 국가에 대한 의무가 여러 외국과 사뭇 구별되는 것이 있으니, 우리 태조 고황제(太祖 高皇帝)[5]께오서 나라 안을 쓸어 없애시고 황업을 통일하시어 오랫동안 변하지 않는 거대한 기초 사업을 수도 한양에 창건하심으로부터, 그 이후에 역대에 서로 이어서 하나의 계통이 오백여년이 넘게 끊임없는 천명으

5 1899년(고종 36) 12월 23일에 태조 임금을 '태조 지인 계운 응천 조통 광훈 영명 성문 신무 정의 광덕 고황제(太祖至仁啓運應天肇統廣勳永命聖文神武正義光德高皇帝)'로 높였다.

로 오늘날에 삼가 이르시니, 제국의 국토는 실로 황제의 조상과 황족이 처음 정하신 바요, 제국의 국민은 대개 군주와 황족의 외손으로서 조상 이래로 이 땅에 살아 숨 쉬며 오랫동안 한 줄기의 왕실에 힘써 일한 자이다. 따라서 우리 국가에 있어서는 왕실은 국토와 백성의 근원이시니, 저 외국에 있어서와 같이 다수의 다른 인종이 군집하여 계약 혹은 강제로 핍박당하여 임금과 신하의 관계를 정하며 이로써 국가를 건설한 것과 함께 논할 바가 아니니다. 따라서 우리 신하와 백성된 자는 국가에 대하여 절대의 복종과 충성 및 용기의 정신으로써 그 의무를 수행해야 한다. 무릇 우리는 유럽과 미국의 여러 나라와 같이 자기 고유의 권력을 국가에 양도하여 일정한 조건 하에 복종할 계약을 이룬 것이 아니니, 그 복종은 합의로 나온 것이 아니니요 오랫동안에 바뀌지 않는 우리 국가 체제가 그렇게 하도록 시킨 것이다. 따라서 신하와 백성이 국가에 대하는 것이 자못 한 가족의 자녀가 그 가장에게 대하는 것과 같은 것이다.

권리와 의무는 복종의 결과

제국의 신하와 백성은 국권에 복종하는 결과로 그 권리와 의무를 보유하니 지금에 우리 신하와 백성의 권리를 말할 것인데, 입헌정치 체제의 국가와 같이 국민을 대표하는 기관을 세워서 국가사업에 직접 참여하는 것은 없으나, 제반 공공 업무에 나아갈 수 있는 바의 공적인 권리 외에 거주 · 신체 · 종교 · 언론 · 저서 · 집회 · 청원 등의 자유를 보유하고 또 재산의 안전하고 굳건함과 서신의 비밀 등을 유지하는 권리를 보유하는 것이다.

신하와 백성의 권리

무릇 거주와 신체 등의 자유는 인생의 목적을 이룰 수 있는 것이니, 따라서 사회의 안녕과 행복을 꾀하는 정부는 반드시 이것의 보호함을 우선하는 의무로 삼는 것이다. 종교를 믿는 자유는 국가의 안녕과 질서를 방해하지 아니하고 또 신하와 백성된 의무에 위배하지 아니할 한계에 있어서는 신하와 백성의 자유에 맡겨두는 것이 옳다. 따라서 정부는 사람 마음의 신앙과 사상의 자유를 방해해서는 안 된다. 또 대중에 대하여 나의 사상을 토로하며 서로의 의견을 교환하는 것은 사람이 고르게 모두 희망하는 바이다. 언론과 저서 및 집회 등은 곧 이 목적을 달성하는 것이니, 사회의 진보를 위하여 하루도 빼놓지 못할 것이다. 청원은 백성의 뜻을 위로 전달하는 것이니, 여론을 귀중히 여기고 공공의 논의를 높이 여기는 정치 체제에 있어서는 또한 필요한 일로 인식하는 바이다. 따라서 국법은 법률의 범위 및 상당한 규정 하에 있어서 모두 그 자유를 용인하는 것이다. 사는 곳과 사는 집은 곧 우리의 성곽이니 모든 자유는 그 안에 보호함이 되고 모든 비밀은 그 안에 저장함이 되어 결단코 다른 사람의 침입 수색함을 허용할 것이 아니다. 재산의 안전하고 굳건해야 하는 이유는 여기에서 쓸데없이 말할 것이 아니요, 서신은 다른 사람의 전하는 말을 듣는 것을 꺼리는 바의 비밀스러운 사건을 서로 나누는 필요 도구가 되기 때문에, 가령 관청이라도 감히 우리의 서신의 비밀을 폭로할 것이 아니다. 이상 제반의 권리는 입헌정치 체제의 국가에 있어서는 헌법의 명문으로써 규정한 것이나, 제국에 있어서는 아직 대헌장으로써 명시함은 없고 유래하는 고유의 관례와 각종 법령을 의거하여 족히 증명할 수 있는 것이니, 불문헌법이라 칭하여도 충분히 망언이 아닐 것이다.

이와 같이 국가는 법령과 기타 방법들을 의지하여 우리 신하와 백성의 안녕과 행복을 위하여 그 권리를 인정하고 다른 사람의 침해와 훼손함에 대하여 이것을 보호하는 책임을 스스로 맡고 있으니, 우리 신하와 백성된 자가 국가에 복종하여 그 의무를 스스로 다함은 본래 당연한 것이다.

국가의 은택

국가는 다만 다른 나라의 침해와 능욕에 대하여 우리의 생명과 재산 및 명예를 보호할 뿐 아니라, 신하와 백성의 이익과 행복을 증진할 수 있는 것은 이것을 권장하고 고무함에 태만히 하지 않아서, 어떤 경우는 신하와 백성으로 하여금 그 직업과 자질을 맞추어 필요한 교육을 누리게 하며, 어떤 경우는 생산을 늘리고 사업을 일으킴의 방법을 개척하고 시장을 세워서 물건을 팔고 사는 것을 장려하며, 어떤 경우는 여러 종류의 예술에 특히 빼어난 자를 우대하며 또 제반 제도의 조직을 세워서 신하와 백성이 불행에 빠짐을 방어하고 또 이미 불행에 빠진 자를 구제하며, 또 외국에 대해서는 자국의 신하와 백성의 명예를 드러내 높임에 애쓰고 힘쓰니, 우리 신하와 백성이 한 명의 사람 또는 국민이 되어 안녕과 행복의 생활을 누릴 수 있음은 모두 국가의 보호에 기인하는 것이라고 말하여도 지나친 말이 아니다. 이런 종류의 보호는 신하와 백성 자신의 충실한 복종으로부터 누릴 수 있는 것이다. 따라서 우리 신하와 백성된 자는 낮밤으로 국가의 은택을 감사히 명심하여 보답을 꾀함의 실효를 반드시 요할 것이다.

신하와 백성의 의무

그러한즉 신하와 백성의 의무는 어떤 것을 이르는 것인가. 그 주요한 것은 무릇 네 가지 종류가 있으니 첫 번째는 법률에 복종하는 의무요, 두 번째는 병역에 나아가는 의무요, 세 번째는 조세를 바치는 의무요, 네 번째는 자녀를 교육하는 의무가 이것이다. 입헌정치 체제의 국가에 있어서는 국민의 대표를 선거하는 의무를 함께 하여 각기 다섯 종류의 의무가 있다.

법률을 준수하고 받듦

국가에 대한 신하와 백성의 첫 번째 의무는 국가가 규정한 바의 법률에 복종함에 있으니, 이것은 많은 말을 필요로 하지 않고 알 수 있는 것이다. 무릇 법률은 국가의 기초이니, 국가가 이것을 의지하여 이로써 한 개인의 사사로운 마음과 욕심을 억제하고, 신하와 백성의 공공의 이익을 위하여 공평무사한 권력을 널리 미치게 하는 것이다. 또 법률은 만물을 보호해주고 막아주니, 폭력으로 하여금 공적인 도에 복종하게 하고 공적인 도로 하여금 폭력에 굽히지 않게 하며, 정의 이것을 보호하고 간악 이것을 징계하여 사회의 질서로 하여금 한 올도 문란함이 없게 하는 것이다. 사물이 있으면 반드시 법칙이 있으니, 국가가 하루라도 법률이 없지 못할 것이다. 따라서 법률에 복종하지 아니하는 자는 국가의 적이니 국가 보호 하에 두어서는 안 되는 것이다.

법률은 다만 국가 안의 평화를 유지함에 빼놓지 못할 것이 될 뿐 아니라, 또한 한 국가의 독립을 보호하고 막아주는 것이다. 만일 국민으로 하여금 그 국법에 복종하지 아니하면 이것은 소위 무정부이니, 하루아침에 외적의 침입을 만나면 자못 멸망함에 이를 것이다. 과거로부터 지금에 이르기까지 국가의 멸망함은 대개 법령이 국가 안에 행해지지 않아서 신하와 백성이 그 활동을 동일하게 아니함에서 기인하는 것이다.

국법에 대한 신하와 백성의 복종은 절대적인 것이 됨

어떤 사람은 말하기를, '부정한 법률은 이것을 준수하고 받들 의무가 없다'라고 하나 결단코 그러하지 않은 것이다. 법률은 국가의 주권자의 명령하는 바이니 신하와 백성된 자는 그 주권에 대하여 절대적 복종의 의무가 있기 때문에, 국가 보호 하에 있는 이상은 반드시 절대적으로 이것을 준수하고 받들지 아니할 수 없다. 만일 그 법률로 하여금 진정 정당하지 못한 것이 있다면 마땅히 알맞은 방법으로써 이것을 개량함을 강구해야 하니, 입헌정치 체제가 된 것은 실로 이와 같은 공공의 논의와 많은 이의 의견을 용인하는 필요로부터 성립한 것이다.

법률과 명령 곧 칙령은 국가 통치의 작용이니 모두 황제의 대권에서 나오기 때문에, 이것을 준수하고 받드는 것은 곧 국가 정신에 복종하는 것이다. 무릇 법률이란 것은 입헌정치 체제에 있어서는 입법 기관이 되는 국회의 논의와 결정을 거쳐서 허가됨으로써 반포하고, 전제정치 체제에 있어서는 행법 기관이 되는 정부의 제정을 통하여 허가됨으로써 반포함을 이르는 것이요, 명령이란 것은 입헌정치 체제와 전제정치 체제를 막론하고 원수의 대권으로써 바로 반포함을 이르는 것이다.

국법의 핵심을 밝게 통하여 아는 것은 신하와 백성의 의무

앞에서 설명한 것과 같이 법률에 복종하는 것은 국민의 첫 번째 의무이니, 우리 국민이 임금에게 충성하고 국가를 사랑하는 정신이 평소 풍부한 것은 본래 안과 밖에 부끄러운 것이 아니다. 감히 국가의 대법을 배반하고 어그러뜨리는 자는 없으나, 대개 국법의 핵심을 밝게 통하여 아는 것이 아니면 자치의 정신으로서 신하와 백성의 공적인 덕을 유지함이 어려울 것이다. 따라서 합당하고 마땅히 국가의 법률을 순히 따르고자 한다면 미리 그 핵심을 밝게 알아야 한다. 무릇 오늘날 시대에 있어서는 고상한 애국심이라도 완전한 국가적 지식과 상호적으로 겉과 속을 이룸이 아니면 종종 무모하고 도가 아닌 거동이 없어지기를 확보하기 어려우니, 자국 체제의 법률 핵심을 밝게 통하여 아는 것은 오늘날 신하와 백성된 자의 급한 의무라 할 것이다.

관리를 존경하는 의무

국가의 법률에 순히 따르는 자는 또한 국가의 관리를 존경하지 아니할 수 없을 것이니 어째서 그러한가. 관리는 국법을 시행하는 직무를 담당하여 곧 국가 통치의 권력을 대표하는 자가 된 까닭이다. 따라서 한 명의 사람으로 특별히 존경함을 필요로 하지 않는 사람이라도 관리가 된 이상은 상당한 존경을 표시하는 것이 이치에 당연한 것이거늘, 세상 사람들이 종종 관리를 한갓 압제를 행하는 자로 인정하여 망령되고 어그러지게 반항하며 가벼이 모멸하는 풍습을 보이고 강개와 의협으로써 스스로 자처하는 자가 있으니, 이것은 곧 국법을 멸시하며 모욕하는 자라서 결단코 충성스럽고 선한 신하와 백성이 행할 바가 아니다.

병역의 의무

병역의 의무는 신하와 백성이 국가에 대하여 당연히 부담해야 할 것이다. 무릇 병력은 흉기이니 부대와 무기의 일은 국가가 진지하고 간절히 기피해야 하는 것이나, 안과 밖의 형세를 관찰할진대 아직 잠시간이라도 군사와 군 시설을 해제하는 것은 사실상 도저히 불가능한 것이다.

군사와 군 시설의 필요성

국가의 목적은 밖으로 여러 국가에 대해서는 독립의 국가 체제를 보전하고 안에 있어서는 신하와 백성의 안녕과 행복을 계획함에 있으니, 따라서 세계 여러 나라 가운데에 함께 서서 이 목적을 달성하고자 하려면 마땅히 바깥으로는 외적의 침략을 방어하고 안으로는 배반하는 무리의 난을 눌러 어루만질 준비가 없지 못할 것이니, 병력은 곧 이것의 준비이다. 따라서 세계 여러 나라가 과거로부터 지금에 이르기까지 군사와 군 시설이 없는 국가가 없는 것이다.

한 국가의 군사와 군 시설은 그 국가의 신하와 백성으로써 여기에 채우니, 이것이 국민이 모두 병역의 의무를 부담하는 까닭이다. 우리나라는 국가 초기로부터 중엽에 이르기까지 나라 안의 장정이 모두 군역에 복종하는 의무가 있었는데, 중엽 이후로 태평한 날이 오래되어 문(文)을 강조하는 정치를 오로지 높이고 무도(武道)를 갖추지 않아서 사대부와 군인·백성의 계급이 차이가 심하여 병사는 평민에 한하는 것이 되고, 근세에 이르러서는 병사는 하나의 특별한 종류의 무리가 되어 군인 명부에 엮여 실려 있는 자는 대대로 그 역을 되풀이하여 복종하기 때문에 이것을 군족(軍族)이라 지칭하였다. 그런데 황제의 덕이 다시 일어나 여러 가지 제도를 혁신함으로부터 군사 제도도 또한 아주 달라져, 대황제 폐하께오서 친히 대원수(大元帥)의 지위에 거하시어 군의 일을 모두 관할하심에 전국의 신하와 백성은 함께 병역의 의무를 부담하는 바가 되는 것이다. 병역은 대개 현역·예비역·후비역(後備役)의 세 종류로 나누는데, 징병령으로써 전국의 성년이 된 남자를 불러 모아서 현역에 복종하게 하되 이것을 상비군이라 하고, 상비군으로 만기된 자는 예비군이 되어 복역하게 하고, 예비군으로 만기된 자는 후비군이 되어 복역하게 하며, 이외에 다시 국민군이라는 일종의 특별한 제도를 만들어 상비군·예비군·후비군에 없는 자는 모두 여기에 편입시켜 갑자기 일이 있는 때는 임시에 이 사람들을 소집하니, 국가는 국가를 조직한 바의 신하와 백성 전체로써 유지하고 보호한다는 원리에서 나온 까닭이다. 이상의 군사 제도는 오늘날 세계 여러 나라가 모두 '국민 전체가 병역의 의무를 가진다[國民皆兵]'라는 주의를 취한 것이다. 따라서 우리나라에 있어서도 대개 이 제도를 채용한 것이나, 여러 군사 제도의 초창기인 지금을 맞아서 아직 징병법을 실행하지 못함은 우리 국민된 자의 매우 유감스러운 바이다. 저 문화 정도가 아직 미숙한 국가에 있어서는 대개 고용병으로써 군사와 군 시설에 채워서 국가를 지키는 책임을 부담하게 하는데, 이런 종류의 국가의 신하와 백성된 자는 자신의 의무를 포기할 뿐 아니라 국가로써 적에게 바치는 것이니, 우리는 여기에 대하여 어찌 경계하고 두려워할 바가 아니겠는가.

병역은 국민의 특유한 권리

또 다른 한 편으로 보면 즉 병역의 의무가 됨은 국민의 특유한 권리이니, 외국인은 결단코 이 권리를 누리지 못하는 것이다. 나의 가장 공경하고 사랑하는 바의 국가를 위하여 몸과 목숨을 버리고 힘을 합할 수 있음은 어찌 우리 신하와 백성된 자의 최대 의무가 됨과 동시에 최대 명예가 됨이 아니겠는가. 오늘날 우리 대한제국의 현상을 관찰함에 세계의 열국 사이에 대치하여 격렬한 생존의 경쟁 상황 속을 지나가지 아니할 수 없을 것이다. 생산을 늘리고 사업을 일으키는 것은 부국강병 하는 방법에 본래 빼놓지 못할 것이나, 갑자기 일이 있는 때를 맞아서 국가의 독립을 유지하고 국가의 위엄을 떨쳐 높이는 것은 오로지 병력에 있으니, 오랫동안 끝이 없으신 황실을 받들어 모시고 하늘과 땅처럼 끝이 없는 국토에 살고 있는 우리 제국의 신하와 백성된 자는 군주와 국가를 위하여 적에 대한 의분을 떨쳐 힘쓰는 뜻을 축적해야 하는 것이다.

무(武)를 높이는 것은 국가의 고유한 제도

무릇 무도(武道)를 높이 받드는 것은 국가 조정의 고유한 제도이다. 황제의 조상께오서 무의 위엄과 문의 덕으로써 나라 안을 하나로 정하심으로부터 역대 성스러운 군주는 무를 갖춤에 게으르지 않으시어, 수도에 오위(五衛)[6]와 훈련원(訓練院)을 설치하시고 국내 여러 도에 병마절도사(兵馬節度使)[7] 및 수군절도사(水軍節度使)[8]를 두시며, 기타 요충지에 진보(鎭堡)[9]와 병영을 설치하시어 국방을 엄하게 하셨다. 따라서 태조(太祖) 왕조에 있어서 유구왕(琉球王)[10]이 사신을 보내와서 왕실을 지키는 신하를 칭하고,[11] 섬라왕(暹羅王)[12]이 토산물을 공물로 바치며,[13] 투

---

6 오위(五衛) : 조선 문종 원년(1451)에 개편을 시작하여 세조 3년(1457)에 완성한 중앙 군사 조직. 다섯 위(衛)로 개편하였는데, 중위(中衛)로 의흥위(義興衛), 좌위(左衛)로 용양위(龍驤衛), 우위(右衛)로 호분위(虎賁衛), 전위(前衛)로 충좌위(忠佐衛), 후위(後衛)로 충무위(忠武衛)를 두고, 한 위를 다섯 부(部), 한 부를 네 통(統)으로 나누어, 전국의 군사를 모두 여기에 속하게 하였다.

7 병마절도사(兵馬節度使) : 조선시대 각도의 육군을 지휘하는 책임을 맡은 종2품 무관직.

8 수군절도사(水軍節度使) : 조선시대 각 도 수군을 총지휘하기 위하여 두었던 정3품 외관직 무관.

9 진보(鎭堡) : 조선 시대에 함경도 · 평안도의 북방 변경에 있던 각 진(鎭).

10 유구왕국(琉球王國) : 동중국해 서남부에 있었던 섬나라. 중국이나 동남아시아, 조선 등과의 무역으로 번영했으며, 무역에 참여한 유구국 상인들은 결속력이 강한 사람들이었다는 포르투갈 상인의 기록이 있다.

11 해당 부분은 다음 실록에 실려있으며, 원문은 다음과 같다. 琉球國中山王遣使來朝. 『太祖』 卷1. ; 是年, 琉球國中山王察度稱臣奉書, 遣通事李善等, 進貢禮物, 幷送還被虜男女八口. 『太祖』 卷 2.

항한 왜구 구육(疚六) 등이 토산물을 바쳐서 백성이 됨을 원하고,[14] 야만인들의 나이가 많은 사람에게 만호(萬戶)의 직분을 내려서 성스러운 은혜의 하늘과 같으심을 보임[15]으로부터 황국의 무의 위엄이 사방으로 빛나고 빛나신 것이다. 정종(定宗) 왕조 이후로부터 성종(成宗) 왕조에 이르기까지, 여진(女眞) 만호의 호시내(好時乃) 등[16]과 일본의 오도수(五島守) 원승(源勝)과 비전수(肥前守) 원성(源盛) 등의 공물을 바침[17]이 끊이지 않고, 세종(世宗)과 성종(成宗)의 태평성대에 있어서 대마도(大馬州)의 월중수(越中守) 성홍(盛弘)이 나아가 항복하니,[18] 그 귀화한 종족을 제포(薺浦) · 염포(鹽浦) 및 부산포(釜山浦)에 옮겨 살게 하여 성스러운 덕의 회유하심을 보이시고, 선조(宣祖)의 태평성대에 있어서 일본군의 십만 명이 동쪽 땅에서 모조리 죽임을 당함으로부터 바깥의 적이 감히 수도를 엿보는 자가 없으니, 그 이후에 대한제국의 국가의 영광이 사해에 널리 드날려서 세계의 이목을 놀라 움직이게 함에 이르렀다. 지금에 지나간 역사를 캐어 들어가 연구하니 모두 역대 왕조의 무(武)의 위

---

12 섬라(暹羅) : 태국의 1929년 이전의 국호.

13 해당 부분은 다음 실록에 실려있으며, 원문은 다음과 같다. 暹羅斛國遣其臣乃 【乃, 其國官名也.】 張思道等二十人, 來獻蘇木一千斤, 束香一千斤及土人二名, 上令二人守闕門. 『太祖』 卷3.

14 해당 부분은 다음 실록에 실려있으며, 원문은 다음과 같다. 降倭魁疚六, 率三人來, 獻長劍一, 環刀一, 詣朝班肅拜. 『太祖』 卷10.

15 해당 부분에 대한 원문은 분량이 매우 많아서 지면 관계상 모두 실을 수 없기에 다음의 기사를 참조하기 바란다. 『太祖』 卷8, 4年(1395 乙亥) 12月 14日(癸卯) 두 번째 기사 참조

16 해당 부분은 다음 실록에 실려있으며, 원문은 다음과 같다. 女眞萬戶好時乃, 兀良哈司直李沙吾里, 兀狄哈加乙多可等八人, 來獻土物. 『世祖』 卷2.

17 해당 부분은 다음 실록에 실려있으며, 원문은 다음과 같다. 日本國五島宇久守源勝, 肥前州上松浦丹後太守源盛, 各遣使來獻土物. 『世祖』 卷2.

18 해당 부분은 다음 실록에 실려있으며, 원문은 다음과 같다. 日本國對馬州越中守宗盛弘, 遣人來獻土宜. 『成宗』 卷16.

엄과 문(文)의 덕을 까닭으로 한 것이나, 또한 우리나라 인사의 충성과 용감한 정신이 본디 풍부하여 한결같은 마음으로 국가를 위한 것이 아니면 어찌 이것을 이룰 수 있었겠는가. 우리 신하와 백성이 된 자는 마땅히 용감한 병사가 되어 분발하여 힘씀의 의지와 정신으로 그 병역에 나아갈 것이며, 이미 그 병역에 나아갔을 때는 신의를 지키고 충성과 절개를 다하여 이로써 우리 조상의 명예를 실추하지 아니함으로 스스로 기약해야 할 것이다.

조세를 공납하는 의무

조세를 공납함이 국민의 중대한 의무가 됨은 여기에 쓸데없이 말할 것이 없으니 어째서 그러한가. 국가는 신하와 백성을 보호하는 것을 첫 번째 목적으로 삼기 때문에 신하와 백성을 보호함을 위하여 필요로 하는 바의 비용은 신하와 백성이 이것을 부담해야 하는 까닭이다. 세상 사람들이 종종 조세로써 다만 정부를 위하여 공납하는 것으로 오인하여 못마땅한 의사를 품고 헐뜯으며 비웃는 말을 내뱉는 자가 없지 않으니, 이것은 필경 무지몽매하여 국가 필요의 소비하는 방법을 분변하지 못함에 기인하는 것이다. 한 사람 한 가족의 안전한 행복은 의식주 뿐으로만 얻을 수 있는 것이 아니요 사회와 국가의 안전과 행복을 필요로 할 것이며, 사회와 국가의 안전과 행복을 유지함에는 완전한 정부의 조직을 필요로 할 것이니, 이것은 곧 한 국가의 신하와 백성된 자격을 보전하고자 한다면 반드시 정부의 필요로 하는 바의 비용을 지불하지 아니해서는 안 되는 까닭이다.

이상에서 설명한 바의 의무들은 대개 국법으로써 규정한 것에 기인하지만, 여기에 법률의 제재로써 강행함을 기다리지 않고 한 사람의 국민이 되어 모든 백성이 반드시 행할 의무가 있으니 어떠한 것인가. 곧 자녀를 교육하는 의무가 이것이다.

자녀 교육의 의무

자녀에게 보통교육을 베풀어주는 것은 한 명의 사람이 되어 세상의 부모가 된 자의 의무이다. 그러나 세상의 자녀가 된 자는 부모에 대하여 자녀가 됨과 함께 한 국가에 대해서는 신하와 백성이 된 것이다.

자녀는 부모의 사유가 아니요, 국가의 신하와 백성이다

따라서 세상의 부모가 된 자는 그 자녀를 사유물로 인정하지 말고 각각 한 명의 신하와 백성이 되어 다른 날에 국가를 보좌함에 필요한 교육을 베풀어줌을 필요로 할 것이니, 이것이 곧 부모가 된 자의 국가에 대한 의무이다. 이와 같은 정신으로써 자녀에게 교육을 베풀어주면 다만 국가의 유익한 인물을 완성할 수 있을 뿐만 아니라, 또한 자녀 자신의 행복이 여기에 지나치는 것이 없을 것이다.

국민교육의 필요성

국가는 국민으로써 조직한 것이요 개인은 국민을 조성하는 원소이니, 따라서 한 개인의 현명하고 어리석음 및 근면하고 게으름은 곧 한 국가에 많고 적은 영향이 널리 미치는 것이다. 또 한 명의 사람이 되어 어떠한 우수한 자질과 성품을 갖추고 있다 할지라도, 만일 국가의 한 백성이 되어 어떤 종류의 공적도 없다면 이것은 충분히 국민의 의무를 다하였다고 이르기 어려울 것이니, 따라서 세상의 자녀를 교육하는 것은 항상 국가의 성질을 서로 비교하고 그 목적과 정황을 맞추어 지도의 방법을 취하는 것이 옳다. 비록 학예를 능통하고 재주와 지혜가 뛰어나다 할지라도 만일 국가의 이익과 손해에 생각이 냉담한 자는 결단코 칭찬하거나 상주는 것이 옳은 자가 아니요, 또 국가의 위급한 때를 맞아서 우물쭈물하고 홀로 의심하는 자는 한 명의 사람이 되어 비록 완전한 재주와 학문을 겸비할지라도 다만 세상 사람들의 심한 모욕을 받음이 될 뿐이니, 이것은 실로 국민교육의 필요한 까닭이기에 세상의 부모가 된 자는 마땅히 심사숙고할 것이다. 그러나 따라서 각종의 전문적인 교육은 각각 그 사람의 좋아하는 바에 맡겨두어야 하나, 부모가 된 자는 그 자녀로 하여금 국가가 제정한 바의 보통교육은 반드시 배움을 받게 해야 하니, 이것은 한 사람의 국민된 자격을 보유함에 빼놓지 못할 것이 되기 때문이다.

이상은 다만 국가에 대한 의무의 가장 주요한 것을 대강 들었을 뿐이요 그 자세하거나 간략한 것에 이르러서는 여기에 낱낱이 들 겨를이 없으니, 그 요점은 국법의 규정한 바를 따라서 그 직분을 충실히 준수하여 받들고 또 국가의 독립과 부강을 위하여 신하와 백성된 의무를 다하여 행함에 있는 것이다.

국가에 대한 의무와 가족 및 사회에 대한 의무의 관계

그러나 국가에 대한 의무는 가족과 사회에 대한 의무를 방해하는 것이 아니요, 도리어 가족과 사회에 대하여 완전한 의무를 다하여 행함은 곧 국가에 대하여 충성스럽고 선한 신하와 백성이 되는 까닭이니, 무릇 이것을 윤리학상으로부터 볼 때 가족이라 말하고 사회라 말하며 또 국가라 말하는 것은 모두 인생 행복의 목적을 도달함에 필요한 수단에서 벗어나지 않는 것이다. 사람의 생은 태어나면서부터 사교적 동물이라서 무리와 떨어져 혼자 살아서 능히 행복할 수가 없으니, 여기에서 하나의 가족을 성립하는 것이다. 그러나 가족은 단독으로 존재할 수 없을 것인데, 담 밖을 들어서 적지로 가정한다면 그 생활은 참담하고 흔들면 떨어짐에 저절로 이를 것이니, 여기에서 그 이익과 손해를 함께 하는 사람들이 서로 모여 사회를 조성하는 것이다. 그러나 사람이 많으면 뜻이 서로 합하지 못하며, 뜻이 서로 합하지 못하면 일정한 목적과 가지런한 질서로써 한 사람처럼 행동하는 것이 어렵다. 그래서 가정에 가법이 있음과 같이 사회도 또한 통치의 주체가 없지 못할 것이니, 여기에서 주권자가 일어나서 이 주권을 행동하는 바의 기관을 설치하여 이에 국가의 기초를 세우는 것이다. 따라서 가족이 필요한 까닭은 곧 국가가 필요한 까닭이니, 함께 인생에서 필요한 것이다. 이와 같이 가족과 사회와 국가는 모두 동일한 목적으로 유래한 것이 되기 때문에 그 사이에 의무의 충돌이 있을 이유가 털끝도 없는 것이다.

공적인 덕과 사적인 덕의 두 가지의 조화

그러한 까닭으로 사적인 덕과 공적인 덕 및 사회와 가족에 대한 의무와 국가에 대한 의무는 결단코 떨어져 배반하거나 혹은 모순될 일이 없는 것이다. 군주에게 충성함은 곧 부모에게 효를 하는 것이요, 국가를 도탑게 사랑하는 것은 곧 사회를 위하는 것이요, 사람들이 그 직무를 애써 노력하며 그 업무를 성실히 힘쓰면 가족이 그 은혜를 입고 사회가 그 은택을 입으며 국가가 또한 그 이익을 받을 것이다. 국가의 어려움에 나아가 용기가 없음은 국가에 충성되지 못함과 함께 부모에게 불효가 되는 것이요, 동포에 대하여 믿음이 없음은 사회에 의리가 없게 될 뿐 아니라 또한 가족에게 덕이 없는 것이니, 인생의 도덕은 공과 사 및 자신과 타인을 막론하고 서로 관련 조화하여 결단코 어그러지고 떨어지며 배반하고 어김이 없는 것이다. 만일 그렇지 아니하여 선과 악 및 나쁨과 옳음이 일과 사물을 대하여 진정한 면을 다르게 하여 바꾸고, 이름과 그 이름에 맞는 참뜻을 뒤바꾸고 섞어 어지럽게 할 때는 가족과 국가는 하루도 안전함을 보존할 수 없을 것이다.

입헌국가 체제의 신하와 백성의 대표를 선거하는 의무

여기에서 여러분의 참고함을 위하여 국민의 대표를 선거하는 의무를 대략 마지막에 진술한다. 국민의 대표를 선거하는 의무는 입헌국가 체제의 신하와 백성된 자가 가장 신중히 하는 것이니, 제반 의무는 법률이 자세하거나 간략히 규정한 바를 의지하여 이것을 수행할 뿐이나, 국민의 대표를 선거하는 의무에 이르러서는 국법은 그 대체적인 요점만을 개략적으로 보여줄 뿐이요, 선거할 인물이 어떠한지는 백성 자유에 맡김으로써 그 책임이 한층 중대한 것이다.

무릇 국민의 대표를 선거함은 요컨대 다수의 백성의 의견을 밝혀서 공공의 논의와 여론으로써 결행함을 위한 것이니, 아래로는 군 · 시 · 면 · 촌의 의회 의원으로부터 위로는 국회의원에 이르기까지 모두 그 나라 백성에 직접 이익과 손해가 있는 국가의 정치에 협력하는 자가 되기 때문에, 백성은 공명정대한 방법을 의지하여 가장 적당한 인물을 선거해야 하는 것이다. 그 가운데서도 특히 국회는 한 국가의 중심이 되면서도 중요한 통치의 기관이니, 입법에 참여함과 국고의 연 계획의 예산을 의논하여 정함과 결산을 심사하는 권능을 보유한 것이다. 따라서 국민 대표의 선거는 특별히 정중하고 친절한 뜻으로 이것을 집행해야 할 것이니, 선량한 국민의 대표를 얻음은 한 국가의 신하 및 백성의 행복이 될 뿐만 아니라, 위로는 원수의 갈망하는 성스러운 마음을 받들어 답하는 것이 되기 때문이다.

투표에 관한 선거인과 피선거인의 의무

만일 고의로써 투표권을 내버리거나 혹은 편파적인 사적 감정으로써 부적당한 인물을 투표하거나 또는 투표를 매매하고 혹은 뇌물로써 부정한 다수의 투표를 얻고자 하는 것은, 다만 한 개인의 천하고 야만적인 행위가 될 뿐 아니라 위로는 국가와 왕실에 대하고 아래로는 사회와 백성에 대하여 그 의무를 실추하고 공적인 덕을 이지러뜨리는 것이라 할 것이다. 따라서 선거인이 된 자는 미리 피선거인이 될 자의 인물과 덕행 및 학식 등에 관하여 과연 백성을 대표하여 정치에 참여할 자격이 있는지의 여부를 감별하는 것이 옳으며, 또 피선거인이 될 자는 미리 자기의 주장과 의견을 발표하여 이것을 선거인의 여론에 맡겨서 공정한 수단으로써 투표함을 청구하는 것이 옳으니, 돈의 힘으로써 투표를 사서 거두는 것은 가장 비열한 행위인 것이다.

제3장 애국심

국민의 의무는 애국심에 뿌리를 둠을 필요로 함

국법에 복종하고 병역에 나아가며 조세를 납부함은 모두 국민의 의무이니, 이런 종류의 의무를 극진히 하는 것은 다만 법제의 규정한 바를 하는 수 없이 준수하고 받드는 것을 말함이 아니요, 국가를 사랑하고 보호하는 정신 곧 참된 정성으로부터 나옴을 필요로 할 것이다. 한 국가의 법률 제도가 얼마나 선하고 아름답다 할지라도, 이것을 준수하고 받드는 신하와 백성으로 하여금 지극히 정성스러운 애국심으로부터 나오는 것이 아니면 결단코 칭찬하거나 상줄 바가 아니니 어째서인가. 다만 법을 두려워하여 이것을 지키는 자는 법이 없을 때는 반드시 나쁜 일을 행하는 것에 꺼림이 없기 때문이다.

애국심의 필요성

법률로써 규정한 바의 의무는 요컨대 소극적인 것이 되니 태평무사한 때에 있어서는 이것으로써 충분하다 할 것이나, 나라의 행보가 어려운 때를 맞아서는 국가의 일은 국민의 의리와 용기를 필요로 할 것이니, 이것은 법률로써 정할 것이 아니요 국민 각 개인의 애국심에 맡기는 것이다.

하물며 태평무사한 때를 당하여서도 국가의 부강은 다만 국민의 소극적 의무로써 달성할 수 있는 바가 아닌데, 만일 한 국가를 들어서 사적인 이익에 힘쓰고 한 사람도 국가의 행복과 이익을 위하여 몸을 굽히는 자가 없으면 국운이 날로 줄어들어 독립과 평화를 유지함에 곤란할 것이니, 따라서 애국심은 한 국가 행복의 기초라고 말하여도 결코 지나친 말이 아닌 것이다.

애국심의 기원

무릇 애국심은 멀리 국가 역사에 기원하고 깊이 국민의 뇌수에 스며들어 젖어서 병행하며 어그러지지 않는 것이다. 우리 대한제국은 건국 이래로 일정한 국토를 의지하고 오랫동안 한 줄기의 왕실을 모셔서 앞에서부터 오백년이 넘는 사이에 국가의 천명이 하루도 혹 쇠퇴한 것이 없으시니, 국민은 모두 황실의 외손이요 황실은 실로 국민의 종가이다. 그 사이에 한 종류도 변하지 않는 국가의 풍습을 완성하며 안과 밖으로부터 섭취한 여러 가지 사정이 여기에 동화하여 국가의 기초를 이에 확고히 정하니, 오랜 세월에 북악산[白岳]의 뽑히지 않음과 동해[東溟]의 다하지 않음과 함께 오래되고 오래됨을 기약할 수 있을 것이다. 따라서 우리나라에 있어서는 국가는 자못 한 가족과 같아서 왕실은 부모요 백성은 자녀이니, 사랑하고 그리워하며 도와주는 정이 특별히 두루 미치는 것이다. 또 국토는 우리의 조상이 여기에서 태어나고 자랐으며 여기에서 살아 쉼 쉬어서 땀으로써 이곳을 살찌우고 피로써 이곳을 보호하여 마침내 유골을 묻은 곳이요, 오랜 세월에 흠모할 수 있는 많은 일의 자취의 흥하고 폐함과 오랜 세월에 우러러 볼 수 있는 충성스러운 신하와 의로운 지사의 생존하고 죽은 곳이요,

우리의 사상 · 감정 · 풍속 · 관습 등을 작성한 모든 역사의 시작과 마지막인 곳이니, 국토는 실로 역사의 무덤이라고 칭함이 옳은 것이다. 하물며 우리는 이 땅에 살고 이 땅에 자라서 오랜 세월 동안에도 닳지 않은 수려한 산천을 낮밤에 바라보는 것이니, 여기에서 더욱 가깝고 절실한 지기(知己)가 어디에 있겠는가. 애국심은 실로 이 가운데에서 올 수 있어서 국민의 굳고 확실한 의지와 기개 및 국가의 융성한 기초를 작성하는 것이다.

우리 국민의 애국심이 마땅히 세계에서 뛰어난 원인

동일한 국토라도 동일한 백성과 동일한 주권에 연결된 바가 아니면 능히 애국심을 발생시키지 못하며, 또 동일한 백성이라도 일정한 국토와 일정한 주권에 연결된 바가 아니면 또한 족히 애국심을 발생시키지 못하는데, 우리 대한제국은 건국 이래로 일정한 백성이 일정한 황실을 사랑하고 모셔서 일정한 국토에 살고 숨 쉬는 것이니, 우리는 각각 본디 풍부한 애국심을 더욱 함양하여 마땅히 세계만방에 높이 뛰어나게 됨을 스스로 기약해야 할 것이다.

애국심의 겉으로 드러남

그러나 자국의 관념은 다른 국가들을 대해야 비로소 생기는 것과 같이 자국을 사랑하는 마음은 외국을 대해야 비로소 자각하게 됨이 있는 것이다. 따라서 애국심이 본디 풍부한 국민이라도 다른 국가들과 교섭이 없는 때는 마침내 이 애국심을 자각할 기능이 없으니, 따라서 우리나라의 옛 교훈 중에는 애국심의 도리를 설명한 것이 거의 드물다. 그러나 하루아침에 외국과 방패와 창을 서로 섞거나 혹은 외적에게 치욕을 당할 때는 충성스럽고 용기 있는 신하와 백성의 애국심은 언제나 위대한 적개심이 되어 드러나니, 선조(宣祖) 임진년(선조 25, 1592)에 이충무공(李忠武公)[19]이름 순신(舜臣)의 충성을 다하고 위엄을 떨침과 조중봉(趙重峯)[20]이름 헌(憲)과 고제봉(高霽峯)[21]이름 경명(敬命)의 의리를 따라서 순국함을 통하여 가까운 적으로 하여금 국가의 위엄을 두려워하여 굴복하게 함과, 인조(仁祖) 병자년(인조 14, 1636) 김문충공(金文忠公)[22]이름 상용(尙容), 호 선원(仙源)의 스스로 목을 맴과 정동계(鄭桐溪)[23]이름 온(蘊)의 할복과 삼학사(三學士)[24]홍익한(洪翼漢), 윤집(尹集), 오달제(吳達濟)의 도적을 꾸짖고 죽음

---

19 이순신(李舜臣, 1545~1598) : 조선 선조 때의 무신. 자는 여해(汝諧). 시호는 충무(忠武). 32세에 무과에 급제한 후에 전라좌도 수군절도사가 되어 거북선을 제작하는 등 군비 확충에 힘썼다. 임진왜란이 일어나자 한산도에서 적선 70여 척을 무찌르는 등 공을 세워 삼도 수군통제사가 되었다. 노량 해전에서 적의 유탄에 맞아 전사하였다. 저서에 『난중일기』가 있다.

20 조헌(趙憲, 1544~1592) : 조선 선조 때의 문신 · 의병장 · 학자. 자는 여식(汝式). 호는 중봉(重峯) · 도원(陶原) · 후율(後栗). 이이의 문인으로 기발이승일도설(氣發理乘一途說)을 지지하여 스승의 학문을 계승 · 발전시켰다. 임진왜란 때 옥천, 홍성 등지에서 의병을 일으켜 활약하였으나 금산에서 7백 의병과 함께 전사하였다. 저서에 『중봉집』이 있다.

21 고경명(高敬命, 1533~1592) : 조선 시대의 문인 · 의병장. 자는 이순(而順). 호는 제봉(霽峯) · 태헌(苔軒). 1558년 문과에 급제한 뒤 교리(校理), 동래 부사(東萊府使) 따위를 지냈다. 1592년 임진왜란이 일어나자 의병을 이끌고 금산(錦山)에서 왜군과 싸우다 전사하였다. 저서에 『제봉집』이 있다.

22 김상용(金尙容, 1561~1637) : 조선 중기의 문신. 자는 경택(景擇). 호는 선원(仙源) · 풍계(楓溪) · 계옹(溪翁). 인조반정 후에 대사헌, 형조 판서, 우의정을 지냈다. 병자호란 때 왕족을 호종하고 강화로 피난했다가 이듬해 강화산성이 함락되자 자살하였다. 작품에 「오륜가(五倫歌)」 5편, 「훈계자손가(訓戒子孫歌)」 9편 등이 있다.

23 정온(鄭蘊, 1569~1641) : 조선 중기의 문신. 자는 휘원(輝遠). 호는 동계(桐溪) · 고고자(鼓鼓子). 부제학을 지냈다. 병자호란 때 척화(斥和)를 주장하였으며, 이듬해 화의가 성립되자 벼슬을 버리고 은거하였다. 저서에 『동계집』 등이 있다.

24 삼학사(三學士) : 병자호란 때 중국 청나라에 항복하는 것을 반대한 세 사람의 학사. 홍익

으로 나아감을 통하여 멀리 있는 오랑캐로 하여금 나라의 영광을 우러르게 함과, 황제 광무(光武) 구년(고종 42, 1905) 을사 시월에 민충정공(閔忠正公)[25]이름 영환(泳煥)의 날카로운 칼로 자살함[26]과 조충정공(趙忠正公)[27]이름 병세(秉世)의 독약을 마시고 자살함[28]을 통하여 동쪽 땅에 있는 모든 생명으로 하여금 괴로움을 참고 견디게 함[臥薪嘗膽][29]은 모두 국가를 사랑하고 보호하는 정신으로 나온 것이다. 역대 충성스럽고 선한 신하의 해와 별과 같은 빛나는 의리와 고독한 절개는 어찌 다만 왕의 일에 힘을 다하고 사직을 편안히 하는 일시의 높은 공에 그치겠는가. 그 충성스럽고 굳센 혼백이 오랫동안 죽지 않아 오늘날 우리의 뇌수에 하나하나 정령을 내려주어 생겨나게 한 것이다. 제국 삼십년이 넘는 사이에 여러 나라와 우호의 약속을 체결함으로부터 외국의 사상이 국민 사이에 갑자기 일어나서 세계에 대치한 우리나라의 위치를 자각함에 이르니, 국민의 애국심은 여기에 한층 배가할 것이다. 하물며 우리의 나라를 사랑하는 마음은 오늘 처음 있는 것이 아니라 역사의 정수를

한 · 윤집 · 오달제를 이르는데, 모두 청나라에 붙잡혀 갔으나 끝내 굴하지 않고 저항하다가 살해되었다.

25 민영환(閔泳煥, 1861~1905) : 조선 고종 때의 문신. 자는 문약(文若). 호는 계정(桂庭). 특명전권 공사로 러시아 황제의 대관식에 특파되었고, 을사조약이 체결되자 조약의 폐기를 상소하였으나 뜻을 이루지 못하자 국민과 각국 공사에게 고하는 유서를 남기고 자결하였다.

26 민영환은 1905년(고종 42) 을사 11월 30일에 자결한다. 그러나 원문에는 10월이라고 나와 있으니, 신해영의 착오가 있는 듯하다. 민영환의 자살 시기는 양력으로 11월 30일인데 이것을 음력으로 전환하여도 11월 4일이 된다.

27 조병세(趙秉世, 1827~1905) : 조선 고종 때의 문신 · 순국열사. 자는 치현(穉顯). 호는 산재(山齋). 고종 26년(1889)에 우의정이 되었고, 갑오개혁 이후 은거하였다가 을사조약이 체결되자 조약의 무효를 상소하였으나, 뜻을 이루지 못하자 자결하였다.

28 여기에도 신해영의 착오가 있는 듯 한데, 조병세는 1905년(고종 42) 을사 12월 1일에 약을 먹고 자살한다.

29 와신상담(臥薪嘗膽) : 섶에 누워 쓸개를 맛본다는 것으로, 원수를 갚고자 고생을 견딤을 이르는 말.

모두 쌓아서 특별한 종류의 고유한 근성을 이루는 것은 당연하다.

애국심은 국민의 마음을 결합함

무릇 애국심은 국민의 마음을 하나로 돌아가게 하는 것이다. 애국심에 대해서는 사적인 원망도 없고 사적인 이익도 없고 사적인 다툼도 없어야 국민 전체의 위세가 이 마음으로부터 비로소 표현됨을 얻는다. 따라서 깊고 두터운 애국심을 보유한 국민은 천만인을 통하여 함께 해서 한 터럭도 허용할 여지가 없으니, 이것은 곧 전투를 하기 위한 진[戰陣]에 임하여 향하는 바에 대적할 자가 없게 되는 까닭이다.

애국심은 한 국가의 원기(元氣)

애국심의 성하고 쇠함은 곧 한 국가 원기의 사라짐과 자라남이 되는 것이다. 국가의 강하고 약함 및 쇠함과 융성함은 오로지 그 국민이 그 국가를 사랑하는 정신의 많고 적음에 있으니, 이것은 역사에 명백한 사실이다. 국가를 사랑하지 않는 백성은 곧 공적인 것으로써 사적인 것에 따라죽게 하는 백성이니, 공적인 것으로써 사적인 것에 따라죽게 하는 백성은 그 마음이 흩어지며 떨어질 것이다. 민심이 흩어지고 떨어지면 국가가 어찌 홀로 성립할 수 있겠는가. 하루아침에 안으로는 어지럽고 밖으로는 걱정거리를 만나면 흙이 무너지고 기와가 깨어짐에 이를 것이니, 이런 때를 맞아서 두세 명의 슬퍼하고 한탄하는 선비가 충성을 떨치고 의리를 따라서 이미 기울어진 큰 집을 하나의 나무로 지탱하고, 이미 역행하는 거친 물결을 한 손으로 바로잡아 돌이키고자 할지라도 시간이 늦어버림의 한탄을 헛되이 품을 것이니, 과거로부터 지금까지 망국의 말로가 거의 대부분 이와 같다.

애국심이 가장 두드러지게 드러나는 것은 국가에 일이 있는 때에 볼 수 있으니, 이런 시기를 당하여 국가의 명령이 한 번 아래로 내려가면 국민은 생명을 포기하고 국난에 용감하게 나아가야 한다. 오늘날은 병사를 불러 모음에 관하여 일정한 국법이 있기 때문에 한 사람의 사사로운 용기로 큰일을 망령되이 행동함이 옳지 않으니, 다만 징병의 명령이 있을 때에는 기쁘게 응하여 모이고 결단코 바삐 달아나거나 숨어버려서 공적인 일에 나아감을 도피해서는 안 되는 것이다. 만일 영광과 행운으로 군대의 대오에 편성된 자는 마땅히 용감하게 바로 앞에 나아가서 죽은 뒤에야 그칠 것이니, 사람이 세상에 태어나 한 번 죽지 아니하는 자가 누가 있겠는가. 마땅히 죽을 것에 죽으면, 죽어도 오히려 사는 것이다. 국가를 위하여 몸을 희생하여 이바지하며 왕실을 위하고 또는 후세 자손을 위하여 한 생명을 버리는 것은 진정한 제국 남자의 가장 명예로운 것으로 스스로 인정할 바이다.

외국을 배척하는 마음과 애국심

그러나 애국심이 있는 자는 그 행위가 종종 과격함에 빠지는 폐단이 있으니, 우리는 마땅히 신중함을 필요로 할 것이다. 하물며 고의로써 외국 사람을 경멸이 하는 것은 자기의 좁은 도량과 편견을 표시하는 것에 불과함이니, 결단코 문명국의 사람이 행동할 바가 아니다. 자신의 국가를 사랑한다는 것은 다른 국가들을 배척함에 있는 것이 아니고, 다만 자신의 국가의 독립과 행복을 사랑하고 보호하며 이것을 방해하는 자에 대하여 정당한 방어를 힘써 행함을 말하는 것이다.

평시의 애국심

애국심은 다만 국가가 특별한 때에 있어서만 발동하여 나타나는 것이 아니요, 일이 없는 때에 있어서도 또한 전쟁 때와 같이 분명히 나타냄이 옳은 것이니, 자기 한 몸의 이익을 얻고자 하는 마음을 버리고 국가를 위하여 도움이 되고 유익한 사업을 이룸은 곧 그 국가를 위한 것이다. 전쟁에 있어서 그 책임을 당한 자는 오로지 병사라 칭할 것이나 평소에 국가의 도움이 되고 유익한 것을 꾀하는 것은 어떠한 사람이라도 할 수 있는 것인데, 무릇 의무는 능력이 있는 바에 존재하니 따라서 국가의 이익을 계획하고 세상의 이익을 경영 관리하는 것은 국민의 고유한 의무인 것이다.

제4장 황실에 대한 의무

우리나라의 건국과 국가 체제

신성하시고 문과 무를 갖추신 우리 태조 고황제께오서 크고 넓은 하늘의 밝은 명을 받으셔서 넓고 큰 기초적 사업을 수도에 안정하게 하시어 우리 대한제국을 창건하심으로부터, 오랜 동안 한 줄기의 황족으로 역대 성왕이 서로 이어 받으시어 위아래 오백년이 넘게 끝이 없고 크신 왕위[曆服][30]를 계승하오시니, 여러 대를 지남에 있어서 도의 융성함과 쇠함 및 시대의 다스려짐과 어지러움이 없었던 것은 아니지만, 일찍이 국경에 적이 침입하였다는 경보의 예상치 못함을 통하여 영토가 줄어든 적이 없으며 궁내 재앙의 반란을 통하여 왕위의 더러움이 쌓인 것이 없으시고, 선왕의 전례를 자손에게 크게 드러내시며 천하의 행복과 즐거움을 신하와 백성과 함께 누리셔서 왕위 이십 팔대[31]에 황통이 끊이지 않으시고 황제의 나라를 다스리는 법도가 크고 넓으시니, 저 다른 여러 나라의 역사에 왕위를 폐하거나 사양함이 일정하지

---

30 역복(曆服) : 역(曆)은 역(歷)과 통용되는 의미가 있는데 이렇게 하면 역복(歷服)은 '구원한 사업, 곧 왕위'를 가리키며 번역문에서도 왕위로 풀이하였다.

31 조선으로부터 대한제국의 시기까지 왕은 태조에서 순종까지 27명이다. 여기서 28명이라고 한 것은 다른 의미가 있는 듯하다. 역자의 조사에 따르면, 본 번역서의 저본이 되는 이화여대 소장본의 경우 『윤리학 교과서』 권3, 권4에 해당하는 하편이 융희 2년(1908), 즉 순종의 시대에 인쇄되었다. 그런데 국립중앙도서관에 소장되어 있는 초판본의 경우 이 하편이 광무 10년(1906), 즉 고종의 시대에 인쇄되었다. 이 두 판본이 인쇄된 시기는 차이가 있으나, 저 본문에 해당하는 내용은 모두 "이십 팔"로 적혀 있다. 따라서 신해영이 『윤리학 교과서』를 집필하던 당시는 고종의 시대임을 유추할 수 있다. 그렇다면 정확히는 28이 아닌 26으로 해야 할 것이다. 이 부분은 신해영의 실수가 아니라면, 태조의 아버지와 할아버지 즉, 도왕(度王)과 환왕(桓王)이 포함된 것이라고 생각된다.

않고 혁명이 계속하여 일어나서 나라의 법과 제도가 근거가 없으며 왕이 나라를 다스리는 법도가 자주 끊긴 것과 서로 비교하면 쇠함과 융성함의 차별이 어찌 하늘과 땅에 비교할 뿐이겠는가. 오랜 시간 융성한 국운의 오늘날을 맞아서 우호적인 나라와의 화평하고 사이가 좋음은 평화로운 회합[衣裳之會][32]을 부드럽게 이루고, 다른 나라 신하의 축하하는 예식은 옥백의 예물이 끊임없이 이어져, 국가 체제의 높고 엄숙하심과 대권의 신성하심이 전 세계 여러 나라의 우러르고 흠모하는 바가 되시니, 우리 제국의 신하와 백성된 자는 역대의 깊고 두터우신 성왕의 계책과 황제의 선조들의 넓으면서도 먼 덕을 우러르고 체화하여 만에 하나라도 보답함을 스스로 기약해야 할 것이다.

황실의 큰 은혜

역대의 넉넉하고 두터우신 황제의 은혜는 감히 그 큰 계획을 기리기는 어려우나, 그 원대함을 말한다면 황제의 조상께오서 이 나라의 기초를 시작하심으로부터 오늘날에 이르고, 그 넓음을 말한다면 억조로부터 사해를 포함하여 멀리 다른 나라에 이르기까지 뻗어 미쳤도다. 하물며 정치와 종교가 두루 미치고 법전이 빛나게 갖추어져 크고 작은 것을 통틀어 빠짐이 없고 멀고 가까움을 한결같이 보심이 어떠하겠는가. 온 천하와 온 영토가 행복과 즐거움을 함께 누리고 오래살고 건강함을 고르게 얻음은 황실의 은혜로이 어루만지심과 자애로이

32 의상지회(衣裳之會) : 평화의 회합을 이르는 말.

길러주심이 아닌 것이 없으니, 그 광대하고 끝이 없으심이 높고도 높으시고 넓고도 넓으시어 하늘의 만물을 덮고 땅의 만물을 실음과 같으신 것이라 백성이 능히 이름 붙일 바가 아니다.

군주는 국가의 중심이다

무릇 군주는 국가의 중심이니 억조 신하와 백성의 기쁨과 슬픔이 연결되어 있는 것이다. 우리 인류된 자는 사회를 성립하고 국가를 조직함을 맞아서 반드시 사회와 국가를 통치하는 바의 주권자가 없어서는 안 될 것이니, 여기에서 작은 것은 존장이 있고 큰 것은 군주가 있어야 자못 한 가족 중에 가장이 있음과 같은 것이다.

단체에 군주가 있음은 천지의 큰 법칙이다

이와 같이 통치의 대권이 한 몸에 집중함은 단체의 결합으로부터 생기는 자연의 결과, 곧 천지자연의 큰 법칙이니 벌과 개미와 같은 것도 또한 우두머리가 있으며, 다만 생물계 뿐 아니라 태양계에 있어서도 태양이 중심에 있어서 여러 행성의 운행을 조화하는 지위를 점유하는 것이다. 한 나라의 군주도 또한 이와 같이 여러 사람의 위에 있어서 통치의 대권을 장악하니, 이것은 곧 백성의 행복을 증진함에 있어서 필요한 조건이 되는 것이다. 가령 공화민주정치 국가에 있어서도 반드시 대통령을 두는 것은 이런 이유로 나오는 것이요, 또 사회 평등이 실행하기 어려움은 곧 국가에 주권의 필요가 있는 까닭일 뿐 아니라, 군주와 신하의 구별은 천지자연의 조직으로 반드시 그러하게 생겨남을 이유로 하는 것이다.

황실과 신민(臣民)의 관계

하물며 우리나라의 국가 체제는 한 종류의 변하지 않는 특징이 있어서 군주와 신하의 관계는 다른 나라의 예로써 종류를 나누어 볼 것이 아니니, 이것은 우리 국민이 특별히 기억할 바이다. 이미 기술한 것과 같이 우리나라의 신하와 백성은 여러 외국들과 같이 일시적 세력의 결과로 계약을 맺거나, 혹은 강제로 핍박함으로써 다른 종류의 민족을 신하로 예속하게 하여 군주와 신하의 의를 나눔을 이룬 것이 아니다. 왕조 건국 이래로 군주와 황족이 국가 안에 번성하여 많아지시니, 우리 신하와 백성은 여기에 윤리가 서로 이어지고 기혈이 서로 섞여서 황실에서 갈라져 나온 종파[璿派]의 외손으로부터 나오지 아니한 자가 거의 드문데, 이것으로써 본다면 대한제국은 하나의 큰 황실 친척의 무리가 단결하여 국가를 형성하였다고 하여도 과언이 아닐 것이다. 그러함으로 우리나라에 있어서는 군주와 신하의 서로의 의리가 격식을 제외하고 특별히 친밀하니 마땅히 군주에게 충성하고 나라를 사랑함의 정신이 뿌리 깊은 성질로부터 흘러나오는 것이다.

한 가족과 한 국가

한 가족과 한 국가의 비교는 우리나라에 있어 가장 적절한 것이다.

우리 국가는 곧 같은 무리가 동거하며 단란히 지내는 한 가족이니, 황제 폐하는 곧 친가와 외가의 가장이시며 억조의 신하와 백성은 곧 친자식이며 외손인 것이다. 따라서 우리 신하와 백성된 자는 각각 가정에 있어서 조상과 부모를 봉양하는 바와 같이 한 국가에 있어서 황제 폐하를 봉양해야 하니, 이것은 곧 부모를 모시는 효도로써 임금을 모시면 곧 충성이 되는 까닭이다.

임금과 신하의 서로의 의리

이와 같이 우리 신하와 백성은 국가 전체가 하나의 종류로써 위아래가 같은 피가 흐르는 백성이 되기 때문에, 황실에 대한 의무에 있어서도 다른 국가의 신하와 백성에 비교하여 더욱 두텁고 간절하고 충성스러움을 필요로 할 것이다. 하물며 역대 성군께오서 황제의 조상과 황실의 큰 업적 및 고상한 덕을 이어 받으셔서 황국에 군림하시는데, 우리 신하와 백성의 조상은 모두 대대로 황실의 큰 은덕을 두텁게 입고 그 앞으로 받을 경사를 다시 대대 자손에게 전하고 드리워 이로써 오늘날에 이르렀으니, 우리의 자손도 또한 길고 멀리 황제의 자손의 성은을 입을 수 있어 장차 하늘과 땅과 함께 끝이 없음에 이를 것이다. 따라서 우리나라 군주와 신하의 서로의 의리는 결코 하루아침 하룻밤에 이루어진 것이 아니요, 멀리 건국한 동시로부터 유래하여 이 이후에 오랜 세월에 전하여 다다름이 옳은 것이다.

군주는 천하의 마음으로써 마음을 삼으시며 만백성의 기쁨과 슬픔으로써 한 몸의 이익과 손해를 삼으시는데, 따라서 역대 성왕께오서 어떤 경우에는 흉년을 당하시어 우리 백성의 기근을 오로지 불쌍히 여기시어 임금의 음식을 덜어 줄이시며, 어떤 경우에는 겨울밤에 있으시며 우리 백성의 추운 고생을 오로지 불쌍히 여기시어 임금이 입던 갖옷을 풀어 벗으시니, 날이 새기 전에 일어나 옷을 입고 해가 진후에 늦게 저녁을 드심[宵衣旰食][33]으로 국민 모두의 이익과 손해를 위하여 임금의 속마음의 번뇌하심이 저와 같이 깊고 두터우심은 우리 신하와 백성이 된 자의 아직 십분 보답하지 못한 것이다. 하물며 나라에 예상하지 못한 변이 있으면 황실의 연 경비를 감면하여서 국방을 친히 정비하시며, 나라에 큰 재앙이 있으면 황실 금고의 거액을 덜어서 베푸시어 어려운 백성을 친히 구휼하시니, 군주와 아버지의 백성과 아이를 자애로이 보호하시며 은혜로이 돌아보시는 한결같은 마음의 넉넉하고 두터우심은 산이 비록 높고 바다가 비록 깊으나 족히 이로써 비교하지 못할 것이다. 우리 신하와 백성된 자는 생각하고 생각하여 여기에 미침에 실로 감격하여 눈물이 줄줄 흐름을 스스로 깨닫지 못할 것이다.

순순히 따름은 신하와 백성의 첫 번째 의무이다

또 우리 신하와 백성의 생명과 재산으로부터 명예와 종교를 믿음에 이르기까지 안전함을 얻음은 군주의 통치하시는 도가 합당하심[中]을 원인으로 하는 것이니, 이것을 사람의 신체에 비유한다면 군주는 마

33 소의간식(宵衣旰食) : 날이 새기 전에 일어나 옷을 입고 해가 진후에 늦게 저녁을 먹는다는 것으로, 천자가 정사에 부지런함을 이르는 말임.

음 및 정신과 같으시며 신하와 백성은 팔다리 및 여러 신체와 같은 것이다. 팔다리와 여러 신체가 안전하고 건강할 수 있는 까닭은 오로지 중심됨이 마음과 정신의 지도 및 고르게 보호하는 것이 그 마땅함을 얻기 때문인데, 팔다리와 여러 신체 가운데에 만일 마음과 정신의 명하는 바를 따라서 행동하지 아니하는 것이 있는 때는, 마음과 정신은 그 목적을 달성하지 못할 것이며 몸 전체도 또한 이것을 통하여 활용하지 못할 것이니, 이는 곧 신하와 백성이 군주에 대하여 순순히 따르지 아니해서는 안 되는 까닭이다. 순순히 따름은 실로 신하와 백성된 자의 첫 번째 의무요 또 최대한의 미덕이니, 이것은 군주와 신하의 자연스러운 서로의 의리요 또 사회의 질서를 유지하며 국가의 행복과 이익을 증진하는 것이다.

충의와 용기 및 국가를 위해 일함

신하와 백성은 다만 순순히 따름에 그칠 뿐 아니라, 만일 일이 황실에 관련한 것이 있는 때는 국법이 허용하는 한계에 있어서 충의와 용기의 뜻 및 충성스럽고 선함의 정성으로 각각 황실의 방패와 성이 되어 몸이 부서지고 뼈가 가루가 되도록 노력함으로 스스로 처해야 할 것이니, 제국의 신하와 백성이 되어 황실을 위하여 한 목숨을 희생으로 이바지함은 실로 좋은 기회의 명예라 할 것이다.

국가와 황실의 관계

우리나라에 있어서는 황실은 국권이 존재하는 곳이요 통치의 본원이시니, 모든 법률과 명령은 황제께서 제정하시는 것이다. 유럽 여러 국가 중에 어떤 경우는 통치의 본체는 국가에 존재하고 군주는 다만 사용의 권리를 보유하기 때문에 국법을 정한 자가 있다하니, 이것은 우리 국가의 체제와 아주 상반되는 것이다. 우리나라에 있어서는 국가는 황위와 잠시도 서로 떨어지지 못하여 황위는 곧 국가의 생명이시니, 황실의 융성함과 쇠퇴함은 곧 국가의 융성함과 쇠퇴함이다. 황실이 없으면 제국이 없을 것이기에, 따라서 군주에게 충성함과 국가를 사랑함은 그 명칭은 서로 다르나 그 실제는 곧 동일한 것이다. 무릇 진정한 애국심이라도 이것을 집중하는 바의 극점이 없으면 산만하고 법도가 없어서 효과가 적을 것이니, 비유하건대 한 사물을 드는 자가 그 동력의 중심에 대하여 그 힘을 사용하지 아니하면 능히 십분의 효과를 보지 못함과 같은 것이다. 황실이 국가에 있음은 곧 큰 수레의 바퀴 축 및 광선의 초점과 동일하여 한 국가 활동의 중심이 되니, 따라서 참된 정성으로 국가를 사랑하는 자는 반드시 황실에 대하여 충성을 다해야 하는 것이다.

황실을 보호하고 돕는 방법은 다른 데에 있는 것이 아니라 국법을 준수하고 받들어 공공의 이익을 힘써 꾀하며 갑자기 일이 있는 때는 충의와 용기로 국가를 위해 일함에 있는 것이다. 우리 제국의 오늘날 융성한 국운은 역대 성군의 위업으로써 달성한 것이기 때문에, 이것을 보호하고 지키며 도와주고 호위하여 하늘과 땅과 함께 끝이 없게 함은 우리 신하와 백성의 당연한 의무이다. 이 목적을 달성하는 방법은 다만 한 몸을 수양하고 한 가족을 가지런히 하며 그 신체를 건강히 하고 그 산업을 안전히 하여 평소에 충성스럽고 용기 있는 정신을 함양함에 있는 것이다. 신하와 백성으로 하여금 문(文)만 숭상하고 유약함에 흘러서 상무의 기상이 결핍되고 충의로써 떨치고 일어남의 정신이 없게 하면, 마침내 국가는 시들고 쓰러짐[萎蘼][34]에 자연히 이르고 황실은 쇠퇴함에 자연히 귀착할 것이니, 그러면 곧 우리 신하와 백성은 군주와 국가에 대하여 충성과 의리를 다하지 못한 죄를 면할 수 없을 것이다.

34 위미(萎蘼) : 미(蘼)는 미(靡)로 바꾸어야 의미가 통할 것으로 보이는데, 위미(萎靡)는 '쇠퇴하다', '시들어 활기기 없다' 등의 의미가 있으며 번역문에서도 이와 같이 풀이하였다.

제5장 국제 관계의 의무

전 장에 있어서는 국가 및 황실에 대한 신하와 백성의 의무를 서술한 것이나 세계에 국가를 건설한 것이 하나에 그치지 아니하니, 여러 국가가 관계를 맺는 오늘날을 맞아서는 국가가 항상 여러 외국과 사이좋게 지내지 아니할 수 없기 때문에 상호간에 마땅히 행해야 할 의무가 없지 않다. 이것은 본래 국가 정치에 일을 맡아보는 자가 직접적으로 관계할 것이나, 모든 신하와 백성도 또한 그 핵심을 밝게 통하여 아는 것을 필요로 할 것이다.

한 명의 사람과 국가의 유사한 점

무릇 도덕으로 볼 때는 한 국가는 자못 한 사람과 같으니, 다만 이것은 한 명의 사람이요 저것은 한 명의 사람들의 집합체가 된 구별이 있을 뿐이다. 국가의 심성은 주권이니 이것이 곧 한 명의 사람과 같은 것이요, 국가의 의지는 법률이니 이것이 곧 한 명의 사람과 같은 것이요, 국가의 목적은 행복이며 국가의 생명은 독립 자유이니 이것이 곧 한 명의 사람과 같은 것이다. 기타 재산과 명예를 갖추고 있음이 조금도 한 명의 사람과 다름이 없는 것이다. 따라서 한 명의 사람이 그 생명과 재산 및 명예를 보전하는 권리가 있는 것과 같이 국가도 또한 그 독립과 재산 및 명예를 침해하지 못할 권리가 있다.

국가 상호간의 의무

무릇 독립과 평등의 지위를 각각 보유하여 그 권리를 서로 존중하는 것은 국가 상호간의 의무이니, 국가가 만일 다른 국가의 공격을 당할 때는 그 독립과 이익을 완전히 하기 위하여 정당 방어의 권리를 보유하는 것이 자못 한 명의 사람과 다르지 않은 것이다.

한 명의 사람과 국가의 구별

그러나 이 권리를 사용하는 바의 방법은 한 명의 사람과 국가 간에 드러나게 큰 구별이 있는데, 한 명의 사람이 폭력으로써 다른 사람의 폭력을 방어할 수 있는 것은 다만 법률의 보호를 필요로 함에 겨를이 없는 특별한 때에 한정되고, 평시에 있어서는 다만 국가의 수단을 빌려서 이 권리를 행할 수 있을 뿐이니 따라서 한 명의 사람을 보호하여서 부정한 행위를 꾸짖어 벌을 줄 수 있는 것은 국가이다. 그러나 국가에 있어서는 그렇지 아니하니, 하나의 권력이 각국을 견제하여 각국으로 하여금 그 제재와 판결에 복종하게 하는 것이 결코 없는 것이다. 만일 이와 같은 권력이 있다고 한다면 각국은 이미 독립의 주권을 잃은 것이라 말할 수 있을 것이다. 따라서 국가의 독립을 위해하고 명예를 훼손하며 재산을 침탈하는 것이 있는 때는 이것을 방어하며 꾸짖어 벌하는 것은 국가 자신이니, 소위 국제 공법(國際 公法)이란 것이 있으나 이것은 다른 법률과 같이 행사하는 바의 일정한 주권이 없기 때문에 그 핵심은 완전히 각 국가의 덕의심(德義心)에 존재하는 것이라고 말함이 옳다.

이와 같이 국가는 자기의 권리를 침해하는 바의 폭력에 대함에 또 한 폭력으로써 하여 자기의 이익을 보호하지 아니할 수 없을 것이니 전쟁이 곧 이것이다.

전쟁은 국가의 정당 방어이다

전쟁의 성질은 본래 정당 방어로 나온 것이나, 전쟁을 일으키는 권리는 국가 자유에 존재하고 다른 국가에 이것을 견제하는 바의 권력이 없기 때문에 그 이유가 반드시 정당하다 이르지는 못할 것이니, 이것은 과거와 지금의 역사상의 명확한 사실이요 또 국제 공법은 부정한 전쟁을 꾸짖고 벌하는 권력이 없고 다만 국가의 도의심에 맡김에 벗어나지 않는 것이다. 자국의 강대함을 믿어서 약소한 국가를 억압하며 자국의 이익을 위하여 다른 국가의 팽창함을 방해함은 그 행동거지의 부정함에 대해 다시 말할 바가 아니나, 세계의 오늘날의 실제 상황은 아직 완력을 전적으로 의지하니 순수한 도덕의 제재를 의지하여 국제의 관계를 조화하는 시대에 이르기까지는 앞길이 오히려 멀다 이를 것이다.

그러나 항상 국제 공법을 표준으로 하여 바른 이치와 공적인 도를 준수하여 정당한 이유가 아니면 감히 방패와 창을 움직이지 아니하는 국가는 진정 국가된 의무를 보호하고 지키는 것이니, 이것은 우리의 칭찬하고 상줄 바이다. 지금으로부터 일백 이십년 전에 북미합중국이 영국과 전쟁을 한 것은 그 폭력적이고 어그러진 정책을 제거하고 배척하여 자국의 독립을 유지함에 기인한 것이니, 그 바르고 큰 이유 및 의로운 용기의 정신은 세계 여러 나라의 감탄하는 바이다. 실로 오랜 세월의 의로운 전쟁이라 할 것이다.

전쟁의 목적은 승리에 있음

이미 전쟁이 시작된 부득이한 경우에 이른 때는 국가는 십분 완전한 수단을 예비하여 승리의 목적을 달성해야 함은 여기에서 쓸데없이 말할 것이 아니다. 그러나 그 수단은 다만 승리의 목적을 달성함에 그칠 뿐이요, 만일 승리에 필요함이 되지 아니하는 것은 가령 적국의 물건 하나라도 이것을 침해할 권리가 없다.

전쟁 중의 의무

적의 병사와 군에 딸린 사람을 살상하는 것은 적병의 전투력을 약하게 하는 이유에서 나온 것인 까닭에 반드시 정당한 권리라고 할 것이나, 무기를 휴대하지 아니한 자 가령 부녀자와 같은 자에 대해서는 결단코 위해를 가함이 옳지 않을 것이며, 사로잡은 포로는 가두어서 전쟁을 계속하지 못하게 하는 것이 충분하고 결단코 이 포로를 살육해서는 안 될 것이며, 적의 성곽과 보루는 이것을 파괴하는 권리가 있으나 전쟁에 관련되지 않는 건축물 등은 훼손해서는 안 되고 다만 보상금의 담보로 적국의 소유물을 점유할 뿐이며, 또 해상에 있어서는 적의 선함을 포획해야 하는 것이다. 여기에 다시 말하건대 적국의 재산을 점유하고 포획하는 권리는 모두 국가 주권에 존재하는 것이니,

병사와 군대에 종사하는 사람이 되어 이런 종류의 행위가 있는 것은 도둑질과 다르지 않다.

과거와 지금 전쟁의 구별

지나간 과거의 인류 문화가 미개한 때에 있어서는 전쟁에서 승리한 자는 적국의 자녀를 위협하여 빼앗고 재산을 함부로 탈취하며 가옥은 불살라 파괴하고 평원과 들은 황무지로 만들어 그 포악하고 사나운 행위가 이르지 않는 곳이 없었으니, 이것은 곧 전쟁에서 승리함의 위세를 타서 사사로운 욕심을 채우는 것이기에 크게 국가의 도의에 위배하는 것이다. 근세에 있어서는 각국이 서로 평화의 수단으로써 국제의 갈등을 결정함을 중요히 하고 부득이한 경우가 아니면 망령되고 어그러지게 방패와 창을 움직이지 않으며, 또 하루아침에 전쟁함을 선포할지라도 상호간에 국제의 도덕상 의무를 도탑게 지켜서 혹시라도 잔인하고 폭력적이며 가혹한 행위를 하지 않는 경향에 다다른 것은 곧 인도와 공정한 도리의 진보를 겉으로 드러낸 것이다.

국가와 국가의 관계는 각 국가들의 위에 서서 이것을 견제하는 주권이 없기 때문에 다만 각국 주권자의 판단을 의지하는 외에 다른 도리가 없는데, 이 국가들을 견제하는 주권이 없음을 타서 폭력으로써 정의를 유린하는 것은 그 국가가 비록 강대할지라도 결단코 국가의 영원한 명예를 이루는 것이 아니다. 무릇 각국 상호간에 도를 지키고 덕을 행하는 것이 한 명의 사람과 같음에 이르기 이전에는 세계의 도덕적 의무는 아직 원만하다 칭하지 못할 것이다.

국가를 이루는 것은 개인이니, 개인의 도덕이 완전무결하고 국가가 홀로 어찌 도가 아니게 되며 덕을 어그러뜨리게 됨이 있겠는가. 오늘날 국제 관계의 도덕이 아직 완전하지 못함은 필경 개인의 도덕에 있어서 이지러진 바가 있기 때문이다.

제6장 결론

무릇 도덕의 원리는 과거와 지금을 통하여 유일무이한 것이나, 이것을 한 국가와 한 사회에 적절하고 합당하게 베풀어 사용하는 사정에 이르러서는 그 풍속과 관습 및 역사와 국가 체제 등의 서로 다름을 따라서 각각 변경하지 아니할 수 없을 것이니, 이것은 우리의 가장 연구할 바이다.

도덕의 원리

도덕의 원리라 함은 무엇을 이르는가. 한 마디로써 포괄하자면 선한 행위를 장려하고 악한 일을 경계함에 있는 것이다. 무엇을 선한 행위라 말하며, 무엇을 악한 일이라 말하는가. 이것은 곧 윤리학의 근본적 문제이니 인생의 목적을 확실히 연구함이 아니면 해석하기 어려운 것이다.

인생의 목적

인생의 목적이라 하는 것은 무엇을 이르는 것인가. 원만한 행복이 곧 이것이다. 행복이란 것은 다만 입과 몸 및 귀와 눈의 욕망을 채움을 이르는 것이 아니요, 또한 선천적인 도덕의식[良知]과 하늘이 준 능력[良能]의 지극히 높은 만족을 이르는 것이니, 인생의 영화가 비록 극진할지라도 양심의 가책을 받음이 있으면 그 사람은 결단코 행복이 아닌 것이다. 따라서 원만한 행복은 쾌락과 도덕적 의무의 융화 일치를 필요로 하는 것이다.

행복을 구하는 방법

원만한 행복을 구하는 방법은 어디에 있는가. 인류의 천성을 완전히 발전함에 있는 것이다. 인성의 발전을 해치는 것은 악한 일이요 이롭게 하는 것은 선한 행위이니, 이것이 곧 도덕의 원리이다.

도덕의 원리와 이것을 실행하는 방법의 비교

그러나 그 국가가 서로 다르고 그 사람이 서로 다르면 이것의 원리를 실행하는 방법도 또한 서로 다른 것이니, 이런 까닭으로 세계의 여러 나라가 각각 특수한 사정이 있는 것이다. 따라서 저것으로써 이것을 추론하는 것은 도저히 어려운 것이요, 그 요점은 다만 인생의 목적을 균등히 함께 하여 도달함에 있는 것이다. 그러함으로 우리나라에는 스스로 우리나라 고유의 도덕이 있으니, 이것은 인종과 역사 및 국가 체제 등이 그렇게 시킨 바가 되기 때문에 우리 백성의 행복과 처음부터 끝까지 수반하여 결단코 서로 떨어지지 못하는 것이다.

우리나라 도덕의 기초와 표준

충성과 신의 및 효도와 우애는 우리나라 인륜의 기초요 공동 애국은 국민의 도덕적 의무의 표준이니, 혹 여기에 위반되는 윤리는 우리 국민의 필요한 바가 아니다. 따라서 사람의 정이 같지 않고 국가와 정치의 체제가 서로 다른 여러 외국의 편파적인 혹은 고정적인 국교나 도덕 등의 그 외형의 미관을 보고 일시 부러워하여 이것을 곧 우리나라에 이식하고자 함은 실로 우리나라 고유의 도덕이 있음을 알지 못하는 것이니, 이것은 사회주의(社會主義)의 이로운 일변을 보고 국가주의(國家主義)의 이로운(害)[35] 일변을 보지 못하는 것이다. 저 나라에 이익이 있는 것이 반드시 우리나라에 이익이 있는 것이 아니요, 그 요점은 한 국가의 특수한 성질에 알맞게 응하는지의 여부에 있으니, 이것은 국가주의의 도덕이 필요한 까닭이다.

국가적 도덕과 세계적 도덕

어떤 사람이 혹 국가주의의 도덕으로써는 좁아서 통하지 못한다고 하여 세계 평등의 원리로써 곧 실제에 시행하고자 하는 자가 있으니, 깊이 생각하지 아니함에 기인한 것이다. 오늘날에 거의 많은 국가가 세계에 수립함은 실로 각 국가 민족의 특성에 기인한 것이니, 그 근거가 깊고 커서 각기 특수한 성질을 보유하고 또한 각기 이익과 손해를 서로 다르게 하는 것이다. 그 이익과 손해를 서로 다르게 하는 국민에게 평등 일치의 도덕으로써 한다면 결단코 시행됨을 볼 수 없을 것이

35 『윤리학 교과서』 원문에는 글자가 해(害)로 되어 있기에 번역하면 '해로운 일변'이 되어야 할 것이나, 그렇게 하면 의미가 반대가 된다. 이 단락의 문맥상 해(害)는 리(利)가 되어 '사회주의의 이로운 일변은 보고 국가주의의 이로운 일변은 보지 못한다'는 의미가 되어야 할 것으로 보인다.

다. 이것을 시행하고자 함은 곧 한 국가의 특수한 성질을 인멸하는 것이요, 국민의 특수한 성질을 인멸함은 곧 국민이 없는 것이니, 국민이 없고 국가가 어찌 홀로 존재할 수 있겠는가.

세계와 국가 및 국가와 국민

무릇 우리는 세계의 일원된 자이나 동시에 국가의 한 백성이요, 우리는 세계에 주거하는 자이나 직접적으로 그 보호를 의지하는 곳은 국가인 것이다. 우리는 여기에 살아서 여기에 가족을 만들고 여기에 생명과 재산 및 명예의 안전함을 누리니, 우리의 행복은 세계의 준 바가 아니요 곧 국가의 은혜인 것이다. 그러함으로 우리는 백성이 되는 것에 있어서 어떠한 국가에서든지 가능한 것이 아니요 반드시 일정한 국가에 신하로 예속되지 아니할 수 없을 것이니, 이것은 우연히 그러한 바가 아니요 실로 우리의 특성과 서로 떨어지지 못할 관계가 있는 까닭이다.

따라서 국가는 원만한 행복을 누림에 있어서 인생의 잠시도 서로 떨어지지 못할 것이다. 우리는 국가를 의지하여 세계에 생활하는 자요 세계를 의지하여 국가에 생활하는 자가 아니니, 우리의 행복은 모두 국가의 행복에 수반되는 바이다. 따라서 인생의 목적을 이루고자 한다면 국가의 독립과 성대함을 계획하지 아니할 수 없는 것이니, 이것은 국가가 마땅히 실제 도덕의 표준이 됨이 옳은 까닭이다.

국민의 마음을 결합함은 국가의 성대함을 이룰 수 있는 까닭이다

국가의 성대함을 이룰 수 있는 까닭은 그 방법이 오직 하나가 있을 뿐인데, 국민의 사사로운 이해와 욕심으로 하여금 국가 공공의 이익에 복종하게 함에 있으며 또 국민으로 하여금 국가의 행복과 이익으로부터 유래하는 것을 제거한 이외에 개인의 행복과 이익이 없음을 깨우쳐 알게 함에 있으니, 자세히 말한다면 백성의 마음을 결합하여 국가를 위하여 힘을 다하게 함에 있는 것이다. 무릇 한 국가의 강하고 약함은 오로지 주요함이 민심 결합이 어떠한지에 있으니, 만일 민심이 어그러지고 떨어진다면 견고한 성채와 철로 만든 배라 할지라도 족히 의지하고 믿을 바가 아니요, 민심이 결합한다면 비록 백만의 강적이라도 족히 두려워하고 걱정할 바가 아닌 것이다.

민심을 결합하는 방법

민심을 결합하는 방법은 어디에 있는가. 민족의 특성에 기본하고 국가 체제의 중요한 뜻을 응하여 국민적 도덕을 확립함에 있는 것이다. 충성과 신의 및 효도와 우애 그리고 공동 애국은 우리나라 도덕의 표준이 됨이 옳은 것이니, 전자 즉 충신효제는 각 사람의 덕행을 닦아서 국가의 기초를 굳게 하는 것이요, 후자 즉 공동 애국은 국민의 의용심을 북돋아 길러서 예상하지 못한 위급을 준비하여 방어하는 까닭이다.

이미 국가로써 도덕의 표준을 삼는다면 사적인 덕은 마땅히 공적인 덕에 복종할 것이며 개인적 도덕은 마땅히 국가적 도덕에 양보할 것이니, 개인과 국가가 동등의 지위를 보유하여 서로 대한다면 국가의 통일과 민심의 결합은 도저히 바라지 못할 것이다.

그러나 국가의 도덕은 결단코 개인적 도덕에 위배되거나 어그러지는 것이 아니다. 개인은 가족을 이루고 가족이 사회를 이루며 사회가 국가를 이룸이 모두 인생의 목적을 달성하는 필요로 나온 것이니, 어찌 그 사이에 이익과 손해의 충돌이 생길 이유가 있겠는가. 국가에 이익이 있는 것은 개인이 또한 그 이익을 누리고 개인에게 손해가 있는 것은 국가가 또한 그 폐해를 받으니, 개인은 국가의 손해를 이유로 하여 일시의 사사로운 이익을 누릴지라도 그 해가 반드시 발길을 돌리지 아니하여 곧 이를 것이다. 개인의 행복과 이익은 국가와 함께 함이 아니면 결단코 오래 계속할 수 있는 것이 아니니, 따라서 국가의 이익과 손해는 곧 개인의 이익과 손해인 것이다.

국가적 도덕은 한 국가교육의 기초가 됨이 옳다

국가적 도덕은 반드시 한 국가교육의 기초가 되어야 하니 국가적 교육이 곧 이것이다. 국가 간의 무역 이래로 우리나라 인사가 유럽과 미국 및 일본의 문물을 채용하고 취함을 맞아서 장점과 단점을 불문하고 저 국가의 사물이기 때문에 모두 좋다하고, 동양과 우리나라의 사물은 모두 진부로 귀착한다하여 마침내 우리 제국 고유한 덕의 가르침까지 아울러 이것을 내버리고자 함에 이르니, 따라서 세상 사람들이 각기 보고 듣는 바에 미혹하여 왼쪽에 부딪치고 오른쪽에 섞여서 막연히 그 나아갈 바를 알지 못하는 것이다. 우리 지극히 인자하시고 지극히 자애로우신 대황제 폐하께오서 이것을 근심하시어 교육에 관하여 칙어를 자주 내리시고, 진정 가엾게 여기시어 충성과 신의 및 효도와 우애 그리고 공동 애국의 큰 도를 지시하셔서 국민으로 하여금 삼가 본보기로 삼는 바를 알 수 있게 하시니, 우리나라 신하와 백성된 자는 성왕의 뜻을 공경하고 받들어 이로써 국가적 교육의 좋은 결과를 들 것을 스스로 기약할 것이다. 지금에 우리나라는 이미 물질의 문명을 수입하여 일개 외형을 고쳐 새롭게 하였다. 여기에 맞대어 이음에 도덕의 나쁜 점을 고쳐 좋게 함으로써 하여, 국가 전체의 신하와 백성이 진정한 국가적 교육의 감화를 받아서 태어나 자란다면 국가 위엄의 떨쳐 일어남은 멀지 않게 기다릴 수 있을 것이다.

윤리학 교과서 권4 끝.

|찾|아|보|기|

영인

윤리학 교과서 上

倫理學敎科書 上

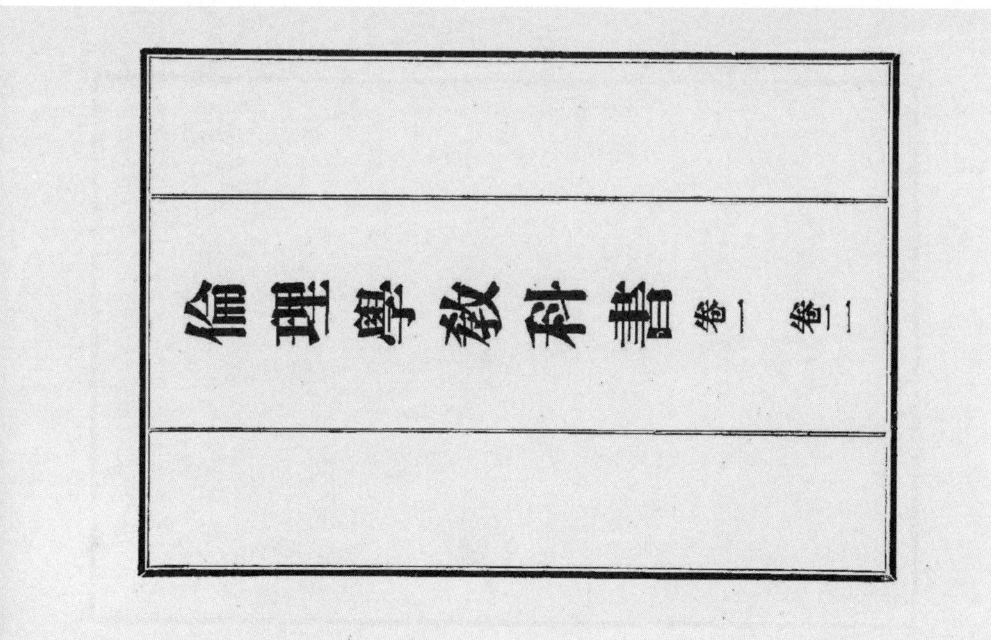
倫理學敎科書 卷一 卷二

倫理學教科書卷一目次

修身ᄒᆞᄂᆞᆫ道

倫理學敎科書卷二目次

家族의本務

親知의本務

例言

一 本書ᄂᆞᆫ卷一卷二卷三卷四의四卷으로써編成홈이라

一 本書ᄅᆞᆯ四卷으로써編成홈은大凡中學校修業期限의四學年을標準홈이니學者의學力程度ᄅᆞᆯ應ᄒᆞ야排年敎授홈이可홈이라

一 本書ᄅᆞᆯ敎授ᄒᆞᄂᆞᆫ諸彦은本文外에大學中庸論語小學五倫行實等諸書中으로브터今日本邦倫理에適切ᄒᆞᆫ道德及嘉言善行을採取補講홈이可홈이라

一 本書ᄂᆞᆫ每一學年에一卷을敎授코져홈인故로一學年의授業時數ᄅᆞᆯ大凡四十時間으로筭定ᄒᆞ고紙數ᄅᆞᆯ此에准ᄒᆞ야制限홈이니敎授ᄒᆞᄂᆞᆫ諸彦은此意ᄅᆞᆯ另諒홈이可홈이라

倫理學教科書卷一

申海永 編述

修身ᄒᆞᄂᆞᆫ道

第一章 總論

道德及倫理學

人이斯世에生ᄒᆞᆷ이當行ᄒᆞᆯ本務(本務ᄂᆞᆫ卽義務)가有ᄒᆞ니此ᄅᆞᆯ道德이라云ᄒᆞᄂᆞ니라然이나道德은偶然히躬行心得ᄒᆞᆯ바ㅣ아니오반다시感覺悟解의方法을因ᄒᆞᆯ지니倫理學은곳此의方法을吾人의게敎諭ᄒᆞᄂᆞᆫ學이니라

大凡事ᄂᆞᆫ終始가有ᄒᆞ고物은本末이有ᄒᆞ니故로

倫理學教科書卷一 修身ᄒᆞᄂᆞᆫ道 總論 一

倫理學教科書卷一 修身ᄒᆞᄂᆞᆫ道 總論 二

自身을修ᄒᆞᆷ은道德의初程이라

人의當行ᄒᆞᆯ本務곳道德은二個의道理가無ᄒᆞ나此ᄅᆞᆯ成就ᄒᆞᄂᆞᆫ方法에至ᄒᆞ야ᄂᆞᆫ先後의別이無치못ᄒᆞᆯ지라然則道德의教ᄂᆞᆫ何者로써爲先ᄒᆞᆷ이可ᄒᆞ뇨곳自身을修ᄒᆞᆷ이是니라

忠과孝ᄂᆞᆫ人倫의大道ㅣ니곳我韓國教의本領이라國民又ᄂᆞᆫ個人의德行을修得ᄒᆞᆷ이實로此二者에根基ᄒᆞᆷ이니此ᄂᆞᆫ곳吾人이造次間에도怠惰히ᄒᆞ지못ᄒᆞᆯ바ㅣ니라兄弟ᄂᆞᆫ友愛로써相讓ᄒᆞ고夫婦ᄂᆞᆫ和樂으로써相助ᄒᆞ고朋友ᄂᆞᆫ信義로써相交ᄒᆞᆷ이또ᄒᆞᆫ人의當行ᄒᆞᆯ道理며또社會에對ᄒᆞ야ᄂᆞᆫ

其理由

其職業을隨ᄒᆞ야本務를完全히ᄒᆞ고他人의生命及財産과名譽를尊重히ᄒᆞ야此를妨害치아니ᄒᆞᆷ을要ᄒᆞᆯ지며餘力이有ᄒᆞᆯ진대博愛의心으로公共의福利를計畫ᄒᆞᆷ이可ᄒᆞ니라ᄒᆞ믈며國家에對ᄒᆞ야ᄂᆞᆫ國家의定ᄒᆞᆫ바法律을遵奉ᄒᆞ야敢히背戾치아니ᄒᆞᆷ은更言ᄒᆞᆯ바ㅣ아니오一朝有事ᄒᆞᆫ時ᄂᆞᆫ公義를爲ᄒᆞ야一身을捐ᄒᆞᆷ이可ᄒᆞᆫ敵愾의氣를素養ᄒᆞᆯ지니라此ᄂᆞᆫ國民된吾人의當行ᄒᆞᆯ本務ㅣ니倫理學의講明ᄒᆞᄂᆞᆫ바ㅣ또ᄒᆞᆫ此에不外ᄒᆞ니라

然이나忠信孝悌와博愛義勇과其他公私一切의

本務에關ᄒᆞ야此를行得ᄒᆞᄂᆞᆫ基礎ᄂᆞᆫ總히自身에在ᄒᆞ니如何ᄒᆞᆫ美德과如何ᄒᆞᆫ高義라도다만此를知ᄒᆞᆯᄲᅮᆫ이오躬行치아니ᄒᆞ면厥初로브터不知ᄒᆞᆷ만ᄀᆞᆺ지못ᄒᆞ니라然ᄒᆞᆷ으로此를行코져ᄒᆞᆷ에ᄂᆞᆫ自身에素養을豫備ᄒᆞᆷ이可ᄒᆞ니故로道德의教ᄂᆞᆫ自身을修ᄒᆞᆷ으로ᄡᅥ爲先ᄒᆞᆫ所以니라

身을修ᄒᆞᆷ은百行의本이니自身을修치못ᄒᆞ면道德을實行ᄒᆞᆯ道理가無ᄒᆞᆫ지라大凡惡意를懷ᄒᆞᆫ者ᄂᆞᆫ善事를行得치못ᄒᆞ며私利를貪ᄒᆞᄂᆞᆫ者ᄂᆞᆫ公益을營爲치못ᄒᆞᄂᆞ니其心을自瞞ᄒᆞ고엇지他에對

自身을修ᄒᆞᄂᆞᆫ道

ᄒᆞ야誠實ᄒᆞᆫ者ㅣ有ᄒᆞ며其身을自重치아니ᄒᆞ고엇지他에對ᄒᆞ야敬愛ᄒᆞᄂᆞᆫ者ㅣ有ᄒᆞ리오故로道德을行홈에當ᄒᆞ야ᄂᆞᆫ本來忠孝等을重히녁이ᄂᆞᆫ바ㅣ나倫理의敎ᄂᆞᆫ반다시自身을修홈으로써爲先ᄒᆞᄂᆞ니라

身을修ᄒᆞᄂᆞᆫ道ᄂᆞᆫ一二에止치아니ᄒᆞ나然이나身体의健康을持保홈이곳第一의先務ㅣ니身体가强壯치아니ᄒᆞ면如何ᄒᆞᆫ事業이던지遂成ᄒᆞ기不能ᄒᆞᆫ所以니라

然이나知能을啓發치아니ᄒᆞ며才器를鍊磨치아

니ᄒᆞ면비록身体가强壯홀지라도ᄒᆞᆫ갓牛馬의使役을行홈에無過홀지니故로吾人은身体의康健을持保홈과홈씌智力의鍊磨를不怠히홈이可ᄒᆞ니라然이나비록學業이熟達홀지라도此를率ᄒᆞᄂᆞᆫ德性이無ᄒᆞ면其學業은도로혀悖德非道의行爲를助長ᄒᆞᄂᆞᆫ要件이될ᄲᅮᆫ이니라故로身体의康健과智力의鍊達과德性의涵養은身을修ᄒᆞᄂᆞᆫ道에在ᄒᆞ야恒常並行不悖ᄒᆞ야須臾間이라도偏廢치못홀바ㅣ니敎育에닐은바体育智育德育이곳是니라

要ᄒᆞᆫ건대吾人의當行ᄒᆞᆷ이可ᄒᆞᆫ道德上의本務ᄂᆞᆫ其種類가許多ᄒᆞ나其根基되ᄂᆞᆫ바ᄂᆞᆫ自身에不外ᄒᆞᄂᆞ니玆에自身의本務ᄅᆞᆯ先論ᄒᆞᆷ은반다시他에對ᄒᆞ야自身을自重ᄒᆞᆷ을爲ᄒᆞᆷ이아니오他에對ᄒᆞᄂᆞᆫ道德을完全케ᄒᆞᆷ을爲ᄒᆞᄂᆞᆫ準備됨을了知ᄒᆞᆷ이可ᄒᆞ니라

第二章 體育

体育

諸般道德은自身에基因ᄒᆞᆷ과ᄀᆞᆺ치自身을修ᄒᆞᄂᆞᆫ道ᄂᆞᆫ体育으로써根基ᄅᆞᆯ삼ᄂᆞ니라

德行과健康

忠과孝ᄂᆞᆫ人倫의大道ㅣ나身体가健全치아니ᄒᆞ

면엇지此의本務ᄅᆞᆯ行得ᄒᆞ리오大凡兵役은國家에對ᄒᆞ야臣民의第一義務어ᄂᆞᆯ身体가虛弱ᄒᆞ야服役에不堪ᄒᆞ면엇지其義務ᄅᆞᆯ履行ᄒᆞ며ᄒᆞ믈며一朝에大事가有ᄒᆞᆫ時ᄂᆞᆫ義勇의志로國難에赴ᄒᆞᆷ은臣民一般의大義어ᄂᆞᆯ萬一身体가健全치못ᄒᆞ야馳驅에不堪ᄒᆞ면엇지其義務ᄅᆞᆯ行得ᄒᆞ리오父母에對ᄒᆞ야셔도亦然ᄒᆞ니脆弱ᄒᆞᆫ人은비록心志ᄅᆞᆯ勞瘁ᄒᆞ야도孝養의道가能히如意치못ᄒᆞ야其結果가往往悖倫의徒와同一ᄒᆞᄂᆞ니ᄒᆞ믈며父母ᄂᆞᆫ其子의疾을憂ᄒᆞ야其志가傷ᄒᆞᆷ이리오

다만忠孝에在ᄒᆞ야然ᄒᆞᆯ뿐아니라凡百의行爲가一이라도身体의健全ᄒᆞᆷ을相須치아니ᄒᆞᆷ이無ᄒᆞᄂᆞ니故로德行을修ᄒᆞ며公義를養ᄒᆞ야人倫의本務를完全히ᄒᆞ고져ᄒᆞᆯ진대반다시身体의健康ᄒᆞᆷ을持保ᄒᆞᆷ이可ᄒᆞ니라

智育과健全

智育도ᄯᅩᄒᆞᆫ体育을相須ᄒᆞ야完全ᄒᆞᆷ을可期ᄒᆞᆯ지니健康ᄒᆞᆫ精神은健康ᄒᆞᆫ身体에止ᄒᆞᆫ다ᄒᆞᆷ이實로千古의格言이라人이眞實로天痴와癲狂이아니면學ᄒᆞ야知得치못ᄒᆞᆯ知識이無ᄒᆞ며習ᄒᆞ야通達치못ᄒᆞᆯ業務가無ᄒᆞᄂᆞ니其奏效의與否ᄂᆞᆫ体力의

能堪與否를因ᄒᆞᄂᆞᆫ바ㅣ多ᄒᆞᆫ지라世에非凡ᄒᆞᆫ天才를抱ᄒᆞ며有爲의器量을懷ᄒᆞ고도身体의孱弱ᄒᆞᆷ을因ᄒᆞ야凡庸의列에墜落ᄒᆞ야憂嘆ᄒᆞᄂᆞᆫ者ㅣ不少ᄒᆞ니吾人의크게鑑戒ᄒᆞᆯ바ㅣ라彼學生輩가英年에天札ᄒᆞ며半途에廢學ᄒᆞᄂᆞᆫ者ᄂᆞᆫ足히擧論ᄒᆞᆯ바ㅣ아니니라

各人의一身은單히其人의所有ᄒᆞᆫ바ㅣ아니라

吾人의一身은다만自己의所有로思ᄒᆞᆷ이不可ᄒᆞ니萬一離羣絶俗ᄒᆞ야窮山荒野에獨居ᄒᆞᆯ志를懷ᄒᆞ면己어니와家族中에生育ᄒᆞ며社會間에存在ᄒᆞ며國家下에住居ᄒᆞᆫ以上은君에對ᄒᆞ야서ᄂᆞᆫ臣

身体의健康홈을維持홈에必要ᄒᆞᆫ箇條

民이되고父母에對ᄒᆞ야셔ᄂᆞᆫ子女가되며夫妻兄弟朋友師弟間에ᄯᅩᄒᆞᆫ特殊ᄒᆞᆫ本務가各有ᄒᆞᆫ지라故로吾人은家族社會國家에對ᄒᆞ야반다시身体의健康홈을完全히ᄒᆞᆯ義務가有ᄒᆞ니若夫自身의健康與否가他에關與ᄒᆞᆫ바ㅣ아님으로思ᄒᆞᄂᆞᆫ者ᄂᆞᆫ無道의甚ᄒᆞᆫ者ㅣ라謂ᄒᆞᆯ지니라

吾人의身体ᄂᆞᆫ幼穉ᄒᆞᆫ時에在ᄒᆞ야ᄂᆞᆫ父母의게一任홈이可ᄒᆞᆫ바ㅣ나임의長大ᄒᆞ야十三四歲에至ᄒᆞᆫ時ᄂᆞᆫ他의關與를不俟ᄒᆞ고스ᄉᆞ로銘心홈이可ᄒᆞ니今에其主要ᄒᆞᆫ事項을擧ᄒᆞᆯ진대第一飮食을

節約히ᄒᆞᆯ事第二身体와衣服을精潔히ᄒᆞᆯ事第三運動을不怠히ᄒᆞᆯ事第四寢睡에限度가有ᄒᆞᆯ事第五精神을恒常淸快ᄒᆞ게ᄒᆞᆯ事等이니라

節食

少壯ᄒᆞᆫ時를當ᄒᆞ야吾人의健康홈을最害ᄒᆞᄂᆞᆫ바ᄂᆞᆫ飮食等을節約히아니홈보다甚ᄒᆞᆫ者ㅣ無ᄒᆞ니本來發育의鼎盛ᄒᆞᆫ少壯時에在ᄒᆞ야ᄂᆞᆫ飮食을節制홈이老年과ᄀᆞᆺ치嚴密ᄒᆞᆫ憂慮를不要ᄒᆞ나暴飮過食에至홈은深愼홈을宜加ᄒᆞᆯ바ㅣ라食慾이旣滿ᄒᆞᆫ後에美味를尙貪홈은少年間에每見ᄒᆞᄂᆞᆫ바ㅣ니此ᄂᆞᆫ其人이有害홈을能知ᄒᆞ면셔美味에誘

惑ᄒᆞᆫ바ㅣ되여節食치못ᄒᆞᆫ弊에自至ᄒᆞᄂᆞᆫ바ㅣ라此等의事로브터맛참내自己의慾望을節制치못ᄒᆞᄂᆞᆫ慣習을馴致ᄒᆞ면其害의所及이엇지身体의健康을戕害ᄒᆞᆷ에만止ᄒᆞᆯᄲᅮᆫ이리오微小ᄒᆞᆫ事와如ᄒᆞ나吾人의深戒ᄒᆞᆯ바ㅣ니라ᄯᅩ少壯時에ᄂᆞᆫ菓子와果實等을間食ᄒᆞ야定時의食量을減損ᄒᆞᆷ이每多ᄒᆞᄂᆞ니此亦弊害의慣習이라醫師의言을據ᄒᆞᆯ진대成長後에胃病으로呻吟ᄒᆞᆷ은此等의原因으로鍾生ᄒᆞᆷ이每多ᄒᆞ다ᄒᆞ니라飮酒와吸烟은害多利少ᄒᆞᄂᆞ니特히飮酒ᄂᆞᆫ些少醺醉ᄒᆞᆫ즉忽地에心

神을攪亂ᄒᆞ야自制力을竟失케ᄒᆞᄂᆞᆫ故로찰하리自初로不飮ᄒᆞᆷ만ᄀᆞᆺ지못ᄒᆞ니라吸烟ᄀᆞᆺᄒᆞᆫ者ᄂᆞᆫ다만慣習上으로브터嗜好ᄒᆞᄂᆞᆫ바ㅣ라故로少壯時에ᄂᆞᆫ此等의慣習을嚴密히自絶ᄒᆞᆷ이可ᄒᆞ니라烟草의毒害됨은一本의卷烟에含有ᄒᆞᆫ毒性으로써二十首의雀을能히殺害ᄒᆞᆫ다ᄒᆞᄂᆞᆫ博物者의一言으로써証明ᄒᆞᆷ이足ᄒᆞ니라然이나近時에閭巷間幼穉輩가多數吸烟ᄒᆞ야滔滔成習ᄒᆞᆷ은社會一般에對ᄒᆞ야實로痛惜ᄒᆞᆫ바ㅣ니라

一種의慣習은他의慣習으로써能히治祛ᄒᆞᆷ을得

ᄒᆞᄂᆞ니暴飮過食等은一種慣習에不外홈으로써其慾望을漸次節制홈을依ᄒᆞ야맛ᄎᆞᆷ내全体矯正홈을可得홀지니라

清潔

清潔은衛生上에ᄀᆞ장銘心홀바ㅣ라清潔의本源은各自의身体에在ᄒᆞ니身体가임의清潔ᄒᆞ면染汚의衣服을纏身홈에不忍홀지며身体와衣服이홈씌清潔ᄒᆞ면家屋과庭園도ᄯᅩᄒᆞᆫ清潔홀지니如許ᄒᆞᆫ人이羣居ᄒᆞ야村을成ᄒᆞ며面과市를成ᄒᆞ면다만個人의健康을裨益케홀ᄲᅮᆫ아니라諸種傳染病의害毒을能免홀지니라

衣服과身体의清潔은다만肉体의健康을持保홈에大切홀ᄲᅮᆫ아니라其人의外觀을美麗케ᄒᆞ며ᄯᅩ善良ᄒᆞᆫ慣習을長養홈으로써精神上에裨益홈이不少ᄒᆞ니라不潔ᄒᆞᆫ人은汚穢物을身에塗附홈과ᄀᆞᆺ홈으로他人의게對ᄒᆞ야禮儀를自失ᄒᆞᆫ者ㅣ나恒常清潔홈을不怠히ᄒᆞᄂᆞᆫ人은平素에秩序가有ᄒᆞᆫ勞動과精密ᄒᆞᆫ注意에馴習이됨으로써不識不知間에小心勤勉ᄒᆞ야凡事를做去ᄒᆞᄂᆞᆫ善良ᄒᆞᆫ慣習을成得ᄒᆞᄂᆞ니大凡外体로브터內心을矯制홈은德性을養得ᄒᆞᄂᆞᆫ妙訣이니라

運動

運動은衛生上에欠闕치못홀바ㅣ니運動은消化의機能을專助ᄒᆞ며血液의循環을利導ᄒᆞ고ᄯᅩ心神을爽快케ᄒᆞᄂᆞᆫ効力이有ᄒᆞ니라人이萬一逸居坐臥ᄒᆞ야運動이少無ᄒᆞᆫ時ᄂᆞᆫ心身이不快ᄒᆞ며食慾이頓減ᄒᆞ고血色이並衰ᄒᆞ야元氣가ᄯᅩᄒᆞᆫ潛銷ᄒᆞᆷ에自至ᄒᆞᄂᆞ니故로精神을恒勞ᄒᆞ고時間을恒惜ᄒᆞᄂᆞᆫ人은ᄀᆞ장運動을不怠히ᄒᆞᄂᆞ니라運動에消費ᄒᆞᄂᆞᆫ時間은暫見ᄒᆞ면或無益ᄒᆞᆷ과ᄀᆞᆺᄒᆞ나勉學ᄒᆞᄂᆞᆫ人의게必要ᄒᆞᆷ이勞動ᄒᆞᄂᆞᆫ人의休憩ᄒᆞᆷ과ᄀᆞᆺᄒᆞ니라

運動의本意ᄂᆞᆫ身体機能의活動ᄒᆞᆷ을幫助ᄒᆞ고兼ᄒᆞ야勉學人의元氣ᄅᆞᆯ長養ᄒᆞᆷ에在ᄒᆞᆫ지라故로其限度ᄅᆞᆯ超過ᄒᆞ야도로혀身体ᄅᆞᆯ疲勞케ᄒᆞᆷ은不可ᄒᆞ니飮食에限度가有ᄒᆞᆷ과ᄀᆞᆺ치運動에도ᄯᅩᄒᆞᆫ制限이有ᄒᆞᆷ을恒常着念ᄒᆞᆷ이可ᄒᆞ니라然이나靑年의學生이往往球戱와端艇等의過度競爭으로도로혀健全ᄒᆞᆫ身体ᄅᆞᆯ毁傷ᄒᆞ야難治의病祟ᄅᆞᆯ釀成ᄒᆞᆷ은곳運動의本意ᄅᆞᆯ忘却ᄒᆞᆷ이라謂ᄒᆞᆯ지니라

ᄒᆞ믈며運動은吾人의精神을爽快히ᄒᆞᆷ에特大ᄒᆞᆫ功効가有ᄒᆞᄂᆞ니精神이鬱積ᄒᆞ야快快無樂ᄒᆞᆫ時

ᄂᆞᆫ事物에接觸ᄒᆞᆯ時마다不快ᄒᆞᆫ心緖가自生ᄒᆞ야振作ᄒᆞᆯ道理가無ᄒᆞᄂᆞ니此時ᄅᆞᆯ際ᄒᆞ야何事ᄅᆞᆯ做得ᄒᆞ리오心地의活潑與否ᄂᆞᆫ多少間其人의性格을因ᄒᆞᄂᆞᆫ바ㅣ나其体機의調和ᄅᆞᆯ缺損ᄒᆞᆷ이主要된原因이니此時ᄅᆞᆯ當ᄒᆞ야郊外에暫時散步ᄒᆞᆷ은吾人의身神으로ᄒᆞ야곰特地에快活케ᄒᆞ며或은業務에樂就ᄒᆞᆷ을興起ᄒᆞᆷ도되ᄂᆞ니라또休暇時ᄅᆞᆯ當ᄒᆞ야名山大川에跋涉周覽ᄒᆞᆷ은精神을修養ᄒᆞᆷ에偉大ᄒᆞᆫ効力이特有ᄒᆞᆫ바ㅣ니라

寢睡의限度

寢睡에限度가有ᄒᆞᆷ은또ᄒᆞᆫ身体의健康을持保ᄒᆞᆷ

에欠闕치못ᄒᆞᆯ바ㅣ니發育의鼎盛ᄒᆞᆫ少壯時에在ᄒᆞ야ᄂᆞᆫ尤然ᄒᆞᆫ바ㅣ니라世俗의學生輩가勉學에過度ᄒᆞᆫ熱心으로往往寢睡의時間을減殺ᄒᆞ야甚至於徹曉讀書ᄒᆞᄂᆞᆫ者ㅣ多ᄒᆞ니ᄆᆞ장深愼ᄒᆞᆯ바ㅣ니라寢睡의充分치못ᄒᆞᆷ으로身体가衰弱ᄒᆞ야맛ᄎᆞᆷ내許多의病根을釀成ᄒᆞᄂᆞᆫ者ㅣ世間에其例不少ᄒᆞᆯ뿐아니라如斯ᄒᆞᆫ身体로勉學에强從ᄒᆞᄂᆞᆫ時ᄂᆞᆫ其利害得失이如何ᄒᆞ뇨ᄒᆞᆷ은率爾히判定키難ᄒᆞ니라寢睡가不足ᄒᆞᆫ時ᄂᆞᆫ身体의一般機能이衰弱ᄒᆞᆷ으로써精神이또ᄒᆞᆫ瞢然不明ᄒᆞᄂᆞ니此로써

終日토록凭几兀兀ᄒᆞ나其得ᄒᆞᆫ바結果ᄂᆞᆫ寢睡ᄅᆞᆯ充分히ᄒᆞᆫ後의半日工夫에不及ᄒᆞᆯ지니라然이나寢睡ᄅᆞᆯ過度히ᄒᆞᆷ도ᄯᅩᄒᆞᆫ心身을惰弱케ᄒᆞᄂᆞᆫ害가有ᄒᆞᆷ을記憶ᄒᆞᆷ이可ᄒᆞ니라

精神을恒常爽快케ᄒᆞᆷ도ᄯᅩᄒᆞᆫ身体의健康을保全ᄒᆞᆷ에欠闕치못ᄒᆞᆯ바ㅣ니라精神이沉鬱ᄒᆞᆫ時ᄂᆞᆫ珍餐이不甘ᄒᆞ며血色이萎凋ᄒᆞ야夜眠을不成ᄒᆞ야맛츰내膏肓의疾을釀成ᄒᆞᄂᆞ니此ᄂᆞᆫ吾人의常見ᄒᆞᄂᆞᆫ바ㅣ니라人生이本來歡樂의事만有ᄒᆞᆫ바ㅣ아니나반다시精神을爽快히ᄒᆞ야小事의如意치

못ᄒᆞᆷ에煩悶ᄒᆞᆷ을不要ᄒᆞ고恒常心氣의怡悅케ᄒᆞᆷ을力行ᄒᆞᆯ지니如斯히ᄒᆞᆫ後에비로소濶達有爲의性格을養得ᄒᆞᆯ지니라

自殺의不可

身体의健康을持保ᄒᆞᆷ은家族社會와밋國家에對ᄒᆞᆫ吾人의義務가됨으로써私情과私忿을因ᄒᆞ야自殺ᄒᆞᄂᆞᆫ等事ᄂᆞᆫ罪惡의最大ᄒᆞᆫ바ㅣ됨은更言ᄒᆞᆯ바ㅣ아니어ᄂᆞᆯ世俗의人이自殺로써一切의罪惡을消滅ᄒᆞᆷ에足ᄒᆞᆷ으로思ᄒᆞᄂᆞᆫ者ㅣ或有ᄒᆞ니此ᄂᆞᆫ곳哀憐의情으로써正義의理ᄅᆞᆯ沒ᄒᆞᄂᆞᆫ者ㅣ니라然이나國家公共의利益을爲ᄒᆞᆷ에ᄂᆞᆫ一身을犧牲

으로供ᄒᆞᄂᆞᆫ思想이無치못ᄒᆞᆯ지니此ᄂᆞᆫ所謂志士仁人이身을殺ᄒᆞ야仁을成ᄒᆞᄂᆞᆫ바ㅣ니吾人이平生에身体健康을維持ᄒᆞᄂᆞᆫ本務가有ᄒᆞᆷ은實로如斯ᄒᆞᆫ事情을遭遇ᄒᆞ야其本務를完全히ᄒᆞ고져ᄒᆞᆷ에不外ᄒᆞᆷ이니라萬一身이貧苦에見迫ᄒᆞ야生在ᄒᆞᆷ이世에無益ᄒᆞᆷ으로써찰하리死ᄒᆞᆷ만ᄀᆞᆺ지못ᄒᆞ다思ᄒᆞᄂᆞᆫ者ㅣ有ᄒᆞ니其心事가甚히哀憐ᄒᆞᆫ바ㅣ無ᄒᆞᆷ은아니나其弱志薄行은深咎치아니치못ᄒᆞᆯ지라如斯ᄒᆞᆫ時를當ᄒᆞ야ᄂᆞᆫ百折不屈의志를堅守ᄒᆞ야困難을除排ᄒᆞ고幸運을挽回ᄒᆞᆷ을務圖ᄒᆞᆯ지

니精神이一到ᄒᆞ면何事를不成ᄒᆞ리오窮廬에蟄居ᄒᆞ야空自悲嘆ᄒᆞᆷ은有爲男子의不取ᄒᆞᄂᆞᆫ바ㅣ니라

第三章　朋友慣習과밋勤勉

人은模倣的動物

人은模倣的動物이라幼少ᄒᆞᆷ에在ᄒᆞ야家庭中에愛養ᄒᆞᆯ時ᄂᆞᆫ父母를模倣ᄒᆞ고漸長ᄒᆞ야家庭外에出遊ᄒᆞᆯ時ᄂᆞᆫ朋友를模倣ᄒᆞᄂᆞ니家庭의教育은幼少者自身에干與ᄒᆞᆯ바ㅣ아니나朋友의選擇은吾人自身에當任ᄒᆞᆫ바ㅣ니라

朋友ᄂᆞᆫ吾人智德上에深切ᄒᆞᆫ感化力이有ᄒᆞᆫ바ㅣ

니譬컨대水ᄂᆞᆫ器의方圓을隨ᄒᆞ야其形이有異ᄒᆞᆷ
과ᄀᆞᆺ치人은友의善惡을隨ᄒᆞ야其行이相分ᄒᆞᄂᆞᆫ
지라故로其交遊ᄒᆞᄂᆞᆫ바의朋友로因ᄒᆞ야其人을
知ᄒᆞᆷ이可ᄒᆞ니白은朱와相混치아니ᄒᆞ며賢者ᄂᆞᆫ
愚人과相交치아니ᄒᆞ고善良ᄒᆞᆫ人은邪惡ᄒᆞᆫ輩로
友로아니ᄒᆞᆷ으로ᄡᅥㅣ니라
人은羣居의動物이라朋友ᄅᆞᆯ求ᄒᆞᆷ은本來孤獨ᄒᆞᆷ
을厭惡ᄒᆞᄂᆞᆫ常情으로出ᄒᆞᆫ바ㅣ나其感化力의關
係가如許ᄒᆞᆷ을思ᄒᆞᆯ진대交遊ᄅᆞᆯ選擇ᄒᆞᆷ에特別히
銘心ᄒᆞᆷ을要ᄒᆞᆯ지니라

益友와 損友

大凡朋友에益友와損友의二種이有ᄒᆞ니我보다
智德의優ᄒᆞᆫ者ᄅᆞᆯ益友라云ᄒᆞ고劣ᄒᆞᆫ者ᄅᆞᆯ損友라
云ᄒᆞᄂᆞ니吾人은반ᄃᆞ시益友ᄅᆞᆯ親近히ᄒᆞ고損友
ᄅᆞᆯ踈遠히ᄒᆞᆯ지니라平素에智가秀ᄒᆞ고德이高ᄒᆞᆫ
人은交ᄒᆞ면知치못ᄒᆞᆫ바ᄅᆞᆯ自覺ᄒᆞ며足지못ᄒᆞᆫ바
ᄅᆞᆯ能補ᄒᆞ야欽仰ᄒᆞᄂᆞᆫ心으로我도佐ᄒᆞᆫ其人과ᄀᆞᆺ
ᄒᆞᆷ을希望ᄒᆞᄂᆞ니故로不識不知中에我의德도漸
進ᄒᆞᆷ이芝蘭의室에入ᄒᆞ야其香을薰染ᄒᆞᆷ과ᄀᆞᆺᄒᆞ
니라然이나愚昧鄙野ᄒᆞᆫ人과親近ᄒᆞ면許久間에
其惡臭ᄅᆞᆯ不感ᄒᆞᆷ이鮑魚의肆에入ᄒᆞᆷ과ᄀᆞᆺᄒᆞ야不

識不知間에我도또ᄒᆞᆫᄒᆞᆷ씌墮落ᄒᆞᆷ에至ᄒᆞᄂᆞ니라또敦厚忠信ᄒᆞ야我의意ᄅᆞᆯ忤逆ᄒᆞᆯ지라도能히我의過失을攻修ᄒᆞᄂᆞᆫ者ᄂᆞᆫ곳益友라謂ᄒᆞᆯ지며諂諛輕薄ᄒᆞ야我의意ᄅᆞᆯ阿迎ᄒᆞ야惡으로誘導ᄒᆞᄂᆞᆫ者ᄂᆞᆫ곳損友라謂ᄒᆞᆯ지라孔子도巧言令色이仁ᄒᆞᆫ者ㅣ鮮ᄒᆞ다云ᄒᆞ얏스니友ᄅᆞᆯ擇ᄒᆞᄂᆞᆫ者ㅣ深愼ᄒᆞᆷ이可ᄒᆞ니라

慣習

慣習은友ᄅᆞᆯ交ᄒᆞᆷ과ᄀᆞᆺ치人의性格을化成ᄒᆞᆷ에至大ᄒᆞᆫ關係가有ᄒᆞᆫ바ㅣ니라大凡人心은物을應ᄒᆞ야移ᄒᆞᄂᆞᆫ지라故로文墨을見ᄒᆞ면詩ᄅᆞᆯ思ᄒᆞ고絲

習成性

竹을見ᄒᆞ면聲音을思ᄒᆞᄂᆞ니ᄒᆞ믈며思想이아즉固定치아니ᄒᆞᆫ少壯時에在ᄒᆞᆷ이리오故로日常親接ᄒᆞᄂᆞᆫ바의外物은不識不知間에其精神에浸潤ᄒᆞ야許久積習ᄒᆞ면맛ᄎᆞᆷ내堅牢不拔ᄒᆞᆷ에至ᄒᆞᄂᆞ니所謂習與成性이곳是라故로吾人은맛당히慣習을戒愼ᄒᆞᆷ이其友ᄅᆞᆯ擇ᄒᆞᆷ과ᄀᆞᆺ치ᄒᆞᆯ지니라

大河ᄂᆞᆫ小流로브터其深을成ᄒᆞ며人性은慣習으로브터其癖을成ᄒᆞᄂᆞ니라米國의一囚徒가死刑에處ᄒᆞᆷ을當ᄒᆞ야其罪ᄅᆞᆯ懺悔ᄒᆞ야曰我가極罪ᄅᆞᆯ犯ᄒᆞᆷ에至ᄒᆞᆷ은少時에在ᄒᆞ야每朝에寢床을離ᄒᆞᆷ

에果斷이無ᄒᆞᆫ原因이라ᄒᆞ니寢床을離ᄒᆞᆷ에果斷의有無ᄂᆞᆫ一見ᄒᆞᆷ이甚히些細ᄒᆞᆫ事ㅣ라足히介意ᄒᆞᆯ바ㅣ아닌듯ᄒᆞ나此로因ᄒᆞ야漸次로沉染誘惑ᄒᆞ야能히正理에就치못ᄒᆞᆯ慣習을馴致ᄒᆞ면其害의及ᄒᆞᄂᆞᆫ바ㅣ맛ᄎᆞᆷ내此一因徒에在ᄒᆞ야見ᄒᆞᆷ과ᄀᆞᆺᄒᆞᆫ지라日常의動止라도習ᄒᆞ야性을成ᄒᆞ면延ᄒᆞ야凡百行爲로左右ᄒᆞᆷ에至ᄒᆞᄂᆞ니깁히戒懼ᄒᆞᆯ바ㅣ니라此와相反ᄒᆞ야平素에善良ᄒᆞᆫ慣習을成ᄒᆞ면惡을避ᄒᆞᆷ을蛇蝎과ᄀᆞᆺ치ᄒᆞ고善에就ᄒᆞᆷ을芝蘭과ᄀᆞᆺ치ᄒᆞ야勞치아니코道에允協ᄒᆞᆷ을得ᄒᆞᄂᆞ

니道德의根據ᄂᆞᆫ반다시高遠ᄒᆞᆫ바에不在ᄒᆞ고實로日用常行에不出ᄒᆞᄂᆞ니라洒掃應對進退起居一事一物一動一靜이莫非道義의實地니正義勇敢勤勉忍耐等의重大ᄒᆞᆫ諸德도厥初를尋究ᄒᆞ면日用常行間慣習에基因ᄒᆞᄂᆞᆫ者ㅣ多ᄒᆞ니라

禮儀의必要

禮儀ᄂᆞᆫ다만交際의要具가될ᄲᅮᆫ아니라ᄯᅩᄒᆞᆫ善良ᄒᆞᆫ慣習을成ᄒᆞᆷ에在ᄒᆞ야不少ᄒᆞᆫ關係가有ᄒᆞᆫ者ㅣ니라心이能히体를正ᄒᆞᆷ과ᄀᆞᆺ치体도ᄯᅩᄒᆞᆫ能히心을制ᄒᆞᄂᆞ니故로平素에体容을嚴正히ᄒᆞ고顏色을整齊히ᄒᆞ며辭令을平順히ᄒᆞ면心도ᄯᅩᄒᆞᆫ邪念

勤行은最良ᄒᆞᆫ

을自萌치아니ᄒᆞ며行도ᄯᅩᄒᆞᆫ篤敬홈에自至ᄒᆞᄂᆞ니라禮아니면視치말며禮아니면聽치말며禮아니면言치말며禮아니면動치말나홈은곳孔子가顏淵의仁을問홈에答ᄒᆞᆫ言이니禮를據ᄒᆞ야心을責홈이聖人의微意가至盡ᄒᆞ다謂ᄒᆞᆯ지니라世人이문득禮儀로ᄡᅥ虛式이라指斥ᄒᆞ고麁拳大談으로ᄡᅥ自足ᄒᆞ다ᄒᆞ나其心이ᄯᅩᄒᆞᆫ其形을隨ᄒᆞ야不識不知間에放逸疎慵홈을不免ᄒᆞᄂᆞ니깁히戒懼홈이可ᄒᆞ니라

最良ᄒᆞᆫ一種慣習은勤行에在ᄒᆞ니勤行이란者ᄂᆞᆫ

慣習

懶惰ᄂᆞᆫ衆惡의本

恒常事務에從事홈을謂홈이니라勤行의種類ᄂᆞᆫ人人이相異ᄒᆞ나其位置와境遇를隨ᄒᆞ야適當ᄒᆞᆫ業務를選擇ᄒᆞ야日常에此에從事홈은德性을涵養홈에欠闕치못ᄒᆞᆯ事ㅣ니事務ᄂᆞᆫ人의게從順홈을訓ᄒᆞᄂᆞᆫ바ㅣ며節制를訓ᄒᆞᄂᆞᆫ바ㅣ오ᄯᅩ能히小心勤勉忍耐의諸德을馴致ᄒᆞᄂᆞᆫ바ㅣ니라

世에懶惰홈과ᄀᆞᆺ치人性을熇毒ᄒᆞᄂᆞᆫ者ㅣ無ᄒᆞ니懶惰ᄂᆞᆫ衆惡의本이니라勤學치아니ᄒᆞ고安佚을好ᄒᆞᄂᆞᆫ心은곳萬惡의源이니古語에云호대小人은閑居ᄒᆞ야不善을ᄒᆞᆫ다홈이此를謂홈이니大抵

人生의眞價ᄂᆞᆫ

小人뿐아니라事爲가無ᄒᆞ고茫然히時間을消費ᄒᆞᆯ時ᄂᆞᆫ佚樂에沉ᄒᆞ야善良ᄒᆞᆫ性質의人이라도遊惰에漸流ᄒᆞ야劣情과邪念이ᄯᅩᄒᆞᆫ隙을乘ᄒᆞ야其心을浸潤홈에至ᄒᆞᄂᆞᆫ지라故로正當ᄒᆞᆫ事業에身을常委ᄒᆞᆯ時ᄂᆞᆫ心이精一홈으로ᄡᅥ劣情이起홈을不得ᄒᆞ고邪念이萌홈을不得ᄒᆞ야勤勉正直의習性을不求ᄒᆞ야도스ᄉᆞ로成就홈에至ᄒᆞᄂᆞ니라

大凡勤行은人生의大事ㅣ니德義才學勳功名譽財產과其他人生의一切幸福은總히勤行을因ᄒᆞ지아니ᄒᆞᄂᆞᆫ者ㅣ無ᄒᆞ니라人生의眞價ᄂᆞᆫ其事業

其事業으로ᄡᅥ測定홈이可홈

으로ᄡᅥ測定홈이可ᄒᆞ고其年齡으로ᄡᅥ測定홈이不可ᄒᆞ니假令百歲의齡을享保ᄒᆞᆯ지라도放逸遊惰ᄒᆞᄂᆞᆫ中에醉生夢死ᄒᆞᆯ진대足히長壽라謂ᄒᆞ지못ᄒᆞᆯ지며此와相反ᄒᆞ야設令弱冠에夭折ᄒᆞᆯ지라도生前의功業이身後에不滅ᄒᆞ면敢히短命이라謂ᄒᆞ지못ᄒᆞᆯ지니라勤勉은萬事의本이라果實도其皮ᄅᆞᆯ除去치아니ᄒᆞ면其實을食홈을不得ᄒᆞᄂᆞ니寸勞가無ᄒᆞ고엇지寸利ᄅᆞᆯ得ᄒᆞᆯ理가有ᄒᆞ리오古來로브터不世의天才라稱ᄒᆞᄂᆞᆫ者도十中의八九ᄂᆞᆫ苦心力學의結果가아님이업ᄂᆞ니世에事業

自制

으로써其心身을自傷ᄒᆞᄂᆞᆫ者ㅣ有ᄒᆞ나放逸懶惰ᄒᆞᆷ으로써其身을自誤ᄒᆞᄂᆞᆫ者에比ᄒᆞ면十에一에도不及ᄒᆞᄂᆞ니라

第四章 自制

自制라ᄒᆞᆷ은感情을抑制ᄒᆞ고慾望을禁遏ᄒᆞᆷ을謂ᄒᆞᆷ이니感情과慾望은반다시賤劣히넉일者ㅣ아닐ᄲᅮᆫ아니라高尙ᄒᆞᆫ志操와有益ᄒᆞᆫ事業은ᄆᆡ양玆에起原ᄒᆞᄂᆞᆫ바ㅣ니라然이나情慾은譬컨대駿馬와ᄀᆞᆺ치善走ᄒᆞᄂᆞᆫ力이有ᄒᆞ나當行ᄒᆞᆯ處를不知ᄒᆞᄂᆞᆫ지라故로騎手로ᄒᆞ여곰其奔逸ᄒᆞᆷ에放任ᄒᆞ고

適當ᄒᆞᆫ制御를施ᄒᆞᆷ이無ᄒᆞ면或은溝壑에轉ᄒᆞ고或은川澤에陷ᄒᆞ야맛ᄎᆞᆷ내其身을自喪ᄒᆞᆷ에至ᄒᆞᆯ지니故로吾人은明確ᄒᆞᆫ性理와堅强ᄒᆞᆫ志氣에基因ᄒᆞᆫ自制의力으로써恒常情慾의跋扈ᄒᆞᆷ을牽制ᄒᆞ야써中正의道를維持ᄒᆞᆷ이可ᄒᆞ니라

自制의主要된者를擧ᄒᆞᆯ진대大凡三種이有ᄒᆞ니体慾을節制ᄒᆞᆷ이其一이오慾望을節制ᄒᆞᆷ이其二오熱情을抑制ᄒᆞᆷ이其三이니라

體慾의節制

飢渴곳飮食의慾은適當ᄒᆞᆫ時期에在ᄒᆞ야適當ᄒᆞᆫ養分을收容ᄒᆞᆷ이可ᄒᆞᆷ으로써人体의健康과活氣

를保全ᄒᆞᆷ에ᄂᆞᆫ十分必要ᄒᆞ야可히欠闕치못ᄒᆞᆯ바ㅣ니라然이나醇香美味를耽ᄒᆞ야適度를超過ᄒᆞ대오히려飽滿ᄒᆞᆷ을不知ᄒᆞᄂᆞᆫ時ᄂᆞᆫ다만健康을損傷ᄒᆞ고生命을危害ᄒᆞᆯᄲᅮᆫ아니라智能을駑鈍케ᄒᆞ고德性을茸蹋케ᄒᆞ야放逸奢侈의慣習을養成ᄒᆞᆷ에至ᄒᆞᄂᆞ니酒色의慾은더욱荒亂惑溺의患이有ᄒᆞᆫ者ㅣ라故로自制의力으로ᄡᅥ미리此를適度ᄒᆞ게禁遏ᄒᆞᆷ이可ᄒᆞ니라萬一國民을盡擧ᄒᆞ야情慾의奴隷가될時ᄂᆞᆫ政体의改良과學藝의進步도ᄯᅩᄒᆞᆫ無奈何ᄒᆞᆫ境에陷ᄒᆞᆯ지니國家의前途를此에可

知ᄒᆞᆯ지라鴉片을嗜好ᄒᆞᆷ에溺ᄒᆞᆫ支那人ᄀᆞᆺᄒᆞᆫ者ᄂᆞᆫ實로其適例니라

慾望의節制

慾望도ᄯᅩᄒᆞᆫ体慾과ᄀᆞᆺ치某程度ᄭᆞ지ᄂᆞᆫ人生에欠闕치못ᄒᆞᆯ者ㅣ니라人이萬一名譽를望ᄒᆞ고財產을欲ᄒᆞ며快樂을求ᄒᆞᄂᆞᆫ念이全無ᄒᆞ면其幸福의太半을失ᄒᆞᆷ이니다만吾人은平素에此를戒愼ᄒᆞ야其適度를超過ᄒᆞ야도로혀慾望의奴隷가되지아니ᄒᆞᆷ을期待ᄒᆞᆷ이可ᄒᆞ니라

名譽의慾望

豹ᄂᆞᆫ死ᄒᆞᆷ에皮를留ᄒᆞ고人은死ᄒᆞᆷ에名을留ᄒᆞᄂᆞ니名譽를希望ᄒᆞᆷ은人生의美德이니라然이나偏

히名聞을追求ᄒᆞ고其他를不顧ᄒᆞᆯ時ᄂᆞᆫ他를擠排ᄒᆞ고惟我獨存의心을固守ᄒᆞ야或은傲慢不遜ᄒᆞ며或은自身을枉ᄒᆞ야他의意를苟迎코져ᄒᆞ야便佞卑屈ᄒᆞᆷ에至ᄒᆞᄂᆞ니其弊의及ᄒᆞᄂᆞᆫ바ㅣ決斷코一二에不止ᄒᆞᆯ지니라스ᄉᆞ로尊大ᄒᆞ야人의게謙下치아니ᄒᆞ고아ᄌᆞᆨ知치못ᄒᆞᄂᆞᆫ事를임의知ᄒᆞᆷ과ᄀᆞᆺ치ᄒᆞ며我의智를自用ᄒᆞ고人의게不問ᄒᆞ며傲然自昂ᄒᆞ야他를蔑視ᄒᆞᆯ진대此等의行習은一時俗眼을驚ᄒᆞ나決斷코虛名이不久ᄒᆞᆯᄲᅮᆫ아니라其智가日昏ᄒᆞ고其學이日退ᄒᆞ야맛ᄎᆞᆷ내其身을自

誤ᄒᆞᆷ에至ᄒᆞᆯ지니學識이眞個他보다特秀ᄒᆞᆯ지라도此를誇張ᄒᆞ야父兄을凌ᄒᆞ며長上을侮ᄒᆞᄂᆞᆫ者ᄂᆞᆫ悖德의甚ᄒᆞᆫ者ㅣ니라萬一他의好評을取코져ᄒᆞ야我의良心을枉曲ᄒᆞ야人의게阿附雷同ᄒᆞ야其意를苟合ᄒᆞ며其蹟을追從ᄒᆞᆷ은卑陋의甚ᄒᆞᆷ이此에過ᄒᆞᆯ者ㅣ無ᄒᆞ니此等은總히自制力의不足ᄒᆞᆫ所以니라

財産의慾望

財産은人生須要의第一要件이니小ᄒᆞᆫ者ᄂᆞᆫ一個人의獨立幸福으로브터大ᄒᆞᆫ者ᄂᆞᆫ國家의安寧富强에至ᄒᆞ기ᄭᆞ지總히財産을相須치아니ᄒᆞᄂᆞᆫ바

吝嗇과奢侈

ㅣ無ᄒᆞ니故로財産을做出ᄒᆞ야此를增殖ᄒᆞᆷ은人生의要務ㅣ니라然이나世人이往往財産을增殖ᄒᆞᄂᆞᆫ當初의目的을忘却ᄒᆞ야自他間에何等의福利를不與ᄒᆞ고다만財貨를蓄積ᄒᆞᆷ을樂事로思ᄒᆞ야其利用ᄒᆞᆷ에些少도着念치아니ᄒᆞᄂᆞᆫ者ㅣ有ᄒᆞ니此를吝嗇이라云ᄒᆞ며또此와相反ᄒᆞ야無益不急ᄒᆞᆫ慾望을充得코져ᄒᆞ야金錢을浪費ᄒᆞᄂᆞᆫ者ㅣ有ᄒᆞ니此를奢侈라云ᄒᆞᄂᆞ니此二者ᄂᆞᆫ中正ᄒᆞᆫ道를共失ᄒᆞᄂᆞᆫ者ㅣ니라財貨가人生에貴重ᄒᆞᆷ이되ᄂᆞᆫ所以ᄂᆞᆫ自他의幸福을增進ᄒᆞᆷ에在ᄒᆞ거ᄂᆞᆯ다만

貪慾을專恣ᄒᆞ며蓄積을專事ᄒᆞ고自他에對ᄒᆞ야何等의功益을不與ᄒᆞᆯ진대비록鉅萬의富를致ᄒᆞᆯ지라도此ᄂᆞᆫ一個守錢奴에止ᄒᆞᆯᄲᅮᆫ이니赤貧者와何異ᄒᆞ리오또吝嗇ᄒᆞᆫ者ᄂᆞᆫ利殖을專事ᄒᆞᆷ으로써其弊害의窮極ᄒᆞᆷ이他에對ᄒᆞ야當然ᄒᆞᆫ義務를不行ᄒᆞ며廉恥의心이無ᄒᆞ고愛憐의情이乏ᄒᆞ야親戚故舊의困難이라도此를不救ᄒᆞ고飢餓ᄒᆞᆫ者의게施惠ᄒᆞᆷ을不知ᄒᆞ며與ᄒᆞᆷ이可ᄒᆞᆫ者의게與치아니ᄒᆞ고取ᄒᆞᆷ이不可ᄒᆞᆫ者를貪ᄒᆞ야義理를昧沒ᄒᆞ고人情에背戾ᄒᆞᆷ이此에서尤大ᄒᆞᆫ者ㅣ無ᄒᆞ니라

甚ᄒᆞᆫ者에至ᄒᆞ야ᄂᆞᆫ或은不正ᄒᆞᆫ物品을賣買ᄒᆞ고或은小額의金錢을貸與ᄒᆞ야重利를取ᄒᆞᄂᆞᆫ者ㅣ有ᄒᆞ니此等鄙夫의行爲ᄂᆞᆫ엇지人道로써責ᄒᆞᆷ에足ᄒᆞ리오奢侈도ᄯᅩᄒᆞᆫ크게戒懼ᄒᆞᆯ바ㅣ니入額을不計ᄒᆞ고用額을過濫히ᄒᆞ며所得보다消耗가反高ᄒᆞᆷ은亡身破家의本이니라財用의道를不知ᄒᆞ야맛ᄎᆞᆷ내貧困에陷ᄒᆞ면自身의獨立地位를不保ᄒᆞᆯᄲᅮᆫ아니라親을養ᄒᆞ고君을事ᄒᆞ며人의게施與ᄒᆞᄂᆞᆫ百行의事爲를行ᄒᆞ기不能ᄒᆞ야倫常의道가自乖ᄒᆞᆷ에至ᄒᆞᆯ지니라

奢侈ᄂᆞᆫ用ᄒᆞᆷ에過ᄒᆞ고吝嗇은聚ᄒᆞᆷ에過ᄒᆞ니ᄒᆞᆷ씌慾望이過度ᄒᆞᆫ所以니라中正ᄒᆞᆫ道ᄂᆞᆫ此二者의中間에在ᄒᆞ니節儉이곳是니라

節儉

節儉이란者ᄂᆞᆫ分을應ᄒᆞ야自供ᄒᆞᆷ을謂ᄒᆞᆷ이니라

人은貴賤上下의差別을隨ᄒᆞ야其地位를維持ᄒᆞ고義務를完全히ᄒᆞᄂᆞᆫ바에在ᄒᆞ야서도ᄯᅩᄒᆞᆫ相異ᄒᆞᆫ바ㅣ無치못ᄒᆞᆯ지라故로萬人을通ᄒᆞ야一律로槪限ᄒᆞᆷ은到底不能ᄒᆞᆯ바ㅣ나其要ᄂᆞᆫ다만我의地位와境遇를應ᄒᆞ야適當ᄒᆞᆫ生活을經營ᄒᆞᆷ에在ᄒᆞᆯᄲᅮᆫ이니라日常의飮食은供奉ᄒᆞᆷ에止ᄒᆞᆯᄲᅮᆫ이오豐

美ᄒᆞᆷ을勿要ᄒᆞ며衣冠은具備ᄒᆞᆷ에止ᄒᆞᆯ뿐이오奢
華ᄒᆞᆷ을勿期ᄒᆞᆯ지라父祖의付與ᄒᆞᆷ을受ᄒᆞ야家業
을勉勵ᄒᆞ고儉約을爲主ᄒᆞ야浪費ᄒᆞᆷ이無ᄒᆞ면餘
財가常存ᄒᆞ야써他의不幸을憐救ᄒᆞᆯ지니其樂이
엇지大ᄒᆞ지아니ᄒᆞ리오人이儉約ᄒᆞ면私慾이少
ᄒᆞ고私慾이少ᄒᆞ면物에役ᄒᆞᄂᆞᆫ바ㅣ되지아니ᄒᆞ
ᄂᆞ니如斯ᄒᆞᆫ後에비로소精神을靜養ᄒᆞ야人道를
得行ᄒᆞᆯ지니라

人이節儉ᄒᆞ면其家가能齊ᄒᆞ고國民이節儉ᄒᆞ면
其國이能治ᄒᆞᄂᆞ니節儉ᄒᆞ야資產이豐裕ᄒᆞᆫ時ᄂᆞᆫ

民이其業을各安ᄒᆞ야君을敬ᄒᆞ고國을愛ᄒᆞᄂᆞᆫ心
이自生ᄒᆞᆯ지니라萬一奢侈의風習이國民間에流
行ᄒᆞ야人人이貴重ᄒᆞᆫ資財를費ᄒᆞ야無益ᄒᆞᆫ情慾
에充ᄒᆞ야써其心力을消耗ᄒᆞᆯ時ᄂᆞᆫ一國의元氣가
ᄯᅩᄒᆞᆫ沮喪ᄒᆞᆷ에至ᄒᆞᄂᆞ니라古來로브터列國의興
亡은其人民의節儉勤勉ᄒᆞᆷ과奢侈放逸ᄒᆞᆷ을依ᄒᆞᆷ
이多ᄒᆞ니羅馬帝國의末路ᄀᆞᆺᄒᆞᆫ者ㅣ其適例니라

快樂의慾望

快樂의慾望도ᄯᅩᄒᆞᆫ名譽財產의慾望과ᄀᆞᆺ지其適
度에制限되지아니치못ᄒᆞᆯ지니라大抵快樂을好
ᄒᆞ고苦痛을惡ᄒᆞᆷ은人의天性이니人의行爲의大

部分은此天性에牽引이되야快樂을得코져홈에
不外ᄒᆞᆫ者ㅣ니라天性에本ᄒᆞᆫ者ᄂᆞᆫ徐徐히修鍊홈
이可ᄒᆞ고急遽히禁止홈은不可ᄒᆞ니古代에一個
心理學者가非常ᄒᆞᆫ難行勤苦로써一切의快樂을
拒絕코져ᄒᆞᆫ者ㅣ有ᄒᆞ니此ᄂᆞᆫ다만性을戕ᄒᆞ고心
을害홈에止ᄒᆞᆯᄲᅮᆫ이오道德에裨益ᄒᆞᆫ바ᄂᆞᆫ尠ᄒᆞ니
라ᄒᆞ믈며快樂을適度히享受홈은決斷코此輩의
思惟홈과ᄀᆞᆺ치劣情으로出ᄒᆞᆫ바ㅣ되지아니ᄒᆞᆯᄲᅮᆫ
아니라精神을爽快히ᄒᆞ고活氣를維持ᄒᆞ며勤行
을奬勵코져홈에ᄂᆞᆫ도로혀必要홈이됨이리오다

만適宜ᄒᆞᆫ度를超過ᄒᆞ며他의必要ᄒᆞᆫ勤行을放棄
ᄒᆞ고此에沉荒홈은깁히警戒ᄒᆞᆯ바ㅣ니라
快樂의適度라홈은如何ᄒᆞᆫ程度를指홈이뇨此를
言홈은易ᄒᆞ나行홈은難ᄒᆞ니라然이나實際上標
準됨에庶幾ᄒᆞᆫ者ᄂᆞᆫ恒常過度홈에不至ᄒᆞ고乃止
홈에在ᄒᆞ니古人이云ᄒᆞ되歡樂이極홈애哀情이
至ᄒᆞᆫ다ᄒᆞ니라世에不愉快ᄒᆞᆫ事가多ᄒᆞ되慾望의
過度홈을因ᄒᆞ야生ᄒᆞᄂᆞᆫ者보다더욱不愉快홈이
無ᄒᆞ니如斯ᄒᆞᆫ境遇에在ᄒᆞ야ᄂᆞᆫ快樂은神氣를鼓
舞ᄒᆞ고勤行을奬勵홈이可ᄒᆞᆫ當然ᄒᆞᆫ目的을遂ᄒᆞ

기不能홀뿐아니라도로혀心身을懶慵케ᄒᆞ야各種의不德을引起ᄒᆞᄂᆞ니世에道를違ᄒᆞ고罪를犯ᄒᆞᄂᆞᆫ者ㅣᄆᆡ양其初에快樂의節制를懈怠히홈에根因ᄒᆞᆫ者ㅣ多ᄒᆞ니ᄆᆞ장銘念홀바ㅣ니라

熱情의節制

熱情도또ᄒᆞᆫ善히節制홈이可ᄒᆞ니라大凡人은感情의動物이니一次一個事物에對ᄒᆞ야깁흔興味를感動ᄒᆞᆫ時ᄂᆞᆫ魂迷心奪ᄒᆞ야反省顧慮홀餘地가無ᄒᆞ고一意로此에聽從홈이되며甚至於自他에對ᄒᆞᆫ義務를抛擲ᄒᆞ고오히려其極點에到達치못ᄒᆞ면不已ᄒᆞᄂᆞᆫ者ㅣ有ᄒᆞ니此時를當ᄒᆞ야道理를

辨別ᄒᆞ고是非利害의存ᄒᆞᆫ바를明瞭히ᄒᆞ야ᄡᅥ激烈ᄒᆞᆫ感情을制止ᄒᆞᄂᆞᆫ慣習을馴致홈이아니면人은恒常罪過中에呻吟홈을不免홀지니라然이나熱情으로ᄒᆞ야곰道理下에制御홈이되면곳適當ᄒᆞᆫ器械를依ᄒᆞ야運用되ᄂᆞᆫ蒸氣와同홀지니其强大ᄒᆞᆫ勢力이何에向ᄒᆞ야利用되지아니ᄒᆞ리오

忿怒

熱情中에在ᄒᆞ야ᄆᆞ장顯著ᄒᆞᆫ者ᄂᆞᆫ忿怒ㅣ니라怒氣가胷滿홀時ᄂᆞᆫ往往狂者와如ᄒᆞ야死도오히려不避ᄒᆞᄂᆞᆫ者ㅣ有ᄒᆞᄂᆞ니故로發怒홀際에行ᄒᆞᆫ事ᄂᆞᆫ十中의八九ᄂᆞᆫ禍를其身에貽ᄒᆞ야終身悔恨ᄒᆞ

야도不及ᄒᆞᄂᆞᆫ者ㅣ有ᄒᆞ니라

忿怒ᄂᆞᆫ반ᄃᆞ시恒常惡ᄒᆞᆯ者ᄂᆞᆫ아니니人의不正無禮ᄒᆞᆷ을受ᄒᆞ고恬然不顧ᄒᆞᆷ은正義를知ᄒᆞᄂᆞᆫ士의行치아니ᄒᆞᄂᆞᆫ바ㅣ니라吾人은怒ᄒᆞᆷ이可ᄒᆞᆫ時ᄂᆞᆫ怒치아니ᄒᆞᆷ이不可ᄒᆞ니恥를徒忍ᄒᆞ야他에屈從ᄒᆞᆷ은卑怯의甚ᄒᆞᆫ者ㅣ니라然이나忿怒가其節을失ᄒᆞ면胸中에道理가無ᄒᆞ야親戚도顧念ᄒᆞᆯ餘地가無ᄒᆞ고故舊도容恕ᄒᆞᆯ暇隙이無ᄒᆞ며恩誼를斷ᄒᆞ고信義를棄ᄒᆞ야生平의禍敗로써一時의愉快를買ᄒᆞᄂᆞᆫ者ㅣ有ᄒᆞᄂᆞ니故로人은幼穉ᄒᆞᆫ時로브

터忍耐의慣習을素養ᄒᆞᆯ지니라一朝에忿怒의情이起ᄒᆞᆯ지라도곳此를按住ᄒᆞ야再三反省ᄒᆞ면거의過失이無ᄒᆞᆷ을得ᄒᆞᆯ지오ᄯᅩ忿怒의情으로ᄒᆞ여금抑制ᄒᆞᆷ이되면讒謗罵詈暴行等의過失도自免ᄒᆞᆷ을得ᄒᆞᆯ지니라

忍耐

忍耐ᄂᆞᆫ交際上親和의要具ㅣ니라人心의異ᄒᆞᆷ은其面과如ᄒᆞ니人의言行이我에不合ᄒᆞᆷ으로써一一히此를忿怒ᄒᆞ면家에和睦ᄒᆞᆷ을不得ᄒᆞ고友에親密ᄒᆞᆷ을不得ᄒᆞ며社會의人은모다反目送迎ᄒᆞᆷ에不外ᄒᆞᆯ지라恕ᄒᆞᆷ이可ᄒᆞᆫ者ᄂᆞᆫ此를恕ᄒᆞ고我가

傲慢과嫉妬

ᄒᆞᆷ을노彼의善을取ᄒᆞᆯ지니此ᄂᆞᆫ總히忍耐의美德을依ᄒᆞᆷ이니라

忿怒와ᄀᆞᆺ치또ᄒᆞᆫ深愼ᄒᆞᆷ이可ᄒᆞᆫ者ᄂᆞᆫ傲慢과嫉妬ㅣ니傲慢은己의優秀ᄒᆞᆷ을挾ᄒᆞ야他를凌侮ᄒᆞ고或은他를輕蔑히ᄒᆞ야己의威重을加ᄒᆞ고져ᄒᆞᄂᆞᆫ情이오嫉妬ᄂᆞᆫ他의優秀ᄒᆞᆷ을艷羨ᄒᆞᄂᆞᆫ極度에도로혀其才識名望을娼嫉ᄒᆞᄂᆞᆫ情이니라大抵威重은人의眞價가外形에自顯ᄒᆞᄂᆞᆫ者오模倣擬似ᄂᆞᆫ能히一時를瞞過ᄒᆞᆷ이可ᄒᆞ나足히써久遠ᄒᆞᆷ을持保치못ᄒᆞ며또他를輕侮ᄒᆞᆷ은些少도我의品格을

高貴케ᄒᆞᄂᆞᆫ바ㅣ아니오他의幸福을忌娼ᄒᆞᆷ으로써其故를因ᄒᆞ야自己의幸福을增進ᄒᆞᆷ이可ᄒᆞᆫ者ㅣ아니니此等은다만無知蒙昧의擧動이될ᄲᅮᆫ아니라또ᄒᆞᆫ卑劣不德의最甚ᄒᆞᆫ者ㅣ니라

情慾을制御ᄒᆞᄂᆞᆫ方法

情慾을制御ᄒᆞᄂᆞᆫ方法은如何ᄒᆞ뇨情慾의物됨이至大至强ᄒᆞ니一次激昻ᄒᆞᆫ勢를乘ᄒᆞ야勃興ᄒᆞᆯ時ᄂᆞᆫ道理의力도能히此를抗拒치못ᄒᆞᄂᆞ니라故로利害得失을說道ᄒᆞ야此를禁遏ᄒᆞᆷ은理에當然ᄒᆞᆫ바ㅣ나事를臨ᄒᆞ면畢竟無益ᄒᆞᆫ바ㅣ되ᄂᆞ니情을制御ᄒᆞᆷ은다만情으로써ᄒᆞᆷ이可ᄒᆞ다ᄒᆞᆯ지니라

情을制ᄒᆞᆷ에ᄂᆞᆫ情으로써ᄒᆞᆷ이可ᄒᆞᆷ

彼政治家가內國의騷亂을鎭定코져ᄒᆞ야外國과交涉을起ᄒᆞᆷ과ᄀᆞᆺ치情慾은他의情慾으로써此를抑制ᄒᆞᆷ이可ᄒᆞ니假令忿怒를不勝ᄒᆞᆯ時ᄂᆞᆫ幽靜ᄒᆞᆫ音樂을聽ᄒᆞ고不平ᄒᆞᆷ을不勝ᄒᆞᆯ時ᄂᆞᆫ曠閑ᄒᆞᆫ山川에遊ᄒᆞ면心胖意快ᄒᆞ야一時의熱情이眞個無益ᄒᆞᆷ을自悟ᄒᆞᆷ이有ᄒᆞ니라

情慾이頂點에達ᄒᆞᆯ時ᄂᆞᆫ其勢가자못可當치못ᄒᆞᆯ지나暫時間에衰退ᄒᆞᆷ이常例라故로熱情이勃興ᄒᆞᆯ際에其情慾을堅忍ᄒᆞ야스ᄉᆞ로靜守ᄒᆞᄂᆞᆫ慣習을養得ᄒᆞᆷ은自制ᄒᆞᄂᆞᆫ道의ᄀᆞ장必要ᄒᆞᆫ事ㅣ니人

勇敢

生의禍福이此一轉機의忍耐如何ᄒᆞᆷ에係ᄒᆞᆫ者ㅣ多ᄒᆞ니라昔에急性人이有ᄒᆞ야發怒ᄒᆞᆯ際에熱情에使ᄒᆞᆫ바ㅣ되여言을發ᄒᆞ며事를行코져ᄒᆞᆯ時ᄂᆞᆫ미양其怒氣를堅忍ᄒᆞ고一로브터百에至ᄒᆞᄂᆞᆫ數를計算ᄒᆞ야써時를移ᄒᆞ야此를制御ᄒᆞ얏다云ᄒᆞ니足히써今日의良訓이될지로다

第五章 勇敢

勇敢은人으로ᄒᆞ여곰困難을能堪케ᄒᆞᄂᆞᆫ바ㅣ니라人生의價値가有ᄒᆞᆫ事業은一도困難이無ᄒᆞᆫ者ㅣ無ᄒᆞ니人이萬一困難에對ᄒᆞ야屈撓치아니ᄒᆞ

道德的及智力的勇敢

며挫折치아니ᄒᆞ고剛毅精一ᄒᆞᆷ으로써其素志를貫徹ᄒᆞᄂᆞᆫ勇敢의氣가無ᄒᆞ면何事業이던지成就ᄒᆞ기不能ᄒᆞᆯ지니라

玆에勇敢이라ᄒᆞᆷ은体力의勇을謂ᄒᆞᆷ이아니니萬一다만筋骨의力으로써此를取ᄒᆞᆯ진대人은如何히强健ᄒᆞᆯ지라도맛ᄎᆞᆷ내牛馬에不及ᄒᆞᆯ지니라眞個尊尙ᄒᆞᆷ이可ᄒᆞᆫ者ᄂᆞᆫ道德的과밋智力的勇敢이니本務를完全히ᄒᆞ고眞理를顯彰코져ᄒᆞ야如何ᄒᆞᆫ困難을遇ᄒᆞᆯ지라도屈折치아니ᄒᆞ고맛ᄎᆞᆷ내初志를得遂ᄒᆞᆷ은眞個尊尙ᄒᆞᆷ이可ᄒᆞᆫ眞正ᄒᆞᆫ勇敢의

社會의進步ᄂᆞᆫ勇敢人의擔負ᄒᆞᆫ바ㅣ多ᄒᆞᆷ

氣니社會의幸福과進步ᄂᆞᆫ此種勇敢人의擔負ᄒᆞᆫ바ㅣ多ᄒᆞ니라

일즉歷史를考究ᄒᆞᆷ애何代에在ᄒᆞ던지社會의進步ᄂᆞᆫ恒常當路의反對와困難을排斥ᄒᆞᆫ結果로브터始ᄒᆞᄂᆞ니如斯ᄒᆞᆫ事業의中心이된者ᄂᆞᆫ權貴에對ᄒᆞ야自信ᄒᆞᄂᆞᆫ바를不變ᄒᆞᄂᆞᆫ道德家오嬖倖에對ᄒᆞ야其頭를不屈ᄒᆞᄂᆞᆫ愛國者오曲學阿世치아니ᄒᆞᄂᆞᆫ思想家오私慾을棄ᄒᆞ고公益에盡力ᄒᆞᄂᆞᆫ事業家ㅣ니並히剛毅不撓ᄒᆞ야善으로信ᄒᆞ고眞으로認ᄒᆞᆫ事ᄂᆞᆫ如何ᄒᆞᆫ困難을排斥ᄒᆞᆯ지라도此를

成就치아니ᄒᆞ면已ᄒᆞ지아니ᄒᆞᄂᆞᆫ勇敢人이아닌者ㅣ無ᄒᆞ니라乙支文德은高句麗人이니時에隋兵이侵入ᄒᆞ야全國이其蹂躪ᄒᆞᆫ바ㅣ됨을見ᄒᆞ고挺身出戰ᄒᆞ야一百三十萬衆의隋兵을薩水下에鏖殺ᄒᆞ고國威를遼西에一振ᄒᆞ야隋寇로ᄒᆞ여곰敢히東土를再窺치못ᄒᆞ게ᄒᆞ고朴堤上은新羅人이니王子未斯欣이日本에被執ᄒᆞ야國家의侮辱됨을見ᄒᆞ고單身渡海ᄒᆞ야潛舟로써王子를送還ᄒᆞ고彼域에滯留ᄒᆞ얏더니日王이虐刑으로써臣僕됨을迫求ᄒᆞ야맛ᄎᆞᆷ내身이燒殺ᄒᆞᆷ에至ᄒᆞ대其

志를不屈ᄒᆞ고鷄林臣三字의聲이口에不絕ᄒᆞ야外敵으로ᄒᆞ여곰東國의忠良이如許ᄒᆞᆷ을嘆慕케ᄒᆞ얏스니此二人의斷斷ᄒᆞᆫ貞忠과屹屹ᄒᆞᆫ剛勇은專히愛國ᄒᆞᄂᆞᆫ精神으로出ᄒᆞ야其身이有ᄒᆞᆷ을不知ᄒᆞᆫ者ㅣ니라邵久羅斗蘇ᄂᆞᆫ希臘의哲人이니擧世가反抗ᄒᆞ야異端左道로써指目ᄒᆞᆷ을不怖ᄒᆞ고仰藥致斃ᄒᆞ기ᄭᆞ지自信ᄒᆞᄂᆞᆫ바를不改ᄒᆞ야偉業을後世에垂ᄒᆞ며富婁老ᄂᆞᆫ伊太利의學者ㅣ니當時의僞學을痛駁ᄒᆞᆷ으로써身이燒殺ᄒᆞᆷ에臨ᄒᆞ야泰然히法官의게言ᄒᆞ야曰汝等이我를死刑에宣

告ᄒᆞᆷ은我가死刑을受ᄒᆞᆷ보다恐怖ᄒᆞᆫ事ㅣ라ᄒᆞ고葛里禮五ᄂᆞᆫ伊太利의理學者ㅣ니地動의說을始唱ᄒᆞᆷ으로僧侶輩의反抗壓制ᄒᆞᆷ이되여獄中에投下ᄒᆞᆫ대其眞理로認ᄒᆞᆫ바를終始不枉ᄒᆞ야尙今ᄭᆞ지學者間에美談이되니라彼學者輩의偉業을做得ᄒᆞᆷ은다만學問이深遠ᄒᆞ고識見이卓犖ᄒᆞᆷ을因ᄒᆞᆯᄲᅮᆫ아니라畢竟善으로信ᄒᆞ고眞으로認ᄒᆞᆫ바를實行ᄒᆞ야闡明ᄒᆞᆷ을爲ᄒᆞᆷ에ᄂᆞᆫ死且不避ᄒᆞᄂᆞᆫ勇敢의氣가有ᄒᆞᆫ所以니如許히勇敢이有ᄒᆞᆫ人은威武도能히其志를屈치못ᄒᆞ며權勢도能히其志를奪

치못ᄒᆞ고富貴도能히其志를移치못ᄒᆞ야비록其身이不運으로死ᄒᆞᆯ지라도芳名이赫赫ᄒᆞ야千載下에尙傳ᄒᆞᄂᆞ니萬一以上의諸人으로ᄒᆞ여곰剛毅不屈의精神이素乏ᄒᆞ야一時의危險을除排치못ᄒᆞ얏스면今日에在ᄒᆞ야誰가其偉蹟을追慕ᄒᆞᄂᆞᆫ者ㅣ有ᄒᆞ리오

人은如何ᄒᆞᆫ困難을遇ᄒᆞᆯ지라도此를忍耐ᄒᆞᄂᆞᆫ勇敢의氣가無치못ᄒᆞᆯ지니라人生은順境만有ᄒᆞᆷ이아니오時或逆境에陷ᄒᆞ야不運의苦楚를備嘗ᄒᆞᆷ이有ᄒᆞᄂᆞ니勇敢이有ᄒᆞᆫ人이라야비로소此를堪

勇敢은日常生活에發顯ᄒᆞᆷ을得ᄒᆞᆷ

耐ᄒᆞ야能히艱難을變ᄒᆞ야幸福을成ᄒᆞᄂᆞ니라또勇敢은非常ᄒᆞᆫ事가有ᄒᆞᆫ際에만顯出ᄒᆞᄂᆞᆫ者ㅣ아니오日常生活에在ᄒᆞ야도常現ᄒᆞᄂᆞ니事業에純正ᄒᆞᆫ勇敢과誘惑에抵抗ᄒᆞᄂᆞᆫ勇敢과自身의本分을自安ᄒᆞᄂᆞᆫ勇敢等은吾人平生의必要ᄒᆞᆫ바ㅣ니라

決斷의勇敢

吾人의惡德은決斷力이乏ᄒᆞᆷ에原因ᄒᆞᆫ者ㅣ多ᄒᆞ니假令其本務됨을認ᄒᆞᆯ지라도斷然히此ᄅᆞᆯ行得치못ᄒᆞ며비록正理됨을信ᄒᆞᆯ지라도斷然히此ᄅᆞᆯ履行치못ᄒᆞ며名利의誘惑ᄒᆞᆷ을一遇ᄒᆞ면斷然히

此ᄅᆞᆯ認否치못ᄒᆞ야맛ᄎᆞᆷ내其身을自誤ᄒᆞᆷ에至ᄒᆞᄂᆞ니此等은畢竟決斷의勇敢이乏ᄒᆞᆫ所以니라또

自己의本分을自安치못ᄒᆞᄂᆞᆫ勇敢

驕奢의志로邊幅을修飾ᄒᆞ고倨傲의志로傍人을凌侮ᄒᆞ며學을自衒ᄒᆞ고德을僞行ᄒᆞᄂᆞᆫ者ᄂᆞᆫ畢竟本分을自安ᄒᆞᄂᆞᆫ勇敢의力이無ᄒᆞᆷ을因ᄒᆞ야他人으로ᄒᆞ여곰自己의無ᄒᆞᆫ바ᄅᆞᆯ有ᄒᆞᆷ과ᄀᆞᆺ치推想케ᄒᆞᆷ을爲ᄒᆞᆷ이니라

獨立의勇敢

勇敢中에ᄀᆞ장尊尙ᄒᆞᆷ이可ᄒᆞᆫ者ᄂᆞᆫ獨立이니獨立이란者ᄂᆞᆫ自己의力으로써世에處ᄒᆞ야道ᄅᆞᆯ行ᄒᆞ고些少도他人을依賴치아니ᄒᆞᆷ을謂ᄒᆞᆷ이니라人

은自己의足으로立홈이아니면不可홈과又치自己의心으로써思量ᄒᆞ고自己의意로써行ᄒᆞ며自己의資力으로써生活홈이可홈으로此를獨立ᄒᆞᆫ人이라云ᄒᆞᄂᆞ니獨立ᄒᆞᆫ人이라야비로소眞正ᄒᆞᆫ人이라稱ᄒᆞᄂᆞ니라獨立이라홈은離羣索居홈을謂홈이아니니人이集合ᄒᆞ야家族을成ᄒᆞ고社會國家를形成ᄒᆞ면其所屬團体의福利를增進홈을爲ᄒᆞ야互相扶持홈이可홈은自然ᄒᆞᆫ道理니라然이나一個人이되여行ᄒᆞᄂᆞᆫ云爲ᄂᆞᆫ終身토록不羈獨立홈을保全홈이可ᄒᆞ니라獨立이라홈은또猥

妄히我를自尊ᄒᆞ고他를擠排홈을謂홈이아니니是非正邪를勿論ᄒᆞ고반다시自意를貫徹코져ᄒᆞᄂᆞᆫ者ᄂᆞᆫ頑冥無稽輩의所爲가될ᄲᅳᆫ이니是非利害를勿論ᄒᆞ고他를盲從ᄒᆞᄂᆞᆫ者와其弊가均等ᄒᆞᆯ지라自己의良知와良心을反鑑ᄒᆞ야眞實로道理의存ᄒᆞᆫ바ᄂᆞᆫ匹夫의言이라도己를捨ᄒᆞ고此를從홈에不嫌ᄒᆞ며萬一道理에相反되ᄂᆞᆫ者ᄂᆞᆫ貴顯의命이라도此를抗爭홈에不憚ᄒᆞᆯ지니此를眞正ᄒᆞᆫ獨立이라云ᄒᆞᄂᆞ니라

獨立의主要된者ㅣ三이有ᄒᆞ니一曰自活二曰自

自活

信三曰自決이니라

生活은萬事의根本이라故로生活로ᄒᆞ여곰獨立치못ᄒᆞ면其人은何事던지獨立ᄒᆞᆷ이不能ᄒᆞᆯ지니라自己의眞正ᄒᆞᆫ能力을不依ᄒᆞ고或은他人의慈惠를蒙ᄒᆞ야生活ᄒᆞ며或은借財를依ᄒᆞ야衣食ᄒᆞᆯ時ᄂᆞᆫ其志氣도ᄯᅩᄒᆞᆫ卑屈ᄒᆞᆷ을不免ᄒᆞᆯ지며或은他人의顰笑로喜憂를삼아鼻息을伺ᄒᆞᄂᆞᆫ者ᄂᆞᆫ自己의信ᄒᆞᄂᆞᆫ바도此를主張ᄒᆞ기不能ᄒᆞ고自己의行코져ᄒᆞᄂᆞᆫ바도此를實行ᄒᆞ기不能ᄒᆞᆯ지라此輩ᄂᆞᆫ찰하리社會에無ᄒᆞᆷ만ᄀᆞᆺ지못ᄒᆞ니此ᄂᆞᆫ生活의獨

自信

立치못ᄒᆞᆷ으로브터生ᄒᆞᄂᆞᆫ弊害니라ᄯᅩ當然ᄒᆞᆷ으로自信ᄒᆞ야信ᄒᆞᆷ에至ᄒᆞᆫ理由가依然히存在ᄒᆞᆯ時ᄂᆞᆫ如何ᄒᆞᆫ事情을遇ᄒᆞᆯ지라도其確信ᄒᆞᆫ바를不屈ᄒᆞᄂᆞᆫ勇敢이無치못ᄒᆞᆯ지니古來로브터曠世의大學者라稱ᄒᆞᄂᆞᆫ人은다만其學識의宏深ᄒᆞᆷ을因ᄒᆞᆯᄲᅮᆫ아니라權勢威武에對ᄒᆞ야도其確信ᄒᆞᄂᆞᆫ바를不動ᄒᆞ며時好俗尙에混雜ᄒᆞᆷ을爲ᄒᆞ야其持論ᄒᆞᄂᆞᆫ바를不枉ᄒᆞᄂᆞᆫ眞正ᄒᆞᆫ獨立의氣像이有ᄒᆞᆫ所以니라

自決

ᄯᅩ事物을判斷ᄒᆞᆷ을當ᄒᆞ야全然히他人을依賴ᄒᆞᆷ은곳自己의獨立心이無ᄒᆞᆷ을表示ᄒᆞᄂᆞᆫ者ㅣ

니自己識見의不足ᄒᆞᆫ바ᄅᆞᆯ明確히ᄒᆞ고져ᄒᆞ야先輩故老의意見을叅考ᄒᆞᆷ은實로無妨ᄒᆞᆫ바ㅣ나事ᄅᆞᆯ臨ᄒᆞ야ᄉᆞᄉᆞ로裁決치못ᄒᆞᆷ은自己ᄅᆞᆯ自信치못ᄒᆞᄂᆞᆫ者ㅣ니卑劣ᄒᆞᆷ이此에셔甚ᄒᆞᆫ者ㅣ無ᄒᆞ니라要컨대獨立心이無ᄒᆞᆫ人은能히自重치못ᄒᆞ며自重치못ᄒᆞ면能히他人을尊重히녁이지못ᄒᆞᄂᆞ니此ᄂᆞᆫ自已의品格과威嚴을失墜ᄒᆞᆯᄲᅮᆫ아니라他에對ᄒᆞ야德義ᄅᆞᆯ欠損ᄒᆞᄂᆞᆫ端緖가되ᄂᆞᆫ바ㅣ라獨立心이無ᄒᆞᆫ人이集合ᄒᆞ야國家ᄅᆞᆯ成ᄒᆞ면其國의獨立도ᄯᅩᄒᆞᆫ決斷코鞏固ᄒᆞᆷ을可期치못ᄒᆞᆯ지니垂亡

ᄒᆞᄂᆞᆫ國의情狀을槪觀ᄒᆞᆯ진대此에足徵ᄒᆞᆯ바ㅣ有ᄒᆞ니라

義勇

義勇은獨立과ᄒᆞᆷᄭᅴ人의欠闕치못ᄒᆞᆯ者ㅣ니라所謂暴虎憑河의勇은强盜도能히行ᄒᆞᄂᆞ니此ᄂᆞᆫ血氣의勇이라足히贊賞ᄒᆞᆯ바ㅣ아니니라義에在ᄒᆞ야當行ᄒᆞᆷ이可ᄒᆞᆷ을知ᄒᆞᆯ지라도人이毁ᄒᆞ면此ᄅᆞᆯ不行ᄒᆞ며義에在ᄒᆞ야當行ᄒᆞᆷ이不可ᄒᆞᆷ을知ᄒᆞᆯ지라도人이譽ᄒᆞ면此ᄅᆞᆯ行ᄒᆞᄂᆞ니此ᄂᆞᆫ自決의勇이無ᄒᆞᆯᄲᅮᆫ아니라도로혀怯懦ᄒᆞᄂᆞᆫ者ㅣ니라此와相反ᄒᆞ야義의存ᄒᆞᆫ바ᄂᆞᆫ千萬人이毁ᄒᆞᆯ지라도止치

아니ᄒᆞ며義의存치아니ᄒᆞᆫ바ᄂᆞᆫ千萬人이譽ᄒᆞᆯ지라도行치아니ᄒᆞᄂᆞ니此ᄂᆞᆫ眞正ᄒᆞᆫ義勇이니라

國家에對ᄒᆞᄂᆞᆫ義勇

義勇은日常에在ᄒᆞ야欠闕치못ᄒᆞᆯ美德이니其中에最大ᄒᆞᆫ者ᄂᆞᆫ國家에對ᄒᆞᄂᆞᆫ義勇이니라吾人이一國中에住在ᄒᆞ야生命財產의安全ᄒᆞᆷ을得ᄒᆞ고또諸般幸福을享受ᄒᆞᆷ은總히國家의恩澤이니此ᄅᆞᆯ祖先의게承紹ᄒᆞ고此ᄅᆞᆯ子孫의게傳付ᄒᆞᆷ은吾人의一大本務ㅣ라此一事로써ᄒᆞᆯ지라도一朝國家에緩急의事가有ᄒᆞᆯ時ᄂᆞᆫ一身을捨ᄒᆞ야國家의獨立安全과밋幸福을維持ᄒᆞᆷ이可ᄒᆞ니誓告勅語에널ᄋᆞ사대惟爾庶民은一乃心ᄒᆞ야惟國是愛ᄒᆞ며同爾氣ᄒᆞ야惟君是忠ᄒᆞ라允若玆ᄒᆞ면朕日有敵愾라ᄒᆞ며朕日有禦侮라호리라ᄒᆞ심이곳此ᄅᆞᆯ諭ᄒᆞ심이니라假令學識이如何히博高ᄒᆞ고官爵이如何히貴顯ᄒᆞᆯ지라도國家의大事ᄅᆞᆯ當ᄒᆞ야逡巡ᄒᆞᆷ이有ᄒᆞᆯ진대半生의榮名은一朝에汚名이되여生ᄒᆞ야當世의唾罵ᄅᆞᆯ不免ᄒᆞ고死ᄒᆞ야後代의恥笑ᄅᆞᆯ不避ᄒᆞᆯ지니故로大節에臨ᄒᆞ야其本務ᄅᆞᆯ完全히ᄒᆞᆷ을爲ᄒᆞ야平素에勇敢의氣ᄅᆞᆯ訓育ᄒᆞᆷ이可ᄒᆞ니라

然則何를義라云ᄒᆞ며何를不義라云ᄒᆞᄂᆞ뇨此를明確히區別치아니ᄒᆞ면吾人은義勇과義勇이아닌者를辨別ᄒᆞᆷ이不能ᄒᆞᆯ지니此를爲ᄒᆞᆷ에ᄂᆞᆫ반다시智識을琢磨ᄒᆞᆷ을要ᄒᆞᆯ지니此ᄂᆞᆫ곳吾人에修學의本務가有ᄒᆞᆫ所以니라

第六章 修學

身体가長大ᄒᆞ고筋骨이强健ᄒᆞᆯᄲᅮᆫ으로ᄂᆞᆫ아즉ᄡᅥ有用ᄒᆞᆫ人物이라稱ᄒᆞ지못ᄒᆞᆯ지니라人이되여其身에智識을具備ᄒᆞ야事物의道理를辨別ᄒᆞᄂᆞᆫ力을不有ᄒᆞ면世에處ᄒᆞ야能히有益ᄒᆞᆫ業務를成就

智識은道德上에欠闕ᄒᆞᆷ이不可ᄒᆞᆷ

치못ᄒᆞᆯ지니家에萬金을積貯ᄒᆞᆯ지라도智識이無ᄒᆞ면무엇이卑賤ᄒᆞᆫ人과異ᄒᆞ다ᄒᆞ리오

ᄯᅩ智識은道德上에欠闕치못ᄒᆞᆯ바ㅣ니道德이란者ᄂᆞᆫ善을行ᄒᆞᆷ을謂ᄒᆞᆷ이니라然이나萬一善과不善을認別ᄒᆞᄂᆞᆫ智識이無ᄒᆞ면엇지ᄡᅥ善을得行ᄒᆞ리오爲善ᄒᆞᆷ이可ᄒᆞᆷ을知ᄒᆞ고此를行ᄒᆞ며爲惡ᄒᆞᆷ이不可ᄒᆞᆷ을知ᄒᆞ고此를不行ᄒᆞᆷ이眞正ᄒᆞᆫ道德이니라世의不忠不孝ᄒᆞ고信을缺ᄒᆞ며義를失ᄒᆞ고慾을恣行ᄒᆞ야身을自亡ᄒᆞᄂᆞᆫ者도其人의人됨이반다시惡逆無道ᄒᆞᆷ이아니오미양智識이不足ᄒᆞ

야善惡의差別을能辨치못ᄒᆞᄂᆞᆫ所以니라

普通의道德은普通의智識으로써行ᄒᆞᆷ을得ᄒᆞᆯ지나高尙ᄒᆞᆫ道德에至ᄒᆞ야ᄂᆞᆫ다만高尙ᄒᆞᆫ智識이有ᄒᆞᆫ人이라야此ᄅᆞᆯ行ᄒᆞᆷ을得ᄒᆞᆯ지니라故로古來로브터萬世의龜鑑이되ᄂᆞᆫ行爲ᄂᆞᆫ미양超世非凡ᄒᆞᆫ識者中에出ᄒᆞᄂᆞ니孔子基督釋迦邵久羅斗蘇又ᄒᆞᆫ聖賢이皆然ᄒᆞᆫ바ㅣ니라

智識은人事의基礎ㅣ라

智識은人事의基礎ㅣ니人生의事業은數로써槪擧치못ᄒᆞᆯ지나一도智識을不依ᄒᆞᄂᆞᆫ者ㅣ無ᄒᆞ니라ᄒᆞ믈며文化發達ᄒᆞᆫ今日에在ᄒᆞ야ᄂᆞᆫ何事ᄅᆞᆯ做

去ᄒᆞ던지益益히智識을要ᄒᆞᄂᆞᆫ世에至ᄒᆞᆷ이리오故로其地位와職業의如何ᄒᆞᆷ을勿論ᄒᆞ고吾人은반다시敎育을受ᄒᆞ야少不下普通의道理ᄅᆞᆯ曉得ᄒᆞᄂᆞᆫ智識이無치못ᄒᆞᆯ지니라또智識은人의品格을高尙ᄒᆞ게ᄒᆞᄂᆞᆫ者ㅣ됨으로深遠ᄒᆞᆫ智識이有ᄒᆞᆫ人의言行은端雅溫藉ᄒᆞ야人으로ᄒᆞ여곰自然히欽慕ᄒᆞᄂᆞᆫ情을感發케ᄒᆞᄂᆞ니其深遠ᄒᆞᆫ思想과高尙ᄒᆞᆫ氣宇가外形에自顯ᄒᆞᄂᆞᆫ所以니라大凡一理가胷中에自明ᄒᆞ면百事ᄅᆞᆯ做去ᄒᆞᆷ에스ᄉᆞ로涵養ᄒᆞᆫ바ㅣ有ᄒᆞ야決斷코牴牾踽躇ᄒᆞᆷ이無ᄒᆞᄂᆞ니彼

學問은智識을啓發ᄒᆞᄂᆞᆫ關鍵이라

智識이無ᄒᆞᆫ人은日月의光을見ᄒᆞ야도能히智慧의光을見치못ᄒᆞ며有形ᄒᆞᆫ世界에行動ᄒᆞ야도能히無形ᄒᆞᆫ世界ᄅᆞᆯ窺知치못ᄒᆞᄂᆞᆫ지라故로目前事에固着ᄒᆞ고遠大ᄒᆞᆫ思想이頓無ᄒᆞ야胸次가狹少ᄒᆞᆷ으로써言行이ᄯᅩᄒᆞᆫ卑陋ᄒᆞᆷ을不免ᄒᆞᄂᆞ니라
學問은智識을啓發ᄒᆞᄂᆞᆫ關鍵이니然ᄒᆞᆷ으로吾人은반다시博洽ᄒᆞ고深遠ᄒᆞᆫ學問을修得ᄒᆞᆷ이可ᄒᆞ니라ᄒᆞ믈며文明의進步와一國의富强은專主히學問의實力을基因치아니ᄒᆞᄂᆞᆫ者ㅣ無ᄒᆞᆷ이리오歐米諸國의某某國이今日에如許ᄒᆞᆫ富强을得致

ᄒᆞᆷ은當初其國의學者가理學工學等의智識을依ᄒᆞ야殖産興業의端緖ᄅᆞᆯ啓發ᄒᆞᆷ에原因ᄒᆞᆷ이니故로文明國의競爭은腕力의競爭이아니오實로智力의競爭이니라今에我邦과諸外國間의交際가逐年繁昌ᄒᆞᆷ을隨ᄒᆞ야智力의競爭이ᄯᅩᄒᆞᆫ益益激烈ᄒᆞᆷ은明確ᄒᆞᆫ事實이니然則吾人國民된者ᄂᆞᆫ益益奮勵ᄒᆞ야智識을硏磨ᄒᆞ야써他日國家有用의利器가됨을自期ᄒᆞᆷ이可ᄒᆞ니라

學問의選擇

然則人人이如何ᄒᆞᆫ學問을學修ᄒᆞᆷ이可ᄒᆞ뇨學問을修得ᄒᆞ고智識을具有ᄒᆞᆷ이可ᄒᆞᆷ은各個人의必

要ᄒᆞᆫ本務ㅣ나如何ᄒᆞᆫ人이如何을學問을修ᄒᆞ야도可ᄒᆞ다ᄒᆞᆷ이아니오其資産天性과밋身体健康의程度를應ᄒᆞ야其志ᄒᆞᆫ바를確定ᄒᆞᆷ을要ᄒᆞᆯ지니大抵人은各各自安ᄒᆞᆷ이可ᄒᆞᆫ本分이有ᄒᆞᆷ을了解ᄒᆞᆷ이可ᄒᆞ니라爲先自家의資力을應ᄒᆞ야學問을修ᄒᆞᆷ이可ᄒᆞ니我가某種學問에熱心ᄒᆞᆫ終極에其資力이果然多年의修業을能支ᄒᆞᆯ與否를自顧치아니ᄒᆞᆫ時는다만不幸히其學을半途에廢ᄒᆞᆯ뿐아니라其父兄親戚으로不虞의困難을並蒙케ᄒᆞ야我의得ᄒᆞᆫ바는無ᄒᆞ고도로혀人을困迫케ᄒᆞᆯ지니

此輩는찰하리當初로브터不學ᄒᆞᆷ만ᄀᆞᆺ지못ᄒᆞ니라彼學業을不成ᄒᆞ고中途坎軻ᄒᆞᄂᆞᆫ青年輩는미양自初에資力을應ᄒᆞ야其業을選擇치못ᄒᆞᆫ無謀의過失을專因ᄒᆞᆷ이라迂濶히高尙ᄒᆞᆫ學問에心醉ᄒᆞ야産業의法을不知ᄒᆞ고自活의道가不立ᄒᆞᆯ時는다만其志만過大ᄒᆞ야身이賤役에就ᄒᆞᆷ을不屑히녁이다가飢寒이逼身ᄒᆞᆷ에及ᄒᆞ야玆에無稽ᄒᆞᆫ智識으로各種不良ᄒᆞᆫ事業을企圖ᄒᆞᄂᆞ니此輩의禍害는小ᄒᆞᆫ즉一身一家에止ᄒᆞ고大ᄒᆞᆫ즉社會國家에及ᄒᆞᆯ지니學을志ᄒᆞᄂᆞᆫ者ㅣ깁히銘心ᄒᆞᆯ바ㅣ

天性과學問

니라

人은生出ᄒᆞᆷ으로브터各各特殊ᄒᆞᆫ天性을具有ᄒᆞᄂᆞ니天性에適合ᄒᆞᆫ事ᄂᆞᆫ過勞치아니ᄒᆞ고衆人에特秀ᄒᆞᆷ이有ᄒᆞ나此와相反ᄒᆞ야天性에不適合ᄒᆞᆫ事ᄂᆞᆫ아모리心身을勞苦ᄒᆞᆯ지라도마ᄎᆞᆷ내凡庸의列에自止ᄒᆞᆷ이有ᄒᆞᆫ지라故로人은學業을選擇ᄒᆞᆷ에도반다시天性에適合ᄒᆞᆫ者를取ᄒᆞᆷ이可ᄒᆞ니라

學問의範圍ᄂᆞᆫ廣博ᄒᆞ고ᄯᅩ深遠ᄒᆞ니一人으로서萬藝를通ᄒᆞᆷ은到底히可望ᄒᆞᆯ바ㅣ아니라故로人人이其長處를隨ᄒᆞ야研鑽ᄒᆞᄂᆞᆫ勞苦를積累ᄒᆞᆷ이

可ᄒᆞ니라다만其長處를隨ᄒᆞ야業務에就ᄒᆞ기前에ᄂᆞᆫ반다시普通敎育을學修ᄒᆞᆷ이可ᄒᆞ니普通敎育은中等以上의國民이되고져ᄒᆞᄂᆞᆫ者의不得不修得ᄒᆞᆯ者ㅣ니라ᄯᅩ各自의天性의長處ᄂᆞᆫ自初로知得ᄒᆞᆷ이可ᄒᆞᆫ者ㅣ아니오此를知ᄒᆞᆷ에ᄂᆞᆫ몬져諸科의學術을廣博히涉獵ᄒᆞᆷ을要ᄒᆞᆯ지니此點으로브터見ᄒᆞᆯ지라도普通敎育의欠闕치못ᄒᆞᆯ理由ᄂᆞᆫ明確ᄒᆞᆫ바ㅣ니라普通敎育에在ᄒᆞ야ᄂᆞᆫ就學者의年齒가尙少ᄒᆞ고ᄯᅩ學習ᄒᆞᆫ바科目이甚多ᄒᆞᆷ으로아즉高尙ᄒᆞᆫ理論을爲事치아니ᄒᆞ나人人이能히

健全과學問

其性에近ᄒᆞᆫ바ᄅᆞᆯ自知ᄒᆞᆯ지니임의其性의長處ᄅᆞᆯ知ᄒᆞ야普通教育을完了ᄒᆞᆫ後에學을志ᄒᆞᄂᆞᆫ者ㅣ다시一層深遠ᄒᆞᆫ研究에從事ᄒᆞ면其學의大成ᄒᆞᆷ이ᄯᅩᄒᆞᆫ無難ᄒᆞ니라

學問을修ᄒᆞᆷ에ᄂᆞᆫ資力과天性外에ᄯᅩ各自의身體健全ᄒᆞᆷ이此에能堪ᄒᆞᆯ與否ᄅᆞᆯ顧念치아니치못ᄒᆞᆯ지니學問을修ᄒᆞᆷ은甚히嘉尙ᄒᆞᆫ바ㅣ나此ᄅᆞᆯ因ᄒᆞ야其健康을反害ᄒᆞᆷ은甚히不可ᄒᆞᆫ바ㅣ니라健全은萬事의基礎ㅣ니一切의道德은健康ᄒᆞᆫ身體ᄅᆞᆯ待ᄒᆞ야비로소實行ᄒᆞᆷ을得ᄒᆞᄂᆞ니라一時의熱心

에牽引ᄒᆞ야偏히其所志ᄅᆞᆯ得達코져ᄒᆞᆷ으로브터其身體가疾病에罹ᄒᆞᆷ을不知ᄒᆞ고一朝에自救치못ᄒᆞᆷ에及ᄒᆞ야忽然히往日의無謀ᄒᆞᆷ을悔恨ᄒᆞᆫ덜엇지追及ᄒᆞ리오學이아즉未成ᄒᆞᆫ時에遽然히疾로써廢ᄒᆞ며或은業을僅成ᄒᆞ고即時死亡ᄒᆞᄂᆞᆫ者ㅣ有ᄒᆞ니此等人은미리其健康을顧念치아니ᄒᆞᆫ所以니다만一身의不幸이될ᄲᅮᆫ아니라父兄과國家에對ᄒᆞ야셔도ᄯᅩᄒᆞᆫ其本務ᄅᆞᆯ缺ᄒᆞᆫ者ㅣ라謂ᄒᆞᆯ지니라今에一般學校에在ᄒᆞ야入學試驗中에体格檢查ᄒᆞᄂᆞᆫ規制ᄅᆞᆯ設ᄒᆞ야써此憂ᄅᆞᆯ豫防ᄒᆞ나大

實行과學問

概形式에止홀뿐이니人人은各自銘心홈을要홀지니라

學問으로써身名을立揚코져ᄒᆞ는專門學者에在ᄒᆞ야는其學을博洽히ᄒᆞ고또宏深케홈을要홀지오다만前人의所說을踏襲홈으로써足ᄒᆞ다홈은不可ᄒᆞ니先哲의아즉未發ᄒᆞᆫ바를發明ᄒᆞ야世界學術의進步上에多少裨益을與홈이아니면足히써其職責을完全히ᄒᆞ얏다謂ᄒᆞ지못홀지니라然이나此는專門學士의事오通常人에在ᄒᆞ야는學問과홈씌實際上業務를鍊習치아니ᄒᆞ면반다시

迂潤홈에流ᄒᆞ는弊를難免홀지라故로人은반다시實際有用ᄒᆞᆫ學을修ᄒᆞ고空理無益ᄒᆞᆫ學을避홀지니學ᄒᆞᆫ바로써行得ᄒᆞ면其學이비로소有益ᄒᆞ다云홀지며行ᄒᆞ는바가學ᄒᆞᆫ바에基本ᄒᆞ면其行이비로소適切홈을得홀지라故로學問과實行을並ᄒᆞ야學習홈은人生의必要ᄒᆞᆫ事ㅣ니라

修學ᄒᆞ는法

學을修ᄒᆞ는法은如何ᄒᆞ뇨其主要된者ㅣ二가有ᄒᆞ니一曰忍耐오二曰時間을惜홈이니라

學問은精神의美飾이되여人品을高尙케ᄒᆞ는者ㅣ니身体의美飾은一時에渝損ᄒᆞ나精神의美飾

忍耐

은一生에不變ᄒᆞᄂᆞ니라學問은如斯히貴重ᄒᆞᆫ者ㅣ됨으로써此를修得ᄒᆞᄂᆞᆫ道도ᄯᅩᄒᆞᆫ困難ᄒᆞᆷ을不免ᄒᆞᄂᆞ니故로忍耐의精神은學者의第一必要ᄒᆞᆫ바ㅣ니라靑年書生의學을志ᄒᆞᄂᆞᆫ者ㅣ其初에ᄂᆞᆫ能히奮勵ᄒᆞ나日月의經過ᄒᆞᆷ과ᄒᆞᆷᄭᅴ怠惰心이漸生ᄒᆞ야我의勤勉의不足ᄒᆞᆷ을反省치아니ᄒᆞ고도로혀完成치못ᄒᆞᄂᆞᆫ愆過를他에歸ᄒᆞᄂᆞ니甚히謬誤ᄒᆞᆫ者ㅣ라謂ᄒᆞᆯ지니라如何ᄒᆞᆫ人이던지逸居ᄒᆞ야其學의成就ᄒᆞᆷ을自期ᄒᆞᆷ은不可ᄒᆞ니古來로브터碩學鴻儒라稱ᄒᆞᄂᆞᆫ人도大槪ᄂᆞᆫ天品의才를因

ᄒᆞᆷ이나其實은苦學의人이아닌者ㅣ無ᄒᆞ니天才로도尙然ᄒᆞ거던ᄒᆞ믈며凡常ᄒᆞᆫ人이리오世人이미양恒久堅持의志가無ᄒᆞ고我의一月半歲의勞로써他人一生의功에比코져ᄒᆞ야事가如意치못ᄒᆞ면其志를遽廢ᄒᆞᆷ이弊屣를脫去ᄒᆞᆷ과ᄀᆞᆺ치ᄒᆞ니如斯히ᄒᆞ고엇지其學의得成ᄒᆞᆷ을望ᄒᆞ리오

專門學問에至ᄒᆞ야ᄂᆞᆫ義理가精深ᄒᆞ고關係가莫大ᄒᆞᆷ으로써其困難ᄒᆞᆷ도ᄯᅩᄒᆞᆫ通常에比ᄒᆞᆯ바ㅣ아니니다만널니探究ᄒᆞ고깁히尋繹ᄒᆞ야蕪思雜念을絶去ᄒᆞ고潛心熟考ᄒᆞ야孜孜勤勤ᄒᆞ면거위其

時間을惜ᄒᆞᄂᆞᆫ事

志ᄅᆞᆯ達ᄒᆞᆷ을得ᄒᆞᆯ지니鹵莽ᄒᆞᆫ心志로其煩을厭ᄒᆞ며其久ᄅᆞᆯ不堪ᄒᆞᄂᆞᆫ者ᄂᆞᆫ決斷코成就ᄒᆞᆯ理가無ᄒᆞ니라

學을修ᄒᆞᆷ에對ᄒᆞ야ᄀᆞ장着念ᄒᆞᆯ者ᄂᆞᆫ時間을惜ᄒᆞᆷ이니人生의生命은限이有ᄒᆞᆫ者오學問은限이無ᄒᆞᆫ者ㅣ라故로此短歲月間에限이無ᄒᆞᆫ學問을修得코져ᄒᆞᆯ진대반다시無益ᄒᆞᆫ時間을消費치말고餘暇가有ᄒᆞ면此ᄅᆞᆯ學問에充ᄒᆞᆷ을要ᄒᆞᆯ지니라浪費ᄒᆞᆫ財貨ᄂᆞᆫ再得ᄒᆞᆷ이有ᄒᆞ나浪費ᄒᆞᆫ時間은一去ᄒᆞ면復還ᄒᆞᆯ期가無ᄒᆞᄂᆞ니故로學者에在ᄒᆞ야ᄂᆞᆫ

時間ᄀᆞᆺ치貴重ᄒᆞᆫ者ㅣ無ᄒᆞ니라

少壯ᄒᆞᆫ時期ᄂᆞᆫᄀᆞ장修學ᄒᆞᆷ에適當ᄒᆞ니此ᄂᆞᆫ其志操가아즉未定ᄒᆞ고心氣가空虛ᄒᆞᆷ으로써ㅣ니라故로人이年少ᄒᆞᆫ時에在ᄒᆞ야學을修ᄒᆞ고智識을啓發ᄒᆞᆫ時ᄂᆞᆫ一生間에其惠ᄅᆞᆯ自蒙ᄒᆞᆯ지니라此와相反ᄒᆞ야半生을懶惰中에過了ᄒᆞᆯ時ᄂᆞᆫ惡習이性을成ᄒᆞ고偏僻이質을成ᄒᆞ야浸潤許久ᄒᆞ면甄牢不拔ᄒᆞᆷ에至ᄒᆞᄂᆞ니年少ᄒᆞᆫ時ᄂᆞᆫ如斯히修學ᄒᆞᆷ에必要ᄒᆞᆫ時期가됨으로써此際ᄂᆞᆫ時間을浪費치아니ᄒᆞᆷ으로써特別히銘心ᄒᆞᆷ이可ᄒᆞ니라朱文公訓

에日今日에學ᄒᆞ지아니ᄒᆞ야도來日이有ᄒᆞ다謂치말며今年에學ᄒᆞ지아니ᄒᆞ야도來年이有ᄒᆞ다謂치말나日月이逝ᄒᆞᄂᆞᆫ지라歲ᄅᆞᆯ延치못ᄒᆞᄂᆞ니라嗚呼ㅣ라老ᄒᆞᆷ이여誰의愆이뇨ᄒᆞ니吾人靑年의學生은맛당히惕念ᄒᆞᆯ바ㅣ니라

時間의賊

時間이學問에貴重ᄒᆞᆷ이如許ᄒᆞ니吾人은他人에對ᄒᆞ야셔도ᄯᅩᄒᆞᆫ其時間을浪費치아니케ᄒᆞᆷ으로써銘心ᄒᆞᆷ이可ᄒᆞ니라世에他人을訪問ᄒᆞᄂᆞᆫ者ㅣ速히其所幹事ᄅᆞᆯ妥辦치아니ᄒᆞ고閑談雜話로時ᄅᆞᆯ移ᄒᆞᄂᆞᆫ者ㅣ有ᄒᆞ니此ᄂᆞᆫ時間의賊이라稱ᄒᆞᆷ이

可ᄒᆞᆫ者ㅣ니學者間에在ᄒᆞ야ᄂᆞᆫ特別히警戒ᄒᆞᆯ바ㅣ니라

學問을修ᄒᆞᆷ에ᄂᆞᆫ學校에入ᄒᆞ야良師의게親灸ᄒᆞᆷ을要ᄒᆞᆯ지나其大部分은讀書의道ᄅᆞᆯ必須ᄒᆞᆯ지니大抵良師ᄅᆞᆯ得ᄒᆞᆯ지라도日夕에其座右에常從ᄒᆞ야其敎諭ᄒᆞᄂᆞᆫ바ᄅᆞᆯ隨意로得聞ᄒᆞ기不能ᄒᆞᆫ事情이有ᄒᆞᆷ으로써ㅣ니라

學問과書籍

然이나人文이漸開ᄒᆞᆷ으로브터世에書籍이有ᄒᆞ고累代의學者가ᄯᅩᄒᆞᆫ多少의著述을遺傳치아니ᄒᆞᆫ者ㅣ無ᄒᆞ니書籍의數ᄂᆞᆫ古今內外ᄅᆞᆯ通ᄒᆞ야幾

書籍選擇의必要

千萬冊에至ᄒᆞᆷ을不知ᄒᆞᆯ지라然이나吾人의資力
은能히此ᄅᆞᆯ蒐集지못ᄒᆞᆯ지며能히此ᄅᆞᆯ蒐得ᄒᆞᆯ지
라도吾人一生에在ᄒᆞ야一回라도此ᄅᆞᆯ讀過ᄒᆞᆷ이
不能ᄒᆞᆯ지니라然則普通敎育을受ᄒᆞᄂᆞᆫ者로셔課
外餘暇에書ᄅᆞᆯ讀코져ᄒᆞᄂᆞᆫ者ᄂᆞᆫ特別히書籍을選
擇ᄒᆞᆷ이可ᄒᆞ니라大凡現行의書籍은擧皆有益ᄒᆞᆫ
者ᄂᆞᆫ아니니無益ᄒᆞᆫ書籍을讀ᄒᆞᆷ은곳無益ᄒᆞᆫ時間
을消費ᄒᆞᆷ과ᄀᆞᆺᄒᆞᆷ으로써書籍의選擇은學者自身
을爲ᄒᆞ야必要ᄒᆞᆫ事ㅣ라謂ᄒᆞᆯ지니라
人人이其業을依ᄒᆞ야其學을相異케ᄒᆞ며其學을

依ᄒᆞ야其書ᄅᆞᆯ相異케ᄒᆞᄂᆞᆫ지라故로專門學業에
從事ᄒᆞᄂᆞᆫ者에對ᄒᆞ야ᄂᆞᆫ可讀ᄒᆞᆯ書籍을一例로指
摘ᄒᆞᆷ이不能ᄒᆞᆯ지니라然이나普通의智德을修養
ᄒᆞᆷ에在ᄒᆞ야ᄂᆞᆫ吾人의服膺ᄒᆞᆷ이可ᄒᆞᆫ者ㅣ不少ᄒᆞ
니左에此ᄅᆞᆯ槪述ᄒᆞ노라
人은交好ᄒᆞᄂᆞᆫ友ᄅᆞᆯ因ᄒᆞ야其人物의如何ᄒᆞᆷ을知
ᄒᆞᆷ과ᄀᆞᆺ치ᄯᅩᄒᆞᆫ其愛讀ᄒᆞᄂᆞᆫ바書籍을依ᄒᆞ야其人
을知ᄒᆞᆯ지니라書籍은人心을感化ᄒᆞᆷ에在ᄒᆞ야其
勢力의偉大ᄒᆞᆷ이朋友에不讓ᄒᆞᄂᆞᆫ바ㅣ有ᄒᆞ니故
로人은損友ᄅᆞᆯ交遊ᄒᆞᆷ이不可ᄒᆞᆷ과ᄀᆞᆺ치ᄯᅩᄒᆞᆫ雜書

古典

로接홈이不可ᄒᆞ니라
書籍의眞價ᄂᆞᆫ時와홈ᄭᅴ低昂ᄒᆞᄂᆞ니其發刊ᄒᆞᆫ當時에學世가讚賞ᄒᆞᄂᆞᆫ者ㅣ라도星移物換홈을隨ᄒᆞ야맛ᄎᆞᆷ내一人도不顧홈에至홈이有ᄒᆞᄂᆞ니此ᄂᆞᆫ該書籍이恒久의價値가無홈을足証ᄒᆞᆯ者ㅣ니라故로數十年或은數百年前의著作으로ᄡᅥ今日에오히려其聲價가不墜ᄒᆞᆫ者ᄂᆞᆫ有益ᄒᆞᆫ者ㅣ니必讀ᄒᆞᆯ書籍으로見做홈이可ᄒᆞᆯ지며時好俗尙을因ᄒᆞ야現行ᄒᆞᄂᆞᆫ諸家書ᄀᆞᆺᄒᆞᆫ者ᄂᆞᆫ少不下十數年後에批評의一定홈을竢ᄒᆞ야此를玩讀ᄒᆞ야도오히

事實의書

려未晩ᄒᆞ다ᄒᆞᆯ지니라眞理ᄂᆞᆫ古今을通ᄒᆞ야變遷홈이無ᄒᆞᄂᆞ니古聖賢의遺傳ᄒᆞᆫ諸般書籍은吾人의終身服膺ᄒᆞᆯ바ㅣ多ᄒᆞ니라
年少ᄒᆞᆫ時에在ᄒᆞ야ᄂᆞᆫ반다시事實을記載ᄒᆞᆫ書를耽讀홈이可ᄒᆞ니라大凡智識의基礎ᄂᆞᆫ事實에在ᄒᆞᄂᆞ니理論或은原理라稱ᄒᆞᄂᆞᆫ者ᄂᆞᆫ無數ᄒᆞᆫ事實中으로브터總合ᄒᆞᆫ道理에不外ᄒᆞᆫ바ㅣ라今에此事實을會得치아니ᄒᆞ고곳理論을耽ᄒᆞᆯ時ᄂᆞᆫ其理論의由來ᄒᆞᆫ바를不知홈으로ᄡᅥ不識不知間에空想에陷ᄒᆞᄂᆞᆫ者ㅣ有ᄒᆞᆯ지니라彼靑年書生이미양

空論을唱道ᄒᆞ야高尙홈으로自處홈은畢竟事實의智識이無ᄒᆞᆫ所以니事實은人의思想으로ᄒᆞ여곰眞正純實케ᄒᆞᄂᆞᆫ바ㅣ니라

少年의志氣ᄅᆞᆯ奬勵ᄒᆞ야自然히奮發케ᄒᆞᄂᆞᆫ者ᄂᆞᆫ偉人傑士의傳記와ᄀᆞᆺᄒᆞᆫ者ㅣ無ᄒᆞ니元來少年은模倣嘆美的精神이豐富ᄒᆞᆫ者ㅣ니라傳記ᄂᆞᆫ忠孝節義勤學善行功名의談話로史上의事實을삼아吾人의게說與홈인즉其中에吾人으로ᄒᆞ여곰感發興起케ᄒᆞᄂᆞᆫ바ㅣ自有ᄒᆞ니故로古來로브터大志ᄅᆞᆯ立ᄒᆞ고偉業을成ᄒᆞᄂᆞᆫ者ᄂᆞᆫ先人事蹟에感動

됨을因ᄒᆞᆫ者ㅣ甚多ᄒᆞ니라此와相反ᄒᆞ야稗史小說ᄀᆞᆺᄒᆞᆫ者ᄂᆞᆫ아즉思想이未定ᄒᆞᆫ少年에對ᄒᆞ야ᄂᆞᆫ다만情慾을誘動ᄒᆞ고空想을引起ᄒᆞᆯ뿐이니도로혀純正ᄒᆞᆫ精神을消磨ᄒᆞᄂᆞᆫ虞慮가有홈으로써此ᄅᆞᆯ接近치아니홈이可ᄒᆞ니라

普通敎育을受ᄒᆞᄂᆞᆫ者로셔課外에讀書코져ᄒᆞᄂᆞᆫ者ᄂᆞᆫ반다시其課業을充分히修ᄒᆞᆫ後에홈이可ᄒᆞ니라正課ᄅᆞᆯ忽諸히ᄒᆞ고他書ᄅᆞᆯ耽讀홈은其智識으로ᄒᆞ여곰空然히散漫浮靡케홈에不外홈이니此ᄂᆞᆫ少年의ᄆᆞ장銘心ᄒᆞᆯ바ㅣ니라또課外의書ᄅᆞᆯ

讀書의 次序

讀ᄒᆞᆷ에도次序가自有ᄒᆞᆷ을知ᄒᆞᆷ이可ᄒᆞ니專門學問에在ᄒᆞ야ᄂᆞᆫ尤然ᄒᆞᆫ바ㅣ니라吾人은其智識程度ᄅᆞᆯ應ᄒᆞ야可讀ᄒᆞᆯ書ᄅᆞᆯ選擇ᄒᆞᆷ이可ᄒᆞ니空然히高尙難解의書ᄅᆞᆯ讀ᄒᆞᆷ은有害無益ᄒᆞᆫ바ㅣ니라自己智識에不相當ᄒᆞᆫ書ᄂᆞᆫ假令自己ᄂᆞᆫ能解ᄒᆞᆷ으로思ᄒᆞ나眞個了解ᄒᆞᄂᆞᆫ者로브터此ᄅᆞᆯ見ᄒᆞᆯ진대太半은誤解謬讀ᄒᆞᆷ을不免ᄒᆞᆯ지오設令此ᄅᆞᆯ誤解ᄒᆞᆷ이無ᄒᆞ다ᄒᆞᆯ지라도其書의眞義ᄂᆞᆫ決斷코會得ᄒᆞᆷ이不能ᄒᆞ야맛ᄎᆞᆷ내一知半解에止ᄒᆞ야一生에此ᄅᆞᆯ悟了ᄒᆞᆯ機會가無ᄒᆞᆯ지니라淺近ᄒᆞᆫ書라도此ᄅᆞᆯ

完全히解得ᄒᆞ면其中에無限ᄒᆞᆫ意味가有ᄒᆞ고高尙ᄒᆞᆫ書라도此ᄅᆞᆯ解得치못ᄒᆞ면其奧妙ᄒᆞᆫ旨가何에在ᄒᆞ리오智識의進步ᄂᆞᆫ行路ᄒᆞᆷ과如ᄒᆞ야아즉一里ᄅᆞᆯ行치아니ᄒᆞ고十里에達ᄒᆞᆷ을望ᄒᆞᆷ은不可ᄒᆞ니自己의智識을忖度치아니ᄒᆞ고空然히高尙ᄒᆞᆫ書籍을耽ᄒᆞᆷ은其愚迂ᄒᆞᆷ이此와同ᄒᆞ니라故로玩讀ᄒᆞᆷ이可ᄒᆞᆫ書籍의種類程度等에對ᄒᆞ야ᄂᆞᆫ미리教師先輩의意見을叅質ᄒᆞ야聽從ᄒᆞᆷ이可ᄒᆞ니라

學問과 朋友

學問은大槪師와書ᄅᆞᆯ依ᄒᆞᄂᆞᆫ바ㅣ나또ᄒᆞᆫ朋友ᄅᆞᆯ

依ᄒᆞ야益을受홈이不少ᄒᆞ니暇日에同心人이會合ᄒᆞ야疑義를相質ᄒᆞ고意見을相述ᄒᆞ며委曲을辨論홈은攻學ᄒᆞᄂᆞᆫ道에欠闕치못ᄒᆞᆯ事ㅣ라故로學問에在ᄒᆞ야셔도ᄯᅩᄒᆞᆫ其友를擇홈이可ᄒᆞ니라

疑問은修學上에欠闕치못ᄒᆞᆯ者ㅣ라

學問은맛당히疑難處가有홈을要ᄒᆞᆯ지니라學問을홈은本來信ᄒᆞᄂᆞᆫ바에自安홈을爲홈이나此目的을達홈에ᄂᆞᆫ疑問을必須ᄒᆞᆯ지니他의書說에盲從ᄒᆞᄂᆞᆫ者ᄂᆞᆫ假令萬卷의書를讀過ᄒᆞᆯ지라도絲毫도有益ᄒᆞᆫ바ㅣ無ᄒᆞᆯ지니라書를臨ᄒᆞ야一一히誠然ᄒᆞᆫ바를스ᄉᆞ로認識ᄒᆞ야如何ᄒᆞᆫ人의所說이라

도萬一疑難處가有ᄒᆞ면此를了解ᄒᆞ기ᄭᆞ지ᄂᆞᆫ確信치아니ᄒᆞ고精思熟慮ᄒᆞ야其旨底에會得홈에至ᄒᆞ야비로소眞正ᄒᆞᆫ智識을得ᄒᆞᆯ지니다만多讀홈을專事ᄒᆞ고스ᄉᆞ로定見이無ᄒᆞᆫ者ᄂᆞᆫ一個活動字典에無過ᄒᆞᆯ지니라然이나疑難을空懷ᄒᆞ야他를排斥ᄒᆞ고스ᄉᆞ로悟了ᄒᆞᄂᆞᆫ意志가無ᄒᆞᆫ者ᄂᆞᆫᄯᅩᄒᆞᆫ學問의何件物됨을不知ᄒᆞᄂᆞᆫ者ㅣ니疑問은學問의方法이오學問의目的은아니니라……

第七章 修德

修德

人이禽獸와異홈은德性이有홈으로ᄡᅥㅣ니萬一

德性을具有ᄒᆞᆫ바ㅣ無ᄒᆞ면身体의健强홈은暴戾의根柢가되고智能의卓越홈은奸惡의媒介가될지니라

德과德性

本務의命ᄒᆞᄂᆞᆫ바에服從ᄒᆞ야云爲홈을德이라云ᄒᆞ고吾人으로ᄒᆞ여곰此德을行케ᄒᆞᄂᆞᆫ바를德性이라云ᄒᆞᄂᆞ니健康과智識이모다道德을實行홈에須要된者ㅣ나萬一此를率ᄒᆞᄂᆞᆫ德性이無ᄒᆞᆯ時ᄂᆞᆫ譬컨대精兵이有호대此를率ᄒᆞᄂᆞᆫ良將이無홈과ᄀᆞᆺᄒᆞ니라

本務에服從홈

德性의本領은一言으로써蔽ᄒᆞᆯ진대本務에服從

은德性의根本이라

홈에在ᄒᆞ니라吾人의良心은本務의標準이니一事一物을總히良心의命令을服從ᄒᆞ야其間에私心私慾을挾홈이無ᄒᆞᆯ時ᄂᆞᆫ其行爲ᄂᆞᆫ거위過失이無ᄒᆞᆯ지며其人도또ᄒᆞᆫ有德ᄒᆞᆫ人이될지니라今에吾人의平生服膺홈이可ᄒᆞᆫ德性의主要된者二三을左揭ᄒᆞ노라

信義

吾人은萬一人이我에對ᄒᆞ야信義를守케ᄒᆞ고져ᄒᆞᆯ진대吾人은몬져我가人에對ᄒᆞ야信義를守홈이可ᄒᆞ니라信이란者ᄂᆞᆫ虛僞의反對니不欺홈을謂홈이오義란者ᄂᆞᆫ道理의存在ᄒᆞᆫ바ᄂᆞᆫ如何ᄒᆞᆫ艱

難이라도除排ᄒᆞ고此에趨向ᄒᆞ며道理의存在치아니ᄒᆞᆫ바ᄂᆞᆫ如何ᄒᆞᆫ利益이라도行치아니ᄒᆞᆷ을謂ᄒᆞᆷ이니社會萬般의事業은信義ᄅᆞᆯ依ᄒᆞ야成立ᄒᆞᄂᆞᆫ바ㅣ니라

人人이信義ᄅᆞᆯ尊重히녁이지아니ᄒᆞᆯ時ᄂᆞᆫ一國의道德은地에掃ᄒᆞᆷ에至ᄒᆞᆯ지니論語에言忠信ᄒᆞ며行篤敬이면비록蠻貊의邦이라도可히써行ᄒᆞᆫ다ᄒᆞᆷ은곳信義의德을云ᄒᆞᆷ이니라故로我가몬져誠實ᄒᆞᆷ으로써人에對ᄒᆞ야眞心을胷中에實ᄒᆞᆯ時ᄂᆞᆫ暴戾無道ᄒᆞᆫ人이라도能히己ᄅᆞᆯ害ᄒᆞᆷ이無ᄒᆞᆯ지나

此와相反ᄒᆞ야不義無道ᄒᆞᆫ心으로써他에對ᄒᆞᆯ時ᄂᆞᆫ溫厚篤實ᄒᆞᆫ人이라도往往非理로써我에對酬ᄒᆞᆷ이不無ᄒᆞᄂᆞ니西諺에닐은바正直은最良ᄒᆞᆫ方策이라ᄒᆞᆷ이곳此ᄅᆞᆯ說ᄒᆞᆷ이니라詐欺로써一時에能히人心을籠絡ᄒᆞᆯ지라도不義의福利ᄂᆞᆫ決斷코永續ᄒᆞᆯ바ㅣ아니오無幾에顯露ᄒᆞ야맛ᄎᆞᆷ내社會의擯斥ᄒᆞᄂᆞᆫ바ㅣ되ᄂᆞ니라

誠實及遵約

信義의本旨ᄂᆞᆫ虛言을不發ᄒᆞ고約諾을一遵ᄒᆞᆷ에在ᄒᆞ니라人이約諾을不守ᄒᆞ고言行이相反될時ᄂᆞᆫ他人은其不信ᄒᆞᆷ을怒ᄒᆞ야擯斥ᄒᆞᆯ지니設令此

를因ᄒᆞ야他人의게損害를與ᄒᆞᆷ이無ᄒᆞᆯ지라도一次社會에信을缺ᄒᆞ면名譽를失ᄒᆞ고面目을墜ᄒᆞ야將來에協議同事ᄒᆞᆯ者ㅣ無ᄒᆞᆯ지니라人이斯境에一至ᄒᆞ면友愛도可望치못ᄒᆞ며和協도得見치못ᄒᆞᆯ섇아니라一人도己를顧護ᄒᆞ는者ㅣ無ᄒᆞᆯ지니身은社會에在ᄒᆞ야도心은荒山窮野에獨居ᄒᆞᆷ과ᄀᆞᆺᄒᆞᆯ지니라

世人이或虛誕ᄒᆞᆷ을不咎ᄒᆞ고도로혀滑稽嬉笑의好資料로認ᄒᆞ야감히介意치아니ᄒᆞ는者ㅣ有ᄒᆞᆯ섇아니라더옥少年輩에在ᄒᆞ야는口로出ᄒᆞ야事

虛誕은곳不德이라

에利害關係가無ᄒᆞᆫ時는往往히寬假ᄒᆞ야寘之不問ᄒᆞᆷ이有ᄒᆞ니畢竟虛誕이란者는如何ᄒᆞᆫ境遇에在ᄒᆞ던지惡結果를生ᄒᆞ는바ㅣ됨을想到치못ᄒᆞᆫ弊習으로出來ᄒᆞᆫ者ㅣ니라ᄒᆞ믈며虛僞는眞實보다言ᄒᆞ기易ᄒᆞᆫ者ㅣ리오少年輩로써他人이其虛誕ᄒᆞᆷ을寬假ᄒᆞᆫ時는漸次虛言으로써不德이되는思想을喪失ᄒᆞ야不識不知間에虛誕의慣習을馴致ᄒᆞᆷ에至ᄒᆞᆯ지며또戱謔中에도虛言을好ᄒᆞ는者는맛ᄎᆞᆷ내他人의信用을失ᄒᆞᆷ도되ᄂᆞ니何故오此等人의言語는如何ᄒᆞᆫ點ᄭᆞ지虛妄ᄒᆞᆷ이아니오信

用ᄒᆞᆷ이可ᄒᆞᆯ지미라測定ᄒᆞ기難ᄒᆞᆫ所以니라故로虛言은如何ᄒᆞᆫ境遇에在ᄒᆞᆫ던지一切嚴絶ᄒᆞᆷ을要ᄒᆞᆯ지니라

虛言의深戒ᄒᆞᆷ이可ᄒᆞᆷ과約諾의尊重ᄒᆞᆷ이可ᄒᆞᆷ은以上에述ᄒᆞᆷ과ᄀᆞᆺᄒᆞ나一次約束을成ᄒᆞᆫ後에在ᄒᆞ야該事件의非道됨을覺悟ᄒᆞᆫ時ᄂᆞᆫ此ᄅᆞᆯ變更ᄒᆞᆷ에躊躇ᄒᆞᆷ이不可ᄒᆞ니라一次約定ᄒᆞᆫ所以로非行을强遂ᄒᆞᆷ은其罪ᄅᆞᆯ重犯ᄒᆞᆫ者ㅣ라謂ᄒᆞᆯ지니故로此等의失策이無코져ᄒᆞᆯ진ᄃᆡ其言을豫愼ᄒᆞᆷ이可ᄒᆞ니라誰가食言ᄒᆞᆷ을自好ᄒᆞ며違約ᄒᆞᆷ을自甘ᄒᆞ리

臆言多辯의害

오매양實際에臨ᄒᆞ야自力이此ᄅᆞᆯ能堪치못ᄒᆞᆷ을發見ᄒᆞ고不得已ᄒᆞ야事狀이玆에至ᄒᆞᆫ者ㅣ니此ᄂᆞᆫ締約ᄒᆞᆯ初에在ᄒᆞ야其言을愼重치못ᄒᆞᆫ所以라故로人이一事ᄅᆞᆯ約ᄒᆞ고一言을發ᄒᆞᆷ에當ᄒᆞ야我가果然此約言을實行ᄒᆞᆯ力이有ᄒᆞᆯ지몯지此ᄅᆞᆯ熟慮ᄒᆞᆷ이可ᄒᆞ니라臆言多辯은ᄆᆞᄎᆞᆷ事爲에有害ᄒᆞᆫ者ㅣ니中庸에言은行을顧ᄒᆞ고行은言을顧ᄒᆞ라ᄒᆞᆷ이此ᄅᆞᆯ謂ᄒᆞᆷ이니라然이나玆에特別히銘心ᄒᆞᆯ바ㅣ有ᄒᆞ니假令友人과漫遊或은散策을豫約ᄒᆞ고期에臨ᄒᆞ야親患或은不獲已ᄒᆞᆫ急故가有ᄒᆞᆫ境

遐에在ᄒᆞ야ᄂᆞᆫ事体의輕重이自在ᄒᆞᆷ으로써其約束을履行치아니ᄒᆞᆯ지라도敢히執咎ᄒᆞᆯ바ㅣ無ᄒᆞ니다만約諾을重히녁임으로써親患或은急故를捨ᄒᆞ고此에赴ᄒᆞᆷ은도로혀悖德의甚ᄒᆞᆫ者ㅣ라謂ᄒᆞᆯ지니라故로不時의事變이履約을妨害ᄒᆞᄂᆞᆫ바ㅣ有ᄒᆞᆯ時ᄂᆞᆫ事件의大小를相較ᄒᆞ고本務의輕重을熟慮ᄒᆞ야써其進退를定ᄒᆞᆷ을要ᄒᆞᆯ지니라

多辯은다만食言違約의弊源이될ᄲᅮᆫ아니라品位를自失ᄒᆞ고名譽를自損ᄒᆞ야諸般禍害가自身에及ᄒᆞᄂᆞᆫ바ㅣ라故로古語에口ᄂᆞᆫ禍의門이라云ᄒᆞ

얏ᄉᆞ니言語ᄂᆞᆫ愼重치아니치못ᄒᆞᆯ者ㅣ니라人은其思想을반다시吐露無餘ᄒᆞᄂᆞᆫ義務가有ᄒᆞᆷ이아니니時와處를隨ᄒᆞ야言ᄒᆞᆷ이不可ᄒᆞᆫ事와言치아니ᄒᆞᆷ이不可ᄒᆞᆫ事가有ᄒᆞ거ᄂᆞᆯ世에多辯의癖이有ᄒᆞᆫ者ᄂᆞᆫ興을乘ᄒᆞ야喋喋喃喃ᄒᆞ야自己의不利됨과他人의迷惑됨을不顧ᄒᆞ고ᄯᅩᄒᆞᆫ其不德됨을知ᄒᆞ면셔其口를緘默치못ᄒᆞ고言이口外에一出ᄒᆞᆷ애駟가不及ᄒᆞᆷ에至ᄒᆞ야噬臍의悔를始生ᄒᆞᄂᆞᆫ者ㅣ有ᄒᆞ니엇지戒懼ᄒᆞᆯ바ㅣ아니리오言語ᄂᆞᆫ心의形跡이니人의品位智德은其言으로써知ᄒᆞᆷ이可

恭儉

ᄒᆞᄂᆞ니라

言語ᄂᆞᆫ能히人을怒케ᄒᆞ며能히人을喜케ᄒᆞᄂᆞᆫ지라故로他人의忌嫌ᄒᆞᄂᆞᆫ事를言홈이不可ᄒᆞ니假令人의善을言홀지라도반다시人의惡은言홈이不可ᄒᆞ니라ᄒᆞ믈며人의舊惡을暴露홈은怒를招홀ᄲᅮᆫ아니라人을不測에陷홈이니古來로브터一言으로써人을害ᄒᆞ고身을亡ᄒᆞᄂᆞᆫ者ㅣ其例甚多ᄒᆞ니라

恭儉은人에欠闕치못홀美德이니圓滑ᄒᆞᆫ交際와秩序가有ᄒᆞᆫ社會ᄂᆞᆫ專히此에基因ᄒᆞᄂᆞᆫ者ㅣ니라

恭儉이란者ᄂᆞᆫ行儀가鄭重ᄒᆞ야放恣僭濫홈에流치아니ᄒᆞ며辭色이禮節에相合ᄒᆞ야檢飭規律이有홈을謂홈이니財貨의節儉도ᄯᅩᄒᆞᆫ其一이니라

人이平日에在ᄒᆞ야ᄂᆞᆫ自處홈을恭儉히홀지니嚴毅威武ᄀᆞᆺᄒᆞᆫ바ᄂᆞᆫ別로히用홀時가有ᄒᆞ고決斷코常居의道ᄂᆞᆫ아니니라

社會의惡憎不和홈은大槪互相間의感情이衝突홈에原因홈이니곳接應相對홀際에容色辭氣에溫厚和婉홈을欠缺홈으로써其感情을損ᄒᆞ야一生에反目送迎홈이有ᄒᆞ니甚히悲慘ᄒᆞᆫ事ㅣ라謂

홀지라萬一人人으로ᄒᆞ여곰恭儉의德을守홀진대거위斯境에至홈이無홀지니라尊長을事ᄒᆞ고朋友를交ᄒᆞ며더옥未知ᄒᆞᆫ人을接應홈에當ᄒᆞ야ᄂᆞᆫ맛당히恭儉으로써爲本홀지니人이或偏見을執ᄒᆞ고正理를不從홀時라도聲色을不勵ᄒᆞ며辭氣를不張ᄒᆞ고반다시色을平和히ᄒᆞ야此를諷誦ᄒᆞ며言을婉柔히ᄒᆞ야此를輔導ᄒᆞ고誠心으로써此를感動케홈을要홀지니무릇如斯홈에엇지感化치아니ᄒᆞᄂᆞᆫ者ㅣ有ᄒᆞ리오萬一此와相反ᄒᆞ야倨傲自居ᄒᆞ면有德ᄒᆞᆫ人은見ᄒᆞ고足히써與ᄒᆞ지

못홀小人이라홀지며小人은見ᄒᆞ고반다시怨을蓄ᄒᆞ며釁을生ᄒᆞ야我를害홈이有홀지니라

親을事ᄒᆞᄂᆞᆫ者ㅣ婉容怡色으로써ᄒᆞ면疏食菜羹이라도親이반다시歡欣홀지며萬一色이婉和치아니ᄒᆞ고聲이溫順치아니ᄒᆞ면玉食錦衣라도親이반다시喜悅치아니홀지니故로容色辭氣의恭儉홈은社會交際에在ᄒᆞ야圓滑和平의媒介가되ᄂᆞᆫ者ㅣ니라

名望이益高ᄒᆞ고官爵이愈貴홈을隨ᄒᆞ야人에對ᄒᆞ야愈益恭儉홀時ᄂᆞᆫ人의게贊稱景慕홈이될지

恭儉과卑屈

니故로恭儉ᄒᆞ야人의게下ᄒᆞᆷ은곳地位와聲譽를永保ᄒᆞᄂᆞᆫ德業의基가되ᄂᆞ니라

然이나恭儉自居ᄒᆞᆷ을爲ᄒᆞ야도로혀卑屈ᄒᆞᆷ에誤陷치아니ᄒᆞᆯ事를日常에着念ᄒᆞᆷ이可ᄒᆞ니卑屈의賤히녁임은恭儉의貴히녁임과同一ᄒᆞ니라人은如何ᄒᆞᆫ境遇에在ᄒᆞ던지自主獨立의精神이無치못ᄒᆞᆯ지니吾人國民된者ᄂᆞᆫ其品格과地位를維持ᄒᆞᆷ에須臾도欠闕치못ᄒᆞᆯ者ㅣ라意를枉ᄒᆞ야人의意를逢迎ᄒᆞ며媚悅自甘ᄒᆞ야人의歡心을買ᄒᆞᆷ은恭儉이아니오卑屈이니라自他의交際를圓滑케

禮節과恭儉

ᄒᆞᆷ을爲ᄒᆞ야人人이互相謙讓ᄒᆞᆷ은社會를搆成ᄒᆞᆷ에要務가되나自己品位人格의存在ᄒᆞᆫ바本領에至ᄒᆞ야ᄂᆞᆫ一毫도他人의게毁損치아니ᄒᆞᆯ大決心이無치못ᄒᆞᆯ지니讓ᄒᆞᆷ이可ᄒᆞᆫ者ᄂᆞᆫ此를讓ᄒᆞ고守ᄒᆞᆷ이可ᄒᆞᆫ者ᄂᆞᆫ此를守ᄒᆞ야其中庸을不失ᄒᆞᆷ은吾人의日常銘心을要ᄒᆞᆯ바ㅣ니라

禮節은恭儉을守ᄒᆞᄂᆞᆫ바ㅣ됨으로다만外面의修飾이아니오中心에存ᄒᆞᆫ恭儉의美德이ᄉᆞᄉᆞ로外形에發顯되ᄂᆞᆫ者ㅣ니라禮節은時宜를隨ᄒᆞ야推移ᄒᆞᄂᆞᆫ者ㅣ됨으로其精神은古今을通ᄒᆞ야同一

ᄒᆞ나其方法에至ᄒᆞ야ᄂᆞᆫ多少의差別이不無ᄒᆞ니라現今我邦에在ᄒᆞ야外國의文物이多大히國內에輸入됨으로써接應相酬集會宴遊等의禮節도ᄯᅩᄒᆞᆫ曾往과不同ᄒᆞᆫ者ㅣ有ᄒᆞ니玆에一一히細述ᄒᆞᆷ에不遑ᄒᆞ나今日社會에立코져ᄒᆞᄂᆞᆫ者ᄂᆞᆫ其概要ᄅᆞᆯ通曉ᄒᆞᆷ이可ᄒᆞ니라

要컨대恭儉은自己ᄅᆞᆯ謙讓ᄒᆞ고他人을包容ᄒᆞᆷ에在ᄒᆞ니라人心의不同ᄒᆞᆷ이其面과如ᄒᆞ니萬一我와不同ᄒᆞᆫ者ᄂᆞᆫ此ᄅᆞᆯ包容치아니ᄒᆞ면世에協同一致ᄒᆞᄂᆞᆫ者ㅣ無ᄒᆞᆯ지니故로容認은社會의秩序ᄅᆞᆯ

倫理學敎科書卷一　修身ᄒᆞᄂᆞᆫ道　修德　一一九

倫理學敎科書卷一　修身ᄒᆞᄂᆞᆫ道　修德　一二〇

悛改

維持ᄒᆞᄂᆞᆫ基本이니라ᄯᅩ人이我의過失을責ᄒᆞᆯ時ᄂᆞᆫ虛心反省ᄒᆞᆷ이可ᄒᆞ니局外의言은往往適中ᄒᆞᄂᆞᆫ바ㅣ有ᄒᆞ니라大凡聖人이라도或過失이不無ᄒᆞᄂᆞ니過失이란者ᄂᆞᆫ無心히做錯ᄒᆞ야道에違ᄒᆞᆷ을云ᄒᆞᆷ이라一朝에其過ᄅᆞᆯ覺悟ᄒᆞᆫ時ᄂᆞᆫ飜然히悛改ᄒᆞ면有德ᄒᆞᆫ人이됨에무엇이難ᄒᆞᆫ바ㅣ有ᄒᆞ리오임의其過ᄅᆞᆯ知ᄒᆞ고此ᄅᆞᆯ改ᄒᆞᆷ에憚ᄒᆞᄂᆞᆫ바ㅣ有ᄒᆞ면此ᄂᆞᆫ非道ᄅᆞᆯ故爲ᄒᆞ야畢竟惡戾ᄒᆞᆷ에自歸ᄒᆞᄂᆞᆫ者ㅣ니吾人의깁히戒懼ᄒᆞᆯ바ㅣ니라

倫理學敎科書卷一 終

總論
道德과本務

倫理學教科書卷二

家族의本務

第一章 總論

大凡道德을完全히홈은本務를實行홈에在ᄒᆞ니本務란者ᄂᆞᆫ他에對ᄒᆞ야吾人의當然히行홀바를謂홈이니라假令忠孝ᄂᆞᆫ臣子의本務오和睦은夫婦의本務오信義를守홈은社會에在ᄒᆞᆫ各人의本務오國家를愛홈은國民의本務ㅣ니人이各各此等諸般의本務를恪守ᄒᆞ야敢히違背치아니ᄒᆞ면其道德이完全홈을得ᄒᆞ얏다謂홀지니라自身을

自身에對ᄒᆞᆫ道德과他에對ᄒᆞᆫ道德의關係

修ᄒᆞᄂᆞᆫ大要ᄂᆞᆫ畢竟此等의他에對ᄒᆞᆫ本務를完全히ᄒᆞ고져홈에不外홈이니吾人이萬一他에對ᄒᆞ야當然히行홀本務를極盡히홀時ᄂᆞᆫ自身에對ᄒᆞᆫ道德도ᄯᅩᄒᆞᆫ完全홈을得홀지니라道德의目的은要컨대社會國家의安寧繁昌홈을依ᄒᆞ야個人의幸福을增進홈에在홈이니自身의幸福은自身一人을依ᄒᆞ야享得ᄒᆞᄂᆞᆫ者ㅣ아니오人人이集合ᄒᆞ야成立ᄒᆞᆫ바家族社會와밋國家의幸福과相須ᄒᆞ야비로소成立홈이됨으로써此等의家族社會와밋國家에對ᄒᆞᆫ道德은自身의幸福을享得ᄒᆞ기前

에미리實行ᄒᆞᆷ을要ᄒᆞᆯ지니라

假令家族이不睦ᄒᆞ고社會의秩序가紊亂ᄒᆞ며國家의權力이微弱ᄒᆞᆯ時ᄂᆞᆫ人이엇지ᄒᆞ올노幸福을享受ᄒᆞ리오內에在ᄒᆞ야ᄂᆞᆫ一家가能히團欒의歡樂을得享치못ᄒᆞ고外에在ᄒᆞ야ᄂᆞᆫ能히生命財產의安全ᄒᆞᆷ을得保치못ᄒᆞ며名譽를墜ᄒᆞ고自由를失ᄒᆞᄂᆞᆫ不幸ᄒᆞᆫ情狀에跼蹐ᄒᆞ야오히려幸福을獨享ᄒᆞᄂᆞᆫ人이有ᄒᆞ면此ᄂᆞᆫ癲狂天痴의徒가아니면好惡無慚의輩가됨에無過ᄒᆞᆯ지니眞個恒性이有ᄒᆞᆫ者의得爲치못ᄒᆞᆯ바ㅣ니라然則如何ᄒᆞᆫ道理로

家族社會와밋國家의幸福을成ᄒᆞᆷ이可ᄒᆞ뇨他에求ᄒᆞᆯ바ㅣ아니라人人이此等에對ᄒᆞᆫ道德곳本務를完全히ᄒᆞᆷ에在ᄒᆞ니라故로他에對ᄒᆞᆫ道德은決斷코自身의幸福을犧牲으로써供ᄒᆞᆷ을謂ᄒᆞᆷ이아니오도로혀此를享受ᄒᆞ야維持ᄒᆞ고ᄯᅩ增進ᄒᆞᄂᆞᆫ바ㅣ됨을覺悟ᄒᆞᆷ이可ᄒᆞ니라

要컨대人人이自身을修ᄒᆞᄂᆞᆫ本務가有ᄒᆞᆷ은他에對ᄒᆞᆫ本務가有ᄒᆞᆷ을爲ᄒᆞᆷ이니萬一他에對ᄒᆞᆫ義務가無ᄒᆞᆯ진대엇지自身에對ᄒᆞᄂᆞᆫ本務가有ᄒᆞ리오

他에對ᄒᆞᆫ本務

他에對ᄒᆞᆫ本務를大凡三種으로區分ᄒᆞᆯ진대第一

家族社會國家

家族에對ᄒᆞᆫ本務第二社會에對ᄒᆞᆫ本務第三國家에對ᄒᆞᆫ本務ㅣ니此ᄂᆞᆫ範圍의廣狹을依ᄒᆞᆯ바ㅣ니라家族이란者ᄂᆞᆫ父子兄弟夫妻等一家中에同居ᄒᆞᄂᆞᆫ血緣이有ᄒᆞᆫ各個人의團体ᄅᆞᆯ云ᄒᆞᆷ이오社會란者ᄂᆞᆫ血統主從의關係有無ᄅᆞᆯ勿論ᄒᆞ고다만生存幸福에關ᄒᆞ야其利害ᄅᆞᆯ共同히ᄒᆞᄂᆞᆫ各個人의集合ᄒᆞᆷ을云ᄒᆞᆷ이오國家란者ᄂᆞᆫ獨立의主權을依ᄒᆞ야統治ᄒᆞᆷ이되ᄂᆞᆫ一定ᄒᆞᆫ土地와밋一定ᄒᆞᆫ人民의團体ᄅᆞᆯ云ᄒᆞᆷ이니라吾人은此等에對ᄒᆞ야各各當行ᄒᆞᆷ이可ᄒᆞᆫ本務가有ᄒᆞ니곳家에在ᄒᆞ야ᄂᆞᆫ父

가되고子가되며夫婦가되고兄弟가되며社會에在ᄒᆞ야ᄂᆞᆫ公民이되고君主에對ᄒᆞ야ᄂᆞᆫ臣下가되며國家에對ᄒᆞ야ᄂᆞᆫ國民이되ᄂᆞ니此數者ᄂᆞᆫ並行ᄒᆞ야偏廢ᄒᆞᆷ이不可ᄒᆞᆫ바ㅣ라萬一其一을缺ᄒᆞ면他도ᄯᅩᄒᆞᆫ萬全ᄒᆞᆷ을期待키不可ᄒᆞ니라

實際上에在ᄒᆞ야ᄂᆞᆫᄒᆞᆷᄭᅴ必要ᄒᆞᆫ者ㅣ되나論理上順序에至ᄒᆞ야ᄂᆞᆫᄉᆞᄉᆞ로前後의別이無치못ᄒᆞᆯ지라故로吾人은몬져家族에對ᄒᆞᆫ本務ᄅᆞᆯ說ᄒᆞ고社會國家에次及코져ᄒᆞ노니家族은ᄆᆞ장各人의親密ᄒᆞᆫ바ㅣ되며社會의交際와自他의關係等一切

家族은社會國家의基礎

道德의淵源이됨으로써ㅣ니라
大凡家族은社會國家의基礎를成ᄒᆞᆫ者ㅣ니家族이無ᄒᆞ면社會와國家가無ᄒᆞᆯ지라故로家族은道德의門戶ㅣ니라萬一家族이道德에在ᄒᆞ야欠闕ᄒᆞᆫ바ㅣ有ᄒᆞ면社會國家에對ᄒᆞᄂᆞᆫ道德도ᄯᅩᄒᆞᆫ完全ᄒᆞᆷ을可望치못ᄒᆞᆯ지니忠臣은孝子의門으로브터出ᄒᆞᆫ다ᄒᆞᆷ이此를謂ᄒᆞᆷ이니라彼蒙昧野蠻의社會에在ᄒᆞ야ᄂᆞᆫ所謂完全ᄒᆞᆫ家族된者ㅣ無ᄒᆞᆯᄲᅮᆫ아니라設令有ᄒᆞᆯ지라도父子兄弟間에禮文과秩序가無ᄒᆞ고夫婦關係等에至ᄒᆞ야ᄂᆞᆫ紊亂ᄒᆞᆷ이尤甚

家族은一個小國体라

ᄒᆞ니如斯ᄒᆞᆫ狀況으로生存ᄒᆞᆫ時ᄂᆞᆫ完全ᄒᆞᆫ社會國家ᄂᆞᆫ到底히成立ᄒᆞᆷ을不得ᄒᆞᆯ바오其所爲ᄂᆞᆫ暴戾背倫ᄒᆞ야禽獸와相去ᄒᆞᆷ이不遠ᄒᆞ니라此와相反ᄒᆞ야吾人이一次圓滿ᄒᆞᆫ家族을搆成ᄒᆞ야父ᄂᆞᆫ慈ᄒᆞ고子ᄂᆞᆫ孝ᄒᆞ며兄은友ᄒᆞ고弟ᄂᆞᆫ悌ᄒᆞ며夫婦가相和ᄒᆞ고主從이相信ᄒᆞᆯ時ᄂᆞᆫ다만一家에在ᄒᆞ야和氣가融融ᄒᆞ고福祿이穰穰ᄒᆞᆯᄲᅮᆫ아니라此를社會에施及ᄒᆞ면信義仁恕가되고此를國家에施及ᄒᆞ면忠君愛國이되ᄂᆞ니故로家族의良否ᄂᆞᆫ社會의幸福과一國의權力이此로브터生ᄒᆞᄂᆞᆫ바ㅣ니

라
家族은譬컨대一個小國体라홈이可ᄒᆞ니一家의主人은곳一國의元首오其家屋은國土ㅣ며其子女婢僕은國民이오其家族의系譜ᄂᆞᆫ곳國家의歷史ㅣ라故로眞誠으로主人을敬ᄒᆞ고家를愛ᄒᆞᄂᆞᆫ者ㅣ아니면엇지君에忠ᄒᆞ고國을愛ᄒᆞ리오ᄒᆞ믈며我邦에在ᄒᆞ야ᄂᆞᆫ吾人의祖先으로브터皇祖皇宗을仰戴ᄒᆞ야君臣의義ᄂᆞᆫ곳父子의情과如ᄒᆞ니然홈으로父에孝치아니ᄒᆞ고君에忠ᄒᆞᄂᆞᆫ者ㅣ일ᄌᆞᆨ未有ᄒᆞ니라

家族은다만社會國家에對ᄒᆞᆫ道德의根柢가될ᄲᅮᆫ아니라또ᄒᆞᆫ幸福의基礎를成ᄒᆞᄂᆞᆫ者ㅣ니何者오人生의幸福은畢竟勤勞로브터生ᄒᆞᄂᆞ니吾人의勤勞를感發ᄒᆞᄂᆞᆫ者ᄂᆞᆫ畢竟吾人의眷愛養護ᄒᆞᄂᆞᆫ바家族의幸福을維持ᄒᆞ고增進코져ᄒᆞᄂᆞᆫ希望心에基因홈으로써ㅣ니라非常ᄒᆞᆫ時를際ᄒᆞ야非常ᄒᆞᆫ人物은公共을爲ᄒᆞ야一身一家를不顧ᄒᆞᄂᆞᆫ者ㅣ不無ᄒᆞ나此ᄂᆞᆫ平素日常의訓勉됨이可ᄒᆞᆫ者ᄂᆞᆫ아니니故로家族의關係를親密케ᄒᆞ고慈愛扶護의感念을素富케홈은間接으로社會國家의福利

家族의三要素

를增進ᄒᆞᄂᆞᆫ所以니라

大凡家族을成ᄒᆞᄂᆞᆫ要素가三이有ᄒᆞ니第一父子의關係第二夫婦의關係第三兄弟姊妹의關係가是라此三者ᄂᆞᆫ各各特別ᄒᆞᆫ本務가有ᄒᆞᆫ바오此外主從의關係가有ᄒᆞ나大概家族을構成ᄒᆷ에須要된者ㅣ아니니라

第二章　父母에對ᄒᆞᆫ本務

父母에對ᄒᆞᆫ本務

大凡人은父母가在ᄒᆞᆫ然後에비로소其身이有ᄒᆞ니라人의ᄀᆞ장貴重히녁이ᄂᆞᆫ바ᄂᆞᆫ其身과ᄀᆞᆺᄒᆞᆫ者ㅣ無ᄒᆞ니然則其身의從生ᄒᆞᆫ바父母ᄂᆞᆫ엇지吾人

의ᄀᆞ장敬愛ᄒᆞᆯ바ㅣ아니리오

父母養育의劬勞

父母가其子를愛ᄒᆷ은本來天然ᄒᆞᆫ至性으로出ᄒᆞᆫ바ㅣ니其感情의深厚ᄒᆷ이他에比ᄒᆞᆯ바ㅣ無ᄒᆞ니라厥初에慈母의胎內에在ᄒᆷ애慈母가此를爲ᄒᆞ야高談치아니ᄒᆞ고頤足치아니ᄒᆞ며食飮을選擇ᄒᆞ고操行을方正히ᄒᆞ며坐臥起居를雍容히ᄒᆞ야須臾도胎兒의健全ᄒᆷ을心祝치아니ᄒᆷ이無ᄒᆞ고玆에出生ᄒᆷ애百方의劬勞와萬般의保護를受ᄒᆷ이아니면此生을能保치못ᄒᆞᆯ지라父母ᄂᆞᆫ此에當ᄒᆞ야絲毫도勞苦를不憚ᄒᆞ고飢ᄒᆞ면食의不及ᄒᆷ

을憂ᄒᆞ며飽ᄒᆞ면食의過度ᄒᆞᆷ을慮ᄒᆞᄂᆞ니라
寒衣暑凉은更言ᄒᆞᆯ바ㅣ아니오幼兒의一顰一笑
ᄅᆞᆯ心에留ᄒᆞ야喜憂ᄅᆞᆯᄒᆞᆷ씌ᄒᆞ며漸長ᄒᆞ야匍匐ᄒᆞᆯ
時ᄂᆞᆫ父母ᄂᆞᆫ其起立ᄒᆞᆷ을望ᄒᆞ고起立ᄒᆞᆷ을得ᄒᆞᆯ時
ᄂᆞᆫ其移步ᄒᆞᆷ을望ᄒᆞ며六七歲에纔至ᄒᆞ야學校에
入ᄒᆞ면父母ᄂᆞᆫ其進步의迅速ᄒᆞᆷ을望ᄒᆞ며疾病에
罹ᄒᆞᆫ時ᄂᆞᆫ醫師ᄅᆞᆯ迎ᄒᆞ고藥餌ᄅᆞᆯ求ᄒᆞ야自身의衰
弱ᄒᆞᆷ을不顧ᄒᆞ고日夕에看護ᄒᆞ며出遊ᄒᆞ야日暮
ᄒᆞ도록未歸ᄒᆞᆫ時ᄂᆞᆫ門에倚望ᄒᆞ야其身의無恙ᄒᆞᆷ
을暗希ᄒᆞ며兒가맛ᄎᆞᆷ내普通敎育을修了ᄒᆞ고稍

ᄒᆡ獨立의生活을自營ᄒᆞᆷ에至ᄒᆞ면父母ᄂᆞᆫ其前途
의十分成就ᄒᆞᆷ을希望ᄒᆞᄂᆞᆫ情이尤切ᄒᆞ며兒가幸
運을乘ᄒᆞᆫ時ᄂᆞᆫ父母도亦ᄒᆞᆫᄒᆞᆷ씌歡欣ᄒᆞ고兒가否
運에顚躋ᄒᆞᆫ時ᄂᆞᆫ父母도亦ᄒᆞᆫᄒᆞᆷ씌憂戚ᄒᆞ야終身
도록兒子의게懇懇ᄒᆞᆫ情으로此生을送盡ᄒᆞᄂᆞ니
大哉라父母의恩德이여仁天의慈愛ᄒᆞᆷ과同ᄒᆞ도
다

世人은一飯의恩에對ᄒᆞ야셔도오히려報償ᄒᆞᆷ을
要ᄒᆞᄂᆞ니山海보다崇深ᄒᆞᆫ父母의恩德에對ᄒᆞ야
ᄂᆞᆫ장ᄎᆞᆺ何로써報答ᄒᆞ리오

父母를事ᄒᆞᄂᆞᆫ道

父母를事ᄒᆞᄂᆞᆫ道ᄂᆞᆫ一言으로써蔽ᄒᆞᆯ진대孝一字에不出ᄒᆞᄂᆞ니親이子에對ᄒᆞᄂᆞᆫ愛情은禽獸에在ᄒᆞ야셔도此를尙見ᄒᆞᆯ지나子가親에對ᄒᆞᄂᆞᆫ孝行은호올노人類에在ᄒᆞ야셔만此를見ᄒᆞᆯ지라故로孝ᄂᆞᆫ人의人文된바의第一이라謂ᄒᆞᆯ지니라大抵生長ᄒᆞᆷ에長年月日을要ᄒᆞᆷ이世에人類와ᄀᆞᆺᄒᆞᆫ者ㅣ無ᄒᆞ니他動物에在ᄒᆞ야ᄂᆞᆫ大槪一年을不出ᄒᆞ야獨立의生活을得ᄒᆞᆷ으로써其親의恩澤을浴ᄒᆞᄂᆞᆫ時間도短少ᄒᆞ고子가親에對ᄒᆞᄂᆞᆫ本務도ᄯᅩᄒᆞᆫ自輕ᄒᆞᆷ이可ᄒᆞ나호올노人類에在ᄒᆞ야ᄂᆞᆫ不然ᄒᆞ

孝ᄂᆞᆫ一家幸福의本源이라

니其親의養育을受ᄒᆞᄂᆞᆫ年光도最長ᄒᆞ고其親의身心을勞ᄒᆞᆷ도最大ᄒᆞᆷ으로써此에對ᄒᆞᄂᆞᆫ本務도ᄀᆞ장重大ᄒᆞᆷ이可ᄒᆞᆷ은自然ᄒᆞᆫ道理니라

ᄯᅩ孝ᄂᆞᆫ一家의幸福을得致ᄒᆞᄂᆞᆫ本源이니라一家ᄂᆞᆫ자못一國과如ᄒᆞ며父母ᄂᆞᆫ자못君主와同ᄒᆞ니君主가一國을統治ᄒᆞᆷ애臣民이此에忠順치아니ᄒᆞ면國家의隆運을能히期待치못ᄒᆞᆯ지며父母가一家를統率ᄒᆞᆷ애子女가此에孝順치아니ᄒᆞ던一家의和樂은ᄯᅩᄒᆞᆫ期望치못ᄒᆞᆯ지니라一家가相和치못ᄒᆞ고父子兄弟가鬩爭ᄒᆞᆷ에至ᄒᆞᆯ진대如斯ᄒᆞᆫ

孝ᄂᆞᆫ百行의源이라

家族으로브터成立ᄒᆞᆫ社會國家에在ᄒᆞ야ᄂᆞᆫᄯᅩᄒᆞᆫ完全ᄒᆞᆫ團体를得見치못ᄒᆞᆯ지라故로孝ᄂᆞᆫ百行의源이라ᄒᆞᆷ은古로브터訓示ᄒᆞᆫ바ㅣ니萬一孝에在ᄒᆞ야缺ᄒᆞᆫ바ㅣ有ᄒᆞ면他에如何ᄒᆞᆫ善行이有ᄒᆞᆯ지라도足히贊稱ᄒᆞᆯ바ㅣ아니라人道ᄂᆞᆫ孝보다大ᄒᆞᆫ者ㅣ無ᄒᆞ며ᄯᅩ孝보다先ᄒᆞᆯ者ㅣ無ᄒᆞ니孝의心으로써君을事ᄒᆞ면곳忠이오孝의心으로써人을交ᄒᆞ면곳信이라故로凡事를孝의心으로써推ᄒᆞ면道德의完全ᄒᆞᆷ을庶期ᄒᆞᆯ지니라論語에曰君子ᄂᆞᆫ本을務ᄒᆞᄂᆞ니本이立ᄒᆞ면道가生ᄒᆞᄂᆞ니孝悌란

者ᄂᆞᆫ仁을爲ᄒᆞᄂᆞᆫ本이될진져ᄒᆞ며又曰其人됨이孝悌ᄒᆞ고셔上을犯ᄒᆞᆷ을好ᄒᆞᄂᆞᆫ者ㅣ鮮ᄒᆞ다ᄒᆞ니라

如何히孝를盡ᄒᆞᆷ이可ᄒᆞ뇨

然則吾人은如何히孝를盡ᄒᆞᆷ이可ᄒᆞ뇨孝의道가一二에止치아니ᄒᆞ나大槪承順親愛尊敬과報恩四者에不出ᄒᆞᆯ지니라

承順

承順이란者ᄂᆞᆫ恭謹히父母의敎訓과命令을遵守ᄒᆞᆷ을云ᄒᆞᆷ이니決斷코不得已ᄒᆞ야父母의意를從順ᄒᆞᆷ이아니오十分의誠心으로此를遵奉ᄒᆞᆷ을謂ᄒᆞᆷ이니라故로人의子된者ᄂᆞᆫ其父母를篤信ᄒᆞ야

其訓ᄒᆞᄂᆞᆫ바ᄂᆞᆫ반다시道義에合ᄒᆞ고其戒ᄒᆞᄂᆞᆫ바ᄂᆞᆫ반다시慈愛로出ᄒᆞᆷ이니其命令을遵守ᄒᆞᆷ은반다시自身의幸福을增進ᄒᆞᆷ으로信認ᄒᆞᆷ이可ᄒᆞ니라또父母로보터此를見ᄒᆞᆯ지라도其子로ᄒᆞ여곰萬一敎訓을不受ᄒᆞ고命令을不從ᄒᆞᆯ진대父母ᄂᆞᆫ비록慈愛의情이心底에充溢ᄒᆞᆯ지라도엇지其子를敎育ᄒᆞ고指導ᄒᆞ야써父母된本分을得盡ᄒᆞ리오世에其父母의無慈愛ᄒᆞᆷ을怨ᄒᆞᄂᆞᆫ者ㅣ或有ᄒᆞ니此ᄂᆞᆫ其父母를事ᄒᆞᄂᆞᆫ道에十分盡善치못ᄒᆞᆷ을因ᄒᆞᆷ이니其罪過ᄂᆞᆫ子된者에在ᄒᆞ니라

絶對的從順

人의子된者ㅣ幼時에在ᄒᆞ야ᄂᆞᆫ絶對的으로其父母의게從順치아니치못ᄒᆞᆯ지니此ᄂᆞᆫ其經驗智識이共乏ᄒᆞ야아직自己獨立의意見을依ᄒᆞ야行動치못ᄒᆞᆷ으로써ㅣ니라此時를當ᄒᆞ야ᄂᆞᆫ父母의敎訓命令이有ᄒᆞᆯ時마다私心을去ᄒᆞ고此를恭聽ᄒᆞ야敢히倦怠又ᄂᆞᆫ不滿ᄒᆞᆫ色을形顯치말고恒常婉容愉色을持ᄒᆞ야凡事에從順ᄒᆞᆷ이可ᄒᆞᆯ지며猥妄히此에抗言ᄒᆞᄂᆞᆫ等事ᄂᆞᆫ一切深愼ᄒᆞᆷ이可ᄒᆞ니라漸長ᄒᆞ야事理를自辨ᄒᆞᄂᆞᆫ能力을具有ᄒᆞᆯ時라도父母의言은虛心聽從ᄒᆞᆷ이可ᄒᆞ니父母ᄂᆞᆫ閱歷이

積久ᄒᆞ고經驗이亦多ᄒᆞᆷ으로其學識의如何ᄂᆞᆫ不問ᄒᆞ고其言이實際에適切ᄒᆞᆷ은靑年輩의迥然히不及ᄒᆞᆫ바ㅣ有ᄒᆞᆷ으로써ㅣ니라萬一父母의言으로ᄒᆞ여곰我의信ᄒᆞᆫ바와不同ᄒᆞᆯ진대實際에利害가無ᄒᆞᆫ事ᄂᆞᆫ此ᄅᆞᆯ辨爭치아니ᄒᆞᆷ을務ᄒᆞᆯ지며萬一此ᄅᆞᆯ諫爭치아니ᄒᆞᆷ이不可ᄒᆞᆫ時ᄅᆞᆯ當ᄒᆞ야ᄂᆞᆫ言辭ᄅᆞᆯ婉柔히ᄒᆞ야和氣怡色으로써徐徐히其信ᄒᆞᆫ바가父母의言과不同ᄒᆞᆫ者ㅣ有ᄒᆞᆷ을陳述ᄒᆞᆷ이可ᄒᆞ니라

相對的從順

人의子된者ㅣ年齡이漸長ᄒᆞ야智德이自備ᄒᆞ고

處世의經驗이亦ᄒᆞᆫ自足ᄒᆞᆷ에至ᄒᆞ면父母의게對ᄒᆞᆫ從順도亦ᄒᆞᆫ幼時와自異ᄒᆞᄂᆞ니此ᄂᆞᆫ其父母가子가成長ᄒᆞ야凡事에能堪ᄒᆞᆷ을見ᄒᆞ고其自由ᄅᆞᆯ漸次容認ᄒᆞᆷ으로써ㅣ니라然이나從順ᄒᆞᄂᆞᆫ精神은孝의道에在ᄒᆞ야須臾도欠闕ᄒᆞᆷ이不可ᄒᆞᆷ으로써父母가在世ᄒᆞᆫ間은반다시其意ᄅᆞᆯ省察ᄒᆞ야百方으로滿足케ᄒᆞᆷ을要ᄒᆞᆯ지니萬一智能을恃ᄒᆞ고ᄉᆞᄉᆞ로父母의束縛을脫ᄒᆞ야其志에違反ᄒᆞᆷ을不顧ᄒᆞᄂᆞᆫ者ᄂᆞᆫ決斷코孝子의道가아니니라父母의年이已老ᄒᆞ고或은他의事故ᄅᆞᆯ因ᄒᆞ야其子의自

由로容許ᄒᆞ던지又ᄂᆞᆫ子가父母의居所를遠離ᄒᆞ야一一히其意向을承ᄒᆞᆷ에不遑ᄒᆞ거나或은子가官吏와兵士가되여公務로써私情을從ᄒᆞ기不能ᄒᆞ던지此等事情에在ᄒᆞ야ᄂᆞᆫ子된者도비로소獨立ᄒᆞ야自己의意見을實行ᄒᆞᆷ을得ᄒᆞᆯ지니라

從順은子된者의本務가되나萬一父母로ᄒᆞ여곰悖惡의事를命ᄒᆞᆯ時ᄂᆞᆫ子된者ᄂᆞᆫ다만此를不從ᄒᆞᆯᄲᅮᆫ아니라百方으로諫爭ᄒᆞ야父母의心을幡然改悟케ᄒᆞᆯ지니惡事를知ᄒᆞ고도父母의命이됨으로此로遵奉코져ᄒᆞᆷ은다만自身이罪人될ᄲᅮᆫ아니라

ᄯᅩᄒᆞᆫ其父母를罪過에陷케ᄒᆞᆷ이니라ᄯᅩ父母가不幸히不德의事가有ᄒᆞᆯ지라도此를反詰ᄒᆞ거나或暴露ᄒᆞᆷ은ᄯᅩ子된者의道가아니니故로孔子ㅣ골ᄋᆞ사대父ᄂᆞᆫ子를爲ᄒᆞ야隱ᄒᆞ며子ᄂᆞᆫ父를爲ᄒᆞ야隱ᄒᆞ면直이其中에在ᄒᆞ다ᄒᆞ시며法律에도家族間에在ᄒᆞ야罪惡을掩蔽ᄒᆞᆷ을寬容ᄒᆞᆷ은ᄯᅩᄒᆞᆫ親과子의情義에根據ᄒᆞᆷ이니라

親愛와尊敬

親愛와尊敬은孝의道의經緯니라大凡親과子의情은本來人의天性으로出ᄒᆞᆷ이오是非邪正의義理를因ᄒᆞ야外로브터强行ᄒᆞᄂᆞᆫ者ㅣ아니니故로

親이其子를爲ᄒ고子가其親을爲홈에私心을絕ᄒ고私慾을離ᄒ며敬ᄒ야不違ᄒ고勞호대不怨ᄒ야其行爲가全然히利害得失以外에在ᄒᄂ니此ᄂ親과子의情의ᄀ장貴ᄒᆫ바ㅣ라愛敬의二者ᄂ實로此至性에爲本ᄒᆫ者ㅣ니라親愛의情이無ᄒᆯ진대親과子의間에무엇이他人과異ᄒ리오尊敬의念이無ᄒᆯ진대褻慢踈忽홈에流ᄒ야맛ᄎᆷ내父母를輕蔑홈에至ᄒᆯ지며愛가有ᄒ고敬이無홈은禽獸도能ᄒᆫ바오敬이有ᄒ고愛가無ᄒ면무엇이骨肉의親이라ᄒ리오愛敬이周到치아니ᄒ면

孝가아니니二者를兼具치아니ᄒᆫ者ᄂ곳人된至性을缺ᄒᆫ者ㅣ라謂ᄒᆯ지니라

從順親愛尊敬의三者를全有ᄒᆯ지라도아직孝의道를盡ᄒ얏다謂치못ᄒᆯ지니孝子의ᄀ장苦心力行ᄒᆯ바ᄂ報恩홈에在홈을覺悟홈이可ᄒ니라

報恩

恩義를悠久不忘ᄒ야맛ᄎᆷ내此를報償홈은實로人類의美德이니吾人一生에受ᄒᆫ바最大恩義ᄂ父母에過ᄒᆯ者ㅣ無ᄒ니라父母가我를生홈애劬勞ᄒ고我를生홈애勞瘁ᄒ며我를撫ᄒ고我를育ᄒ야周到치아니ᄒᆫ바ㅣ無ᄒ니父母ᄂ다만其身

体와生命을吾人의게與ᄒᆞᆯ섇아니라吾人이此로依ᄒᆞ야써此世에生存ᄒᆞᆷ을得ᄒᆞᄂᆞᆫ바ㅣ一切의基本도ᄯᅩᄒᆞᆫ其付與ᄒᆞᆫ바ㅣ니吾人은日夕에其恩德을銘感ᄒᆞ야萬一의報答을自期치아니치못ᄒᆞᆯ지라人이되여父母의恩德을忘却ᄒᆞᆷ은禽獸보다尤劣ᄒᆞᆫ者ㅣ라謂ᄒᆞᆷ이可ᄒᆞ니라

老年에至ᄒᆞ야餘生이無多ᄒᆞᆷ을見ᄒᆞ면路傍의人이라도惻隱의心이有ᄒᆞᆯ지니萬一自己의父母로셔老耄衰弱ᄒᆞᆷ을見ᄒᆞᆯ진대誰可哀憐의情을能堪ᄒᆞ리오맛당히兩親이我의幼穉ᄒᆞᆯ時에我를撫愛

ᄒᆞᆷ과ᄀᆞᆺ치我도ᄯᅩᄒᆞᆫ至誠의心으로써兩親을藉慰ᄒᆞ야孝養ᄒᆞᆷ이可ᄒᆞ니라子女가一日의成長을加ᄒᆞ면父母ᄂᆞᆫ一日의老衰를加ᄒᆞ며子女가임의獨立의道를得ᄒᆞ야父母를供養ᄒᆞᆯ時期에至ᄒᆞ면父母의餘生은임의無幾ᄒᆞᆯ지니此時를當ᄒᆞ야一心으로써孝의道를盡ᄒᆞᆷ이아니면百歲後에在ᄒᆞ야風樹의痛을엇지ᄒᆞ리오

報恩의道

父母의恩德을報答ᄒᆞᆷ에ᄂᆞᆫ二個의道가有ᄒᆞ니父母의体를養ᄒᆞᆷ이其一이오志를養ᄒᆞᆷ이其二니라

体養

体를養ᄒᆞᆫ다ᄒᆞᆷ은父母를衣食으로써安樂케ᄒᆞᆷ을

謂홈이니곳資力이及ᄒᆞᄂᆞᆫ限에在ᄒᆞ야ᄂᆞᆫ父母를爲ᄒᆞ야甘旨를調進ᄒᆞ며耳目을歡樂케ᄒᆞ고寢息을安閑케ᄒᆞ며其他生活에須要된者를資供ᄒᆞ야써孝養의道를盡홀지니라萬一成年에及ᄒᆞ야오히려父母를養홈이不能ᄒᆞ야衰耄ᄒᆞᆫ父母로口体의養을屢空홈은不孝子됨을免치못홈이오또自身이호올노燦衣를衣ᄒᆞ고珍味를飽ᄒᆞ야父母의窮乏홈을不顧ᄒᆞᄂᆞᆫ者ᄂᆞᆫ悖倫非道의極ᄒᆞᆫ者ㅣ라謂홈이可ᄒᆞ니라

老年의父母로肢体의動作이如意치못ᄒᆞ야坐臥

起居를他人의助力을須홀時ᄂᆞᆫ子된者ᄂᆞᆫ반다시他人의手를假借치말고스ᄉᆞ로扶護提携ᄒᆞᄂᆞᆫ役을當홈이可ᄒᆞ니父母ᄂᆞᆫ同一ᄒᆞᆫ事ㅣ라도其子의手를依ᄒᆞ면非常히滿足홈을感홈으로써ㅣ니라ᄒᆞ물며父母가病臥ᄒᆞᆫ時ᄂᆞᆫ事情의容許ᄒᆞᄂᆞᆫ限에在ᄒᆞ야病床에侍ᄒᆞ야朝夕에看護ᄒᆞᄂᆞᆫ任을身으로當홈이可ᄒᆞ니萬一自己幼時에在ᄒᆞ야父母鞠育의劬勞의如何홈을思홀진대孝養을如何히홀지라도能히其恩德의萬一을不報홈을了知홈이可ᄒᆞ니라

養志

또子된者ᄂᆞᆫ父母의体를養ᄒᆞᆷ과ᄒᆞᆷ의其志를養ᄒᆞᆷ이可ᄒᆞ니父母의志를養ᄒᆞᆫ다ᄒᆞᆷ은其心을安閑케ᄒᆞ고其情을歡樂케ᄒᆞ야恒常心滿神怡케ᄒᆞᆷ에在ᄒᆞ니라身体의奉養이如何히盡美ᄒᆞᆯ지라도其子의心情行爲가直接或은間接으로父母의心을傷痛케ᄒᆞᆷ이有ᄒᆞ면父母가엇지安樂ᄒᆞᆷ을得ᄒᆞ리오身体의奉養은悖倫의徒라도資財가有ᄒᆞ면此를能行ᄒᆞᆯ지나眞個父母의心志를喜悅케ᄒᆞᆷ은眞正ᄒᆞᆫ孝子가아니면行得치못ᄒᆞᆯ지라故로志를養ᄒᆞᆷ은本이오体를養ᄒᆞᆷ은末이니衣食의養으로써孝

養志의道

의道를盡ᄒᆞᆷ으로思ᄒᆞᄂᆞᆫ者ᄂᆞᆫ其親을視ᄒᆞᆷ에犬馬로써ᄒᆞᄂᆞᆫ者ㅣ라謂ᄒᆞᆷ이可ᄒᆞ니라

自己의健康을完保ᄒᆞᆷ

自身의健康을維持ᄒᆞᆷ은父母의志를養ᄒᆞᄂᆞᆫ바의第一이니라父母ᄂᆞᆫ偏히其子의幸福을希望ᄒᆞᆷ으로其子가疾病에罹ᄒᆞ거나或은虛弱ᄒᆞ야事爲에能堪치못ᄒᆞᆯ時ᄂᆞᆫ此를因ᄒᆞ야其志를傷ᄒᆞᆷ이偏深ᄒᆞᆯ지라故로健康을完全히ᄒᆞᆷ은다만自身을爲ᄒᆞᆷ에須要될ᄲᅮᆫ아니라父母에對ᄒᆞ야孝의道를盡ᄒᆞᆷ에도또ᄒᆞᆫ欠闕치못ᄒᆞᆯ바ㅣ니爭鬪를好ᄒᆞ며冒險을喜ᄒᆞ야其身을自危ᄒᆞᄂᆞᆫ者ᄂᆞᆫ또ᄒᆞᆫ孝子의道가

아니니라尋常혼物品이라도人이好意로써我의게贈與호면此를愛護호야受用홈은吾人이他의好誼에對호야鄭重혼禮義를表홈이어늘호믈며吾人의身体는父母의遺体니父母一生의劬勞는吾人身体에凝結호얏다호여도決斷코過言이아니니라然則此를保全호고此를攝養호야敢히損傷치아니홈을要홈은엇지子된者의本務가아니리오孔子ㅣ曰身体髮膚는此를父母의게受호얏스니敢히毁傷치아니홈은孝의始라호시니千古의懿訓이라謂홀지니라

自身의名譽를立揚홀事

然이나다만身体가强壯홀ᄲᅮᆫ으로는아직父母의志를養홈에足호다云치못홀지니父母는其子의强壯홈을望홈과홈ᄭᅴ其子의榮譽가有홈을願홈으로써ㅣ니라萬一社會國家에對호야當然혼本務를能盡치못호야身과名을忝瀆호고七尺長軀로天地間에跼蹐홈은곳父母를辱되게홈이니

孝의道는家族中에만限홈이아니라

故로孝의道는決斷코一家族中에限혼者ㅣ아니오外에對호야身을立호고道를行홈이아니면決斷코完全홈을得호얏다謂호지못홀지니라故로君을事홈에忠을盡호지아니홈은孝가아니오官

에莅ᄒᆞ야敬ᄒᆞ지아니홈도孝가아니오友를交홈에信으로써아니ᄒᆞ고事에臨ᄒᆞ야誠으로써아니홈도孝가아니니라萬一國家有事ᄒᆞᆫ際를當ᄒᆞ야敵愾의氣와義勇의志로君國을爲ᄒᆞ야一命을捨홈은國家의忠臣됨과ᄒᆞᆷᄭᅴ一家의孝子됨이니忠孝의道ᄂᆞᆫ玆에在ᄒᆞ야兩全홈을得ᄒᆞ얏다謂ᄒᆞᆯ지니라父母ᄂᆞᆫ곳其子의名譽로써自己의名譽를삼고其子의汚辱으로써自己의汚辱을삼ᄂᆞ니人의子된者ㅣ맛당히銘念ᄒᆞᆯ바ㅣ니라

孔子ㅣ曰親을事ᄒᆞᄂᆞᆫ者ᄂᆞᆫ上에居ᄒᆞ야驕치아니

ᄒᆞᆯ지며下가되여亂치아니ᄒᆞᆯ지며醜에在ᄒᆞ야爭치아니ᄒᆞᆯ지니上에居ᄒᆞ야驕ᄒᆞ면곳亡ᄒᆞ고下가되여亂ᄒᆞ면곳刑을被ᄒᆞᆯ지며醜에在ᄒᆞ야爭ᄒᆞ면곳兵을被ᄒᆞᆯ지니此三者를除홈이아니면日에三牲의養을供ᄒᆞᆯ지라도오히려不孝가된다ᄒᆞ시니此도ᄯᅩᄒᆞᆫ父母의志를養홈에懿訓이니라

ᄯᅩ父母의所爲를贊助ᄒᆞ야喜憂를홈ᄭᅴ홈은父母의志를養홈에ᄯᅩᄒᆞᆫ重要ᄒᆞᆫ事ㅣ라故로事物의如何홈을不問ᄒᆞ고父母의愛敬ᄒᆞᄂᆞᆫ者ᄂᆞᆫ我도ᄯᅩᄒᆞᆫ此를愛敬ᄒᆞ고父母의嗜好ᄒᆞᄂᆞᆫ者ᄂᆞᆫ我도ᄯᅩᄒᆞᆫ此

를嗜好ᄒᆞᆷ이可ᄒᆞ니라

父母死後의孝道

以上은父母在世ᄒᆞᆫ時에當行ᄒᆞᆯ孝道를說ᄒᆞᆷ이니라然이나孝의道ᄂᆞᆫ父母死後에在ᄒᆞ야도繼續ᄒᆞᆷ이可ᄒᆞᆫ바ㅣ니곳父母가既沒ᄒᆞᆷ에至ᄒᆞᆫ時ᄂᆞᆫ禮로써葬ᄒᆞ야養生送死에憾이無ᄒᆞᆷ을要ᄒᆞᆯ지며遺言이有ᄒᆞᆫ時ᄂᆞᆫ此를遵守ᄒᆞ야敢히違背치말고其遺志를繼續ᄒᆞ야在天의靈을慰ᄒᆞᆷ을要ᄒᆞᆯ지오父母在世時에計畫成就ᄒᆞᆫ事物等은반다시此를保存ᄒᆞᆯ지니死後에至ᄒᆞ야忽然히此를破壞ᄒᆞᆷ은孝子의情에不忍ᄒᆞᆫ바ㅣ니라一步를更進ᄒᆞ야內에在

ᄒᆞ야ᄂᆞᆫ益益히家族의繁榮ᄒᆞᆷ을計圖ᄒᆞ고外에在ᄒᆞ야ᄂᆞᆫ社會國家를爲ᄒᆞ야有益ᄒᆞᆫ業務를成就ᄒᆞ야世에偉人傑士라稱ᄒᆞᆷ이되여써父母의名을後世에顯揚ᄒᆞᆫ後에비로소孝道를完全히ᄒᆞ얏다謂ᄒᆞᆷ을得ᄒᆞᆯ지니라

忠孝二道의一致

父母를善事ᄒᆞ고祖先을崇敬ᄒᆞᆷ은本來東洋一般의人文上美風이될ᄲᅮᆫ아니라特別히我邦에在ᄒᆞ야ᄂᆞᆫ古來로브터孝의道를忠君의道와並行不悖ᄒᆞ야써彝倫의本을成ᄒᆞ얏스니此ᄂᆞᆫ眞實로我國体의固有精華ㅣ라謂ᄒᆞᆯ바ㅣ니라大凡我邦의人

民은總히皇祖皇宗의外裔로出ᄒᆞᆫ者ㅣ니皇室은곳國民의祖先이오父母ㅣ시라故로一家에在ᄒᆞ야父母의게孝ᄒᆞᄂᆞᆫ者ᄂᆞᆫ곳一國에在ᄒᆞ야君主의게忠ᄒᆞᄂᆞᆫ者ㅣ니其親의게孝ᄒᆞ지아니ᄒᆞ고其君의게忠ᄒᆞᄂᆞᆫ者ㅣ잇ᄉᆞᆷ은未有ᄒᆞᆷ으로忠孝의道ᄂᆞᆫ玆에一致無二ᄒᆞᆫ바ㅣ되니라今에東西列邦의文物이고게我邦에輸入됨으로브터孝라云ᄒᆞᄂᆞᆫ者ㅣ漸次蔑如ᄒᆞᆷ에至ᄒᆞ니此ᄂᆞᆫ決斷코國家의慶幸이아니로다吾人은外國의長ᄒᆞᆫ바ᄅᆞᆯ採用ᄒᆞᆷ과ᄒᆞᆷᄭᅴ本邦의固有ᄒᆞᆫ美風을保存ᄒᆞᆷ을務要ᄒᆞᆯ지니라

父母의本務

第二章　父母의本務

子된者가其父母에對ᄒᆞ야必行ᄒᆞᆯ本務가有ᄒᆞᆷ과ᄒᆞᆷᄭᅴ父母된者도ᄯᅩᄒᆞᆫ其子에對ᄒᆞ야必行ᄒᆞᆷ이可ᄒᆞᆫ道가有ᄒᆞ니父母의게我에對ᄒᆞ야必行ᄒᆞᆷ이可ᄒᆞᆫ道ᄅᆞᆯ要求ᄒᆞᆷ은子된者의道가아니나其子에對ᄒᆞ야在我의道ᄅᆞᆯ盡ᄒᆞᆷ은父母된者의깁히用意ᄒᆞᆯ바ㅣ니라ᄒᆞ믈며子女ᄅᆞᆯ責訓ᄒᆞᆷ에精詳ᄒᆞ고父母된道ᄅᆞᆯ說ᄒᆞᆷ에疎略ᄒᆞᆷ은古來로브터東洋道德의一種欠点이라謂ᄒᆞᆷ이可ᄒᆞᆷ이리오

父母의道ᄂᆞᆫ許多ᄒᆞ나一言으로써蔽ᄒᆞᆯ진ᄃᆡ慈ㅣ

字에不出ᄒᆞᄂᆞ니子가孝ᄒᆞ고父母가慈ᄒᆞᆯ時ᄂᆞᆫ親과子의道가비로소完全ᄒᆞᆷ을得ᄒᆞ얏다謂ᄒᆞᆯ지니라

眞正ᄒᆞᆫ慈愛

慈란者ᄂᆞᆫ自然ᄒᆞᆫ愛情에一任ᄒᆞᆯ바오鍾愛無度ᄒᆞᆷ을謂ᄒᆞᆷ이아니니라其目的ᄒᆞᄂᆞᆫ바ᄂᆞᆫ其子의永久ᄒᆞᆫ幸福에在ᄒᆞᆷ이可ᄒᆞ니其子의嗜好ᄒᆞᄂᆞᆫ바ᄂᆞᆫ是非正邪ᄅᆞᆯ勿論ᄒᆞ고求ᄒᆞᆷ을輒應ᄒᆞ야此ᄅᆞᆯ容許ᄒᆞᆷ은곳一時의愛情을因ᄒᆞ야도로혀其子의게百歲의禍孼을貽ᄒᆞᆷ이니不慈ᄒᆞᆷ이此에셔莫大ᄒᆞᆫ者ㅣ無ᄒᆞ니라故로父母가其子ᄅᆞᆯ爲ᄒᆞ야要ᄒᆞᄂᆞᆫ바ᄂᆞᆫ

總히利害得失의存在ᄒᆞᆫ바ᄅᆞᆯ考察ᄒᆞ야目前의愛憐에惑溺치말고將來의永遠ᄒᆞᆫ幸福을務圖ᄒᆞᆷ이可ᄒᆞ니라

養育及敎訓

養育과밋敎訓은父母의第一本務ㅣ니라世에人의生命ᄀᆞ치貴重ᄒᆞᆫ者ㅣ無ᄒᆞ거ᄂᆞᆯ子ᄅᆞᆯ生ᄒᆞ야此ᄅᆞᆯ養育ᄒᆞᆷ이不能ᄒᆞ고貧窮困苦ᄒᆞᆷ에陷ᄒᆞᆷ은곳父母의本務ᄅᆞᆯ怠惰히ᄒᆞᆫ者ㅣ라謂ᄒᆞᆷ이可ᄒᆞ니故로

罰

法律上에도ᄯᅩᄒᆞᆫ其子ᄅᆞᆯ棄ᄒᆞᄂᆞᆫ父母ᄅᆞᆯ責罰ᄒᆞᄂᆞᆫ法規가有ᄒᆞᆷ이此ᄅᆞᆯ因ᄒᆞᆷ이니라然則其子가成長ᄒᆞ야獨立의生活을營得ᄒᆞᆷ에至ᄒᆞ기ᄭᆞ지此ᄅᆞᆯ養

育홈이父母된者의本務됨은贅言을不要ᄒᆞ고甚히明瞭ᄒᆞᆫ바ㅣ니라

임의養育의本務가有ᄒᆞᆫ즉父母ᄂᆞᆫ其子의健康홈을保全ᄒᆞᄂᆞᆫ責을自任치아니치못홀지니幼兒ᄂᆞᆫ性理가아직十分發達치못ᄒᆞ야攝養健康의道ᄅᆞᆯ自辨치못홈으로써ㅣ니라ᄒᆞ믈며生産ᄒᆞᆫ厥初에ᄂᆞᆫ孱弱柔軟ᄒᆞ야可憐ᄒᆞᆫ一小動物됨에無過홈으로起居홈에力이無ᄒᆞ고言語ᄅᆞᆯ不解ᄒᆞ야아직向人求護홈을不知ᄒᆞᄂᆞᆫ者ㅣ라故로他의親切ᄒᆞᆫ用意와周到ᄒᆞᆫ看護ᄅᆞᆯ須要홈이아니면生存홈이不

家庭教育의必要

能홀지니此의職務ᄂᆞᆫ何等關係가無ᄒᆞᆫ他人의게不歸ᄒᆞ고此ᄅᆞᆯ産出ᄒᆞᆫ兩親의게自歸홈은理의當然ᄒᆞᆫ바ㅣ니라

養育ᄒᆞᄂᆞᆫ職務에次됨이可ᄒᆞᆫ者ᄂᆞᆫ教訓의職務ㅣ니人은生出홈으로브터人生의須要된바智德을具備ᄒᆞᆫ者ㅣ아니오다만他日에如斯ᄒᆞᆫ智德을享受홈이可ᄒᆞᆫ能力을得有홀ᄲᅮᆫ이니라故로嬰孩ᄒᆞᆫ時에在ᄒᆞ야人의性은반다시善홈이아니며ᄯᅩ반다시智홈이아니오자못萌蘖이柔軟ᄒᆞ야撟揉홈이易홈과ᄀᆞᆺ치教導薰陶의如何홈을依ᄒᆞ야비로

ᄉᆞ其性質의發達홈을定홈이可ᄒᆞ니라故로其子의幼ᄒᆞᆫ時에在ᄒᆞ야敎訓指導ᄒᆞᄂᆞᆫ責을自任홈은世의父母된者의最大本務中其一이니此ᄂᆞᆫ곳家庭敎育의必要된所以니라

家庭의影響

大凡家庭은人生의最初期오ᄯᅩ最重要ᄒᆞᆫ學校라謂홈이可ᄒᆞ니何者오人의一生의性癖과意向을薰陶作成ᄒᆞ야萬般의行爲ᄅᆞᆯ規定ᄒᆞᄂᆞᆫ바ᄂᆞᆫ大槪家庭中에胚胎ᄒᆞᄂᆞᆫ者ㅣ됨으로써ㅣ니라慣習은性을成ᄒᆞ고朋友ᄂᆞᆫ人을化ᄒᆞᄂᆞᆫ者ㅣ나家庭의影響이人性上에及ᄒᆞᄂᆞᆫ바에比ᄒᆞ면實로微微ᄒᆞᆫ者

ㅣ됨에止홀ᄲᅮᆫ이니라社會國家의事業은一二로써論홀바ㅣ아니나此ᄅᆞᆯ作爲ᄒᆞᄂᆞᆫ人物은誰가일즉家庭中에呱呱ᄒᆞ던바孩兒가아니리오偉人傑士가一世ᄅᆞᆯ聳動ᄒᆞᄂᆞᆫ바意見行爲도其家庭間에在ᄒᆞ야孩兒의頭腦에印得ᄒᆞᆫ바零碎ᄒᆞᆫ思想에根因됨이決斷코不少ᄒᆞᄂᆞ니古來로브터歷史上非凡有爲ᄒᆞᆫ士가善良ᄒᆞᆫ家庭中에化成되지아니ᄒᆞᆫ者ㅣ幾稀ᄒᆞ니라故로善良ᄒᆞᆫ家庭은社會國家의隆盛富强홈을得致홈에在ᄒᆞ야欠缺치못홀一要素가된다謂홈이可ᄒᆞ니라

小兒가家庭에在ᄒᆞ야受ᄒᆞᆫ教訓은假令微細ᄒᆞᆫ事라도一生을通ᄒᆞ야其頭腦에深銘ᄒᆞ야맛ᄎᆞᆷ내忘却치아니ᄒᆞᄂᆞ니故로小兒의性이大人의心에在ᄒᆞᆷ은根柢가榦枝에關連ᄒᆞᆷ과ᄀᆞᆺᄒᆞ니라一日의天氣ᄂᆞᆫ崇朝에已現ᄒᆞᆷ과ᄀᆞᆺ치一生의運命은小兒時에已判ᄒᆞᄂᆞ니家庭教育의忽諸히못ᄒᆞᆷ은贅言을要ᄒᆞᆯ바ㅣ아니니라

善良ᄒᆞᆫ家庭

家庭教育에要ᄒᆞᄂᆞᆫ바ᄂᆞᆫ第一善良ᄒᆞᆫ家庭에在ᄒᆞ니라大凡小兒가繈褓를去ᄒᆞᆷ으로브터知覺을稍具ᄒᆞᆷ애자못暗室을去ᄒᆞ고白日을向面ᄒᆞᆷ과如ᄒᆞ

야耳目五官에感觸ᄒᆞᄂᆞᆫ바事事物物이新奇치아니ᄒᆞᆷ이無ᄒᆞᄂᆞ니此時를當ᄒᆞ야經驗이無ᄒᆞᆫ小兒ᄂᆞᆫ아직自己의意志로써獨立의行爲를做得치못ᄒᆞᆷ으로써外物을模倣ᄒᆞᆷ에專心ᄒᆞᆷ은自然ᄒᆞᆫ理勢라萬一此際를當ᄒᆞ야小兒의棲息ᄒᆞᄂᆞᆫ家庭으로ᄒᆞ여곰腐ᄒᆞᆷ에至ᄒᆞᆯ진대彼淸淨無垢ᄒᆞᆫ小兒의心은一生에塗抹치못ᄒᆞᆯ汚点을印得ᄒᆞᆯ지며此와相反ᄒᆞ야其家庭으로ᄒᆞ여곰禮節慈愛正義親睦으로써陶成ᄒᆞᆷ에至ᄒᆞᆯ진대小兒의心은호올노不良ᄒᆞᆷ이되고져ᄒᆞᆯ지라도不得ᄒᆞᆯ지니故로父母로ᄒᆞ

父母養育의銘心

여곰其子의完全ᄒᆞᆫ發育을希望ᄒᆞᆯ진대自身이率先ᄒᆞ야模範을提示ᄒᆞᆷ이可ᄒᆞ니라

世에父母된者ㅣ各各許多ᄒᆞᆫ職分이有ᄒᆞ나一念에其子의教育으로써ᄆᆞ장重要ᄒᆞᆫ事業으로認定ᄒᆞᆷ이可ᄒᆞ니或은業務를選ᄒᆞ고或은住居地를擇ᄒᆞ며其他言語飮食家具衣服等日常生活에在ᄒᆞ야恒常其子를教育ᄒᆞᆷ에關ᄒᆞᆫ利害如何에着念ᄒᆞᆷ을要ᄒᆞᆯ지니孟母의三遷과如ᄒᆞᆫ事ᄂᆞᆫ百世의龜鑑됨이可ᄒᆞᆫ바ㅣ니라父母ᄂᆞᆫ또ᄒᆞᆫ機會를隨ᄒᆞ야訓育의方法을自任ᄒᆞᆷ이可ᄒᆞ니其子가疑問이有ᄒᆞᆯ

時ᄂᆞᆫ眞實ᄒᆞᆫ事로써應答ᄒᆞᆷ을要ᄒᆞ고荒誕無稽의言으로써一時彌縫ᄒᆞᆷ은一切不可ᄒᆞ니라善惡是非의判別이知官에漸具ᄒᆞᆯ時ᄂᆞᆫ父母된者ᄂᆞᆫ一層用意ᄒᆞ야勸奬과懲戒를明確히ᄒᆞ야小兒로ᄒᆞ여곰일즉善을愛ᄒᆞ고惡을憎ᄒᆞᄂᆞᆫ性質을固定케ᄒᆞᆷ이可ᄒᆞᆯ지며또此를導率ᄒᆞᆷ에嚴威에不偏ᄒᆞ고寬裕에不失ᄒᆞ며束縛과自由의中正ᄒᆞᆷ을要ᄒᆞᆯ지니라撫愛ᄂᆞᆫ慈母의性이오剛毅ᄂᆞᆫ嚴父의性이라故로其子로ᄒᆞ여곰다만一邊을傚則ᄒᆞᆯ時ᄂᆞᆫ其性이또ᄒᆞᆫ一邊에偏ᄒᆞᆷ을不免ᄒᆞᆯ지니故로完美ᄒᆞᆫ良質

을化成코져홀진대반다시兩親의薰陶를依ᄒᆞ야恒常中正ᄒᆞᆫ規律下에服從ᄒᆞᄂᆞᆫ慣習을馴致홈이可ᄒᆞ니라漸次成長ᄒᆞᆫ時ᄂᆞᆫ父母ᄂᆞᆫ其子의材器를

職業의選擇

隨ᄒᆞ야其職業을選擇ᄒᆞ고또必要ᄒᆞᆫ指導를與홈이可ᄒᆞ니大抵年少氣銳ᄒᆞᆫ時에在ᄒᆞ야ᄂᆞᆫ沉思熟慮ᄒᆞ야自他의永遠ᄒᆞᆫ利害를考究ᄒᆞ야前途의方針을自定홈이不能홈으로써ㅣ니라

婚姻의關涉

特別히成婚ᄒᆞᆫ際에在ᄒᆞ야ᄂᆞᆫ父母ᄂᆞᆫ其子의前途의幸福을顧慮ᄒᆞ야適宜ᄒᆞᆫ監督을要홀지니婚姻은人生의大事ㅣ라此를熱情이方盛ᄒᆞᆫ妙齡男女의게一任홀

時ᄂᆞᆫ其弊害가此에셔大홈이無ᄒᆞ니大抵子女에在ᄒᆞ야ᄀᆞ장危險ᄒᆞᆫ時期ᄂᆞᆫ兩親의管轄을離ᄒᆞ야自身의智能과自身의血氣로凡事를幹辦코져홈에在ᄒᆞ니此時를際ᄒᆞ야父母된者ᄂᆞᆫ特別히周到嚴密ᄒᆞᆫ勸戒를要홀지니라

老退閒養의不可

父母를養홈은子된者의本務ㅣ나父母된者ᄂᆞᆫ決斷코其子에依賴ᄒᆞᄂᆞᆫ心이無홈을要홀지니라我邦은古來로브터其子에依賴ᄒᆞᄂᆞᆫ風習이有ᄒᆞ야父母된者가年이五六十에達ᄒᆞ면家事를擧ᄒᆞ야其子의게一任ᄒᆞ고自身은老退閒居ᄒᆞ야其子의

奉養을專依ᄒᆞ며不然ᄒᆞᆫ즉自己의餘財로依ᄒᆞ야殘年을安閒ᄒᆞᆫ中에送코져ᄒᆞᄂᆞᆫ者ㅣ多ᄒᆞ니此ᄂᆞᆫ古來로브터風俗慣習의使然ᄒᆞᄂᆞᆫ바ㅣ나父母된者怠惰心에起原ᄒᆞᆫ者ㅣ不尠ᄒᆞᆫ바ㅣ니家族又ᄂᆞᆫ社會國家에關ᄒᆞ야有害無利ᄒᆞᆫ者ㅣ니라人生의本務ᄂᆞᆫ一生에無盡ᄒᆞᆫ者ㅣ니現世에生存ᄒᆞᆫ以上은本分을應ᄒᆞ고職務를隨ᄒᆞ야當行홈이可ᄒᆞᆫ事ㅣ無홈이아니어ᄂᆞᆯᄒᆞ믈며事에能堪ᄒᆞᆯ心身으로써無爲安樂홈에歲月을消費홈은찰하리社會國家의蠹毒이라謂홈이可ᄒᆞ니라西洋에在ᄒᆞ야ᄂᆞᆫ

老退閒居ᄂᆞᆫ國家에有害홈

上으로帝王으로브터下으로庶民에至ᄒᆞ기ᄭᆞ지身이事에能堪ᄒᆞᆯ以上은萬般設計에須臾도惓怠홈이無ᄒᆞ야七八十의邵齡으로써公私繁務에鞅掌ᄒᆞᄂᆞ니此ᄂᆞᆫ彼邦의一般美風이라我邦人의맛당히採用ᄒᆞᆯ바ㅣ니라假令人生을七十으로假定ᄒᆞᆯ진대四十五十은오히려壯年의時代어ᄂᆞᆯ廢棄로自處ᄒᆞ고其子의奉養을必須ᄒᆞ야坐食을自甘홈은다만子孫의發達進步를妨害ᄒᆞᆯᄲᅮᆫ아니라國家經濟上으로觀ᄒᆞᆯ지라도非常ᄒᆞᆫ損害를貽ᄒᆞᆯ지니老親으로ᄒᆞ여곰安逸에自居ᄒᆞ야殘年을送케

ᄒᆞᆷ은孝子의自然ᄒᆞᆫ情이나世의父母된者ᄂᆞᆫ身神이事에能堪ᄒᆞᆯ以上은반다시其子에依賴치아니ᄒᆞᆷ을自期ᄒᆞᆯ지니라

第四章　夫婦의本務

夫婦의本務

一國의基礎ᄂᆞᆫ一家에在ᄒᆞ고一家의基礎ᄂᆞᆫ夫婦에在ᄒᆞᆫ지라故로夫婦의和合은小ᄒᆞ게言ᄒᆞᆯ진대一家의幸福이되고大ᄒᆞ게言ᄒᆞᆯ진대一國의富强이되ᄂᆞ니夫婦의道ᄂᆞᆫ人倫의始生ᄒᆞᄂᆞᆫ바ㅣ니라

夫婦

夫婦ᄂᆞᆫ異姓된他人의結合으로브터成ᄒᆞᆫ者ㅣ니本來骨肉의親은아니나天緣을一結ᄒᆞᆫ後ᄂᆞᆫ異身

同体의關係ᄅᆞᆯ生ᄒᆞ야苦樂을ᄒᆞᆷᄭᅴᄒᆞ며榮枯ᄅᆞᆯ又치ᄒᆞ야一生에相離치못ᄒᆞᆯ伴侶가되ᄂᆞ니라一家의安全ᄒᆞᆷ은夫婦가和合ᄒᆞᆷ에基因ᄒᆞ고人生의最大幸福은夫婦가和諧ᄒᆞᆷ에存在ᄒᆞᄂᆞ니然ᄒᆞᆷ으로夫된者ᄂᆞᆫ婦ᄅᆞᆯ愛護ᄒᆞ고婦된者ᄂᆞᆫ夫의게柔順ᄒᆞ야서로親密ᄒᆞᆫ情義ᄅᆞᆯ維持ᄒᆞᆷ이可ᄒᆞ니琴瑟이友和ᄒᆞᆷ을一失ᄒᆞ면一家의道德이基礎ᄅᆞᆯ失ᄒᆞ야孝悌의道ᄅᆞᆯ得行ᄒᆞᆯ期望이無ᄒᆞ며一國의道德도ᄯᅩᄒᆞᆫ頹廢ᄒᆞᆷ에自至ᄒᆞᆯ지니라

愛情은夫婦의

愛情은夫婦의原理니私利와私慾을不顧ᄒᆞ고夫

는妻를爲ᄒᆞ며妻는夫를爲ᄒᆞ야十分의愛情을傾瀉ᄒᆞ야서로永遠ᄒᆞᆫ幸福을希望홈은곳夫婦의夫婦된所以니人生의最貴ᄒᆞᆫ情義라夫婦가此를홈씌ᄒᆞᆯ時는비록憂苦라도足히써憂苦가되지아니ᄒᆞ고도로혀深厚ᄒᆞᆫ同情을因ᄒᆞ야一種의快樂을感生ᄒᆞᄂᆞ니愛情은夫婦를一体가되게ᄒᆞᄂᆞᆫ鐵鎖라홈이可ᄒᆞ니라愛情이無ᄒᆞᆫ夫婦ᄂᆞᆫ其結合홈이薄弱ᄒᆞ야厭忌嫉妬等의惡緣이其釁을輒乘ᄒᆞ야紛起ᄒᆞᄂᆞ니其名은夫婦라ᄒᆞᆯ지나其實은他人과何異ᄒᆞ리오夫婦의愛情은能히他物로써交易홈

이可ᄒᆞᆫ者ㅣ아니니夫婦相愛의情이無ᄒᆞᆫ時ᄂᆞᆫ富貴榮華를窮極히ᄒᆞᆯ지라도人生幸福의眞趣ᄂᆞᆫ得享치못ᄒᆞᆯ지니라

夫婦和合의關係된바ㅣ如斯히重大ᄒᆞ니故로夫婦結合의基礎된바婚姻을成行홈에當ᄒᆞ야깁히愼重홈을要ᄒᆞᆯ지니라婚姻은男女一生의禍福이係ᄒᆞᆫ바ㅣ니一次約結ᄒᆞᆫ以上은再次變幻홈을不得ᄒᆞᆯ바ㅣ니라離婚은人生의最大不幸ᄒᆞᆫ바ㅣ니男女의精神上에終生不愈ᄒᆞᆯ瘡痍를被ᄒᆞᆫ者ㅣ니此ᄂᆞᆫ미양婚姻厥初에在ᄒᆞ야十分銘念치못홈에

婚姻과高尙ᄒᆞᆫ愛情

坐罪ᄒᆞᆷ이니靑年의男女와밋父兄된者의깁히省察ᄒᆞᆯ바ㅣ니라

要컨대婚姻은高尙ᄒᆞᆫ愛情에基因ᄒᆞᆷ이可ᄒᆞᆫ者ㅣ니라彼財産容姿ᄅᆞᆯ主眼ᄒᆞᄂᆞᆫ者ᄂᆞᆫ決斷코永遠ᄒᆞᆫ幸福을享得치못ᄒᆞᆯ지니財産은聚散無常ᄒᆞ고容姿ᄂᆞᆫ歲月과ᄒᆞᆷᄭᅴ凋落ᄒᆞᆯ지나眞正ᄒᆞᆫ愛情은如何ᄒᆞᆫ事情下에在ᄒᆞᆯ지라도衰退ᄒᆞᄂᆞᆫ者ㅣ아님으로써ㅣ니라

眞正ᄒᆞᆫ愛情은人物을敬愛ᄒᆞᄂᆞᆫ根情에基因ᄒᆞᄂᆞᆫ者ㅣ라故로其配偶ᄅᆞᆯ擇ᄒᆞᆷ에在ᄒᆞ야夫ᄂᆞᆫ女子의

婉淑ᄒᆞ고貞正ᄒᆞ며溫良ᄒᆞ야輕邪浮薄치아니ᄒᆞᆫ者ᄅᆞᆯ娶ᄒᆞᆯ지며妻ᄂᆞᆫ男子의健强ᄒᆞ고重厚ᄒᆞ며勤勉ᄒᆞ야聰明智德이具ᄒᆞᆫ者ᄅᆞᆯ擇ᄒᆞᆯ지니此로써相信ᄒᆞ고此로써相愛ᄒᆞ야비로소幸福된一家ᄅᆞᆯ搆成ᄒᆞᆷ을得ᄒᆞᆯ지니라

夫婦分業의必要

임의一家族을成ᄒᆞᆫ즉夫婦ᄂᆞᆫ반다시業을分ᄒᆞᆯ必要가生ᄒᆞᄂᆞ니此ᄂᆞᆫ男女의差別에在ᄒᆞ야其性質이不同ᄒᆞᆷ으로써ㅣ니라男子ᄂᆞᆫ女子보다身体가强壯ᄒᆞ고心性도ᄯᅩᄒᆞᆫ剛毅ᄒᆞ나此와相反ᄒᆞ야女子ᄂᆞᆫ本來筋骨이孱弱ᄒᆞ고性質도ᄯᅩᄒᆞᆫ脆柔ᄒᆞᆷ으

로써夫ᄂᆞᆫ一生에妻ᄅᆞᆯ慇然히녁이여盡力扶護ᄒᆞᆷ을要ᄒᆞ고決斷코其妻의健康을戕害ᄒᆞ거나或은其身神에過勞ᄒᆞᆫ業務ᄅᆞᆯ躬執치아니케ᄒᆞᆯ지니라夫ᄂᆞᆫ또妻ᄅᆞᆯ爲ᄒᆞ야生活上에須要된物品을供給ᄒᆞᄂᆞᆫ本務가有ᄒᆞᆫ지라故로能히其妻ᄅᆞᆯ保養치못ᄒᆞᄂᆞᆫ者ᄂᆞᆫ自初로不娶ᄒᆞᆷ만ᄀᆞᆺ지못ᄒᆞᆫ바ㅣ니임의妻ᄅᆞᆯ娶ᄒᆞ고飢寒中에困苦케ᄒᆞᆷ은夫된道ᄅᆞᆯ得行치못ᄒᆞᄂᆞᆫ者ㅣ니라또妻ᄂᆞᆫ夫에比ᄒᆞ면才量과智識이乏ᄒᆞ고一家庭의整理ᄅᆞᆯ專事ᄒᆞᆷ으로써社會의經歷이또ᄒᆞᆫ其夫에不及ᄒᆞᆯ지니夫가無理非道

ᄅᆞᆯ云치아니ᄒᆞᆯ限에在ᄒᆞ야ᄂᆞᆫ반다시承順無違ᄒᆞ고貞節自守ᄒᆞᆷ으로本務ᄅᆞᆯ삼아一生苦樂을ᄒᆞᆷᄭᅴᄒᆞᆷ이可ᄒᆞ니라夫가唱ᄒᆞ고婦가和ᄒᆞᆷ은人倫道德의自然ᄒᆞᆫ原理가됨으로써妻된者ㅣ夫의意ᄅᆞᆯ恣忤ᄒᆞ야放肆ᄒᆞᆫ行爲ᄅᆞᆯ敢逞ᄒᆞᆷ은不可ᄒᆞ니夫ᄂᆞᆫ一家의主權이오妻ᄂᆞᆫ輔佐에無過ᄒᆞᆫ者ㅣ라故로二者ㅣ相須ᄒᆞ야비로소完全ᄒᆞᆫ一家의生活을得ᄒᆞᆯ지니라夫의職務ᄂᆞᆫ外에在ᄒᆞ야事業에從事ᄒᆞ야其家族을收養ᄒᆞᆷ에在ᄒᆞ고妻의職務ᄂᆞᆫ內에在ᄒᆞ야家政을整理ᄒᆞ야써夫ᄅᆞᆯ輔翼ᄒᆞᆷ에在ᄒᆞ니此ᄂᆞᆫ

男女同權의理

其性質에適應홈을依ᄒᆞ야職務를分擔ᄒᆞᆫ바ㅣ니男女同權의理도ᄯᅩᄒᆞᆫ此中에存在ᄒᆞ니라然이나世人이輒稱호대女도男과同ᄒᆞᆫ人이니夫婦ᄂᆞᆫ맛당히同等의地位에立ᄒᆞ야同等의職權을行홈이可ᄒᆞ다ᄒᆞ니此ᄂᆞᆫ甚히沒理ᄒᆞᆫ者ㅣ라謂ᄒᆞᆯ지니라男女ᄂᆞᆫ本來性質과能力을相異케ᄒᆞ야其差別은다만身体構造上으로브터見ᄒᆞᆯ지라도明確ᄒᆞᆫ바ㅣ니男은骨格이强大ᄒᆞ야力役에能堪ᄒᆞᆯ지나女ᄂᆞᆫ不然ᄒᆞ니라男은推理에長ᄒᆞ고女ᄂᆞᆫ覺力에長ᄒᆞ며男은智力에富ᄒᆞ고女ᄂᆞᆫ感情에富ᄒᆞ며男은

進取的性質이오女ᄂᆞᆫ保守的性質이라故로保護勇敢勞動은男子의職務오輔佐謙讓巽順은女子의職務ㅣ니陰陽相和ᄒᆞ고剛柔相順의理가玆에存在ᄒᆞᆫ바ㅣ니라男과女가人됨에在ᄒᆞ야ᄂᆞᆫ本來同一ᄒᆞᆫ바ㅣ나其資質에在ᄒᆞ야如許히相異ᄒᆞᆫ以上은天分을各應ᄒᆞ야相當ᄒᆞᆫ業務를執行홈이곳男女同權의眞義라謂ᄒᆞᆯ지니라

임의子를生産ᄒᆞᆫ時ᄂᆞᆫ夫婦ᄂᆞᆫ곳父母ㅣ니適當ᄒᆞᆫ鞠養과敎訓을施ᄒᆞ야家系를紹述ᄒᆞ고ᄯᅩ社會國家를爲ᄒᆞ야有爲ᄒᆞᆫ人物을養成ᄒᆞᆯ지며其愛情에

在ᄒᆞ야셔도數多子女에對ᄒᆞ야偏頗홈이無홈을要홀지니라또其子ᄂᆞᆫ父母와홈ᄭᅴ社會國家에對ᄒᆞ야應分의本務가有ᄒᆞᆫ者ㅣ됨으로써此를養育홀際에도國民의一分子로看做ᄒᆞ야其德性을薰陶홀지오萬一其子를私有物로認ᄒᆞ야虐待酷遇홈이有홀진대父母된職務를欠缺홀ᄲᅮᆫ아니라社會國家에對ᄒᆞ야其本務를失ᄒᆞᆫ者ㅣ라謂홀지니라

第五章　兄弟姉妹의本務

父子와夫婦에次ᄒᆞ야ᄀᆞ장重要ᄒᆞᆫ者ᄂᆞᆫ兄弟姉妹

의本務ㅣ니라大凡夫婦가有ᄒᆞᆫ後에親과子가有ᄒᆞ고親과子가有ᄒᆞᆫ後에兄弟姉妹가有ᄒᆞ니兄弟姉妹ᄂᆞᆫ其所生을ᄀᆞᆺ치ᄒᆞ고長育을홈ᄭᅴᄒᆞ야一家內의人이됨으로다만血屬의關係가最近홀ᄲᅮᆫ아니라親睦의情도또ᄒᆞᆫ最深ᄒᆞᆫ者ㅣ니라此에其父母를同一케ᄒᆞᆫ一事로써홀지라도兄弟間에骨肉의親을繫連홈에足ᄒᆞ거ᄂᆞᆯᄒᆞ믈며幼時에在ᄒᆞ야ᄂᆞᆫ父母左右에홈ᄭᅴ提挈ᄒᆞ고食홈에床을同ᄒᆞ며寢홈에衾을同ᄒᆞ고學홈에机를並ᄒᆞ며遊홈에方을共ᄒᆞ야相須扶護홈이左右의手와如홈이라오

兄弟姊妹는一木의枝葉이오一体의分肢라

如斯히兄弟姊妹는一木의枝葉과곳ᄒᆞ며一体의分肢와곳ᄒᆞᆷ으로써互相友愛ᄒᆞ는道를必盡ᄒᆞᆷ이可ᄒᆞ니라

兄弟姊妹間의愛情

兄弟姊妹의愛情은父母夫婦의愛情과ᄒᆞᆷ씌人의天性으로出ᄒᆞ는者ㅣ니利害得失을度外에寘ᄒᆞ야一点의私心을不容ᄒᆞ는情誼는호올노此中에見得ᄒᆞᆯ바ㅣ라如斯ᄒᆞᆫ愛情은實로人生의至寶ㅣ라謂ᄒᆞᆯ지니財貨를山積ᄒᆞᆯ지라도能히購求치못ᄒᆞᆯ바ㅣ됨으로人人이一念으로써此를永遠勿失ᄒᆞᆷ을要ᄒᆞᆯ지라

寬容

兄弟姊妹는各各自己에對ᄒᆞ야或禮儀와愛情을欠闕ᄒᆞᆷ이有ᄒᆞᆯ지라도此를寬容ᄒᆞ야苛責치말지니此는友愛의情을維持ᄒᆞᆷ에在ᄒᆞ야第一必要ᄒᆞᆫ事ㅣ니라萬一彼我間에毫末도容宥ᄒᆞᆷ이無ᄒᆞ야反目疾視ᄒᆞ는極度에至ᄒᆞᆯ時는맛ᄎᆞᆷ내同氣의情이行路人과無異ᄒᆞᆯ지니恒常仁惠慈愛의意를勿失ᄒᆞ야窮乏을相救ᄒᆞ고憂苦를相慰ᄒᆞ며歡樂을相分ᄒᆞ면兄弟姊妹間에其情이益益懇篤ᄒᆞ야天倫의樂事를永保ᄒᆞᆯ지니라

大凡父母는其子女로브터見ᄒᆞᆯ진대前半의生活

을홈ᄭᅴᄒᆞᆫ者ㅣ됨으로써찰하리前代의人이라稱홈이可ᄒᆞᆯ지나兄弟姊妹ᄂᆞᆫ不然ᄒᆞ야비록年齡에多少의差가有ᄒᆞ나親과子에在홈과ᄀᆞᆺ치不甚ᄒᆞ니찰하리同時代의人이라謂홈이可ᄒᆞᆫ지라故로兄弟姊妹ᄂᆞᆫ畢生間에親近ᄒᆞ야서로協助ᄒᆞ며서로扶護홈을得ᄒᆞᄂᆞᆫ者ㅣ니라然홈으로幼時에父母膝下에在ᄒᆞ야兒戲ᄒᆞ던親密ᄒᆞᆫ關係ᄂᆞᆫ百歲가一日과ᄀᆞᆺ치些毫도睽離홈이不可ᄒᆞ니라漸次成長ᄒᆞᆫ後에父母의家를離ᄒᆞ야其業을相異케ᄒᆞ고其居를遠隔ᄒᆞᆫ時에在ᄒᆞ야셔도互常往來ᄒᆞ야

禍福을相問ᄒᆞ고吉凶을相尋홈이오히려一家와ᄀᆞᆺ홈을要ᄒᆞᆯ지니라萬一遠隔ᄒᆞᆫ地에住居ᄒᆞᆫ時ᄂᆞᆫ歲時名節에音信을不怠히홈이可ᄒᆞ니同胞의眞情은千里의山河도隔絕ᄒᆞ다謂치못ᄒᆞᆯ지라天涯에越在ᄒᆞ야書信으로써愛情을相寄홈은實로人生의至樂이라孩提時에在ᄒᆞ야父母의襟裾에前後홈을回憶ᄒᆞ고ᄯᅩ未來의會合홈을想望ᄒᆞ면友愛欣滿의情이스ᄉᆞ로不堪ᄒᆞᆯ者ㅣ有ᄒᆞ니라

兄姊와弟妹

兄姊ᄂᆞᆫ弟妹보다年齒가長홈으로써智識과經驗이미양弟妹보다優勝ᄒᆞᄂᆞ니故로弟妹ᄂᆞᆫ兄姊로

써兩親의次位로認倣ᄒᆞ야其教訓과指導를敢히違越치말지니라他人이라도長者에對ᄒᆞ야謙讓의禮를必盡ᄒᆞᆷ은長幼의序가有ᄒᆞᆷ이어놀ᄒᆞ믈며兄姊에在ᄒᆞᆷ이리오ᄯᅩ兄姊ᄂᆞᆫ弟妹에對ᄒᆞ야父母의次位가되여耳提面命의責을自任ᄒᆞᆯ지오猥妄히年長을自恃ᄒᆞ야暴慢橫恣의行爲가有ᄒᆞᆷ은不可ᄒᆞ니라萬一弟妹로셔兄姊를凌侮ᄒᆞ거나或은兄姊로셔弟妹를虐待ᄒᆞᄂᆞᆫ者ᄂᆞᆫ다만悖倫의所行이될ᄲᅮᆫ아니라同氣의不幸이此에셔大ᄒᆞᆫ者ㅣ無ᄒᆞᆷ으로其害가漸蔓ᄒᆞ야父母의心을苦悶케ᄒᆞ고

一家의平和를攪亂ᄒᆞ야맛ᄎᆞᆷ내社會國家의患을釀成ᄒᆞᆷ에至ᄒᆞᆯ지니라大凡一家가一國의爲本ᄒᆞᆷ이細胞가有機体에在ᄒᆞᆷ과ᄀᆞᆺᄒᆞ니一家의人이各各相和치아니ᄒᆞᆯ時ᄂᆞᆫ一國의人心이ᄯᅩᄒᆞᆫ一致치못ᄒᆞᆯ지며人心이離反ᄒᆞᆯ時ᄂᆞᆫ假令億兆의衆이有ᄒᆞᆯ지라도能히써國家의富强을得成치못ᄒᆞᆯ지니라

不和ᄒᆞᆫ兄弟에對ᄒᆞᆫ西哲의訓誡

西國哲人邵久羅斗蘇가兄弟의不和ᄒᆞᆷ을戒ᄒᆞ야曰兄弟ᄂᆞᆫ財寶보다貴重ᄒᆞᆫ者ㅣ니金錢은感覺이無ᄒᆞ나兄弟ᄂᆞᆫ同情이有ᄒᆞᆷ으로써ㅣ오金錢은다

兄弟姊妹의感化力

만吾人의保護를要ᄒᆞᄂᆞᆫ者ㅣ나兄弟ᄂᆞᆫ도로혀吾人을保護ᄒᆞᆷ으로써ㅣ니라人은單獨으로生活ᄒᆞᆷ보다伴侶가有ᄒᆞᆷ을喜ᄒᆞᄂᆞᆫ바어ᄂᆞᆯ何故로兄弟를疎遠케ᄒᆞᄂᆞ뇨또兄弟ᄂᆞᆫ父母를同一히ᄒᆞᆫ바ㅣ어ᄂᆞᆯ何故로相愛치아니ᄒᆞᄂᆞ뇨禽獸라도ᄒᆞᆷ씌養育된者ᄂᆞᆫ반다시相愛ᄒᆞᆷ을見치못ᄒᆞᄂᆞ뇨ᄒᆞ니眞個至言이라謂ᄒᆞᆯ지니라

兄弟姊妹ᄂᆞᆫ日相近接ᄒᆞᆷ으로互相間에在ᄒᆞᆫ感化力이甚大ᄒᆞᆫ者ㅣ니라人이朋友를擇ᄒᆞᆷ은惡習에浸染ᄒᆞᆷ을恐ᄒᆞᆷ이니兄弟姊妹의親善은如何ᄒᆞᆫ朋

友라도不及ᄒᆞᆯ바ㅣ라然則其言語行爲의浸潤波及ᄒᆞᆷ은엇지自然의理勢가아니리오子弟로셔父兄의導率ᄒᆞᆷ을抵抗ᄒᆞ거나或은長者에對ᄒᆞ야暴慢無禮ᄒᆞᆫ語를出ᄒᆞᆷ은미양兄弟姊妹中에在ᄒᆞ야不美ᄒᆞᆫ模範을倣ᄒᆞᆫ者ㅣ有ᄒᆞᆷ에職由ᄒᆞᆷ이니年長者된兄姊의行爲ᄂᆞᆫ弟妹의模範되ᄂᆞᆫ바ㅣ라故로特別히愼重ᄒᆞᆷ을加ᄒᆞ야一動一靜이弟妹의標準됨을自期ᄒᆞᆷ이可ᄒᆞ니라

兄弟와姊妹

兄弟ᄂᆞᆫ姊妹에對ᄒᆞ야特別히保護의責을自任ᄒᆞᆷ이可ᄒᆞ니라婦女ᄂᆞᆫ本來体質이纖弱ᄒᆞ고精神이

ᄯᅩᄒᆞᆫ婉柔ᄒᆞᆷ으로써世에立ᄒᆞ야事ᄅᆞᆯ處ᄒᆞᆷ을當ᄒᆞ야ᄂᆞᆫ반다시男子ᄅᆞᆯ依賴치아니치못ᄒᆯ지니假令昏夜와遠方에獨行ᄒᆞᆷ이不能ᄒᆯ지며讒誣와疑嫌을遇ᄒᆯ지라도其理ᄅᆞᆯ抗辯ᄒᆞ야權利ᄅᆞᆯ主張ᄒᆞᆷ이男子와ᄀᆞᆺ지못ᄒᆯ지니婉淑ᄒᆞᆫ女子의萬事에處ᄒᆞ야男子의保護ᄅᆞᆯ要ᄒᆞᆷ이大槪此類와ᄀᆞᆺᄒᆞᆫ지라故로其姉妹가婚嫁ᄒᆞ야夫ᄅᆞᆯ迎ᄒᆞ기ᄭᆞ지父母와ᄒᆞᆷᄭᅴ誘掖扶護ᄒᆞᆷ을自任ᄒᆞᆷ은兄弟된者의當然ᄒᆞᆫ本務ㅣ니라姉妹도ᄯᅩᄒᆞᆫ其兄弟에對ᄒᆞ야他人의能爲치못ᄒᆯ利益을與ᄒᆞᄂᆞ니少壯ᄒᆞᆫ男子ᄂᆞᆫ血氣ᄅᆞᆯ

乘ᄒᆞ야往往粗暴ᄒᆞᆫ擧動이多ᄒᆞ고直前勇往ᄒᆞ야險을冒ᄒᆞ고事ᄅᆞᆯ好ᄒᆞ야事物에忍耐ᄒᆞᆷ이不能ᄒᆞᆷ으로써ᄆᆡ양錯誤顚躓ᄒᆞᆷ에至ᄒᆞᄂᆞ니此ᄅᆞᆯ諫止ᄒᆞᆷ에ᄀᆞ장有力ᄒᆞᆷ은姉妹의言이니大凡女子ᄂᆞᆫ其情이醇篤ᄒᆞ고其辭가懇切ᄒᆞᆷ으로써壯年의客氣ᄅᆞᆯ撓止ᄒᆞᆷ에ᄂᆞᆫ도로혀男子의面折力爭ᄒᆞᆷ보다優越ᄒᆞᆷ으로써ㅣ니라兄弟姉妹ᄂᆞᆫ如斯히互相扶護ᄒᆞ야幸福을相讓ᄒᆞ고窮困을相恤ᄒᆯ時ᄂᆞᆫ永遠히深厚ᄒᆞᆫ愛情을得保ᄒᆯ지니라

萬一父母가死去ᄒᆞᆫ時ᄂᆞᆫ兄姉ᄂᆞᆫ父母의地位에立

ᄒᆞ야一念으로其弟妹를養育ᄒᆞᆷ이可ᄒᆞ니此時를當ᄒᆞ야弟妹된者ᄂᆞᆫ其兄姊를父母와ᄀᆞᆺ치供奉ᄒᆞᆷ이可ᄒᆞ니라

第六章 家에對ᄒᆞᆫ本務

家에對ᄒᆞᆫ本務

孝慈ᄂᆞᆫ親과子의道오和順은夫婦의道오友愛ᄂᆞᆫ兄弟의道ㅣ니家族의本務ᄂᆞᆫ玆에盡ᄒᆞ얏다謂ᄒᆞᆯ지니라然이나此外에家에對ᄒᆞᆫ本務가尙存ᄒᆞᆷ을了知ᄒᆞᆷ이可ᄒᆞ니此ᄂᆞᆫ本邦道德의一種特質로他國에其比類를罕見ᄒᆞᄂᆞᆫ바ㅣ니라

大凡道德의原理란者ᄂᆞᆫ古今을貫ᄒᆞ고內外를通

各國倫理上에特質이有ᄒᆞᆫ所以

ᄒᆞ야終始不易의性質이有ᄒᆞᆫ者ㅣ나其實行ᄒᆞᄂᆞᆫ点에至ᄒᆞ야ᄂᆞᆫ各國이特有ᄒᆞᆫ事情을應ᄒᆞ야倫理上에도ᄯᅩᄒᆞᆫ多少의同異가有ᄒᆞᆫ바ㅣ니라故로大ᄒᆞ야ᄂᆞᆫ國体로브터小ᄒᆞ야ᄂᆞᆫ家族制度에至ᄒᆞ기ᄭᆞ지大韓에ᄂᆞᆫ大韓의特質이有ᄒᆞ고歐米에ᄂᆞᆫ歐米의特質이有ᄒᆞᆫ바ㅣ니此ᄂᆞᆫ本來其國의人種歷史風土慣習等에必然ᄒᆞᆫ根據가有ᄒᆞᆫ者ㅣ됨으로써何를認是ᄒᆞ고何를認非ᄒᆞᆷ이可ᄒᆞᆫ者ㅣ아니오자못人体가異ᄒᆞᆷ을依ᄒᆞ야衣服의制度를相異케ᄒᆞᆷ과ᄀᆞᆺᄒᆞᆫ바ㅣ니玆에家에對ᄒᆞᆫ本務라ᄒᆞᆷ은歐米

家ᄂᆞᆫ何를謂ᄒᆞᆷ이뇨

列邦에存在ᄒᆞᆫ者를云ᄒᆞᆷ이아니오호올노我邦에在ᄒᆞ야固有ᄒᆞᆫ者를言ᄒᆞᆷ이니라

玆에家라ᄒᆞᆷ은吾人의住居ᄒᆞᄂᆞᆫ家屋을謂ᄒᆞᆷ이아니오또其中에住居ᄒᆞᄂᆞᆫ家族을謂ᄒᆞᆷ이아니오祖先以來로世世相繼ᄒᆞ야斷絕ᄒᆞᆷ이無ᄒᆞᆫ血統을謂ᄒᆞᆷ이니此血統을繼續ᄒᆞ고또益益히其光榮을增進ᄒᆞᆷ은戶主된者의義務ㅣ니라此의家라云ᄒᆞᄂᆞᆫ思想은我邦人間에先天的固有ᄒᆞᆫ바ㅣ니다만一國의美風이될ᄲᅮᆫ아니라國民의道德心을興起ᄒᆞᆷ에在ᄒᆞ야不少ᄒᆞᆫ勢力이有ᄒᆞᆫ者ㅣ니라萬一吾人

의祖先으로名譽가有ᄒᆞᆫ事業을成就ᄒᆞ야社會의崇敬ᄒᆞᄂᆞᆫ바ㅣ되던지或은累代의戶主가德望이有ᄒᆞᆫ人으로家聲을顯揚ᄒᆞᆫ時ᄂᆞᆫ其後를享受ᄒᆞᆫ吾人은益益히智識을硏磨ᄒᆞ야社會國家에裨益ᄒᆞᆫ業務를成就ᄒᆞ야써其家의光榮이有ᄒᆞᆫ歷史에汚点을勿遺ᄒᆞᆯ지니祖先을忝辱ᄒᆞ고家聲을墜落ᄒᆞᆷ은곳父祖에對ᄒᆞ야孝道를欠闕ᄒᆞᆯᄲᅮᆫ아니라我大韓帝國國民된者의名譽를毁損ᄒᆞᄂᆞᆫ바ㅣ니라

家系繼續及家聲顯揚

家에對ᄒᆞᆫ第一本務ᄂᆞᆫ家系를繼續ᄒᆞᆷ에在ᄒᆞ니故로吾人은반다시長派곳宗家를設ᄒᆞ야家產을承

家와國家의關係

襲케ᄒᆞ야써祖先의基業을永遠히勿替케홀지니라大凡祖先을尊敬홈은我國家族制度의基礎ㅣ니家長主義와血統繼續의義務가並히此에起原ᄒᆞᆫ바ㅣ니此ᄅᆞᆯ繼續ᄒᆞᆫ者ᄂᆞᆫ益益히家產을擴張ᄒᆞ고家聲을振興ᄒᆞ야써祖先을顯揚홈이可ᄒᆞᆫ一層重大ᄒᆞᆫ責이有ᄒᆞ니라

家ᄅᆞᆯ繼續ᄒᆞ고基業을紹述ᄒᆞ야光榮을後世에垂홈은我邦에特著ᄒᆞᆫ道德이라謂홀지니라大凡我國의國民은皇祖建國以來로璿派의血緣을依ᄒᆞ야總히外裔로出ᄒᆞᆫ者ㅣ됨으로皇室에對ᄒᆞ야臣

民된同時에家族이라稱ᄒᆞ야도敢히妄言이라謂홀바ㅣ아니니臣子라ᄒᆞᄂᆞᆫ語ᄂᆞᆫ實로此關係ᄅᆞᆯ表彰홈이라故로忠孝ᄂᆞᆫ他邦에在ᄒᆞ야ᄂᆞᆫ其道가相異ᄒᆞ나我邦에在ᄒᆞ야ᄂᆞᆫ一致無二ᄒᆞ야父母에孝홈은곳君에忠ᄒᆞᄂᆞᆫ바ㅣ니此ᄂᆞᆫ歷代祖宗의遺訓ᄒᆞ신바오君臣의大義도ᄯᅩᄒᆞᆫ此에胚胎ᄒᆞᆫ바ㅣ니라故로一個人이되여其祖先을不忘ᄒᆞ고家系에對ᄒᆞ야必盡홈이可ᄒᆞᆫ本務가有홈을感覺홈은곳萬世一統의國体에對ᄒᆞ야益益扶贊홀斷斷無他ᄒᆞᆫ心이니家族과國体의關係가如斯히密接ᄒᆞ야

我國과歐米의家族制度의相異

一致無二홈은實로宇內에卓冠ᄒᆞᆫ바ㅣ니라
家에對ᄒᆞᄂᆞᆫ本務가有홈은我邦에特質이되여萬
邦에比倫이無ᄒᆞᆫ바ㅣ니라今日歐米諸國에在ᄒᆞ
야ᄂᆞᆫ家의觀念은甚히薄弱홈으로家系紹述홈에
關ᄒᆞ야一定ᄒᆞᆫ道德이無ᄒᆞ니(此에歐美制度를云홈은宗敎以外의國風을指稱홈)此
ᄂᆞᆫ其國風이我邦과異ᄒᆞᆫ者ㅣ有홈으로써ㅣ오彼
此間에褒貶홈을要홈은아니나다만西洋人은家
系相續ᄒᆞᄂᆞᆫ法으로써野蠻의遺風이라指稱ᄒᆞ니
此ᄂᆞᆫ不思의甚ᄒᆞᆫ者ㅣ라謂홀지로다要컨대家系
를重히홈은君民一家된我國体와홈ᄭᅴ我大韓帝

國의特有ᄒᆞᆫ美風이니吾人은益益奮勵ᄒᆞ야家聲
을振興ᄒᆞ고祖先을顯揚홈을自期홀지니라

第七章 親戚과밋主從

親戚及主從

家族에居次ᄒᆞ야吾人과ᄀᆞ장親密ᄒᆞᆫ關係가有ᄒᆞᆫ
者를親戚과밋主從이라謂ᄒᆞᄂᆞ니라

親戚은何를謂홈이뇨

一國의起原은夫婦에在ᄒᆞ니夫婦가子女를生ᄒᆞ
야玆에親과子와兄弟姉妹의關係를生ᄒᆞᄂᆞ니라
然이나兄弟姉妹ᄂᆞᆫ永遠히一家中에同居홈이可
ᄒᆞᆫ者ㅣ아니오或은他家의婦가되며或은別로히
一家를樹立ᄒᆞ야早晩에其居를相異케ᄒᆞᄂᆞ니如

斯히年을經ᄒᆞ고代ᄅᆞᆯ累ᄒᆞᆯ時ᄂᆞᆫ厥初에ᄂᆞᆫ一家中에同居ᄒᆞ던僅少ᄒᆞᆫ家族이라도맛ᄎᆞᆷ내多數人이되여處處에散在ᄒᆞᆷ에至ᄒᆞᄂᆞ니此ᄅᆞᆯ親戚이라云ᄒᆞᄂᆞ니라

以上의事實을依ᄒᆞ야親戚은數代ᄅᆞᆯ溯源ᄒᆞ면모다一家의人이아닌바ㅣ無ᄒᆞ니些毫도血緣이無ᄒᆞᆫ他人의게比ᄒᆞ면逈別히親密ᄒᆞᆫ關係가有ᄒᆞ다謂ᄒᆞᆯ지라故로親戚의關係가有ᄒᆞᆫ者ᄂᆞᆫ맛당히一家의人과ᄀᆞᆺ치相親ᄒᆞ야音信을不絕ᄒᆞ고吉凶을相問ᄒᆞ며窮乏을相恤ᄒᆞᆷ을要ᄒᆞᆯ지니擧世가利害

得失로ᄡᅥ相離相合ᄒᆞᆷ을當ᄒᆞ야호올노親戚家族이私心을抛ᄒᆞ고眞實懇摯ᄒᆞᆫ同情을交換ᄒᆞᆷ은眞個人生의至樂이라謂ᄒᆞᆯ지니라

親戚間에扶助ᄒᆞᄂᆞᆫ本務

人은無關係ᄒᆞᆫ隣人과도相親ᄒᆞ거ᄂᆞᆯ何故로其親戚을相親치아니ᄒᆞᄂᆞ뇨親戚은다만一代의知己될ᄲᅮᆫ아니라祖先累代의知己가아니뇨人이萬一流離坎坷ᄒᆞᄂᆞᆫ不幸ᄒᆞᆫ境遇에陷ᄒᆞ야朋友가此ᄅᆞᆯ不救ᄒᆞ고故舊가此ᄅᆞᆯ不顧ᄒᆞᆯ時에依賴ᄒᆞᆷ이可ᄒᆞᆫ者ᄂᆞᆫ親戚外에誰가在ᄒᆞ뇨親戚은實로同族의困厄을扶助ᄒᆞᄂᆞᆫ義務가有ᄒᆞᆫ者ㅣ니라

婢僕

婢僕은假令一家의血緣이有ᄒᆞᆫ者ᄂᆞᆫ아니나主人과居息을ᄒᆞᆷ씌ᄒᆞ고其命令을遵奉ᄒᆞ야家事에從事ᄒᆞᄂᆞᆫ者ㅣ됨으로親戚에次居ᄒᆞ야吾人과ᄀᆞ장親密ᄒᆞᆫ關係가有ᄒᆞᆫ者ㅣ니此에從順忠實ᄒᆞᆷ은婢僕의本務오報酬와밋恩慈로ᄒᆞᆷ은主人의本務ㅣ니라

婢僕의本務

人의婢僕이되여使役ᄒᆞᆷ을約諾ᄒᆞᆫ者ᄂᆞᆫ맛당히主人의命令을遵守ᄒᆞ야主人의監視與否ᄅᆞᆯ不拘ᄒᆞ고一心으로終始不懈ᄒᆞ야作業을勉勵ᄒᆞᆯ지니라凡事에欣然히趨走ᄒᆞ야萬一이라도不快의色을

形顯ᄒᆞᆷ이不可ᄒᆞᆯ지니同一의事라도愉色으로써ᄒᆞᆯ時ᄂᆞᆫ優殊히主人의滿足ᄒᆞᆷ을得ᄒᆞᆷ으로써ㅣ니라또主人의委託ᄒᆞᆫ事ᄂᆞᆫ忠實히奉行ᄒᆞ야一點의不正ᄒᆞᆫ邪念을懷ᄒᆞᆷ이不可ᄒᆞ니彼主家의瑕疵ᄅᆞᆯ擧ᄒᆞ야鄰保에向論ᄒᆞᆷ은甚히不德ᄒᆞᆫ者ㅣ라謂ᄒᆞᆯ지니라

主人의本務

大抵身体意志의自由ᄅᆞᆯ減殺ᄒᆞ야不得已ᄒᆞᆫ情勢로他의指揮ᄅᆞᆯ甘受俯從ᄒᆞᆷ은婢僕으로브터見ᄒᆞᆫ즉本來必要ᄒᆞᆫ事ㅣ나또ᄒᆞᆫ人生의ᄀᆞ장不幸ᄒᆞᆫ境遇라謂ᄒᆞᆯ지라故로主人된者ᄂᆞᆫ婢僕에對ᄒᆞ야恒

常愛憐의情을垂ᄒᆞ야適當ᄒᆞᆫ業務를課ᄒᆞᄂᆞᆫ外에際限업시此를驅使虐待ᄒᆞ거나或은罵詈强迫ᄒᆞᆷ이不可ᄒᆞ니라또婢僕의報酬ᄂᆞᆫ其自体의自由를賣ᄒᆞᆫ代價가됨으로써極히神聖ᄒᆞᆫ者ㅣ라謂ᄒᆞᆯ지니主人된者ᄂᆞᆫ반다시報酬에對ᄒᆞᆫ當初의約束을履行ᄒᆞ야敢히違反ᄒᆞᆷ이無ᄒᆞᆯ지니라主人은愛憐ᄒᆞᆷ으로써婢僕을使ᄒᆞ고婢僕은忠順ᄒᆞᆷ으로써主人을事ᄒᆞᆯ時ᄂᆞᆫ二者의關係가益益親密ᄒᆞ야一家의幸福을增進ᄒᆞᆷ이不少ᄒᆞᆯ지니라

今日中等以上의生活로居生ᄒᆞᄂᆞᆫ家ᄂᆞᆫ반다시婢

婢僕의人物을選擇ᄒᆞᆯ必要

僕을要ᄒᆞᄂᆞ니婢僕은一家의經濟風儀에關ᄒᆞ야不少ᄒᆞᆫ影響이有ᄒᆞᆫ者ㅣ됨으로써此를雇入ᄒᆞᆯ際에其人物을選擇ᄒᆞᆷ을要ᄒᆞᆯ지니라ᄒᆞ믈며婢僕은一家의子女와同居ᄒᆞᆷ으로써其性質의善惡은家庭敎育의利害를釀成ᄒᆞᄂᆞ니奸佞淫靡ᄒᆞᆫ婢僕이良家의子女를誘惑ᄒᆞ야不良ᄒᆞᆫ行爲를行케ᄒᆞᄂᆞᆫ敗習은吾人의居常目擊ᄒᆞᄂᆞᆫ바ㅣ니此ᄂᆞᆫ選擇을精密히아니ᄒᆞ고監督이周到치못ᄒᆞᆫ所以니라

主從과君臣

一家에在ᄒᆞᆫ主從은자못一國에在ᄒᆞᆫ君臣과ᄀᆞᆺᄒᆞᆫ지라本來로브터忠婢義僕이라稱ᄒᆞᄂᆞᆫ者를見ᄒᆞᆯ

진대報酬給料外에一種高尙ᄒᆞᆫ感情이有ᄒᆞ야主從間에終始不易ᄒᆞᆯ關連을成ᄒᆞᄂᆞ니或은主家에終身使役ᄒᆞ야家族과又ᄒᆞᆫ者도有ᄒᆞ며或은主家의大事를遇ᄒᆞ야休戚을ᄒᆞᆷᄭᅴᄒᆞᄂᆞᆫ者도有ᄒᆞ며或은主人을代ᄒᆞ야一縷의生命을甘心抛棄ᄒᆞᆷ으로光榮을삼ᄂᆞᆫ者도有ᄒᆞ며或은主人을爲ᄒᆞ야其讐를復ᄒᆞᆯ事로身이鼎鑊에就ᄒᆞᆷ을未恨ᄒᆞᄂᆞᆫ者도有ᄒᆞ니此心으로써君을事ᄒᆞᆯ時ᄂᆞᆫ곳忠臣이니此ᄂᆞᆫ畢竟恩을感銘ᄒᆞ고義에勇奮ᄒᆞᄂᆞᆫ我邦人固有美德에基因ᄒᆞᆫ바ㅣ나ᄯᅩᄒᆞᆫ主人된者가生平에信任

ᄒᆞᆷ이篤厚ᄒᆞ고愛情이深切ᄒᆞᆷ이아니면엇지此에至ᄒᆞ리오

親知의本務

第一章　朋友의本務

朋友의本務

大凡人類ᄂᆞᆫ社交的動物이니恒常羣居親睦ᄒᆞᄂᆞᆫ傾向이有ᄒᆞᆫ者오離羣絕俗ᄒᆞᆷ은其本性이아니라故로內에在ᄒᆞ야ᄂᆞᆫ家族을成ᄒᆞ고外에在ᄒᆞ야ᄂᆞᆫ朋友를求ᄒᆞᄂᆞᆫ바ㅣ니라彼寂寞孤獨ᄒᆞᆫ生活로自居ᄒᆞᄂᆞᆫ者ᄂᆞᆫ身에繫累가無ᄒᆞᆫ代에社會交際의利益을享得ᄒᆞ기不能ᄒᆞᆯᄲᅮᆫ아니라人生의最大幸福

을均受ᄒᆞᄂᆞᆫ一生의世味ᄅᆞᆯ不知ᄒᆞᄂᆞᆫ者ㅣ니라

朋友의同情

朋友ᄂᆞᆫ吾人의憂苦ᄅᆞᆯ相分減殺ᄒᆞ고歡樂을均共添倍ᄒᆞᄂᆞᆫ者ㅣ니라如何ᄒᆞᆫ快事라도自己一人外에朋友가其樂을ᄒᆞᆷᄭᅴᄒᆞᄂᆞᆫ者ㅣ無ᄒᆞ면興味가蕭索ᄒᆞᆷ을不免ᄒᆞᆯ지며ᄯᅩ悲哀의傷情을不禁ᄒᆞ야憂心이忡忡ᄒᆞᆯ時에愁苦ᄅᆞᆯ共分ᄒᆞ야同情의慰懷ᄅᆞᆯ向論ᄒᆞᆯ朋友가有ᄒᆞᆯ진대吾人의幸福은果然如何ᄒᆞᆯ지뇨ᄒᆞ믈며遠遊羈旅의人에在ᄒᆞ야ᄂᆞᆫ良友好朋이親戚兄弟보다猶勝ᄒᆞᆷ도有ᄒᆞ니라

朋友의助言

朋友ᄂᆞᆫᄀᆞ장正當ᄒᆞᆫ益言을吾人의게與ᄒᆞᄂᆞᆫ者ㅣ

니라大凡情이熱中에在ᄒᆞ고意가迫頭에至ᄒᆞᆫ時ᄂᆞᆫ미양公正ᄒᆞᆫ思想을拔拄ᄒᆞᆷ이不能ᄒᆞ야不識不知間에偏見邪道에陷ᄒᆞ기易ᄒᆞᆫ者ㅣ니此時ᄅᆞᆯ當ᄒᆞ야忠直ᄒᆞᆫ朋友의助言을從ᄒᆞ면거위大過가無ᄒᆞᆷ을得ᄒᆞᆯ지니라自己의意見과親友의意見은往往諂者의諛辭와公平ᄒᆞᆫ局外者의判斷의差別이有ᄒᆞ니何者오ᄒᆞᆯ진대世에自己ᄀᆞᆺ치諂者의甚ᄒᆞᆫ者가無ᄒᆞᆷ으로써ㅣ니라

朋友의助力

朋友ᄂᆞᆫ吾人의事業을相助ᄒᆞ고患難을相救ᄒᆞᄂᆞᆫ便益이有ᄒᆞᆫ者ㅣ니人은決斷코單獨으로事ᄅᆞᆯ得

成ᄒᆞᆷ이아니오他의協力을必須ᄒᆞᆯ지니라ᄒᆞ믈며今日에在ᄒᆞ야ᄂᆞᆫ學藝의進步와ᄒᆞᆷᄭᅴ新事業이漸起ᄒᆞᆷ을隨ᄒᆞ야社會의組織이益益變更ᄒᆞ고分業의道가愈愈精密ᄒᆞᆷ으로써一事를創起ᄒᆞ고一業을完成코져ᄒᆞᆯ진대多數의人과ᄒᆞᆷᄭᅴ共同一致ᄒᆞ야此에終始ᄒᆞᆷ을要ᄒᆞᆯ지니故로朋友交際의廣博親密ᄒᆞᆷ이日과月에其必要를增感ᄒᆞᆷ은自然ᄒᆞᆫ理勢니라ᄯᅩ疾病事故가有ᄒᆞᆫ時ᄂᆞᆫ더옥他人의慰藉或은救助를依賴치아니치못ᄒᆞᆯ지니其家族親戚外에朋友를除ᄒᆞ고ᄯᅩ何人을須ᄒᆞ리오

朋友ᄂᆞᆫ他의自身이라

朋友의貴重ᄒᆞᆷ은以上에述ᄒᆞᆷ과ᄀᆞᆺᄒᆞᆫ지라西國의哲人이云ᄒᆞ대朋友ᄂᆞᆫ他의自己라ᄒᆞ니眞個格言이라謂ᄒᆞᆯ지로다萬一人으로ᄒᆞ여곰朋友가無ᄒᆞᆯ진대身이社會中에生活ᄒᆞᆯ지라도其心의寂寞ᄒᆞᆷ이자못深山荒野中에獨居ᄒᆞᆷ과ᄀᆞᆺᄒᆞᆯ지니라

朋友의選擇

朋友ᄂᆞᆫ如斯히貴重ᄒᆞᆷ으로擇交ᄒᆞᆷ을맛당히嚴精히ᄒᆞᆯ지니人의善惡은其友를見ᄒᆞ야知得ᄒᆞᆷ으로써ㅣ니라朋友相識ᄒᆞᄂᆞᆫ道가許多ᄒᆞ니或은鄕貫을ᄒᆞᆷᄭᅴᄒᆞᆷ에因ᄒᆞᆫ者도有ᄒᆞ며或은才器德行을愛慕ᄒᆞᆷ에因ᄒᆞᆫ者도有ᄒᆞ니라然이나其友誼를締結

호는精神은決斷코一時의得失을爲홈이아니오此를永遠히持續호야將來互相間의幸福을增進홈으로써目的홈이可호니故로眞正히其人을敬愛호는心이有혼後에비로소友好홈이可호니라一朝에膠漆과如호고一朝에氷炭과如홈은友誼를玩具로視호고眞正히貴重홈을不知호는者ㅣ니此輩는一生에朋友의幸福을均共히홈을不得홀지니라

信義는交際의第一義라

임의友誼를締結혼以上은朋友는信義로써相交홈이可호니라信義는交際의第一義니信義를欠

缺홀時는忌疑心이中間을遮隔홈으로交情이忽然冷落호야斷金의友라도맛참내路傍人이되ᄂ니人이我에對호야信義가有홈을望홀진대我가人에對호야몬져信義가有홈을要홀지라故로朋友가實心으로相信홀時는間言도此에投隙호지못호며讒誣도此를分離호지못홀지니身이死홀지라도友誼는決斷코滅絕호지아니호는바ㅣ니라

寬恕

朋友는互相間에其過失을寬恕홈이可호니라夜光의珠라도能히微瑕가無치못홀지니스ᄉ로聖人이아니면世間에엇지無過혼人이有호리오

朋友의忠告

或은人의過失을覔取ᄒᆞ야此를露佈ᄒᆞ고一步도寬假치아니ᄒᆞᄂᆞᆫ者ㅣ有ᄒᆞ니此ᄂᆞᆫ友誼를尊重히ᄒᆞᆷ이아니니라朋友로셔不足ᄒᆞᆫ處가有ᄒᆞᆯ時ᄂᆞᆫ機를見ᄒᆞ야懇切ᄒᆞᆫ忠告로써其過를相救ᄒᆞ야後來의事를善圖ᄒᆞᆯ지며或은非理無道로써我의게反加ᄒᆞᆷ이有ᄒᆞᆯ지라도此를包容ᄒᆞ야非行의自悟ᄒᆞᆷ을待ᄒᆞᆷ이可ᄒᆞ니라大凡朋友와相交ᄒᆞᆷ에在ᄒᆞ야ᄂᆞᆫ友和愛好ᄒᆞᄂᆞᆫ樂境에在ᄒᆞᆷ을主旨ᄒᆞ야萬一이라도愆地의生釁ᄒᆞᆷ을恒常顧念ᄒᆞᆯ지오或은朋友로ᄒᆞ여곰我의錯誤ᄒᆞᆷ을擧ᄒᆞ야我의게忠告ᄒᆞᆯ時

ᄂᆞᆫ理에適否를不拘ᄒᆞ고虛心緩容으로써此를傾聽ᄒᆞᆷ이可ᄒᆞ니大抵眸子ᄂᆞᆫ能히百里의遠際를見ᄒᆞᆯ지라도睫上의塵을不見ᄒᆞ며寶鏡이雖明ᄒᆞ나能히自背를不照ᄒᆞᆷ과ᄀᆞᆺ치如何히賢明ᄒᆞᆫ人이라도能히自身의過失을知得ᄒᆞ기難ᄒᆞᆷ으로써ㅣ니라ᄒᆞ믈며面을自冐ᄒᆞ고人의過失을諷訐ᄒᆞᆷ은吾人의果難ᄒᆞᆫ바ㅣ됨으로써忠言에對ᄒᆞ야ᄂᆞᆫ其厚意를深感ᄒᆞᆷ이可ᄒᆞ니라我의게一個의菓物을與ᄒᆞᄂᆞᆫ人이有ᄒᆞ면吾人은此를感謝ᄒᆞ다稱ᄒᆞ거ᄂᆞᆯ何故로自知ᄒᆞ기難ᄒᆞᆫ自過를得聞ᄒᆞ고敢히自喜

朋友의協力

自負치아니ᄒᆞ리오彼直諫을忌惡ᄒᆞᄂᆞᆫ人은果然下愚不移라謂ᄒᆯ지니라

朋友의ᄀᆞ장貴重ᄒᆞᆫ바ᄂᆞᆫ提導扶護ᄒᆷ에在ᄒᆞ니라今日社會에在ᄒᆞ야ᄂᆞᆫ自己單獨의力으로써成就ᄒᆞᄂᆞᆫ事業은多數合同의事業에比較ᄒᆞ면極히微少ᄒᆞᆫ者ㅣ니此ᄂᆞᆫ會社組合等의陸續振興ᄒᆞᄂᆞᆫ바오호올노實業社會ᄲᅮᆫ아니라學術社會에在ᄒᆞ야도亦然ᄒᆞᆫ바ㅣ니라今에世界의文化가鈎玄透妙ᄒᆷ에至ᄒᆞ야理論의精緻ᄒᆷ과範圍의廣大ᄒᆷ이到底히一個人의成就치못ᄒᆯ바오ᄯᅩ學問은其科目

이非常浩大ᄒᆞ나其關係가極히密接ᄒᆷ으로써一科에就ᄒᆞ야專修코져ᄒᆞᄂᆞᆫ者ㅣ라도諸他科에就ᄒᆞ야必要ᄒᆞᆫ知識을有ᄒᆷ이可ᄒᆞᆫ지라故로同志의朋友가相合ᄒᆞ야專攻의部分을分擔ᄒᆞ야互相問答ᄒᆞ고ᄯᅩ適當ᄒᆞᆫ質義를交換ᄒᆷ은學業을成就ᄒᆷ에極히必要ᄒᆞᆫ事ㅣ니라

患難을相救ᄒᆷ은朋友의大義니라其友의不幸ᄒᆷ을見ᄒᆞ고欣然히自己의財產名譽를抛擲ᄒᆞ야此를救恤ᄒᆞ고些毫도吝惜ᄒᆷ이無ᄒᆷ은其人의高尙ᄒᆞᆫ心事를表示ᄒᆷ이니吾人의感嘆不已ᄒᆞᄂᆞᆫ바ㅣ

私交와公義

라平素에手를握ᄒᆞ야歡笑娓娓ᄒᆞᄂᆞᆫ者ㅣ라도一朝有事ᄒᆞᆫ時를當ᄒᆞ야面背改路ᄒᆞᆷ은令人唾罵ᄒᆞᆯ不德의行爲라謂ᄒᆞᆷ이可ᄒᆞ니라然이나朋友로서非道의行爲를企畫ᄒᆞ야我의贊助를懇求ᄒᆞᆯ時ᄂᆞᆫ다만此에協從ᄒᆞᄂᆞᆫ本務가無ᄒᆞᆯᄲᅮᆫ아니라百方으로此를諷止ᄒᆞ야其心으로幡然改悟케ᄒᆞᆷ을要ᄒᆞᆯ지니라또自身이官職에在ᄒᆞ야事를處ᄒᆞᆯ時ᄂᆞᆫ假令朋友에關ᄒᆞᆫ事ㅣ라도偏頗不正의行爲가有ᄒᆞᆷ이不可ᄒᆞ니公事ᄂᆞᆫ官吏가되여此를行ᄒᆞ고朋友가되여此를行ᄒᆞᆷ은아님으로써ㅣ오또朋友의利

益을計圖ᄒᆞ야國家의損害를不顧ᄒᆞᆷ은其友에對ᄒᆞ야如何히隆厚ᄒᆞᆯ지라도맛ᄎᆞᆷ내罪惡됨을不免ᄒᆞᆯ지니畢竟朋友의交際ᄂᆞᆫ私德이오國家의本務ᄂᆞᆫ公德이됨으로써ㅣ니라故로公德下에私德을從屬케ᄒᆞᆷ은國民된吾人의恒常服膺ᄒᆞᆷ이可ᄒᆞᆫ바ㅣ니라

第二章 師弟의本務

師弟의關係

智能을啓發ᄒᆞᄂᆞᆫ道

一個完全ᄒᆞᆫ人이되고져ᄒᆞᆯ진대吾人은반다시智能을啓發ᄒᆞᆷ이可ᄒᆞ니라智能을啓發ᄒᆞᄂᆞᆫ道가大凡三이有ᄒᆞ니自己의經驗이其一이오讀書가其

二오教師의薰陶가其三이니라經驗은吾人智識上에重要혼根基가되ᄂᆞᆫ者ㅣ나此를得홈에ᄂᆞᆫ自身에在ᄒᆞ야事物의道理를辨別ᄒᆞᄂᆞᆫ能力을素養홈이可ᄒᆞ니라書籍은過去와밋遠隔혼事實을記載ᄒᆞ고또諸般學藝에關혼古來學者의所說을網羅홈으로써吾人의智識을擴充홈에須要됨은贅論홀바ㅣ아니나元來書籍은專門學者를爲홈이아니면普通教育을受ᄒᆞᄂᆞᆫ讀者를爲ᄒᆞ야著述홈인故로此를會得홈에ᄂᆞᆫ미리該學科에就ᄒᆞ야一般智識을通曉ᄒᆞ고又ᄂᆞᆫ普通事物에對ᄒᆞ야是非

教師의必要

正誤를辨別ᄒᆞᄂᆞᆫ素養의能力이無치못홀者ㅣ니此ᄂᆞᆫ吾人이教育初步에在ᄒᆞ야몬져教師의게就學홀必要가有혼所以니라大凡年齡이尚少ᄒᆞ야智力이十分發達치못ᄒᆞ고兼ᄒᆞ야經驗讀書를依ᄒᆞ야自立으로研究ᄒᆞ기不能혼時를當ᄒᆞ야吾人을提醒訓誨ᄒᆞ야써教育의正路를指導ᄒᆞᄂᆞᆫ者ᄂᆞᆫ世에教師를除혼外에何人을更須ᄒᆞ리오

吾人이일즉幼穉홈에在홀時ᄂᆞᆫ父母가此를保育ᄒᆞ나漸次成長홀時ᄂᆞᆫ家庭에在ᄒᆞ야完全혼教育을施ᄒᆞ기不能홈으로써此를學校에委託ᄒᆞ야教

教師는父母의代理者

師下에就學케ᄒᆞ는바ㅣ라故로教師는父母의代理者가되여教務의一半을負擔ᄒᆞᆫ者ㅣ라謂ᄒᆞᆯ지니然ᄒᆞᆷ으로吾人은教師에對ᄒᆞ야맛당히父母에對ᄒᆞᆫ時와ᄀᆞᆺ치從順敬愛의義務를必盡ᄒᆞᆷ이可ᄒᆞ니라大凡教師로브터此를見ᄒᆞᆯ진대世에兒童의教育ᄀᆞᆺ치困難ᄒᆞᆫ者ㅣ無ᄒᆞ니彼等은大人과ᄀᆞᆺ치辨別力이無ᄒᆞ고言語動作의細節에至ᄒᆞ기ᄭᆞ지

教師의責任重大

一一히教師의關涉을要ᄒᆞᆷ으로ᄡᅥㅣ니라教師의責任은幼童으로ᄒᆞ여곰良好ᄒᆞᆫ慣習情緒와밋純正ᄒᆞᆫ思想을養成ᄒᆞᆷ에在ᄒᆞ니彼等으로ᄒᆞ여곰他

日에智德兼備ᄒᆞᆫ士가되게ᄒᆞᆷ과又는鹵莽卑劣ᄒᆞᆫ輩가되게ᄒᆞᆷ은幼年에在ᄒᆞ야教育指導의如何ᄒᆞᆷ에職由ᄒᆞᆫ바ㅣ라故로社會의安寧과國家의幸福은根本的으로言ᄒᆞᆯ진대教師된者兩肩에擔負ᄒᆞᆫ者ㅣ라謂ᄒᆞ야도決斷코過言이아니니教師의責任됨이如許히重ᄒᆞ고ᄯᅩ大ᄒᆞ니라然則弟子된者는教師職分上에關ᄒᆞᆫ劬勞와밋憂慮의如何ᄒᆞᆷ을推察ᄒᆞ야其恩誼의深厚ᄒᆞᆷ을感銘ᄒᆞᆷ이可ᄒᆞ니라

教師를信認ᄒᆞ는必要

然ᄒᆞᆷ으로弟子된者는教師를信認ᄒᆞ야其教授ᄒᆞ는바는本來我를爲ᄒᆞ야十分裨益ᄒᆞᆷ을希望ᄒᆞ는

一念으로出來홈을確信ᄒᆞ야其命令을遵奉ᄒᆞ야其業을專勵홈이可ᄒᆞ니라敎師된者ᄂᆞᆫ其弟子의勉勵홈을見ᄒᆞ고一念에偏喜홀지나此ᄂᆞᆫ其弟子의裨益ᄒᆞᆫ바ㅣ有홈을喜홈이오自己를爲ᄒᆞ야此를喜홈이아니니何者오敎師ᄂᆞᆫ講義홈을因ᄒᆞ야些毫도新奇ᄒᆞᆫ智識을收得홈이無홈으로써ㅣ니라故로我의게與ᄒᆞᆫ바課程은敎師를爲ᄒᆞ야修得홈이아니오本來我의裨益을爲ᄒᆞ야此를學修홈이니此를了解홈은弟子에在ᄒᆞ야ᄀᆞ장必要ᄒᆞᆫ바ㅣ니라

然이나敎師의行蹟을專倣ᄒᆞ야敢히違越치아니홈은敎育初步에在ᄒᆞ야ᄂᆞᆫ本來必要ᄒᆞᆫ바ㅣ나智識이稍進홀時ᄂᆞᆫ他의指揮를不待ᄒᆞ고自力으로尋繹ᄒᆞ야學業을修養홈이可ᄒᆞ니라大抵敎師의督勵홈을專依ᄒᆞ야業을修홀時ᄂᆞᆫ畏忌倦怠의念이自生ᄒᆞ야前頭의進步가ᄯᅩᄒᆞᆫ緩漫홀지나自進自求홀時ᄂᆞᆫ學問은一種의快樂이되여些毫도苦痛을不感ᄒᆞ야不識不知間에漸次進達홈을得홀지니라然이나疑義가存在ᄒᆞᆫ바ᄂᆞᆫ私見으로써此를臆斷치말고一一히敎師의敎諭홈을從홀지니

라

教師의恩義

教師ᄂᆞᆫ吾人의智能을啓發홈에在ᄒᆞ야洪大ᄒᆞᆫ恩義가有ᄒᆞᆫ者ㅣ니此ᄂᆞᆫ父兄과朋友의能爲치못ᄒᆞᆯ바오專히教師의資予ᄒᆞᄂᆞᆫ바ㅣ니라萬一教師가아니면百年의經驗을積累ᄒᆞ고萬卷의書籍을縱覽ᄒᆞᆯ지라도決斷코完全ᄒᆞᆫ効果를收得치못ᄒᆞᆯ바ㅣ어ᄂᆞᆯ世人이或은教師의게謝金을贈與ᄒᆞ고物品을寄呈ᄒᆞ야써其恩誼를報酬홈으로自居ᄒᆞᄂᆞᆫ者ㅣ有ᄒᆞ며ᄒᆞ믈며學校生徒中에ᄂᆞᆫ束修와月謝로써其授業을購得홈과ᄀᆞᆺ치思ᄒᆞ고些毫도教師

의恩誼를顧念치아니ᄒᆞᄂᆞᆫ者ㅣ有ᄒᆞ니此等은其養育料로써父母의恩義를消却홈이可홈으로思惟홈과同一ᄒᆞᆫ者ㅣ니不德의甚ᄒᆞᆫ者ㅣ라謂ᄒᆞᆯ지니라假令玆에人이有ᄒᆞ니임의成長ᄒᆞ야獨立의生活을營得홈에至ᄒᆞ야父母에對ᄒᆞ야義務가無ᄒᆞ다謂ᄒᆞᆯ진대誰가其不孝됨을可憎히녁이지아니ᄒᆞ리오彼學校를見홈을자못旅舘과ᄀᆞᆺ치ᄒᆞ고教師를見홈을자못旅舘의借人과ᄀᆞᆺ치ᄒᆞ야一朝에學校를出ᄒᆞᆫ즉자못路傍人과ᄀᆞᆺ치越視홈은忘恩背義의甚ᄒᆞᆫ者ㅣ라謂ᄒᆞᆯ지니라

教師의本務

然이나弟子에弟子의本務가有ᄒᆞᆷ과又치教師에도ᄯᅩᄒᆞᆫ教師의本務가有ᄒᆞ니教育은다만一個人ᄲᅮᆫ아니라社會國家의安寧幸福과密接ᄒᆞᆫ關係가有ᄒᆞᆷ으로써教師된者는其職責의重大ᄒᆞᆷ을自覺ᄒᆞ야眞誠으로써其職에從事ᄒᆞᆷ이可ᄒᆞ니라第一

教師의資格

教師된者는其擔任ᄒᆞᆫ學課에就ᄒᆞ야根本的智識을具有ᄒᆞᆷ은更言ᄒᆞᆯ바ㅣ아니오教育學과밋教授法에就ᄒᆞ야相當ᄒᆞᆫ修鍊이無치못ᄒᆞᆯ지니教授方法에通曉치못ᄒᆞ고經驗만依賴ᄒᆞ야授業ᄒᆞᆯ時는假令特優ᄒᆞᆫ智識이有ᄒᆞᆯ지라도十分의功効를未

見ᄒᆞᆯ지니라ᄯᅩ學術에對ᄒᆞ야는熱心과弟子에對ᄒᆞ야는愛情이無치못ᄒᆞᆯ지니愛情은師弟의關係를親密케ᄒᆞ는鐵鎖라謂ᄒᆞᆯ지라假令教師로셔其學識이人의敬畏ᄒᆞ는바ㅣ될지라도다만峻嚴自持ᄒᆞ야些毫도其弟子를親愛ᄒᆞ는情이無ᄒᆞᆯ진대弟子는其學에樂從치못ᄒᆞᆯ지며教育奬勵ᄒᆞ는道도ᄯᅩᄒᆞᆫ施行ᄒᆞᆯ途가無ᄒᆞᆯ지니라ᄯᅩ教師는自己學術의補修ᄒᆞᆷ을爲ᄒᆞ야一層勉勵ᄒᆞ야日新文運에不後ᄒᆞᆷ을自期ᄒᆞᆯ지니不然ᄒᆞᆫ즉決斷코弟子의心悅誠服ᄒᆞᆷ과尊敬愛慕ᄒᆞᆷ을不得ᄒᆞᆯ지니라

敎師의 德育

德育도ᄯᅩᄒᆞᆫ智育과ᄒᆞᆷ의敎育의目的이됨으로ᄡᅥ
敎師된者ᄂᆞᆫ謹直公正ᄒᆞᆷ으로自持ᄒᆞ야其弟子에
對ᄒᆞ야道德上의模範됨을自期ᄒᆞᆷ이可ᄒᆞ니라普
通敎育學校에在ᄒᆞ야ᄂᆞᆫ德育을爲ᄒᆞ야特別히倫
理의一科를設ᄒᆞᆷ이有ᄒᆞ나其結果로보ᄃᆡ見ᄒᆞᆯ時
ᄂᆞᆫ잘ᄒᆞ리敎師其人의感化力이著大ᄒᆞᆷ에不及ᄒᆞᆫ
바ㅣ니大凡人은書上의理論보다眼前實例에感
動ᄒᆞᆷ이易ᄒᆞᆷ으로ᄡᅥㅣ니라故로敎師ᄂᆞᆫ其敎誨ᄒᆞ
ᄂᆞᆫ바를반다시實踐ᄒᆞ야身으로ᄡᅥ活法의模範됨
을自期ᄒᆞᆷ이可ᄒᆞ니智德과ᄒᆞᆷ의兼備ᄒᆞᆫ後에비로

소完全ᄒᆞᆫ敎育의結果를得ᄒᆞᆯ지니라

倫理學敎科書卷二終

영인

윤리학 교과서 下

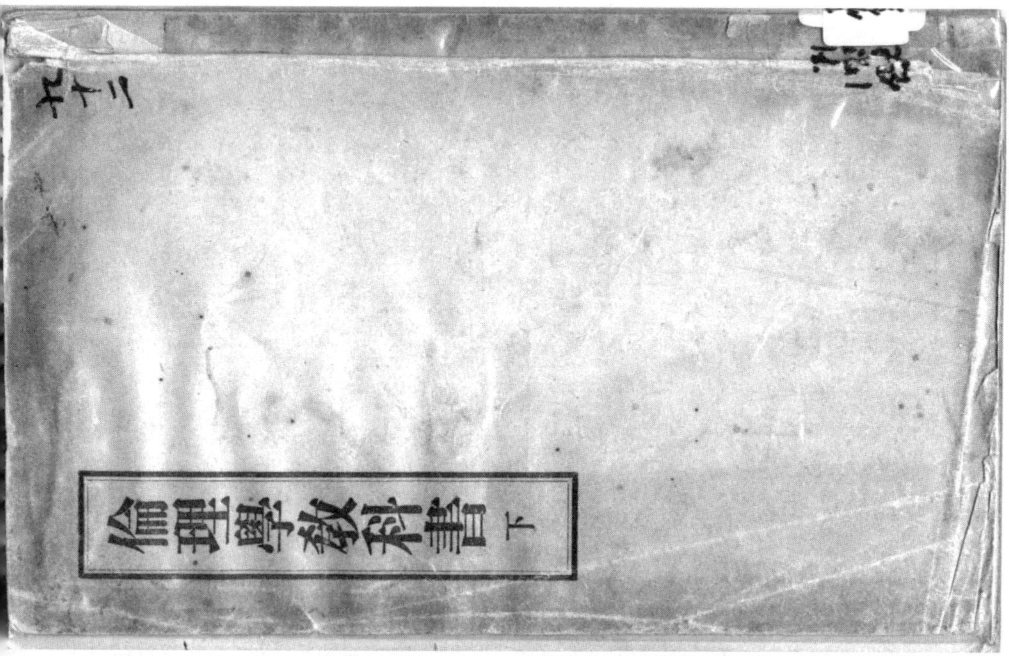
倫理學敎科書 下

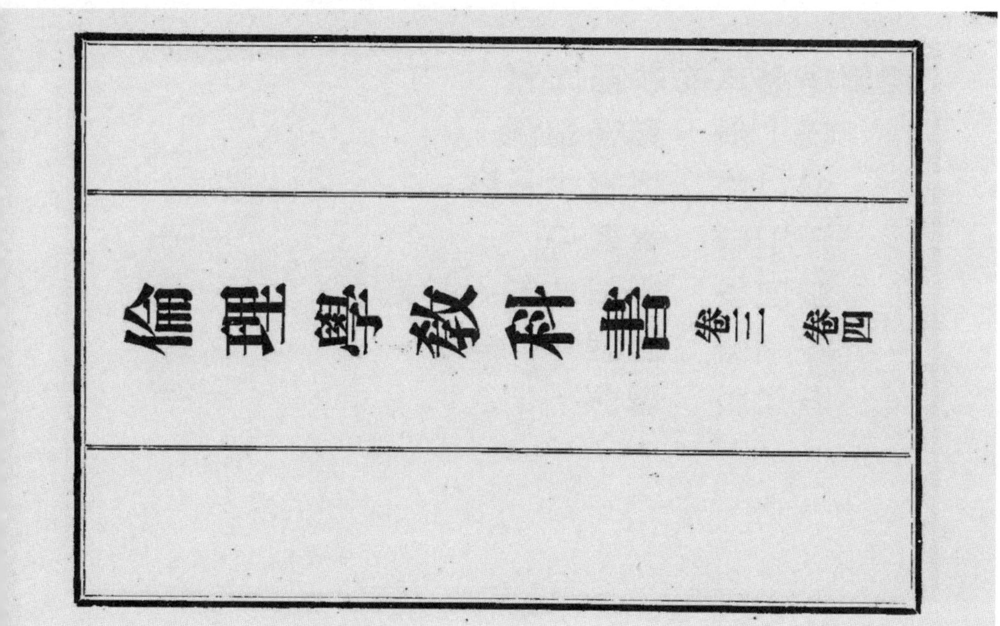
倫理學敎科書 卷三 卷四

倫理學教科書卷三目次

倫理學教科書卷四目次

社會總論

社會

倫理學教科書卷三

申海永 編述

第一章 社會總論

國家와直接關係가無ᄒᆞ며並히一定ᄒᆞᆫ法律制度
下에不在ᄒᆞ고다만生存幸福의利害를共享ᄒᆞᄂᆞᆫ
人民間에存在ᄒᆞᆫ結合体를社會라稱ᄒᆞᄂᆞ니라故
로社會ᄂᆞᆫ其範圍廣狹에在ᄒᆞ야本來一定ᄒᆞᆫ界限
이無ᄒᆞ니今에至小ᄒᆞᆫ一鄕一黨의輿衆으로브터
至大ᄒᆞᆫ四海萬邦의人類에至ᄒᆞ기ᄭᆞ지此를組成
ᄒᆞᆫ人民으로서其生存幸福의利害를共享ᄒᆞᄂᆞᆫ者

ᄂᆞᆫ總히社會라稱ᄒᆞᄂᆞ니假令漢城社會라云ᄒᆞ며
大韓社會東洋社會라云ᄒᆞ고又或人類社會라泛
稱ᄒᆞᆷ은總히此理를因ᄒᆞᆷ이니라大凡吾人은生出
ᄒᆞᆷ으로브터人類同族間에必行ᄒᆞᆯ義務가有ᄒᆞ니
其所屬의國家가相殊ᄒᆞ고所生의人種이相異ᄒᆞᆯ
지라도斯世에併生ᄒᆞ야一般히人類社會를組成
ᄒᆞᆫ所以니라然이나吾人은生存의目的을더욱完
全히ᄒᆞᆷ을爲ᄒᆞ야國土와人種의親近ᄒᆞᆫ者가相聚
ᄒᆞ야社會上에獨立ᄒᆞᆫ國家를建設ᄒᆞ야統一制裁
下에服從ᄒᆞᄂᆞ니此ᄂᆞᆫ곳今日世界의現狀이니라

社會와 國家의 關係

故로社會란者ᄂᆞᆫ本來其範圍에定限이無ᄒᆞ나實際에在ᄒᆞ야ᄂᆞᆫ國家의事業과互相關聯ᄒᆞᆫ者ㅣ甚多ᄒᆞᄂᆞ니故로世界ᄅᆞᆯ共通ᄒᆞ야人類社會된者의存在ᄒᆞᆷ을妨害ᄒᆞᆷ이無ᄒᆞ나大韓에ᄂᆞᆫ大韓社會의特質이自有ᄒᆞ고歐米諸國에ᄂᆞᆫ歐米諸國社會의特質이自有ᄒᆞ니此ᄂᆞᆫ總히其國家의特性으로브터由來ᄒᆞ야彼此의相混치못ᄒᆯ者ㅣ니라道德上實踐ᄒᆞᄂᆞᆫ点으로브터觀ᄒᆞᆫ즉各國의社會ᄂᆞᆫ一般히人類社會의道德을通有ᄒᆞᆫ外에其風土人種風俗歷史等相殊ᄒᆞᆫ性質에根基ᄒᆞᆫ特別의道德을偏

人은何故로社會ᄅᆞᆯ組織ᄒᆞᄂᆞ뇨

有ᄒᆞᆷ이可ᄒᆞ니此ᄂᆞᆫ著者가本書ᄅᆞᆯ論述ᄒᆞᆷ에當ᄒᆞ야專主히大韓國民의社會ᄅᆞᆯ目的ᄒᆞᄂᆞᆫ所以니라

大凡人이社會ᄅᆞᆯ組織ᄒᆞᆷ은其家族을組織ᄒᆞᄂᆞᆫ理와無異ᄒᆞ니一個人이家族에在ᄒᆞᆷ은一家族이社會에在ᄒᆞᆷ과恰似ᄒᆞ니라吾人은本來羣居社交의動物이니寂寞蕭條의個個生活은先天的의現狀이라故로人은配偶ᄅᆞᆯ求ᄒᆞ며子女ᄅᆞᆯ養ᄒᆞ야一家가團欒ᄒᆞ야終身토록愛慕의情을不失ᄒᆞᄂᆞ니家族의成立이人性必然ᄒᆞᆫ理에基因ᄒᆞᆷ은玆에明確ᄒᆞᆫ事實이니라然이나吾人의社交的慾望은吾人

家族及社會

血族間에自成ᄒᆞᆫ家族만으로써滿足ᄒᆞᆷ이不能ᄒᆞᆯ지니吾人이萬一吾家門外에在ᄒᆞᆫ人과交際치아니코一世를擧ᄒᆞ야一人도利益을交換ᄒᆞᆷ이無ᄒᆞ고一人도感情思想을共通ᄒᆞᆷ이無ᄒᆞ야正義를相守치아니ᄒᆞ며仁慈로相救치아니ᄒᆞ고個個獨立ᄒᆞ야毫末도關與치아니ᄒᆞ면此ᄂᆞᆫ窮山荒野에家居ᄒᆞᆷ과無異ᄒᆞᆯ지니엇지吾人의能堪ᄒᆞᆯ바ㅣ리오다만實利上으로브터推觀ᄒᆞᆯ지라도如斯ᄒᆞᆫ狀況으로ᄂᆞᆫ家族이永久成立ᄒᆞᆷ을不得ᄒᆞᆯ지며個人도또ᄒᆞᆫ滅亡ᄒᆞᆷ을不免ᄒᆞᆯ지니라

社交的感情의起原

社會의成立은吾人의社交的感情에基因ᄒᆞᆷ이니此感情의生ᄒᆞᄂᆞᆫ所以를推究ᄒᆞᆯ진대大凡吾人이精神及肉体上의能力이不完全ᄒᆞ야到底히獨力으로其生存의目的을得達ᄒᆞ기不能ᄒᆞᆷ을因ᄒᆞᆷ이니라

個人과社會

此를肉体上으로브터觀ᄒᆞᆫ즉吾人은社會의幇助를離ᄒᆞ면生活의資力을不得ᄒᆞᆯ지니風土의刺擊을能堪ᄒᆞ며猛獸의禍害를能免ᄒᆞ야安寧의生活을營得ᄒᆞᄂᆞᆫ所以ᄂᆞᆫ全然히社會의所賚를因ᄒᆞᆷ이오此를精神上으로브터觀ᄒᆞᆫ즉人이孤立ᄒᆞᆷ을忌惡ᄒᆞᄂᆞᆫ情은자못死去ᄒᆞᆷ을忌惡ᄒᆞᄂᆞᆫ情과無

異ᄒᆞ니吾人의固有ᄒᆞᆫ諸種의感情思想은他人과交與ᄒᆞᆷ이아니면到底히滿足ᄒᆞᆷ을不得ᄒᆞᆷ은實際에明白ᄒᆞᆫ事實이라人이萬一他와交通ᄒᆞᆷ을一切謝絕ᄒᆞ야如斯ᄒᆞᆫ感情思想의發生을抑壓ᄒᆞᆯ時ᄂᆞᆫ形論치못ᄒᆞᆯ煩悶ᄒᆞᆫ心緖ᄅᆞᆯ感覺ᄒᆞᆯ지며甚ᄒᆞᆫ者ᄂᆞᆫ傷心害情ᄒᆞ야맛ᄎᆞᆷ내癲狂에至ᄒᆞᆯ지니吾人이社會에所負ᄒᆞᆫ바가如許히大ᄒᆞ도다ᄯᅩ吾人의依賴ᄒᆞ야思想을交換ᄒᆞ며此ᄅᆞᆯ保存ᄒᆞᄂᆞᆫ바의言語文字等도ᄯᅩᄒᆞᆫ社會의組織을因ᄒᆞ야비로소存在ᄒᆞᄂᆞ니此ᄅᆞᆯ思ᄒᆞᆯ진대吾人의享有ᄒᆞᄂᆞᆫ바事物은一

社會에對ᄒᆞᆫ本務

個도社會에所負ᄒᆞᆫ바에不在ᄒᆞᆷ이無ᄒᆞ니라

個人과社會의關係가至極히密接ᄒᆞ야須臾도相離치못ᄒᆞᆷ이如斯ᄒᆞ니此ᄅᆞᆯ要ᄒᆞ건대吾人의安寧幸福은細大ᄅᆞᆯ勿論ᄒᆞ고總히社會의直接或은間接으로與ᄒᆞᄂᆞᆫ바恩惠에不在ᄒᆞᆷ이無ᄒᆞᆫ지라故로吾人은社會에對ᄒᆞ야必盡ᄒᆞᆯ義務가有ᄒᆞ나곳一身一家의利益ᄲᅮᆫ을不圖ᄒᆞ고널니社會公衆을爲ᄒᆞ야其福利의增進ᄒᆞᆷ을務圖ᄒᆞᆷ이可ᄒᆞ니如斯히社會의公益을爲ᄒᆞ야永遠ᄒᆞᆫ基業을設計ᄒᆞᆷ에一身의利害ᄅᆞᆯ不顧ᄒᆞᆷ은實로社會의一員이되여其

愛他主義와孤獨主義

本務를完全히혼者ㅣ라謂홀지니라純一혼利他的精神은道德의ᄀᆞ장高尙혼바ㅣ니社會의改善進步는本來此의精神으로出來호는바ㅣ니라故로博愛主義를持혼一種仁人이自身의生命을棄호야社會의犧牲이된時는後世子孫이其遺德을久享호며其流風을追慕호ᄂ니社會의發達與否는此種人物의多少存在홈에實由홈이라謂홀지니라萬一國內에個人의孤立主義가大行호면自身의利益뿐만求호고毫末도社會公衆에留心호는者ㅣ無홀지니如斯혼時는社會가腐敗호며衆

博愛의精神은人心을結合호는鐵鎖라

庶가凋殘호야其國家가또혼萎靡衰弱홈에沉淪홀지니라大抵一身을抛棄호야社會公衆을爲홈에盡瘁홈을自負호는바博愛의精神은人心을結合호는바의鐵鎖라謂홀지니社會가此를依호야善美혼域에進호며國家가此를依호야富强혼境에至호ᄂ니라眞實로此의精神이無혼즉人心이渙散崩壞홈에至홀지니人心이渙散혼즉社會와國家가何를依호야善美홈과富强홈에至호리오然이나吾人은社會上에在호야現存社會를統一호며制裁호는바國家가有홈을忘却홈이不可호

社會의道德과國家의法律

니國家는獨立의主權으로써一定ᄒᆞᆫ土地와人民上에在ᄒᆞ야其制定ᄒᆞᆫ바法律의力을依ᄒᆞ야其人民을統御ᄒᆞᄂᆞ니吾人은社會의一員됨과同時에國家의一民된者ㅣ라故로社會의一員이되여社會의道德을完全히홈과同時에國家의一民이되여國家의法律을遵奉홈이可ᄒᆞ니라然이나國家의本領은元來社會에不在홈으로써國家는반다시社會의萬般事業에對ᄒᆞ야總히干與ᄒᆞ는바ㅣ아니니故로社會는國家의制定ᄒᆞᆫ바法律範圍內에在ᄒᆞ야其道德의自由를保有ᄒᆞᆫ바ㅣ니라萬一國家의法律을違犯ᄒᆞ고오히려社會의道德을完全히ᄒᆞ고져홈은到底히行得치못ᄒᆞᆯ바ㅣ니其理由를言ᄒᆞᆯ진대道德은法律의力이不及ᄒᆞ는바를制裁홈과同時에法律도ᄯᅩᄒᆞᆫ吾人의安寧福利를爲ᄒᆞ야社會道德의周及치못ᄒᆞᆫ바에對ᄒᆞ야其制裁를施加ᄒᆞ는所以니라

社會에對ᄒᆞᆫ本務公義及公德

社會公衆에對ᄒᆞ야盡力홈이可ᄒᆞᆫ本務는能히枚擧ᄒᆞ기難ᄒᆞ나大約公義와公德의二者로區別홈을得ᄒᆞᆯ지니吾人이社會에對ᄒᆞ야第一力行ᄒᆞᆯ바는곳他人의權利를侵害치아니홈에在ᄒᆞ니라大

公義

抵人類가되여一社會中에共存ᄒᆞᆫ즉人된權利ᄂᆞᆫ自他間에徑庭이有ᄒᆞᆯ理가無ᄒᆞ니萬一吾人으로自身의生命財産과밋名譽ᄅᆞᆯ享有ᄒᆞ고ᄯᅩ他의侵害에對ᄒᆞ야保護防衛ᄒᆞᄂᆞᆫ權利가有ᄒᆞ면他人도ᄯᅩᄒᆞᆫ其生命財産과밋名譽에關ᄒᆞ야此와同等의權利ᄅᆞᆯ享有ᄒᆞᆷ이可ᄒᆞᆫ지라故로人人互相間에他의權利ᄅᆞᆯ尊重히ᄒᆞ야敢히侵害치아니ᄒᆞᆷ을務圖ᄒᆞᆷ은社會에對ᄒᆞᆫ道德의第一本旨니換言ᄒᆞᆯ진대此ᄂᆞᆫ곳惡事ᄅᆞᆯ不爲ᄒᆞᄂᆞᆫ本務가되여社會의安寧秩序ᄅᆞᆯ維持ᄒᆞᄂᆞᆫ所以니라

公德

然이나互相間에他의權利ᄅᆞᆯ侵害치아니ᄒᆞᆯᄲᅮᆫ으로ᄂᆞᆫ아직吾人이社會에對ᄒᆞᄂᆞᆫ本務ᄅᆞᆯ全盡ᄒᆞ얏다謂ᄒᆞ기不可ᄒᆞ니此ᄂᆞᆫ다만吾人으로道德과或은法律의罪人됨을得免케ᄒᆞᄂᆞᆫ바消極的制裁에不過ᄒᆞᆷ이니라吾人은惡人됨을得免ᄒᆞᆯ지라도아직써善人됨을不得ᄒᆞᆯ지니吾人으로ᄒᆞ여곰社會에在ᄒᆞ야一個善人이되게ᄒᆞᄂᆞᆫ所以ᄂᆞᆫ實로博愛慈善의積極的道德에不外ᄒᆞ니라

博愛慈善

大凡博愛慈善은道德心의ᄀᆞ장貴重ᄒᆞᆫ者ㅣ라人이人된所以ᄂᆞᆫ實로此에在ᄒᆞ니萬一一身一家의

狹隘微小ᄒᆞᆫ幸福을爲主ᄒᆞ거나或은自身의親愛昵近ᄒᆞᆫ者의利益을專事ᄒᆞ야一毫도社會公衆에對ᄒᆞ야널니慈愛의情을不有ᄒᆞ면何로써山禽野獸와相異ᄒᆞᆫ바ㅣ有ᄒᆞ다ᄒᆞ리오故로吾人은他人의權利ᄅᆞᆯ尊重히ᄒᆞᆯᄲᅮᆫ아니라一步ᄅᆞᆯ更進ᄒᆞ야他人의困厄危難에臨ᄒᆞᆫ者ᄅᆞᆯ援助ᄒᆞ며他人의貧窶窮乏에在ᄒᆞᆫ者ᄅᆞᆯ救濟ᄒᆞᆷ이可ᄒᆞ니라或은無罪히不測ᄒᆞᆫ禍害ᄅᆞᆯ蒙ᄒᆞ며或은先天的病弱의身体가되여薄命不幸ᄒᆞᆫ輩가斯世에甚多ᄒᆞ며또文化가漸進ᄒᆞ야社會의事情이複雜ᄒᆞᆷ을隨ᄒᆞ야貧富의

公益의事業을

懸隔ᄒᆞᆷ이ᄉᆞᄉᆞ로增加ᄒᆞᆷ으로써薄命者의數가또ᄒᆞᆫ增殖ᄒᆞᆷ을不免ᄒᆞᆯ지니此輩ᄂᆞᆫ비록饑寒에困苦ᄒᆞ나道德과法律의制裁ᄅᆞᆯ因ᄒᆞ야能히他人의權利ᄅᆞᆯ侵害치못ᄒᆞᄂᆞᆫ지라故로富裕ᄒᆞᆫ慈善者로셔愛憐의情을垂ᄒᆞ야此에惠與ᄒᆞᆷ이不有ᄒᆞ면坐ᄒᆞ야死ᄅᆞᆯ待ᄒᆞᄂᆞᆫ外에他道理가無ᄒᆞᆯ지니라ᄒᆞᆷ의斯世에生存ᄒᆞ야ᄒᆞᆷ의社會의人民된者로셔眞實히愛憐의情理ᄅᆞᆯ知ᄒᆞ고오히려袖手傍觀ᄒᆞᆷ은高尙ᄒᆞᆫ道德心을保有ᄒᆞᆫ者의不忍ᄒᆞᄂᆞᆫ바ㅣ니라

吾人은他人의權利ᄅᆞᆯ尊重히ᄒᆞ고不幸ᄒᆞᆫ者ᄅᆞᆯ救

起ᄒᆞᄂᆞᆫ本務

恤ᄒᆞᄂᆞᆫ外에一步를更進ᄒᆞ야公益이有ᄒᆞᆫ事業을經紀ᄒᆞ야福利의增進ᄒᆞᆷ을務圖ᄒᆞᆯ지니라吾人이社會로브터享受ᄒᆞᄂᆞᆫ바無限ᄒᆞᆫ恩惠ᄂᆞᆫ既述ᄒᆞᆷ과ᄀᆞᆺᄒᆞ니萬一社會로ᄒᆞ여곰秩序가無ᄒᆞ고公衆으로ᄒᆞ여곰德義가無ᄒᆞ면吾人은호올노何를依ᄒᆞ야幸福의生活을經營ᄒᆞ리오假令蒙昧無知ᄒᆞᆫ野蠻社會에生出ᄒᆞᆷ으로假定ᄒᆞ라吾人은決斷코禽獸보다優等된生活을經營ᄒᆞᆷ이不能ᄒᆞᆯ지니라吾人의幸福을保護ᄒᆞ고增進ᄒᆞᄂᆞᆫ바社會의秩序와德義ᄂᆞᆫ吾人이祖先으로브터繼承ᄒᆞᆫ者ㅣ니此를

成就ᄒᆞᆷ에在ᄒᆞ야吾人의能히與知ᄒᆞᆯ바ㅣ아니니라如斯히生出ᄒᆞᆷ으로브터先人의遺德을浴ᄒᆞᆫ바吾人은其繼承ᄒᆞᆫ社會를一層完美케ᄒᆞ야此를子孫의게遺傳ᄒᆞᆷ이當然ᄒᆞᆫ義務ㅣ니라故로吾人은各其天分을應ᄒᆞ고職能을隨ᄒᆞ야公益을計畫ᄒᆞ며世務를開發ᄒᆞ야社會로ᄒᆞ여곰益益히善良完美ᄒᆞᆫ域에進就케ᄒᆞᆷ이可ᄒᆞ니其計畫ᄒᆞᄂᆞᆫ바ᄂᆞᆫ다만眼前의結果를企望ᄒᆞᆷ이아니오社會의永遠ᄒᆞᆫ利益을爲ᄒᆞᆷ이可ᄒᆞ니라一人으로써億兆의衆을普濟ᄒᆞ며一代로써百世의後를遠慮ᄒᆞᆷ은古來聖

公義와公德은東西二聖의訓示ᄒᆞᆫ바ㅣ라

賢의公共心으로出來ᄒᆞᆫ仁術이니반다시後人의
模範ᄒᆞᆯ바ㅣ라如斯ᄒᆞᆫ人은身이雖死ᄒᆞ나功이不
滅ᄒᆞ야萬世의景仰ᄒᆞᄂᆞᆫ바ㅣ되ᄂᆞ니社會的道德
은玆에至ᄒᆞ야理想的完美ᄒᆞᆫ域에達ᄒᆞ얏다謂ᄒᆞᆯ
지니라

以上에述ᄒᆞᆷ과ᄀᆞᆺ치他人의權利를侵害치아니ᄒᆞᆯ
ᄲᅮᆫ아니라도로혀困窮ᄒᆞᆫ者를救助ᄒᆞ고다시一般
의公益을計畫ᄒᆞᆷ은吾人이社會에對ᄒᆞᆫ本務의綱
領이니此ᄂᆞᆫ東西二聖이垂訓ᄒᆞᆫ바二個格言으로
써總括ᄒᆞᆷ을得ᄒᆞᆯ지라己의不欲ᄒᆞᄂᆞᆫ바를人의게

勿施ᄒᆞ라ᄒᆞᆷ은孔子의言이오己의欲ᄒᆞᄂᆞᆫ바를施
ᄒᆞ라ᄒᆞᆷ은基督의言이니此二者中에前者ᄂᆞᆫ消極
的으로吾人의行事를制限ᄒᆞᆫ바오後者ᄂᆞᆫ積極的
으로吾人의行事를獎勵ᄒᆞᆫ바ㅣ라前者ᄂᆞᆫ惡事의
作爲를戒ᄒᆞᆫ바오後者ᄂᆞᆫ善事의作爲를勸ᄒᆞᆫ바ㅣ
며前者의訓示ᄒᆞᆫ바ᄂᆞᆫ公義오後者의敎喩ᄒᆞᆫ바ᄂᆞᆫ
公德이니此二者ᄂᆞᆫ其一을偏廢치아니코兩兩並
行ᄒᆞᆫ後에비로소社會에對ᄒᆞ야完全ᄒᆞᆫ本務를行
得ᄒᆞᆯ지니라吾人은自身의權利의毁損ᄒᆞᆷ을不欲
ᄒᆞᆷ으로他人에對ᄒᆞ야셔도其權利를侵害치아니

ᄒᆞᄂᆞ니此ᄂᆞᆫ前者의訓示ᄒᆞᆫ바ㅣ며吾人은自身의困窮ᄒᆞᆷ을自憐ᄒᆞ고社會公益의成就됨을自喜ᄒᆞᆷ으로此를推及ᄒᆞ야他人의困窮ᄒᆞᆷ을救助ᄒᆞ고또自進ᄒᆞ야社會의公益을計圖ᄒᆞᄂᆞ니此ᄂᆞᆫ後者의訓示ᄒᆞᆫ바ㅣ니라故로前者ᄂᆞᆫ道德上의本務됨과同時에並히法律上의本務가되고後者ᄂᆞᆫ專히道德上의本務가되ᄂᆞ니다만法律上의罪人되지아니코져ᄒᆞᄂᆞᆫ者ᄂᆞᆫ前者로써足ᄒᆞ다ᄒᆞᆯ지나眞實로道德上의罪人되지아니코져ᄒᆞᄂᆞᆫ者ᄂᆞᆫ後者를實踐ᄒᆞᆷ이可ᄒᆞ니라

第二章　社會의公義

社會의公義

何故로吾人은他人에對ᄒᆞ야本務가有ᄒᆞ뇨

權利及本務

大凡吾人이他人에對ᄒᆞ야一定ᄒᆞᆫ本務를保有ᄒᆞᆷ은本來吾人이自身에對ᄒᆞ야保有ᄒᆞᆫ本務를擴張ᄒᆞ야此를他人의게推及ᄒᆞᆷ에不外ᄒᆞ니라我와人은同一社會의一員됨에在ᄒᆞ야本來差別이無ᄒᆞ니萬一自己에對ᄒᆞ야當行ᄒᆞᆯ本務가有ᄒᆞ면他人도또ᄒᆞᆫ吾人과ᄀᆞᆺ치各其當行ᄒᆞᆯ本務가有ᄒᆞ니라萬一吾人은他人이自己의權利를侵害ᄒᆞᆷ으로써不正ᄒᆞᆫ行爲로見做ᄒᆞ면同時에自己가他人의權利를毁損ᄒᆞᆷ과ᄀᆞᆺᄒᆞᆫ不義의行爲로推思ᄒᆞ야此를

深戒홈이可ᄒᆞ니各其他人의權利를尊重히ᄒᆞ야其限度를相越치아니ᄒᆞ면此이곳社會公義의因起ᄒᆞᄂᆞᆫ바ㅣ니라

吾人의主要된權利ᄂᆞᆫ生命財產及名譽

今에吾人의保有ᄒᆞᆫ바權利를究論홀진대生命財產과밋名譽의三種이ᄀᆞ장主要된바ㅣ라大凡吾人이世에處ᄒᆞ야道를行ᄒᆞ야써人生의目的을得達코져홈에ᄂᆞᆫ第一身体健全에着念ᄒᆞ야恒常事爲에能堪홀活潑ᄒᆞᆫ精力을維持홈이可ᄒᆞᆫ지라於是乎吾人은他의殺傷에對ᄒᆞ야스ᄉᆞ로保護ᄒᆞᄂᆞᆫ權利를保有ᄒᆞ니此이곳生命의侵害홈이不可ᄒᆞᆫ

所以니라또人生의目的을達홈에ᄂᆞᆫ赤手로能爲홀바ㅣ아니오반다시財產의幇助를依홀지라正當ᄒᆞᆫ手段으로써取得ᄒᆞᆫ財產은自身의能力을擴張홈과ᄀᆞᆺ홈으로人生의欠闕치못홀要素가되ᄂᆞ니故로自己所有의財產을自由로處寘홈은吾人의自然ᄒᆞᆫ權利니라名譽도또ᄒᆞᆫ自己의勞力價値를依ᄒᆞ야得ᄒᆞᆫ바一種無形財產에不外홈으로써吾人은他의毀損讒誣홈에對ᄒᆞ야스ᄉᆞ로保護ᄒᆞᄂᆞᆫ權利를保有ᄒᆞ니라此三者ᄂᆞᆫ吾人의最大權利가됨으로社會의安寧秩序ᄂᆞᆫ專히此의安全홈을

依ᄒᆞᄂᆞ니故로國家가짐짓法律을設定ᄒᆞ야此를保護ᄒᆞ야써道德的制裁의不及ᄒᆞᆫ바를補充ᄒᆞᄂᆞᆫ所以니라下文에此를一一히詳述코져ᄒᆞ노라

第一節 生命에關ᄒᆞᆫ本務

生命에關ᄒᆞᆫ本務

生命의所重ᄒᆞᆫ理由

大凡人의生命을侵害홈이不可ᄒᆞᆫ所以ᄂᆞᆫ人生一切의權利本務의基礎가됨으로써ㅣ니라然홈으로故意로人을殺ᄒᆞ거나人의生命을危害ᄒᆞᄂᆞᆫ者ᄂᆞᆫ곳人生과밋社會의成立ᄒᆞᆫ바本旨에反對ᄒᆞᄂᆞᆫ者가됨으로써罪惡中의ᄀᆞ장重大ᄒᆞᆫ者ㅣ니此ᄂᆞᆫ곳各國의法律이均同히極刑으로써殺人罪를擬

用ᄒᆞᄂᆞᆫ所以니라

正當防禦

吾人의게殺傷을禁ᄒᆞᄂᆞᆫ바原理ᄂᆞᆫ곳吾人의게正當防禦의權利를與홈이라世에暴惡無道의輩가必無홈이아니니吾人은如斯ᄒᆞᆫ强暴輩가吾人의生命을脅迫홀時를當ᄒᆞ야其兇行을束手甘受홀바ㅣ아니오반다시自身의安全을維持코져ᄒᆞ야適當ᄒᆞᆫ手段으로써此를防禦치아니치못홀지니라他의暴力을抵抗홈에ᄂᆞᆫ自身도ᄯᅩᄒᆞᆫ此와同ᄒᆞᆫ暴力을要홈으로써不得已ᄒᆞᆫ時ᄂᆞᆫ吾人을殺傷코져ᄒᆞᄂᆞᆫ者를殺傷홈도可ᄒᆞ니라此正當ᄒᆞᆫ防禦ᄂᆞᆫ

正當防禦가道

德에違反치아니ᄒᆞᄂᆞᆫ理由

다만殺傷을禁止ᄒᆞᄂᆞᆫ바法律에違反되지아니ᄒᆞᆯᄲᅮᆫ아니라도로혀此를完全히ᄒᆞᆷ이라ᄒᆞᆯ지니其理由를言ᄒᆞᆯ진대人命의侵害ᄒᆞᆷ이不可ᄒᆞᆫ原則은本來正義로出ᄒᆞᆫ바ㅣ라故로正義에悖戾ᄒᆞ야他人의生命을危害ᄒᆞᄂᆞᆫ者의게對ᄒᆞ야ᄂᆞᆫ直時消滅ᄒᆞᆷ이可ᄒᆞᆫ所以니라萬一被害者로ᄒᆞ여곰正當히自己를保護치아니ᄒᆞ고他의暴力에屈從ᄒᆞ야其生命의危害를甘受ᄒᆞᆯ時ᄂᆞᆫ正義가墜蔑ᄒᆞᆯᄲᅮᆫ아니라財產과名譽도安全ᄒᆞᆷ을不得ᄒᆞ야社會의秩序가顚覆ᄒᆞᆷ에自至ᄒᆞᆯ지니故로列邦刑法에自己의身

体生命을正當히防禦ᄒᆞᆷ을爲ᄒᆞ야不得已ᄒᆞᆫ境遇에暴行人을殺傷ᄒᆞᆫ者ᄂᆞᆫ自身을爲ᄒᆞᆷ과他人을爲ᄒᆞᆷ을不分ᄒᆞ고其罪를勿論ᄒᆞᆷ으로規定ᄒᆞ니라

如斯히正當防禦를爲ᄒᆞ야他人을殺傷ᄒᆞᆷ은不得已ᄒᆞᆫ事에出ᄒᆞᆷ이나自身의安全ᄒᆞᆷ이既復ᄒᆞᆫ後에在ᄒᆞ야오히려私憤을爲ᄒᆞ거나或은激昂의餘勢를乘ᄒᆞ야他를殺傷ᄒᆞᆷ은곳自身이他의殺傷罪를故犯ᄒᆞᆷ이니故로列邦刑法에身体財產을防衛ᄒᆞᆷ에出ᄒᆞᆫ者ㅣ라도不得已ᄒᆞᆫ境遇가아니오害를暴行人의게加ᄒᆞ거나又ᄂᆞᆫ危害가已去ᄒᆞᆫ後에餘勢

를乘ᄒᆞ야害를暴行人의게加ᄒᆞᆫ者ᄂᆞᆫ罪를勿論ᄒᆞᄂᆞᆫ限에不在ᄒᆞᆷ으로規定ᄒᆞ니라

正當防禦外의殺傷은總히罪惡이라

正當防禦를除ᄒᆞᆫ外에ᄂᆞᆫ如何ᄒᆞᆫ境遇에在ᄒᆞ던지殺人의大罪됨은更言ᄒᆞᆯ바ㅣ아니어ᄂᆞᆯ人世往往公私의憤怨으로人命을殺害ᄒᆞ야正義를違反ᄒᆞ고도良心人을對ᄒᆞ야恥ᄒᆞᆫ바ㅣ無ᄒᆞᆷ으로思ᄒᆞᄂᆞᆫ者ㅣ有ᄒᆞ니此ᄂᆞᆫ道德의賊이라謂ᄒᆞᆯ지니라

復讎의不正

一個人의權利됨은本來自身利害에關係가有ᄒᆞᆫ範圍內에在ᄒᆞ야만存在ᄒᆞᆷ으로吾人身体에對ᄒᆞᆫ危害가임의除去ᄒᆞ면吾人은他人에對ᄒᆞ야一毫도侵

害ᄒᆞᆷ이不能ᄒᆞᆯ지며此外에在ᄒᆞ야制裁를加ᄒᆞᆷ은國家에一任ᄒᆞᆯ지니라大抵國家의法律을違背ᄒᆞᄂᆞᆫ者ᄂᆞᆫ假令其害가一個人에關ᄒᆞᆫ時라도ᄯᅩᄒᆞᆫ社會全体에對ᄒᆞ야罪惡이되ᄂᆞ니其理由를言ᄒᆞᆯ진대社會ᄂᆞᆫ一團体가됨으로써其一部의危害ᄂᆞᆫ곳全体의安全을毁損ᄒᆞᆷ이자못人体의一部를傷ᄒᆞ면全身의健康을害ᄒᆞᆷ과又ᄒᆞᆫ지라故로假令其直接의損害ᄂᆞᆫ社會의一部又ᄂᆞᆫ一個人에關ᄒᆞᆫ境遇라도間接으로ᄂᆞᆫ社會國家人体의損害가되ᄂᆞ니如斯ᄒᆞᆫ罪人을責罰ᄒᆞᄂᆞᆫ職務ᄂᆞᆫ國家에在ᄒᆞᆷ으로

써一個人의能히干與ᄒᆞᆯ바ㅣ아니라人世에或
不正ᄒᆞᆫ手段으로父兄親戚의仇를復ᄒᆞᄂᆞᆫ者ㅣ有
ᄒᆞ니此輩ᄂᆞᆫ利益或은情慾으로써權利正義를蹂
躪ᄒᆞᄂᆞᆫ者ㅣ라謂ᄒᆞᆯ지니라

暗殺의不道

復讐의不道됨은世人의既知ᄒᆞᄂᆞᆫ바ㅣ나政治宗
教等과ᄀᆞᆺ흔社會公共의利益에關ᄒᆞᆫ社會에在ᄒᆞ
야ᄂᆞᆫ殺伐狂暴의行爲가오히려其跡이未絕ᄒᆞ니
라特히政治上의暗殺ᄀᆞᆺ흔바ᄂᆞᆫ暴行者ᄂᆞᆫ國家를
爲ᄒᆞ야奸賊을除去ᄒᆞᆫ다揚言ᄒᆞ고社會의人도ᄯᅩ
ᄒᆞᆫ其不道됨을公認ᄒᆞ나오히려憂國至誠으로出

ᄒᆞᆷ이라ᄒᆞ야도로혀此에同情을表ᄒᆞᄂᆞᆫ者ㅣ有ᄒᆞ
니此ᄂᆞᆫ곳一國의公義를破壞ᄒᆞᄂᆞᆫ者ㅣ라吾人의
크게排斥ᄒᆞᆯ바ㅣ니라

暗殺과誅戮

蒙昧未開ᄒᆞᆫ世를當ᄒᆞ야法
律이不行ᄒᆞ고正義가不容ᄒᆞ며姦臣庸主가橫暴
를專事ᄒᆞ야良民이塗炭에墜ᄒᆞ고國家가滅亾에
瀕ᄒᆞᆫ時機에在ᄒᆞ야ᄂᆞᆫ志士仁人이身을捐ᄒᆞ야君
側의惡을除去ᄒᆞᆯ必要가無ᄒᆞᆫ바ㅣ아니로대文明
法治곳今日에在ᄒᆞ야如斯ᄒᆞᆫ行爲ᄂᆞᆫ決코容許치
못ᄒᆞᆯ바ㅣ니라人이或政治上의刺殺을指ᄒᆞ야誅
戮이라ᄒᆞ나誅戮은國家가既定ᄒᆞᆫ法律에照ᄒᆞ야

決鬪의不可

死刑을宣告홈을謂홈이오刺殺은不然ᄒᆞ니刺殺
이란者ᄂᆞᆫ凶器ᄅᆞᆯ自帶ᄒᆞ고恣意로執行ᄒᆞᆫ者ㅣ니
其理由의如何ᄅᆞᆯ勿論ᄒᆞ고狂暴悖戾홈이此에甚
ᄒᆞᆫ者ㅣ無ᄒᆞ거ᄂᆞᆯ人이或愛國勤王이라稱ᄒᆞ야此
ᄅᆞᆯ寬假ᄒᆞᄂᆞ니此ᄂᆞᆫ곳私情으로써公義ᄅᆞᆯ湮滅ᄒᆞ
ᄂᆞᆫ者ㅣ라謂ᄒᆞᆯ지니라

決鬪도ᄯᅩᄒᆞᆫ野蠻의遺風이라紛爭正邪ᄅᆞᆯ裁斷홈
에世에法律이自在ᄒᆞ거ᄂᆞᆯ私憤을乘ᄒᆞ야決鬪에
自訟홈은곳法律을擅私ᄒᆞᄂᆞᆫ者ㅣ니라ᄯᅩ決鬪ᄂᆞᆫ
人을殺홈이아니면人의게被殺ᄒᆞᄂᆞᆫ바ㅣ니홈싀

人된本務에違反됨이라其原因은大槪微瑣ᄒᆞᆫ事
情에出홈이오其勝敗도ᄯᅩᄒᆞᆫ其理의曲直을不由
ᄒᆞ고其技의巧拙을因홈이니公正ᄒᆞᆫ法律制裁에
委付홈과同日의論ᄒᆞᆯ바ㅣ아니니라

死刑

然이나法律은罪ᄅᆞᆯ隨ᄒᆞ야人을殺害홈이有ᄒᆞ니
死刑이곳是니라死刑의可否ᄂᆞᆫ學者間에多少異
議가有ᄒᆞᆫ바ㅣ나此ᄅᆞᆯ全廢홈이尙早홈은文化現
狀의實際事實이니라大抵刑法은一定不變홈이
可ᄒᆞᆫ者ㅣ아니오반다시文化의發達을隨ᄒᆞ야變
更홈이可ᄒᆞᆫ者ㅣ라故로昔時의苛酷ᄒᆞᆫ刑罰은今

日에其跡이漸絕ᄒᆞ야檻禁服役等의方法도年年改良ᄒᆞᆷ에就ᄒᆞᄂᆞ니此ᄅᆞᆯ由ᄒᆞ야觀ᄒᆞᆯ진대社會가其殘忍ᄒᆞᆫ害ᄅᆞᆯ不被ᄒᆞ고能히死刑을全廢ᄒᆞᆯ日도不遠ᄒᆞ리라ᄒᆞᆯ지로다

正當防禦에不在ᄒᆞ고殺傷을容許ᄒᆞᄂᆞᆫ一例外

人命의貴重ᄒᆞᆷ은以上에說明ᄒᆞᆫ바로써推知ᄒᆞᆯ지니玆에正當防禦에不在ᄒᆞ고殺傷을容許ᄒᆞᄂᆞᆫ一種例外가有ᄒᆞ니戰爭이곳是니라

兵은凶器라故로濫用ᄒᆞᆷ이不可ᄒᆞ니라戰爭이社會에毒害ᄅᆞᆯ貽ᄒᆞᆷ은人의熟知ᄒᆞᄂᆞᆫ바ㅣ니坤輿上에地ᄅᆞᆯ劃ᄒᆞ고邦을建ᄒᆞ야各其自國人民의福利

戰爭의不得已ᄒᆞᆫ理由

ᄅᆞᆯ增進코져ᄒᆞᆷ은今日世界列國의現狀이라萬一列國中에一朝에其意見이相異ᄒᆞ야樽俎間에平和의所望이無ᄒᆞᆫ時ᄂᆞᆫ勢不得已ᄒᆞ야干戈로相見ᄒᆞᄂᆞ니此時ᄅᆞᆯ當ᄒᆞ야各國의人民된者ᄂᆞᆫ各其所屬의國家ᄅᆞᆯ爲ᄒᆞ야素養의銳氣ᄅᆞᆯ奮ᄒᆞ며敵愾의忠義ᄅᆞᆯ盡ᄒᆞ야써自國의利益과名譽ᄅᆞᆯ保全ᄒᆞᆷ이可ᄒᆞ니此際에在ᄒᆞ야敵人을殺害ᄒᆞᆷ은다만法律道德의不禁ᄒᆞᄂᆞᆫ바ㅣ될ᄲᅮᆫ아니라國家ᄂᆞᆫ도로혀此ᄅᆞᆯ命令ᄒᆞ며公費로써其準備에資供ᄒᆞᄂᆞ니라

彼未開國의人民은國家ᄅᆞᆯ頓忘ᄒᆞ고身命을徒惜

ᄒᆞᆷ으로現籍을隱冒ᄒᆞ야兵役의免除ᄒᆞᆷ을圖謀ᄒᆞ
ᄂᆞ니此輩ᄂᆞᆫ法律上의罪人될ᄲᅮᆫ아니라道德上으
로見ᄒᆞ야도決코許容ᄒᆞᆯ바ㅣ아니니其理由를言
ᄒᆞᆯ진ᄃᆡ임의國家保護下에生息ᄒᆞᆫ以上은國家의
獨立安寧을維持ᄒᆞᆷ은곳臣民된者의當然ᄒᆞᆫ本務
가된所以니라

戰爭은臣民의當然ᄒᆞᆫ本務

第二節　財産에關ᄒᆞᆫ本務

財産에關ᄒᆞᆫ本務

身体生命의貴重ᄒᆞᆫ事ᄂᆞᆫ前節에既述ᄒᆞᆫ바ㅣ라他
人의身体生命을重히녁일진ᄃᆡ其行止云爲의自
由도亦ᄒᆞᆫ重히녁임이可ᄒᆞ니其所有ᄒᆞᆫ바自由를

使用ᄒᆞᆷ이不能ᄒᆞᆯ진ᄃᆡ身体生命을維持ᄒᆞᄂᆞᆫ바의
目的이何에在ᄒᆞ뇨萬一吾人으로ᄒᆞ여곰他人의
利益情欲의頤使ᄒᆞᄂᆞᆫ바ㅣ되며自身이自由의意
思로行止云爲ᄒᆞᆷ이不能ᄒᆞᆯ진ᄃᆡ道德上에在ᄒᆞᆫ生
命身体의價値ᄂᆞᆫ玆에全然히失墜ᄒᆞ엿다謂ᄒᆞᆯ지
니라

他人의財産을侵害ᄒᆞᆷ이不可ᄒᆞᆫ理由

임의他人의身体生命의自由됨을貴重히녁일진
ᄃᆡ此와同一ᄒᆞᆫ理를依ᄒᆞ야他人의財産도亦ᄒᆞᆫ均
重히녁일지니其理由를言ᄒᆞᆯ진ᄃᆡ財産이란者ᄂᆞᆫ
其人의勤勉勞力으로브터生ᄒᆞᆫ結果에不外ᄒᆞᆫ所

以니라萬一吾人의自力으로써所得ᄒᆞᆫ바로서오히려吾人의所有됨이不能ᄒᆞᆯ진대吾人은곳他人의利益을爲ᄒᆞ야行動ᄒᆞᄂᆞᆫ一個器械와無異ᄒᆞᆯ지니如斯ᄒᆞᆯ진대吾人의身体生命의自由된事實이何에在ᄒᆞ뇨또自己의財産을所有ᄒᆞᆫ權利가微薄ᄒᆞ면吾人은스ᄉᆞ로人生須要의物品을供給ᄒᆞᆷ이不能ᄒᆞᆯ지며兼ᄒᆞ야其身体生命은一日도安全ᄒᆞᆷ을不得ᄒᆞᆯ지라故로時와處ᄅᆞᆯ勿論ᄒᆞ고盜奪과殺傷이踵起ᄒᆞ야社會의最大罪惡을釀成ᄒᆞᆯ지니엇지誠懼ᄒᆞᆯ바ㅣ아니리오

所有權의基礎先占及勞力

以上은一般道德上으로브터財産의所重ᄒᆞᆷ을槪論ᄒᆞᆫ바ㅣ라今에財産所有權의基礎ᄅᆞᆯ證明ᄒᆞᄂᆞᆫ바直接의原理ᄅᆞᆯ左에說明ᄒᆞ노니곳先有와勞力이是니라

先占

아즉何人의게도屬치아니ᄒᆞᆫ者ᄂᆞᆫ吾人이此ᄅᆞᆯ取得ᄒᆞᆷ이可ᄒᆞ니主人이無ᄒᆞᆫ物件의占有ᄂᆞᆫ何人의權利던지侵害ᄒᆞᆷ이無ᄒᆞᆫ所以니라

勞力

然이나先占의權利라도勞力을費ᄒᆞᆷ이아니면取得ᄒᆞᆷ을不得ᄒᆞᄂᆞ니라假令網罟ᄅᆞᆯ設ᄒᆞ야水陸에漁獵ᄒᆞ며無人의土地ᄅᆞᆯ發見ᄒᆞ야此ᄅᆞᆯ私有ᄒᆞᆷ은

곳先占의權利에基因ᄒᆞᆷ이니其事業에難易의差別이有ᄒᆞ나並히勞力의結果ᄂᆞᆫ아니라ᄒᆞᆷ이可ᄒᆞ니라故로先占의權利로取得의効가잇게ᄒᆞᄂᆞᆫ所以도ᄯᅩᄒᆞᆫ勞力이라ᄒᆞᆷ이可ᄒᆞ니勞力은다만先占뿐아니라一切所有權의根據가되ᄂᆞᆫ바ㅣ니라

獲得ᄒᆞᆷ에勞力을不要ᄒᆞᆫ者ᄂᆞᆫ財産이아니라

大凡人生의須臾도欠闕치못ᄒᆞᆯ物件이라도此를獲得ᄒᆞᆷ에些少도勞力을不要ᄒᆞᆫ者ᄂᆞᆫ아직財産이라稱ᄒᆞᆷ을不得ᄒᆞᄂᆞ니假令空氣ᄀᆞᆺᄒᆞᆫ者ᄂᆞᆫ地球上到處에存在ᄒᆞ야人生自由呼吸에一任ᄒᆞ며其分量도ᄯᅩᄒᆞᆫ實用上에定限ᄒᆞᆫ바ㅣ無ᄒᆞᆫ지라故로財

産이라謂치아니ᄒᆞᄂᆞ니라山禽野獸ᄂᆞᆫ本來何人所有에歸屬치아니ᄒᆞ고ᄯᅩ人이此를造作ᄒᆞᆫ者ㅣ아니나人이此를捕獲ᄒᆞ면곳財産이되ᄂᆞ니此ᄂᆞᆫ捕獲ᄒᆞᆯ際에多少의勞力을費ᄒᆞᆫ所以오ᄯᅩ田地를耕作ᄒᆞ야米麥을收穫ᄒᆞ며木石으로써家屋器具를建造ᄒᆞᄂᆞᆫ境遇에在ᄒᆞ야此等의財産이勞力의結果됨은更論ᄒᆞᆯ바ㅣ아니니如斯히一種의物件이吾人의財産됨을得ᄒᆞᆷ은總히吾人의勤勉思量勞動으로브터生ᄒᆞᆫ所以니라

大抵生活의資料를供給ᄒᆞ야公私百般의本務를

所有權

能盡케ᄒᆞᄂᆞᆫ者ᄂᆞᆫ財産이오吾人으로ᄒᆞ여곰財産의使用收益處分을自由케ᄒᆞᄂᆞᆫ者ᄂᆞᆫ所有權이니所有權의確立홈은社會의安寧을維持ᄒᆞ야其幸福을增進ᄒᆞᄂᆞᆫ바의一大標準이되여未開國과文明國의差別이玆에存在ᄒᆞ니라誅求橫奪이公私間에恣行ᄒᆞᄂᆞᆫ社會에在ᄒᆞ야ᄂᆞᆫ人民이能히安堵치못홀ᄲᅮᆫ아니라財産의不安全홈은勤勉貯蓄의心을沮喪ᄒᆞ야맛ᄎᆞᆷ내一般社會로ᄒᆞ여곰怠惰貧困홈에俱陷케ᄒᆞᄂᆞᆫ바ㅣ니라

所有權의確立홈은法律과홈

大抵所有權은法律의規定ᄒᆞᆫ바ㅣ나各其他人의財産을尊重히ᄒᆞ야

ᄡᅥ道德의制裁를要홈

敢히侵害치못ᄒᆞᄂᆞᆫ바道德上의制裁가아니면決斷코其權利의確立鞏固홈을未見홀지니라

貯蓄及讓與權

吾人은임의財産의所有ᄒᆞᄂᆞᆫ權을享有ᄒᆞ고ᄯᅩᄉᆞᄉᆞ로貯蓄讓與ᄒᆞᄂᆞᆫ權을保有ᄒᆞᄂᆞ니此ᄂᆞᆫ原理의當然ᄒᆞᆫ바ㅣ라何人도容疑홀바ㅣ아니니라貯蓄은다만自身의現在를爲홀ᄲᅮᆫ아니라後世子孫의福利를遠慮홈으로ᄡᅥㅣ니吾人의ᄀᆞ장貴重ᄒᆞᆫ特性이니라萬一些少도財産을貯蓄홈이無ᄒᆞ면一朝不虞의災禍를當ᄒᆞ야吾人과밋吾人의子孫은何를依ᄒᆞ야生存의幸福을繼續ᄒᆞ리오社會事業의進

世襲相續

步도ᄯᅩᄒᆞᆫ所望이無ᄒᆞᆯ지니라讓與의權도ᄯᅩᄒᆞᆫ我의所有權을實行ᄒᆞᄂᆞᆫ一種方法에不過ᄒᆞᆷ이니其理由ᄅᆞᆯ言ᄒᆞᆯ진대吾人의生時와밋死後에在ᄒᆞ야我의所欲ᄒᆞᄂᆞᆫ바人의게讓與ᄒᆞᆷ은곳自由로我의財産을使用ᄒᆞᆷ에不外ᄒᆞᆷ이니라世襲相續의理도ᄯᅩᄒᆞᆫ此와ᄀᆞᆺᄒᆞ니萬一我의死後에在ᄒᆞᆫ子孫家族을爲ᄒᆞᆷ이아니면吾人은何故로如許히自苦ᄒᆞ야吾人生活上에須要된바以外에在ᄒᆞ야貯蓄ᄒᆞᆷ을勤勉ᄒᆞ리오此ᄂᆞᆫ다만子孫家族을遠慮ᄒᆞᄂᆞᆫ一念이有ᄒᆞᆷ으로終始孜孜ᄒᆞ야日夕의勤勞ᄅᆞᆯ自甘ᄒᆞ

ᄂᆞᆫ바ㅣ니라萬一如斯히勤勞ᄒᆞ야貯蓄ᄒᆞᆫ財産으로吾人의本志와相反ᄒᆞ야도로혀他人의享有消費ᄒᆞᄂᆞᆫ바ㅣ되면곳我의子孫家族의게損害될ᄲᅮᆫ아니라吾人自身의損害됨이라謂ᄒᆞᆯ지니라此ᄂᆞᆫ所有의權이有ᄒᆞᆷ과ᄒᆞᆷᄭᅴ讓與의權이有ᄒᆞᆫ所以오ᄯᅩ吾人의財産은其后嗣의所有가됨이아니면親族의所有가되ᄂᆞᆫ所以니라

以上에述ᄒᆞᆷ과ᄀᆞᆺ치所有權의成立됨은或은先占을因ᄒᆞ며或은勞動을因ᄒᆞ며又ᄂᆞᆫ讓與와밋相續을因ᄒᆞ나然이나其權利ᄅᆞᆯ尊重히ᄒᆞ야侵害치못

共產主義

ᄒᆞᆷ은同一ᄒᆞᆫ바ㅣ니라世에或共產主義를唱道ᄒᆞ야財產의私有ᄒᆞᆷ을攻駁ᄒᆞᄂᆞᆫ者ㅣ有ᄒᆞ며ᄯᅩ富의不平均ᄒᆞᆷ을非難ᄒᆞᄂᆞᆫ者ㅣ有ᄒᆞ니此輩의言論은並히謬見妄想에出ᄒᆞᆷ이라엇지足히辯明ᄒᆞᆷ을要ᄒᆞ리오故로吾人은他人이我에對ᄒᆞ야我의所有權을尊重히ᄒᆞᆷ을希望ᄒᆞᆷ과ᄀᆞᆺ치吾人도ᄯᅩᄒᆞᆫ他人에對ᄒᆞ야其所有權을侵害ᄒᆞᆷ이不可ᄒᆞ니此이곳財產에對ᄒᆞᆫ吾人의本務ㅣ니라

以上은財產에對ᄒᆞ야大体의原理를說明ᄒᆞᆫ바ㅣ라左에其實際本務에就ᄒᆞ야略述코져ᄒᆞ노라

他人의財產에關ᄒᆞᆫ實際의本務

他人의財產에關係된本務ᄂᆞᆫ大略四項으로區別ᄒᆞᆷ이可ᄒᆞ니第一他의財產에關ᄒᆞᆫ直接의本務第二貸借에關ᄒᆞᆫ本務第三依託에關ᄒᆞᆫ本務第四賣買에關ᄒᆞᆫ本務가是니라

竊盜强奪等의罪惡됨은三尺의童子도能知ᄒᆞ며法律의明文도ᄯᅩᄒᆞᆫ嚴禁ᄒᆞᄂᆞᆫ바ㅣ라然이나道德上으로言ᄒᆞᆫ즉暗夜에墻壁을穿踰ᄒᆞ고他의財產을竊取ᄒᆞ며或은暴力脅迫으로써此를强奪ᄒᆞᄂᆞᆫ者만偸盜라謂ᄒᆞᆯ섇아니라自己의實有치아니ᄒᆞᆫ者를實有ᄒᆞᆷ과ᄀᆞᆺ치ᄒᆞᄂᆞᆫ假粧手段으로써人心을

竊絡ᄒᆞ야自身의利益을計圖ᄒᆞᄂᆞᆫ行爲ᄂᆞᆫ設令法律의制裁ᄒᆞᄂᆞᆫ限에不在ᄒᆞᆷ이라ᄒᆞᆯ지라도道德上偸盜의罪ᄅᆞᆯ犯ᄒᆞᆫ者ㅣ라謂ᄒᆞᆷ이可ᄒᆞ니라ᄒᆞ믈며詐僞로써財貨ᄅᆞᆯ騙取ᄒᆞᆷ은法律의嚴禁ᄒᆞᄂᆞᆫ바ㅣ리오世에他人의財囊을指論ᄒᆞᆷ도躊躇嫌忌ᄒᆞ면셔人을詐欺ᄒᆞ며世ᄅᆞᆯ瞞着ᄒᆞ야法網을巧遁ᄒᆞ고도로혀得意揚揚ᄒᆞᄂᆞᆫ者ㅣ有ᄒᆞ니此輩ᄂᆞᆫ貧困에陷ᄒᆞ고饑寒에迫ᄒᆞ야不得已竊盜ᄒᆞᄂᆞᆫ者에比ᄒᆞ면道德上의罪惡이逈別히重大ᄒᆞᆫ者ㅣ라謂ᄒᆞᆯ지니라

貸借

財產의貸借ᄂᆞᆫ境遇ᄅᆞᆯ隨ᄒᆞ야必要ᄒᆞᆫ바ㅣ有ᄒᆞ니라人은獨力으로써時ᄅᆞᆯ臨ᄒᆞ야事ᄅᆞᆯ處ᄒᆞᆷ이不能ᄒᆞᆫ바ㅣ有ᄒᆞ니此時ᄅᆞᆯ當ᄒᆞ야有無相通ᄒᆞ야其事業을互相幇助ᄒᆞᆷ은實로人世의美擧ㅣ니라然이나吾人은公義上他人의請求ᄅᆞᆯ隨ᄒᆞ야반다시貸與치아니치못ᄒᆞᆯ義務가有ᄒᆞᆷ은아니니故로人이萬一好意로써我의게財產을貸與ᄒᆞᆫ時ᄂᆞᆫ我도ᄯᅩᄒᆞᆫ其恩德을銘感ᄒᆞ야其契約을實行ᄒᆞᆷ이可ᄒᆞ니라ᄯᅩ吾人은貸與ᄒᆞᆫ바財產에對ᄒᆞ야返還을求ᄒᆞᄂᆞᆫ權이有ᄒᆞᆫ外에다시相當ᄒᆞᆫ報酬ᄅᆞᆯ請求ᄒᆞᄂᆞᆫ權

報酬의本務

重利의不道

利가有ᄒᆞᆷ으로써借用者ᄂᆞᆫ契約의明文이有ᄒᆞᆫ境遇ᄂᆞᆫ更論ᄒᆞᆯ바ㅣ無ᄒᆞ고設令契約이無ᄒᆞᆫ時라도其財産을借用ᄒᆞᆫ所以로自己의享受ᄒᆞᆫ바利益에對ᄒᆞ야相當ᄒᆞᆫ報酬를行치아니ᄒᆞᆷ이不可ᄒᆞ니라

然이나債主ᄂᆞᆫ報酬를受ᄒᆞᄂᆞᆫ權이有ᄒᆞᆷ을因ᄒᆞ야決斷코法外의多額을要求ᄒᆞᆷ이不可ᄒᆞ니라利息의率은供給需要의關係를依ᄒᆞ야一定ᄒᆞᄂᆞᆫ者ㅣ라故로此一定ᄒᆞᆫ利率을超過ᄒᆞᆷ은곳不當ᄒᆞᆫ利益을貪ᄒᆞᄂᆞᆫ者ㅣ니道德上의罪惡이라謂ᄒᆞᆯ지니라然이나世人이往往借主의急迫ᄒᆞᆫ事勢를乘ᄒᆞ야

各種의手段으로法外의重利를收取ᄒᆞᄂᆞᆫ者ㅣ有ᄒᆞ니實로可憎ᄒᆞᆫ行爲라謂ᄒᆞᆯ지니라

親知間의貸借

朋友親戚間에在ᄒᆞ야ᄂᆞᆫ借受ᄒᆞᄂᆞᆫ者ᄂᆞᆫ德義上報復ᄒᆞᆷ을自期ᄒᆞᆷ이可ᄒᆞ나貸與ᄒᆞᄂᆞᆫ者ᄂᆞᆫ此를因ᄒᆞ야何等의報酬던지企望치아니ᄒᆞᆷ이可ᄒᆞ니恩을賣ᄒᆞ야德을求ᄒᆞᆷ은高尙ᄒᆞᆫ友誼間에切禁ᄒᆞᆯ바ㅣ니라

還償의期限

또借用者ᄂᆞᆫ還償의期限을確守ᄒᆞᆷ이可ᄒᆞ니라或者ᄂᆞᆫ還償과報酬로만借用者의主要된本務로認ᄒᆞ고還償期限의遲速으로써些少도介意치아니

ᄒᆞᄂᆞᆫ者ㅣ有ᄒᆞ니此ᄂᆞᆫ惡弊의甚ᄒᆞᆫ者ㅣ니라假令學生으로셔師友의書籍을借用ᄒᆞ고期限에至ᄒᆞ야此ᄅᆞᆯ返還치아니ᄒᆞ며甚ᄒᆞᆫ者ᄂᆞᆫ他人의게轉貸ᄒᆞ고此ᄅᆞᆯ少도愧慙ᄒᆞᆫ바ㅣ無ᄒᆞ니此ᄂᆞᆫ自他의損害ᄅᆞᆯ生ᄒᆞᆯᄲᅮᆫ아니라借用者의信用을自毁ᄒᆞᄂᆞᆫ者ㅣ니엇지戒愼ᄒᆞᆯ바ㅣ아니리오

互相間에寄託物의義務

他人으로브터財貨ᄅᆞᆯ寄託ᄒᆞᆷ이되ᄂᆞᆫ時ᄂᆞᆫ此ᄅᆞᆯ自己의財貨와又치保管ᄒᆞᆷ이可ᄒᆞ니寄託者의明示或黙示가無ᄒᆞᆫ時ᄂᆞᆫ恣意로使用ᄒᆞ거나又ᄂᆞᆫ消費ᄒᆞᆷ이不可ᄒᆞᆯ지며寄託物로브터生ᄒᆞᆫ利益等도亦然

ᄒᆞ니라意外의災禍ᄅᆞᆯ被ᄒᆞ거나或은不得已ᄒᆞᆫ事情을因ᄒᆞ야此ᄅᆞᆯ損失ᄒᆞᆫ境遇ᄅᆞᆯ除ᄒᆞᆫ外에受託者ᄂᆞᆫ保存管理ᄒᆞᆷ에關ᄒᆞ야一切의責任을負ᄒᆞ고又先時의寄託을受ᄒᆞᆫ者와同一ᄒᆞᆫ財貨로ᄡᅥ寄託者의게返還ᄒᆞᆷ이可ᄒᆞ니라又此에對ᄒᆞ야保管ᄒᆞᆷ으로브터生ᄒᆞᆫ費用을負擔ᄒᆞ고又相當ᄒᆞᆫ報酬ᄅᆞᆯ贈與ᄒᆞᆷ은寄託者의本務ㅣ니라

賣買에關ᄒᆞᆫ本務

賣買ᄂᆞᆫ人生의一日도欠闕치못ᄒᆞᆯ바ㅣ니社會의幸福과밋進步에在ᄒᆞᆫ必要의條件이니라人人이其業을各分ᄒᆞ며其職을相異케ᄒᆞ야各其一心으

로專門의職務에從事홈은文化發達의大本이니然홈을得致ᄒᆞᄂᆞᆫ所以ᄂᆞᆫ總히賣買의所賚니라賣者의第一本務ᄂᆞᆫ其販賣코져ᄒᆞᄂᆞᆫ貨物에對ᄒᆞ야正直ᄒᆞᆫ價格을附홈에在ᄒᆞ며品質의精粗優劣等은買者의게交附홈을當ᄒᆞ야毫末도掩蔽홈이不可ᄒᆞ며詐僞에近ᄒᆞᆫ約束은嚴密히避홈이可ᄒᆞ며價格等은法律로써規定홈이可ᄒᆞᆫ者ᄂᆞᆫ아니나社會經濟의狀況을依ᄒᆞ야相當ᄒᆞᆫ時價ᄅᆞᆯ評定ᄒᆞᆯ지며小賣營業ᄒᆞᄂᆞᆫ者가平民愚直者의時價不知홈을因ᄒᆞ야不當ᄒᆞᆫ高價ᄅᆞᆯ貪홈은賣者의德義ᄅᆞᆯ欠

正直은最上方策

缺ᄒᆞᄂᆞᆫ者ㅣ라此ᄅᆞᆯ一身의利害로見ᄒᆞᆯ지라도欺瞞으로브터一時의利益을取得코져홈을因ᄒᆞ야도로혀永久ᄒᆞᆫ信用을失墜홈은甚히愚昧ᄒᆞᆫ者ㅣ라謂ᄒᆞᆯ지라西諺에云호ᄃᆡ正直은商家의最上方策이라ᄒᆞ니實로今古의格言이라云ᄒᆞᆯ지니라

大凡財産은人生에直接關係가有홈으로써道德의心이不高ᄒᆞ고本務의念이不强ᄒᆞᆫ人은往往其誘惑홈에抵抗ᄒᆞ기難ᄒᆞ야不識不知間에不正不義에陷入ᄒᆞᄂᆞᆫ바ㅣ되ᄂᆞ니라偸盜又ᄒᆞᆫ者ᄂᆞᆫ法律의禁ᄒᆞᄂᆞᆫ바ㅣ됨으로써敢히違犯ᄒᆞᄂᆞᆫ者ㅣ少ᄒᆞ

나然이나賣買寄託貸借等에在ᄒᆞ야好意或은默諾으로出ᄒᆞᆫ者ᄂᆞᆫ每每히公義에違背ᄒᆞ야道德의罪人이되ᄂᆞ니此ᄂᆞᆫ畢竟一般社會의道德心이薄弱ᄒᆞᆫ所致니라與ᄒᆞᆷ이可ᄒᆞᆫ者ᄂᆞᆫ人이不求ᄒᆞᆯ지라도與ᄒᆞ며取ᄒᆞᆷ이不可ᄒᆞᆫ者ᄂᆞᆫ人이贈與ᄒᆞᆯ지라도不取ᄒᆞᆯ지라一邊으로ᄂᆞᆫ他人의財産을尊重히ᄒᆞ야敢히侵害치말며他一邊으로ᄂᆞᆫ自己의本務를確守ᄒᆞ야敢히違越치말지니社會의安寧과幸福은如斯ᄒᆞᆷ을因ᄒᆞ야益益進步ᄒᆞᆷ을得ᄒᆞᆯ지니라

第三節 名譽에關ᄒᆞᆫ本務

名譽에關ᄒᆞᆫ本務

大凡人은肉體의慾望과ᄒᆞᆷ씌精神의需要를塡充ᄒᆞᆷ이아니면滿足치못ᄒᆞᄂᆞ니故로暖衣飽食이아직足히써幸福이라稱치못ᄒᆞᆯ지며富貴榮華가아직足히써幸福이라稱치못ᄒᆞᆯ지며博學多才가아직足히써幸福이라稱치못ᄒᆞᆯ지니라

豹ᄂᆞᆫ死ᄒᆞᆷ애皮를留ᄒᆞ고人은死ᄒᆞᆷ애名을留ᄒᆞᄂᆞ니此ᄂᆞᆫ吾人의名譽가身後에不朽ᄒᆞᆷ을謂ᄒᆞᆷ이니라吾人은다만名譽를現生에惜ᄒᆞᆯᄲᅮᆫ아니라此를後世에傳ᄒᆞᆷ이아니면決斷코圓滿ᄒᆞᆫ幸福을享受ᄒᆞ얏다謂ᄒᆞ기不能ᄒᆞ니라如斯히名譽를貴重히

名譽를貴重히ᄒᆞᄂᆞᆫ人의高尙ᄒᆞᆫ性格이라

닉이ᄂᆞᆫ一念은人生의가장高尙ᄒᆞᆫ性格에基本ᄒᆞᆷ이니人의下等動物과相殊ᄒᆞᆫ所以가玆에在ᄒᆞ니라

特別히我邦에在ᄒᆞ야ᄂᆞᆫ古來로브터名譽를貴重히닉이ᄂᆞᆫ風習이盛行ᄒᆞ야男子가世에立ᄒᆞᄂᆞᆫ骨髓가되지라忠孝節義를尊尙ᄒᆞ고廉恥正直을貴重히ᄒᆞᄂᆞᆫ精神이總히名譽心에自負ᄒᆞᆫ바ㅣ니一縷의命을拋擲ᄒᆞ야萬古의名을完全히ᄒᆞᆷ은我韓人士間에足히異例로視ᄒᆞᆯ바ㅣ아니오곳我韓의固有美風이니라大抵名譽란者ᄂᆞᆫ金銀으로써購

得치못ᄒᆞ며財寶로써換取치못ᄒᆞᄂᆞ니人生의ᄃᆡ시此와此ᄒᆞᆯ者ㅣ無ᄒᆞᆫ所以니라

名譽에關ᄒᆞᆫ本務의起原

大凡正當ᄒᆞᆫ理由를依ᄒᆞ야各人에屬ᄒᆞᆫ바를尊重히ᄒᆞ며保護ᄒᆞᆷ은社會의本務ㅣ라故로生命財産을保護ᄒᆞᄂᆞᆫ本務가有ᄒᆞᆫ以上은財産中의가장貴重ᄒᆞ고或時ᄂᆞᆫ生命보다더욱貴重히닉이ᄂᆞᆫ바의名譽ᄂᆞᆫ一層愛重ᄒᆞ게此를保護ᄒᆞᄂᆞᆫ本務가有ᄒᆞ니此ᄂᆞᆫ日星과ᄀᆞᆺ치炳然ᄒᆞᆫ道理니라大抵眞正ᄒᆞᆫ名譽ᄂᆞᆫ其人의天才勤勉으로브터生ᄒᆞᆫ結果ㅣ니此를取得ᄒᆞᄂᆞᆫ所以ᄂᆞᆫ有形財産과無異ᄒᆞᆫ바ㅣ라

故로此를毁損홈이罪惡됨은偸盜詐欺를因ᄒᆞ야他人의財貨를侵害홈이罪惡됨과些少도差別이無ᄒᆞ니故로生命財産과ᄒᆞᆷ씌名譽를保護홈은古今內外의法律을勿論ᄒᆞ고均同히規定ᄒᆞᆫ바ㅣ니라然이나名譽ᄂᆞᆫ財産과相異ᄒᆞ야本來無形에屬ᄒᆞᆷ으로써法律의制裁가ᄉᆞᄉᆞ로周到홈을不得ᄒᆞᄂᆞ니故로此에對ᄒᆞᆫ本務ᄂᆞᆫ專主히道德範圍內에歸着ᄒᆞᄂᆞᆫ바ㅣ니라

讒誣及誹謗

讒誣와誹謗은他人의名譽를侵害ᄒᆞᄂᆞᆫ一大罪惡이니라讒誣ᄂᆞᆫ詐僞의手段으로써他人의名譽를

汚辱코져ᄒᆞᄂᆞᆫ者ㅣ니其賤劣ᄒᆞᆫ行爲ᄂᆞᆫ盜賊보다甚ᄒᆞᆫ바ㅣ니라其理由를言ᄒᆞᆯ진대盜賊은다만吾人의財産을掠奪홈에止ᄒᆞᆯᄲᅮᆫ이나讒誣ᄂᆞᆫ吾人으로ᄒᆞ여곰他人의尊敬을喪失케ᄒᆞ며公私間에吾人의面目과밋信用을墜落케홈이됨으로써ㅣ니라流言이一出ᄒᆞ면設令無根의事ㅣ라도世에其盛名을嫉妬ᄒᆞᄂᆞᆫ輩가爭相喧傳홈으로一世가靡然ᄒᆞ야맛ᄎᆞᆷ내萬口가和附ᄒᆞ야公平直實ᄒᆞᆫ人도ᄯᅩᄒᆞᆫ容疑홈에至ᄒᆞᄂᆞ니古來로브터讒誣를因ᄒᆞ야名을失ᄒᆞ고身이死ᄒᆞᆫ者ㅣ其例不少ᄒᆞ니라

誹謗은惡意로써他人의行事云爲를論評ᄒᆞᆷ을謂ᄒᆞᆷ이니其害가讒誣와ᄀᆞᆺ치甚ᄒᆞᆫ바는아니나公義에欠損됨은同一ᄒᆞ니라吾人이ᄒᆞᆷᄭᅴ同一社會에生息ᄒᆞ야其利害를ᄒᆞᆷᄭᅴᄒᆞᆫ以上은互相間에他의利益을助成ᄒᆞ야써社會全体의幸福을增進ᄒᆞᆷ을另務ᄒᆞᆷ이可ᄒᆞᆫ지라故로社會公衆의利益되지아니ᄒᆞᆯ事는設令眞正ᄒᆞᆫ事實이라도人의短處欠点을指摘ᄒᆞᆷ은道德上에決斷코容許ᄒᆞ는바ㅣ아니니라ᄒᆞ믈며他人의損害를反喜ᄒᆞ며他人의苦痛을反欣ᄒᆞᆷ은其心術의陰險邪惡ᄒᆞᆷ이此에셔甚ᄒᆞᆫ

者ㅣ無ᄒᆞᆷ이리오警官과檢事等ᄀᆞᆺ치公職에在ᄒᆞᆫ者는他의惡事를摘發ᄒᆞᆷ으로써其職司上의本務를삼으나其職에不在ᄒᆞ야他人의惡事를暴露ᄒᆞᆷ은甚히可憎可惡ᄒᆞᆫ行爲라謂ᄒᆞᆯ지며名을公義에假借ᄒᆞ고言을公益에藉託ᄒᆞ야自己嫉妬의心情을漏洩ᄒᆞ는者는더옥可憎ᄒᆞᆫ者ㅣ라謂ᄒᆞᆯ지니라

死者의名譽에對ᄒᆞᆫ本務

讒誣誹謗을行ᄒᆞᆷ이不可ᄒᆞᆷ은다만生者에對ᄒᆞᆫ本務가될ᄲᅮᆫ아니라ᄯᅩᄒᆞᆫ死者에對ᄒᆞᆫ本務가되ᄂᆞ니라生者는誹謗에對ᄒᆞ야스ᄉᆞ로辯解ᄒᆞ는自由의權이有ᄒᆞ나死者는永久沉默ᄒᆞ야一身으로써後

譏謗의由來

世評判에委付ᄒᆞᆫ지라故로死者에對ᄒᆞ야譏謗ᄒᆞᆷ은더옥卑劣의甚ᄒᆞᆫ者ㅣ니大丈夫의行ᄒᆞᆯ바ㅣ아니니라大抵譏訕와誹謗은吾人의嫉妬猜疑或은輕忽ᄒᆞᆫ判斷으로브터起ᄒᆞᄂᆞᆫ바ㅣ니畢竟自身을愼重치아니ᄒᆞᆷ에職由ᄒᆞᆷ이라吾人이萬一他의盛名을欽羡ᄒᆞᆯ진ᄃᆡ스ᄉᆞ로奮勵ᄒᆞ야我도ᄯᅩᄒᆞᆫ如斯히됨을自期ᄒᆞᆯ지어ᄂᆞᆯ自身은自暴ᄒᆞ고다만他人을嫉妬ᄒᆞ니愚昧ᄒᆞᆷ이此에셔甚ᄒᆞᆫ者ㅣ無ᄒᆞ니라ᄯᅩ

他의心事를忖度ᄒᆞᆷ이不可ᄒᆞᆷ

妄悖히他人의心事를忖度ᄒᆞ며其是非를批評ᄒᆞᆯ時ᄂᆞᆫ吾人은動ᄒᆞ면믄듯猜疑에陷ᄒᆞᆯ지니吾人은

다만他의行爲가外面에顯出ᄒᆞᆫ者를知得ᄒᆞᆷ으로써足ᄒᆞ다ᄒᆞᆯ지니라人은性質이各異ᄒᆞ니其行爲의由來ᄒᆞᆫ바心事ᄂᆞᆫ스ᄉᆞ로神明이아니면엇지能히此를推察ᄒᆞ야錯誤가無ᄒᆞᆷ을得ᄒᆞ리오萬一他人의行爲에判斷을下ᄒᆞᆯ必要가有ᄒᆞᆫ時ᄂᆞᆫ반ᄃᆞ시公正ᄒᆞᆫ心術로其事實을充分히稽査商量ᄒᆞ야써一点의偏頗가無ᄒᆞᆷ을要ᄒᆞᆯ지니라一言의左右ᄒᆞᆷ을因ᄒᆞ야人을中傷ᄒᆞ며世를淆亂ᄒᆞ고ᄯᅩ其身을敗亾ᄒᆞᆷ이古來로브터其例가不尠ᄒᆞ니此ᄂᆞᆫ미

輕忽ᄒᆞᆫ判斷의弊害

양輕忽ᄒᆞᆫ判斷으로써他人을批評ᄒᆞᆷ을因ᄒᆞᆷ이니

라ᄯᅩ平素에輕忽ᄒᆞᆫ判斷을自好ᄒᆞ는人은不識不知間에一種偏僻ᄒᆞᆫ習性을成ᄒᆞᆷ으로事를臨ᄒᆞ야公正ᄒᆞᆫ批評을行ᄒᆞᆷ이不能ᄒᆞᆯ지니라故로沈思熟慮ᄒᆞᆷ이아니면決斷코批評을行치아니ᄒᆞ는慣習을馴致ᄒᆞᆷ은吾人의處世要務라謂ᄒᆞᆯ지니라

惡意는評判으로ᄒᆞ여곰輕忽케ᄒᆞᆷ

他에對ᄒᆞᆫ評判을輕忽히ᄒᆞ게ᄒᆞ는最大原因은其人에對ᄒᆞ야惡意를包藏ᄒᆞᆷ에在ᄒᆞ니惡意를包藏ᄒᆞᆫ評判은評判이아니오實로讒謗이니讒謗으로評判의假面을粧撰ᄒᆞᆫ者는人을害ᄒᆞ고世를誤ᄒᆞᆷ이더옥著大ᄒᆞ니라

請컨ᄃᆡ吾人은社會公衆의利害에不關ᄒᆞᆫ以上은반다시他人의行爲에對ᄒᆞ야評判을行치말지어다他人의惡事를隱默看過ᄒᆞᆷ은善良ᄒᆞᆫ人의不忍ᄒᆞ는바ㅣ나짐짓此를摘發ᄒᆞ야廣遠히傳播ᄒᆞᆯ必要는決無ᄒᆞ니라古人이沈默ᄒᆞᆷ으로써最上의德이라ᄒᆞᆷ은今日吾人의株守ᄒᆞᆷ이可ᄒᆞᆫ바는아니나ᄯᅩᄒᆞᆫ全然히其理가無ᄒᆞᆷ은아니니라萬一事件이公共의利害에有關ᄒᆞᆫ時는社會를爲ᄒᆞ야此를指彈ᄒᆞ야써善後의策을講究ᄒᆞᆷ은吾人이社會에對ᄒᆞᆫ本務ㅣ니라

博愛及公益 社會의公德

第三章 社會의公德

第一節 博愛와밋公益

博愛慈善은人生의最高ᄒᆞᆫ道德이니正義ᄂᆞᆫ我로ᄒᆞ여곰惡人됨을免케ᄒᆞᆯᄲᅮᆫ이나然이나我로ᄒᆞ여곰能히善人됨을得케ᄒᆞᄂᆞᆫ者ᄂᆞᆫ專히博愛慈善의精神을依ᄒᆞᆷ이니라

兹에人이有ᄒᆞ니法律을能히嚴守ᄒᆞ고公義를能히篤尙ᄒᆞ며殺傷ᄒᆞᆷ도無ᄒᆞ고偸盜ᄒᆞᆷ도無ᄒᆞ며ᄯᅩ讒謗ᄒᆞᆷ도無ᄒᆞ야鞠躬謹愼ᄒᆞᄂᆞᆫ道理를力行ᄒᆞᆯ지라도彼가餓莩의横道ᄒᆞᆷ을見ᄒᆞ고惻隱의心이無

ᄒᆞ며赤子의入井ᄒᆞᆷ을見ᄒᆞ고拯救치아니ᄒᆞ며社會의事業이彼를期待ᄒᆞᄂᆞᆫ바ㅣ有ᄒᆞᆯ지라도此를自任치아니ᄒᆞ면彼를엇지善人이라稱ᄒᆞ리오

博愛란者ᄂᆞᆫ何를謂ᄒᆞᆷ이뇨

博愛란者ᄂᆞᆫ要컨대自身의利益을捨ᄒᆞ고他人을爲ᄒᆞ야盡力ᄒᆞ고些少도報酬를希望치아니ᄒᆞᆷ을謂ᄒᆞᆷ이니라大凡同類를相愛ᄒᆞᆷ은一般動物의天性이니萬一萬物의最靈된人類로셔自利를偏計ᄒᆞ고他를不顧ᄒᆞᄂᆞᆫ者ᄂᆞᆫ禽獸에對ᄒᆞ야엇지慚愧ᄒᆞᆫ바ㅣ無ᄒᆞ리오

博愛의次序

然이나博愛의法이반다시次序가有ᄒᆞ니萬一自

己의家族을棄ᄒᆞ고他人의家族을爲先ᄒᆞ며或은自國의同胞를不顧ᄒᆞ고異邦의人民을爲先ᄒᆞᆷ은決斷코其法을得ᄒᆞᆫ者ㅣ아니니라博愛의目的ᄒᆞᄂᆞᆫ바ᄂᆞᆫ人類全体에在ᄒᆞ니近親으로브터爲始ᄒᆞ야漸次로衆庶에推及ᄒᆞᆷ을要ᄒᆞᆯ지니萬一親踈를不分ᄒᆞ고彼我를勿論ᄒᆞ면忠孝의道가自滅ᄒᆞ고愛國의心이自休ᄒᆞᆯ지니此ᄂᆞᆫ博愛의本旨가아니니라

人이各各博愛의精神이素富ᄒᆞᆫ時ᄂᆞᆫ家庭에在ᄒᆞ야ᄂᆞᆫ父子와兄弟가相和ᄒᆞ고社會에在ᄒᆞ야ᄂᆞᆫ長

幼와老少가相親ᄒᆞ며私慾을肆行ᄒᆞ야攘奪ᄒᆞᆷ이無ᄒᆞ고忿怨을相較ᄒᆞ야爭鬪ᄒᆞᆷ이無ᄒᆞ며貧富가서로蔑視치아니ᄒᆞ고貴賤이서로凌辱치아니ᄒᆞ야恩德이靄然ᄒᆞ고秩序가森然ᄒᆞ야淳風厚俗이社會의永遠ᄒᆞᆫ幸福을成ᄒᆞᆯ지니社會에不和ᄒᆞᆫ罪惡을生ᄒᆞᆷ은專혀博愛의精神이欠乏ᄒᆞᆷ에起原ᄒᆞᆫ바ㅣ니라

他人의不幸을救助ᄒᆞᄂᆞᆫ本務

博愛의精神이有ᄒᆞᆫ者ᄂᆞᆫ다만他人의生命財產을侵害치아니ᄒᆞᆷ에止ᄒᆞᆯᄲᅮᆫ아니라一步를更進ᄒᆞ야他人의疾病危難과貧窮困厄을救護ᄒᆞᆷ에盡力ᄒᆞ

ᄂᆞ니라萬一自身의不幸으로他의救助를得코져ᄒᆞᆯ진대自身이몬져他人의不幸을救助ᄒᆞᆷ이可ᄒᆞ니我의所欲ᄒᆞᄂᆞᆫ바를他에推及ᄒᆞᆷ은實로人된者의美德이니라

人이疾病危難에陷ᄒᆞ야救助ᄒᆞᄂᆞᆫ者ㅣ無ᄒᆞᆷ을見ᄒᆞ면誰가能히惻隱의心을不起ᄒᆞ리오赤子가井에入ᄒᆞᆷ을見ᄒᆞ고오히려袖手傍觀ᄒᆞᄂᆞᆫ者ᄂᆞᆫ人이아니니라惻隱의心은人의天性이니此를擴充ᄒᆞ면博愛의精神이될지어ᄂᆞᆯ미양情慾이天眞을茅塞ᄒᆞᆷ으로써心과事가相應치못ᄒᆞ야맛ᄎᆞᆷ내不慈

無情ᄒᆞᆫ人이되ᄂᆞ니實로可惜可嘆ᄒᆞᆫ바ㅣ니라身을奮挺ᄒᆞ야能히一個人의災厄을援助ᄒᆞᄂᆞᆫ人이아니면엇지能히社會를愛ᄒᆞ며國家에殉ᄒᆞᆷ을得ᄒᆞ리오身을奔流中에投ᄒᆞ야穉兒의生命을救全ᄒᆞᆫ華盛頓으로셔비로소米國의百萬生靈을壓制中으로브터救濟ᄒᆞ야萬古의偉大ᄒᆞᆫ業을成就ᄒᆞ니라

設令博愛의心이素富ᄒᆞᆯ지라도生死一髮間에處ᄒᆞ야能히救助의目的을達ᄒᆞᆷ을勇斷과膽力의快確ᄒᆞᆷ을要ᄒᆞᆯ지니吾人은玆에在ᄒᆞ야平素에身을

修ᄒᆞᆫ一般道德의必要ᄒᆞᆷ을可見ᄒᆞᆯ지니라
傳染病者의看護等事ᄂᆞᆫ慈善中에ᄀᆞ장高尙ᄒᆞᆫ바ㅣ니其理由ᄅᆞᆯ言ᄒᆞᆯ진대自身의生命을捨ᄒᆞ고他ᄅᆞᆯ救護ᄒᆞᆷ으로써ㅣ니라然이나萬一自身의位置와職責이重大非常ᄒᆞᆫ者로在ᄒᆞᆫ時ᄂᆞᆫ吾人은本務의輕重과ᄒᆞᆷᄭᅴ比較ᄒᆞ야其去就ᄅᆞᆯ決ᄒᆞᆷ이可ᄒᆞ니萬一父母로ᄒᆞ여곰專히自身을依賴ᄒᆞ야餘生을送ᄒᆞ며ᄯᅩ社會國家의福利될事로반다시自身을期待ᄒᆞᆯ時ᄂᆞᆫ吾人의身体ᄂᆞᆫ非常히貴重ᄒᆞᆫ者ㅣ라故로傳染病者의近接ᄒᆞᄂᆞᆫ等事ᄂᆞᆫ一切務避ᄒᆞᆷ이

可ᄒᆞ니라

惠施

物品을惠施ᄒᆞ야他人의貧窮ᄒᆞᆷ을救助ᄒᆞᆷ은實로人生의美事ㅣ니物品의多寡等은반다시指論ᄒᆞᆯ바ㅣ아니오其惠施ᄒᆞᄂᆞᆫ바心情에至ᄒᆞ야ᄂᆞᆫ實로高尙優美ᄒᆞᆫ者ㅣ라謂ᄒᆞᆯ지라故로惠與ᄅᆞᆯ受ᄒᆞᆫ者ᄂᆞᆫ此ᄅᆞᆯ銘感ᄒᆞᆷ이可ᄒᆞ니其理由ᄅᆞᆯ言ᄒᆞᆯ진대곳他의不幸으로써己의不幸으로認ᄒᆞ야己의幸福을減殺ᄒᆞ야써他의不幸을補償코져ᄒᆞᆷ으로써ㅣ니라

慈善의貴重ᄒᆞᆫ理由

慈善事業이道德上ᄀᆞ장貴重ᄒᆞᆫ理由ᄂᆞᆫ玆에存在ᄒᆞ니萬一惠施ᄒᆞᄂᆞᆫ本意가眞正ᄒᆞᆫ博愛同情의

僞善者

精神으로出ᄒᆞᆫ者ㅣ아니오도로혀外面虛飾等을爲ᄒᆞᆫ바ㅣ될時ᄂᆞᆫ其物品이비록夥多ᄒᆞᆯ지라도些少도贊賞ᄒᆞᆯ바ㅣ아니오찰하리僞善者로認ᄒᆞ야批難ᄒᆞᆷ이可ᄒᆞ니라惠與ᄅᆞᆯ受ᄒᆞᆫ者도其惠與가僞善으로出ᄒᆞᆫ바ㅣ됨을知ᄒᆞ면엇지中心으로브터其恩을感謝히녁이ᄂᆞᆫ者ㅣ有ᄒᆞ리오

眞正ᄒᆞᆫ慈善者

眞正ᄒᆞᆫ慈善者ᄂᆞᆫ人이其恩을忘却ᄒᆞᆷ을不嫌ᄒᆞ고다만其惠가周到치못ᄒᆞᆷ을憂慮ᄒᆞᄂᆞ니設令人은我의恩德을忘却ᄒᆞᆯ지라도善行의効績은滅ᄒᆞᆯ바ㅣ아니니라恩을忘却ᄒᆞᆷ을怒ᄒᆞ야慈善을廢ᄒᆞᄂᆞᆫ

者ᄂᆞᆫ厥初로브터德을賣ᄒᆞ야報酬ᄅᆞᆯ希望ᄒᆞᄂᆞᆫ者ㅣ오또他의惠施ᄅᆞᆯ受ᄒᆞ고其恩을忘却ᄒᆞᄂᆞᆫ者ᄂᆞᆫ人類의心情이아니라謂ᄒᆞᆯ지니라

惠施의方法

惠施의方法何如ᄂᆞᆫ惠施ᄒᆞᄂᆞᆫ바의物品과ᄒᆞᆷ씌重要된事ᄅᆞᆯ顧念ᄒᆞᆷ이可ᄒᆞ니라大抵慈善의本旨ᄂᆞᆫ貧困者의一時快樂을爲ᄒᆞᆷ이아니오其永久의幸福을目的ᄒᆞᆷ이라故로惠施ᄅᆞᆯ受ᄒᆞᄂᆞᆫ者로서節儉의道와遠慮의心이無ᄒᆞ고受領을隨ᄒᆞ야此ᄅᆞᆯ浪費ᄒᆞᄂᆞᆫ虞慮가有ᄒᆞᆫ時ᄂᆞᆫ惠施ᄒᆞᄂᆞᆫ者ᄂᆞᆫ此에對ᄒᆞ

監督及拒絕

야適當ᄒᆞᆫ方法을講究ᄒᆞᆷ이可ᄒᆞ니不然ᄒᆞᆫ즉惠施

公益과世務를廣開ᄒᆞᄂᆞᆫ事

의目的은決斷코無効로歸ᄒᆞᆯ지니라萬一他의哀求ᄒᆞᄂᆞᆫ者가도로혀其人을害ᄒᆞᆯ時ᄂᆞᆫ此를拒絕ᄒᆞᆷ이可ᄒᆞ니此이곳眞正ᄒᆞᆫ慈善이니라故로吾人은懶惰ᄒᆞᆫ者가스ᄉᆞ로勤勉치아니ᄒᆞ고다만他人의惠施로衣食ᄒᆞᄂᆞᆫ者의게對ᄒᆞ야愛憐을濫垂ᄒᆞᆷ이不可ᄒᆞ니如斯ᄒᆞᆫ愛憐은徒然히懶惰의習을助長ᄒᆞ야自立의心을消耗케ᄒᆞᆯ섇인所以니라

以上에演陳ᄒᆞᆫ바博愛慈善은實로人情의美果ㅣ니道德의至高ᄒᆞᆫ者ㅣ니라然이나此精神을一層淬勵ᄒᆞ야公益을擴張ᄒᆞ고世務를廣開ᄒᆞᆷ이아니

면吾人이社會에對ᄒᆞᆫ義務를盡行ᄒᆞ얏다謂ᄒᆞ기不能ᄒᆞᆯ지니라一個人의窮困을救助ᄒᆞᆷ이美德이될진대一國의福利를增進ᄒᆞᄂᆞᆫ者ᄂᆞᆫ더옥貴重ᄒᆞᆫ美德이될지니다만疾病鰥寡를哀憐히넉이고社會公衆의利害에傾心치아니ᄒᆞᄂᆞᆫ者ᄂᆞᆫ大德高義의人이아니니라

人이其分을各應ᄒᆞ야公益上에盡力ᄒᆞᆷ이可ᄒᆞᆫ事業

人이各各才能이相殊ᄒᆞ고職務가相異ᄒᆞᆷ으로萬人에對ᄒᆞ야同一의功業을企望ᄒᆞᆷ은不可ᄒᆞ나其分을應ᄒᆞ고其器를隨ᄒᆞ야公益을爲ᄒᆞᆷ에무슴得成치못ᄒᆞᆯ事ㅣ有ᄒᆞ리오農工商이各其實業을勉

勵홈은社會의殷富와國家의强大를得致ᄒᆞᄂᆞᆫ基本이니此에從事ᄒᆞᄂᆞᆫ者ㅣ日夕에關心치아니치못홀바ㅣ니라政治家가政治의改善을計畫ᄒᆞ고學者가學藝의進步를勉勵홈은非히公利公益을爲ᄒᆞ야盡力ᄒᆞᄂᆞᆫ바ㅣ라故로其道가雖異ᄒᆞ나其志ᄂᆞᆫ同一ᄒᆞ니社會의盛衰와一國의强弱은實로此種人民의多少에原因ᄒᆞᄂᆞᆫ바ㅣ니라然ᄒᆞᆫ즉임의身을修ᄒᆞ고家를齊ᄒᆞᆫ者ㅣ一步를更進ᄒᆞ야社會有用의實務를爲ᄒᆞ야盡力홀바ㅣ無치못ᄒᆞᆯ지니라學問을修ᄒᆞ며財貨를貯ᄒᆞ고些少도社會의

公益을不務ᄒᆞᆫ

ᄂᆞᆫ者ᄂᆞᆫ社會에對ᄒᆞ야死人과同ᄒᆞᆷ

公益을不務ᄒᆞ면此等人은生世有無에何關係가有ᄒᆞ리오人은自身이生息ᄒᆞᄂᆞᆫ社會中에其功績을不遺ᄒᆞ면人生의本務快樂과밋價値가何에在ᄒᆞ오其事業이世道人心에裨益되ᄂᆞᆫ바ㅣ有ᄒᆞᆫ人은身이死ᄒᆞᆯ지라도精神은功績과ᄒᆞᆷ씌永遠不滅ᄒᆞ야百世下의人으로ᄒᆞ여곰景仰의情을不堪케ᄒᆞᆯ지니라

學者文人의事業

學者文人의事業은비록目前의實利에無關ᄒᆞ나智識을開發ᄒᆞ고品性을高尙케ᄒᆞ야一國의文化를奬揚ᄒᆞᄂᆞᆫ바ㅣ라故로學識이有ᄒᆞᆫ者ᄂᆞᆫ凡俗에

不惑ᄒᆞ고權勢에不撓ᄒᆞ며其篤信ᄒᆞᄂᆞᆫ바를固執ᄒᆞ야衆庶의게趨向ᄒᆞᆯ바를提示ᄒᆞᄂᆞ니一代에卓絕ᄒᆞᆫ碩學天才가其國에存在ᄒᆞᆷ은譬컨대荒園中에一枝艷花가開ᄒᆞᆷ과ᄀᆞᆺ치一國의光彩를添ᄒᆞ고名譽를揚ᄒᆞᄂᆞᆫ바ㅣ되ᄂᆞ니古來로브터邦家가顚覆ᄒᆞ고生民이滅殄ᄒᆞᆯ지라도一個碩學文人이存在ᄒᆞ야能히其國民의名譽를不朽케ᄒᆞᄂᆞᆫ證蹟이不尠ᄒᆞ니라

美術도ᄯᅩᄒᆞᆫ文學과ᄀᆞᆺ치文明의精華가되여一國의品位를高貴케ᄒᆞᄂᆞᆫ바ㅣ라特別히我邦에在ᄒᆞ

야古來로브터他邦人의得倣치못ᄒᆞᆯ天然美術의長技가有ᄒᆞᆷ은山河의秀麗ᄒᆞᆷ과民智의聰明ᄒᆞᆷ으로從生ᄒᆞᆫ바ㅣ니此ᄂᆞᆫ今日萬國의艷美贊道ᄒᆞᄂᆞᆫ바ㅣ라故로我邦人으로셔美術의天才가有ᄒᆞᆫ者ᄂᆞᆫ列邦의精藝를旁採ᄒᆞ야自國의特長ᄒᆞᆫ技術을益益發達케ᄒᆞᆷ을自期ᄒᆞᆯ지니設令政治上權力에在ᄒᆞ야天下를雄視ᄒᆞᆯ지라도其學問藝術에在ᄒᆞ야可觀ᄒᆞᆯ者ㅣ無ᄒᆞ면此ᄂᆞᆫ곳國家의千載榮譽를ᄉᆞᄉᆞ로湮滅ᄒᆞᄂᆞᆫ바ㅣ니라

目前의事業과

日常當路의事業은人生의欠闕치못ᄒᆞᆯ바ㅣ나吾

遠大의計畫

人은眼前에其結果를取홈으로써滿足히녀이지말지오다시後世子孫의利益을爲ᄒᆞ야遠大의計畫을經營홀지니不然ᄒᆞᆫ즉社會의進步ᄂᆞᆫ決斷코期待치못홀지라故로功을一人의게貪치말며績을一代에取치말고其業務를世世相紹ᄒᆞ야社會永久의福利를計圖홈이可ᄒᆞ니此ᄂᆞᆫ곳公共心의ᄆᆞ장博大ᄒᆞᆫ바ㅣ니라古來로브터聖賢이라稱ᄒᆞᄂᆞᆫ其人의事業은總히如斯ᄒᆞᆫ바ㅣ니一人으로브터一代에推及ᄒᆞ고一代로브터萬世에推及홈이實로人生의最大ᄒᆞᆫ博愛니라

人生의最大博愛

公益事業에醵金ᄒᆞᄂᆞᆫ本務

資産을公益事業에投홈은何人이던지得爲홀바ㅣ니곳一般人民의本務ㅣ니라公益을爲ᄒᆞ야使用ᄒᆞᆫ資本은酒食에浪費ᄒᆞᄂᆞᆫ財貨와ᄀᆞᆺ치消失ᄒᆞᄂᆞᆫ바ㅣ아니오永遠히吾人과밋吾人의子孫이其利를享受ᄒᆞᄂᆞᆫ바ㅣ니其例를言홀진대港灣의築埠河川의堤防道路의修繕開鑿或은荒蕪地의開墾學校病院의建設等이곳是니라特別히學校의建設ᄀᆞᆺᄒᆞᆫ者ᄂᆞᆫ社會를爲ᄒᆞ야ᄆᆞ장有益ᄒᆞᆫ事業이니文運의進步를爲ᄒᆞ야깁히希望홀바ㅣ니라私資를投ᄒᆞ야圖書館을公開홈도亦然ᄒᆞᆫ바ㅣ오其

他養育院孤兒院을設立홈도慈善事業의가장高尙혼바ㅣ니一國文明의程度는實로此等事業의多少를因호야認証홀바ㅣ不尠호니라

玆에特別히銘心홈이可홈은公益의美名을因호야無用의事業을經記홈이不可혼바ㅣ어놀世人이往往好個名義에眩惑호야其利害를深究치아니호고輕忽히着手호야半途失敗호는者ㅣ有호니此는다만自己를損害호고社會를妨碍홀뿐아니라或은後人의企業心을沮喪케홈이되ᄂ니故로一種事를起호고一種業을企홀時마다其利害得失을豫先精覈홈이可호니라

名을衒호는者와公益을主호는者의差別

自己의衒名홈을專爲호야事를公益에藉託호는者의可憎홈은자못後世의福利를專計호야芳名의遺傳홈을希望호는者의嘉尙홈과굿호니二者가其跡이相似혼바ㅣ有호나其本志의基因혼바를見홀진대其差別이天淵에比홀바ㅣ아니니라名을衒홈은自身을爲호야行호는者ㅣ니其意가利己에不外혼바ㅣ라萬一其名이意와굿치顯揚호면事業의成否는반다시置之不問홀지니라然이나公共의福利를專主호는者는不然호니其本

公共의事物을尊重히ᄒᆞᆯ事

志가公益에存在홈으로써萬一公益의目的에到達치못ᄒᆞ면말지아니ᄒᆞ고其名譽의顯揚與否는敢히介意치아니ᄒᆞᄂᆞᆫ바ㅣ니라

吾人은公益의事業을奬勵홈과홈씌社會公共의事物을尊重히홈이可ᄒᆞ니라大抵共有에係ᄒᆞᆫ者는一個人과直接의關係가少홈으로써人이미양輕視ᄒᆞ야損傷破毁홈으로써介意치아니ᄒᆞᄂᆞᆫ者ㅣ有ᄒᆞ니此는畢竟公共心이無ᄒᆞᆫ所致니라임의一個人의財産을侵害홈이不可홈을知ᄒᆞᆯ진대엇지一個人의團体된社會事物의더옥貴重홈이可

ᄒᆞᆫ者를不知ᄒᆞ리오人의一絲半錢을侵害ᄒᆞᆯ가恐懼ᄒᆞᄂᆞᆫ者로서도로혀白晝公共의事物을凌蔑홈을介意치아니ᄒᆞᄂᆞᆫ者ㅣ有ᄒᆞ니假令學校의學徒로서該校의家屋器械를毁損ᄒᆞ고頓然不顧ᄒᆞ며或은公園道路의樹木을折傷ᄒᆞ고泰然無怪ᄒᆞ며或은社院樓閣의墻壁을倒碎ᄒᆞ고爽然自快ᄒᆞᄂᆞᆫ者ㅣ有ᄒᆞ니此는我邦社會의日常目擊ᄒᆞᄂᆞᆫ바ㅣ라엇지慨嘆치아니ᄒᆞ리오西洋에在ᄒᆞ야ᄂᆞᆫ公共의財産을尊重히ᄒᆞᄂᆞᆫ一念이各人頭腦에遍在ᄒᆞ야敢히此를毁損ᄒᆞᄂᆞᆫ者ㅣ無ᄒᆞ니公園의椅子ᄀᆞᆺ

ᄒᆞᆫ等屬에도其後面에詳記ᄒᆞ야各人은共有財產을保護ᄒᆞᄂᆞᆫ責이有ᄒᆞᆷ을明示ᄒᆞᆫ바ㅣ有ᄒᆞᆫ지라此ᄂᆞᆫ彼邦의一般의美風이니엇지我邦人의效則ᄒᆞᆯ바ㅣ아니리오大抵國民公共心의多少ᄂᆞᆫ其公共의事物을尊重ᄒᆞᄂᆞᆫ程度로브터推認ᄒᆞᆷ을得ᄒᆞᄂᆞ니公園의一石一木은社會利害의大關ᄒᆞᆫ바ㅣ아니나此를尊重히녁이ᄂᆞᆫ觀念이無ᄒᆞᆷ은곳其人의公共心이欠乏ᄒᆞᆷ을表示ᄒᆞᆷ이되ᄂᆞᆫ故로社會國家를爲ᄒᆞ야크게憂慮ᄒᆞᆫ바ㅣ니라

第二節　禮讓과밋禮文

禮讓及禮文

禮讓의必要

實際의社會ᄂᆞᆫ道理ᄲᅮᆫ으로ᄡᅥ成立ᄒᆞᆫ者ㅣ아니니萬一凡事를當ᄒᆞ야理의指圖ᄒᆞᄂᆞᆫ바ᄂᆞᆫ一步도枉屈ᄒᆞᆷ이無ᄒᆞ면社會ᄂᆞᆫ恒常衝突不和ᄒᆞᆷ에在ᄒᆞ야眞正ᄒᆞᆫ安寧幸福을求ᄒᆞᆯ道理가無ᄒᆞᆯ지니라大凡人은本來感情에牽引되ᄂᆞᆫ바ㅣ多ᄒᆞ니萬一他人의云爲가我의情에不快ᄒᆞᆷ이有ᄒᆞ면其道理의如何ᄂᆞᆫ置之不問ᄒᆞ고偏히其人을嫌忌ᄒᆞᆷ은吾人互相間에日常目擊ᄒᆞᄂᆞᆫ바ㅣ니라潤澤不屬ᄒᆞᆫ人에在ᄒᆞ야ᄂᆞᆫ本來如斯ᄒᆞᆫ事가少ᄒᆞ니此로ᄡᅥ一般社會에通行ᄒᆞᄂᆞᆫ例規를成ᄒᆞᆷ은不能ᄒᆞᆯ지니此感情

의衝突을防止ᄒᆞ야彼我의交際를圓滑케ᄒᆞᄂᆞᆫ者ᄂᆞᆫ곳禮讓이니라

禮讓은譬컨대車軸을潤滑케ᄒᆞᄂᆞᆫ油와ᄀᆞᆺᄒᆞᆫ지라各人의交際를圓滑케ᄒᆞ야溫情和氣間에其目的을得達케ᄒᆞᄂᆞᆫ바ㅣ니社會의平和를維持ᄒᆞ야其幸福을推奬ᄒᆞᆷ을爲ᄒᆞᆷ에ᄂᆞᆫ須臾도欠闕치못ᄒᆞᆯ바ㅣ니라

禮儀

禮讓의道ᄂᆞᆫ禮儀와謙讓에在ᄒᆞ니禮儀ᄂᆞᆫ各人間의關係가此를依ᄒᆞ야써整理되ᄂᆞᆫ바의慣例니其要ᄂᆞᆫ自他의感觸을損傷치아니ᄒᆞ고셔로名譽를

尊重히ᄒᆞ며셔로敬愛ᄒᆞᄂᆞᆫ好意를表ᄒᆞᆷ에在ᄒᆞ니라或은禮儀로써虛飾을삼ᄂᆞᆫ者ㅣ有ᄒᆞ나此ᄂᆞᆫ謬謬의甚ᄒᆞᆫ者ㅣ라實로禮儀ᄂᆞᆫ社會의秩序를整理ᄒᆞ야各人이셔로其名譽를保全ᄒᆞᄂᆞᆫ바ㅣ니人生의一日도欠缺치못ᄒᆞᆯ者ㅣ니라

禮儀의起原

禮儀의起原은他에對ᄒᆞᄂᆞᆫ尊敬의情이其容貌에自顯ᄒᆞᄂᆞᆫ者ㅣ니라感情發表의形式은生活의狀況이同一ᄒᆞᆫ人民에在ᄒᆞ야ᄂᆞᆫᄉᆞᄉᆞ로同一치아니치못ᄒᆞᆷ으로써因襲이許久ᄒᆞ야맛ᄎᆞᆷ내一定ᄒᆞᆫ儀容을成ᄒᆞᆷ에至ᄒᆞᄂᆞᆫ지라故로一國民의禮儀ᄂᆞᆫ決

眞正ᄒᆞᆫ禮儀ᄂᆞᆫ形式과ᄒᆞᆷ씌精神을要ᄒᆞᆷ

斷코一時各自의任意로出ᄒᆞᄂᆞᆫ바ㅣ아니오實로數千載間慣習에基本ᄒᆞᆫ바ㅣ니라大抵一國의慣習을貴重히ᄒᆞᆷ은곳其國의秩序를貴重히ᄒᆞᄂᆞᆫ바ㅣ됨으로써吾人은一國의固有ᄒᆞᆫ禮儀에對ᄒᆞ야셔도ᄯᅩᄒᆞᆫ遵奉ᄒᆞᄂᆞᆫ本務가有ᄒᆞ다ᄒᆞᆯ지니라

然이나眞正ᄒᆞᆫ禮儀ᄂᆞᆫ다만形式으로써足ᄒᆞ다못ᄒᆞᆯ지니반다시如斯ᄒᆞᆫ形式은其內心으로브터自然히發表됨을要ᄒᆞᆯ지니라精神이無ᄒᆞᆫ禮式은비록鄭重懇切ᄒᆞᆷ을極備ᄒᆞ나畢竟虛飾ᄲᅮᆫ이니其禮가더욱隆厚ᄒᆞᆯᄉᆞ록其意가더욱鄙屈ᄒᆞᆯ지라浮華

諂諛를喜ᄒᆞᄂᆞᆫ者ㅣ아니면何人이此를指彈치아니ᄒᆞ리오故로禮儀의本旨ᄂᆞᆫ恒常他人을對ᄒᆞ야尊敬ᄒᆞᄂᆞᆫ誠意에存在ᄒᆞᄂᆞ니라

禮儀의形式은以上에言ᄒᆞᆷ과ᄀᆞᆺ치生活의狀況을依ᄒᆞ야規定이됨으로써生活의狀況이變更ᄒᆞ면禮儀도ᄯᅩᄒᆞᆫᄉᆞᄉᆞ로變更치아니치못ᄒᆞᄂᆞ니라更張以來로歐米의文物이盛히我邦社會에輸入이되여交際의儀式도前日과大異ᄒᆞᆫ바ㅣ有ᄒᆞᆫ지라故로今日中等以上社會에立코져ᄒᆞᄂᆞᆫ者ᄂᆞᆫ반다시彼邦禮式에關ᄒᆞ야其大体를通曉ᄒᆞᆷ이必要ᄒᆞ

謙讓

니라

謙讓은禮義와ᄒᆞᆷ씌交際에在ᄒᆞ야欠闕치못ᄒᆞᆯ바ㅣ라萬一人人이相交ᄒᆞ야些少도相遜ᄒᆞᆷ이無ᄒᆞ면談話ᄂᆞᆫ恒常爭論에陷ᄒᆞ고交際ᄂᆞᆫ서로釁隙을構ᄒᆞᄂᆞᆫ媒介가됨에止ᄒᆞ리니故로他人을尊敬ᄒᆞᄂᆞᆫ者ᄂᆞᆫ他人의前에在ᄒᆞ야敢히自尊自大의心을不有ᄒᆞ며또猥濫히自恃自矜의習을不行ᄒᆞ고一念으로遜讓의誠을盡ᄒᆞ야恒常他人의名譽를贊成ᄒᆞᆷ을勉行ᄒᆞᆯ지니大抵人이스ᄉᆞ로自己를誇張ᄒᆞᄂᆞᆫ것처럼鄙陋ᄒᆞ고또人의感觸을惡ᄒᆞ게ᄒᆞᄂᆞᆫ

他人의思想과信仰에對ᄒᆞᆫ尊敬

바ㅣ無ᄒᆞᆫ所以니라故로虛己愛人의心으로써他言을傾聽ᄒᆞ고偏히其美績과長處를奬揚ᄒᆞᆷ은恭謙의美德이오交際의要道ㅣ니라

또擅恣히他人의思想과信仰을排斥ᄒᆞᆷ은謙讓의德을欠損ᄒᆞᄂᆞᆫ바ㅣ니라學術上의研究ᄒᆞᆷ을當ᄒᆞ야自他間에其說을相異케ᄒᆞ야全然히調和의道가無ᄒᆞ던지或은實際事業에在ᄒᆞ야自他間에其意見을相異케ᄒᆞ야其結果의如何ᄒᆞᆷ을因ᄒᆞ야重大ᄒᆞᆫ利害가有ᄒᆞ던지如斯ᄒᆞᆫ境遇에在ᄒᆞ야ᄂᆞᆫ吾人은맛당히各自의所信을執ᄒᆞ야其理의當否를

討議ᄒᆞ고一步도枉屈치아니ᄒᆞᆷ이可ᄒᆞ니라然이나日常平和의際에在ᄒᆞ야ᄂᆞᆫ他의言論이我와相異ᄒᆞᆫ바ㅣ有ᄒᆞᆷ으로써곳此ᄅᆞᆯ攻駁排斥ᄒᆞᆯ必要가無ᄒᆞ니其結果가미양自他의感情을傷ᄒᆞ야서로反目疾視ᄒᆞᆷ에止ᄒᆞᆯ섇이니라其心을寬裕히ᄒᆞ야人을對ᄒᆞᆷ에其容을恭謹히ᄒᆞ고其言을溫順히ᄒᆞ며他ᄅᆞᆯ包容ᄒᆞ고自身을自尊치아니ᄒᆞᆷ은禮讓이有ᄒᆞᆫ人의日常用意ᄒᆞᆯ바ㅣ니라特別히他人의歸依ᄒᆞᄂᆞᆫ바宗教的信仰은其人에在ᄒᆞ야ᄂᆞᆫ生活의標準이오또道德의理想이라故로吾人은自己의

信仰ᄒᆞᆷ과ᄀᆞᆺ치此ᄅᆞᆯ優殊히尊敬ᄒᆞ고決斷코輕侮誹嘲ᄒᆞᄂᆞᆫ惡習을勿有ᄒᆞᆯ지니라

禮儀謙讓은專主히各人互相間의交際ᄅᆞᆯ整理ᄒᆞ고또長幼貴賤의秩序ᄅᆞᆯ維持ᄒᆞᄂᆞᆫ바ㅣ니라然이나吾人은一個人에對ᄒᆞ야然ᄒᆞᆯ섇아니라一般社會에對ᄒᆞ야셔도또ᄒᆞᆫ相當ᄒᆞᆫ禮容을維持ᄒᆞ야行止云爲에效則ᄒᆞᆯ바ㅣ無치못ᄒᆞᆯ지니禮文이곳是니라

禮文

禮文이란者ᄂᆞᆫ一言으로써蔽ᄒᆞᆯ진대社會에對ᄒᆞᄂᆞᆫ禮讓이니一個人에對ᄒᆞ야恭敬의禮ᄅᆞᆯ極盡히

禮文의必要

ᄒᆞᄂᆞᆫ者도往往社會에對ᄒᆞ야其儀ᄅᆞᆯ失ᄒᆞᄂᆞᆫ者ㅣ有ᄒᆞ니此ᄂᆞᆫ畢竟禮文의觀念이周到치못ᄒᆞᆫ所以니라前者에言ᄒᆞᆷ과ᄀᆞᆺ치同一社會에住居ᄒᆞᆫ人은本來同一의利害가有ᄒᆞᆷ으로써自己一人의意로專恣ᄒᆞ고些少도他ᄅᆞᆯ不顧ᄒᆞᆯ時ᄂᆞᆫ社會ᄂᆞᆫ一日도成立ᄒᆞᆷ이不能ᄒᆞᆯ지니此이곳吾人이公衆의生命財産名譽에對ᄒᆞ야尊重保護의本務가有ᄒᆞᆫ所以오ᄯᅩ禮讓禮文의欠闕치못ᄒᆞᆯ所以니라垢衣跣足으로大路에行ᄒᆞᄂᆞᆫ者ㅣ自己에在ᄒᆞ야些少도不疚히녁이나此에接觸ᄒᆞᄂᆞᆫ人으로不快嫌忌의念

을生케ᄒᆞ리나엇지社會에對ᄒᆞ야禮容을備有ᄒᆞᆫ者ㅣ라ᄒᆞ리오社會의事物은隨處에一定ᄒᆞᆫ慣例가有ᄒᆞ니此에違反ᄒᆞᆯ지라도法이此ᄅᆞᆯ禁치아니ᄒᆞ며人이此ᄅᆞᆯ拒치아니ᄒᆞ나暗裏에公衆의不快ᄅᆞᆯ釀起ᄒᆞ야其幸福을減殺ᄒᆞᆷ이其例不尠ᄒᆞ니假令宴會ᄀᆞᆺᄒᆞᆫ者ᄂᆞᆫ本來各人의悏樂을爲ᄒᆞᆷ이어ᄂᆞᆯ萬一此에列席ᄒᆞᆫ者로셔憂愁의心懷ᄅᆞᆯ抱ᄒᆞ야不快ᄒᆞᆫ顔色을示ᄒᆞ던지或은傲然自大ᄒᆞ야他人을蔑視ᄒᆞ고跳踉無憚ᄒᆞᆯ時ᄂᆞᆫ반다시同叅ᄒᆞᆫ者의歡樂을妨害ᄒᆞ야滿座의和氣ᄅᆞᆯ減傷ᄒᆞᆯ지니라或은

抗爭이紛起ᄒᆞ야氣色을勃變ᄒᆞ고言論을峻激케ᄒᆞ며甚至於血氣의勇으로腕力을試ᄒᆞᄂᆞᆫ者ㅣ有ᄒᆞ니此ᄂᆞᆫ我邦에在ᄒᆞ야平素에敎育을受ᄒᆞᆫ者間에도往往目擊ᄒᆞᄂᆞᆫ바ㅣ니野蠻無禮의甚ᄒᆞᆫ者ㅣ라謂ᄒᆞᆯ지니라眞正ᄒᆞᆫ議論은時와處가自在ᄒᆞ니悞樂을目的ᄒᆞᄂᆞᆫ集會에在ᄒᆞ야ᄂᆞᆫ此를提起ᄒᆞᆯ必要가無ᄒᆞᆫ지라歐米諸國에서ᄂᆞᆫ宴會席에在ᄒᆞ야斷定코政治宗敎의問題를不言ᄒᆞᄂᆞᆫ一種美風이有ᄒᆞ니此ᄂᆞᆫ爭論을惹起ᄒᆞ야他人의歡笑를妨碍ᄒᆞᆯ가虞慮ᄒᆞᄂᆞᆫ所以니實로吾人의效則ᄒᆞᆯ바ㅣ니

라

大凡一種集會席에參列ᄒᆞᄂᆞᆫ者ᄂᆞᆫ其會合의性質을豫先考究ᄒᆞ야써適當ᄒᆞᆫ禮貌와儀容을自保ᄒᆞᆷ이可ᄒᆞ니假令喪葬에赴參ᄒᆞᄂᆞᆫ者로서猥妄히談笑戲謔ᄒᆞᆷ은곳他의悲哀를嘲弄ᄒᆞᆷ과一般이니無禮의甚ᄒᆞᆫ者ㅣ라謂ᄒᆞᆯ지니라

禮文을推奬ᄒᆞᆷ은我邦今日社會에在ᄒᆞ야特別히必要ᄒᆞᆫ者ㅣ라謂ᄒᆞᆯ지니平素에敎育을受ᄒᆞᆫ人이決斷코不少ᄒᆞᆯ지나一個紳士로서適當ᄒᆞᆫ禮文을修得ᄒᆞᆫ者ᄂᆞᆫ實로無多ᄒᆞᆯ지니라狷介自負ᄒᆞ야스

ᄉᆞ로高尙ᄒᆞ다ᄒᆞᄂᆞᆫ者ㅣ有ᄒᆞ며弊衣垢面을스ᄉᆞ로精潔ᄒᆞ다ᄒᆞᄂᆞᆫ者ㅣ有ᄒᆞ며喜怒를形色에不顯ᄒᆞ고寡言危坐ᄒᆞ야스ᄉᆞ로正大ᄒᆞ다ᄒᆞᄂᆞᆫ者ㅣ有ᄒᆞ며或은言ᄒᆞ대大丈夫ᄂᆞᆫ맛당히小節을不拘ᄒᆞᆯ지라區區ᄒᆞᆫ禮容이엇지我에在ᄒᆞ리오ᄒᆞᄂᆞᆫ者ㅣ有ᄒᆞ니此ᄂᆞᆫ東洋古來風習에根因ᄒᆞᆫ바ㅣ나文明國의紳士가되여셔ᄂᆞᆫ少許도粗率卑野ᄒᆞᆷ이無ᄒᆞᆷ이리오媚悅을自甘ᄒᆞ야人을遇ᄒᆞ면문득叩頭ᄒᆞᆷ은本來不可ᄒᆞᆫ바ㅣ나事를應ᄒᆞ고物을接ᄒᆞ야各各適當ᄒᆞᆫ容止를保有ᄒᆞᆷ은곳他人의感情을尊重

히녁이고公衆의幸福을增進ᄒᆞᄂᆞᆫ所以니文明社會에欠闕치못ᄒᆞᆯ禮文이니라

倫理學敎科書卷三終

國家總論 家族社會國家

倫理學教科書卷四

申海永 編述

第一章 國家總論

大凡人類가此世에生存홈애一人으로셔生活홈이不能홀지라故로반다시家族을成ᄒᆞ며家族으로셔生活홈이不能홀지라故로반다시社會를成ᄒᆞ니라然이나社會를統御ᄒᆞ며制裁ᄒᆞᄂᆞᆫ바主權이無ᄒᆞ면其福利의增進은期望홀道理가無ᄒᆞ니라於是乎國家란者가起ᄒᆞ니其要ᄂᆞᆫ人類生存의目的을得遂홈에在홀ᄲᅮᆫ이니라故로家族을離ᄒᆞ

國家란者ᄂᆞᆫ何를謂홈이뇨

야個人이無ᄒᆞ고社會를離ᄒᆞ야家族이無ᄒᆞ며國家를離ᄒᆞ야社會가無ᄒᆞ니라

然則國家란者ᄂᆞᆫ何를謂홈이뇨國家란者ᄂᆞᆫ一定ᄒᆞᆫ土地를占有ᄒᆞ고一定ᄒᆞᆫ獨立主權에服從ᄒᆞᄂᆞᆫ多數人民의團体를云홈이니라玆에一帶의土地가有ᄒᆞ니其山河ᄂᆞᆫ漁獵홈이可ᄒᆞ고其原野ᄂᆞᆫ耕作홈이可홀지라도此에住居ᄒᆞᄂᆞᆫ人民이無ᄒᆞ면足히ᄡᅥ國家라稱ᄒᆞ지못ᄒᆞ며ᄯᅩ玆에一羣의人民이有ᄒᆞ니人情風俗을同一히ᄒᆞ고利害休戚을共同히홀지라도一定ᄒᆞᆫ土地에住居홈이아니면ᄯᅩ

社會와國家의區別

ᄒᆞᆫ足히써國家라稱ᄒᆞ지못ᄒᆞ며또一定ᄒᆞᆫ土地와一羣의人民이並有ᄒᆞᆯ지라도此를統御ᄒᆞ는바一定ᄒᆞᆫ主權이無ᄒᆞ면아직足히써國家라稱ᄒᆞᆷ이不可ᄒᆞ니라大凡人民이其利害를同一히ᄒᆞ고其生存과幸福을爲ᄒᆞ야協同一致의運動을行ᄒᆞ는者는곳社會니社會는權力으로써人民에莅ᄒᆞᆷ이아니라故로一次其利害를相異케ᄒᆞ면彼等은곳東西乖離ᄒᆞ야爭鬪强奪이踵起ᄒᆞᆯ지라於是乎一定ᄒᆞᆫ法律로써人民을統御ᄒᆞ고一定ᄒᆞᆫ意思目的으로써千萬人을導率ᄒᆞ야進退齊整ᄒᆞᆷ이자못一個

人과ᄀᆞᆺ치運動ᄒᆞᆷ을得ᄒᆞ는바一定ᄒᆞᆫ主權이란者가起ᄒᆞ니玆에在ᄒᆞ야國家가비로소成立ᄒᆞ니라

大凡國家는其意志와目的을具有ᄒᆞᆷ이자못一個人과ᄀᆞᆺᄒᆞ며其人格을保有ᄒᆞᆷ이또ᄒᆞᆫ一個人과ᄀᆞᆺᄒᆞ니라土地人民主權의三者는國家가此를依ᄒᆞ야써成立ᄒᆞ는바ㅣ나임의成立ᄒᆞᆫ以上은國家는各人以外에在ᄒᆞ야다시無形의一体를組織ᄒᆞ야獨立의意志로써獨立의行爲를營行ᄒᆞ는者ㅣ니主權은國家의中心이오또生命이며主權은無上의威力으로써人民의게命令ᄒᆞ고人民은또共同

生存의目的을完全히홈을爲ᄒᆞ야其命令을服從치아니치못ᄒᆞ며主權의行爲ᄂᆞᆫ法律이니곳國家意志의發動이니라故로此에抵抗ᄒᆞᄂᆞᆫ者ᄂᆞᆫ主權의神聖홈을侵害ᄒᆞᄂᆞᆫ者ㅣ니곳國家의安寧秩序를妨害ᄒᆞᄂᆞᆫ者ㅣ니라

國家의目的

國家成立의目的은要컨대外에對ᄒᆞ야ᄂᆞᆫ獨立自存을維持홈으로本旨를숨고內에臨ᄒᆞ야ᄂᆞᆫ人民의安寧幸福을維持홈으로本務를삼ᄂᆞ니於是乎道德은法律이되여各種法令制度가社會利益의增進홈을爲ᄒᆞ야起ᄒᆞᆫ바ㅣ니라國家ᄂᆞᆫ社會秩序

의管理者오또社會幸福의保護者ㅣ니其全能ᄒᆞᆫ權力과公正ᄒᆞᆫ法律은國家가此를依ᄒᆞ야써社會人民의圓滿ᄒᆞᆫ共同生存을得致ᄒᆞᄂᆞᆫ바ㅣ니라

主權及國體

共和國體와君主國體

主權은國家의本體나其所在ᄂᆞᆫ各國이其揆不一ᄒᆞ니此ᄂᆞᆫ國體가相異ᄒᆞᆫ所以니라主權이人民全體에在ᄒᆞᆫ者를共和國體라稱ᄒᆞ고一人의게在ᄒᆞᆫ者를君主國體라云ᄒᆞᄂᆞ니共和國體ᄂᆞᆫ主權이人民의게在ᄒᆞᆫ故로國家의政治를人民이스ᄉᆞ로行ᄒᆞᄂᆞ니라然이나此ᄂᆞᆫ國이小ᄒᆞ고民이寡홈이아니면不能ᄒᆞᆫ바ㅣ라故로近世의共和國은國民으

其利害

로ᄒᆞ여곰代議士ᄅᆞᆯ選出케ᄒᆞ고ᄯᅩ大統領一人을選擧ᄒᆞ야國家ᄅᆞᆯ代表케ᄒᆞᄂᆞ니佛蘭西國과北米合衆國等이곳是오君主國體ᄂᆞᆫ特定ᄒᆞᆫ一人이主權을掌握ᄒᆞ야써全國을統御ᄒᆞᄂᆞᆫ者ᄅᆞᆯ謂ᄒᆞᆷ이니支那帝國과露西亞國等이是니라前者에在ᄒᆞ야ᄂᆞᆫ國家全体가叅政의權을共有ᄒᆞ야被治者와治者가同一ᄒᆞᆷ으로暴君虐主의弊政을受ᄒᆞᆯ虞慮가無ᄒᆞ나人民이一時의情慾으로或國家百年의大計ᄅᆞᆯ計畫ᄒᆞᆷ이不能ᄒᆞ야往往非常過激ᄒᆞᆫ變態ᄅᆞᆯ釀起ᄒᆞᆷ이不無ᄒᆞᄂᆞ니此ᄂᆞᆫ歷史上에足徵ᄒᆞᆯ바ㅣ

니라後者에在ᄒᆞ야ᄂᆞᆫ不然ᄒᆞ니君主一人이萬民에君臨ᄒᆞᆷ으로써國家의機關이純一ᄒᆞ고其運轉ᄒᆞᄂᆞᆫ方法도甚히圓滑ᄒᆞ며ᄯᅩ君主ᄂᆞᆫ專意로國家永遠의利益을計畫ᄒᆞ고ᄯᅩ機ᄅᆞᆯ臨ᄒᆞ고變을應ᄒᆞ야敏活히處斷ᄒᆞᆷ을得ᄒᆞ며人民도ᄯᅩᄒᆞᆫ政治得失에奔走ᄒᆞᆷ이無ᄒᆞ고其業의安心ᄒᆞᆷ을得ᄒᆞ나百世中의君主가其德을失ᄒᆞᄂᆞᆫ者ㅣ不無ᄒᆞᆯ지니如斯ᄒᆞᆫ時에在ᄒᆞ야ᄂᆞᆫ其弊가甚大ᄒᆞᆫ지라故로近世에至ᄒᆞ야ᄂᆞᆫ文明諸國이大概立憲政体로써君主國体上에加ᄒᆞ야此等의弊害ᄅᆞᆯ未然에防禦ᄒᆞᄂᆞ니

라
國体와政体는서로混同홈이不可ᄒᆞ니國体는主權의所在를因ᄒᆞ야分ᄒᆞ고政体는主權行動의形式을因ᄒᆞ야異ᄒᆞ니라故로君主가國權을總攬홈은君主國体니憲法으로써統治의大法을定ᄒᆞ고

國体와政体의區別

立法行政司法의諸機關을設ᄒᆞ야統治의細則을實行ᄒᆞ는者를立憲政体라稱ᄒᆞ고君主國体로셔立憲政体된者를立憲君主政体라稱ᄒᆞᄂᆞ니라此政体에在ᄒᆞ야는君主下에代議의機關이有ᄒᆞ야民選의代議士가大政에參與ᄒᆞ야立法財政諸般

立憲君主政体

事項에關ᄒᆞ야協賛의責任이有홈으로써君主政体의効果를收ᄒᆞ고弊害를祛ᄒᆞ는者ㅣ되ᄂᆞ니라此는君主共和의兩國体를折衷ᄒᆞᆫ者로셔今日에在ᄒᆞ야比較上가장完全ᄒᆞᆫ政体라謂ᄒᆞᄂᆞ니英吉利國과日本國等이곳是니라(君主國体에在ᄒᆞ야立法의機關이無ᄒᆞ고各種法律이君主의命令으로出ᄒᆞᄂᆞᆫ者를君主專制政体라謂ᄒᆞᄂᆞ니上項에云ᄒᆞᆫ바支那帝國等이是니라)

國体와밋政体의性質을確定ᄒᆞ야國家의組織을明瞭히ᄒᆞ야治者와被治者의關係를規定ᄒᆞᆫ者는곳憲法이니라임의國家가有ᄒᆞ면써存立ᄒᆞ며써行動ᄒᆞ는바의組織과秩序가無치못ᄒᆞᆯ지라故로

憲法

不文及成文憲法

憲法은곳此의組織과秩序를定ᄒᆞᆫ者ㅣ니此ᄂᆞᆫ實로國家無上의大典이되여國民의欽遵無違ᄒᆞᄂᆞᆫ바ㅣ니라如斯히憲法은一國主權의行動을規定ᄒᆞ고臣民의權利義務를管理ᄒᆞᄂᆞᆫ바大法典이됨으로써國家를成立ᄒᆞᆫ者ᄂᆞᆫ반다시一定ᄒᆞᆫ憲法이無치못ᄒᆞᆯ지니다만成文存否의差別이有ᄒᆞᆯ뿐이니라

成文憲法의種類

成文憲法은其制定者의如何홈을依ᄒᆞ야名義를各異케ᄒᆞᄂᆞ니帝王이親히制定ᄒᆞᆫ者ᄂᆞᆫ欽定憲法이라云ᄒᆞ고君臣의商議를依ᄒᆞ야成ᄒᆞᆫ者ᄂᆞᆫ約定憲法이라云ᄒᆞ며人民이制定ᄒᆞᆫ者ᄂᆞᆫ民定憲

法이라云ᄒᆞᄂᆞ니라

立法權及行法權

國家ᄂᆞᆫ自体의保全과發達을目的ᄒᆞ야活動ᄒᆞᄂᆞᆫ有機体가됨으로써此目的을得遂코져ᄒᆞ야行爲의方法을決定ᄒᆞ고또決定ᄒᆞᆫ者를實行ᄒᆞᄂᆞᆫ機關이無치못ᄒᆞᆯ지니前者ᄂᆞᆫ곳立法權이오後者ᄂᆞᆫ곳行法權이니라

行政權及司法權

行法權을다시二種으로分ᄒᆞ야其一을行政權이라云ᄒᆞ고其一을司法權이라云ᄒᆞᄂᆞ니立法權은國會의協賛을經由ᄒᆞ야元首가此를裁可ᄒᆞ고行政權은國務大臣의輔弼을依ᄒᆞ야元首가此를發布ᄒᆞ며司法權은獨立된裁判所를

我國体의特質

依ᄒᆞ야元首가此를施行ᄒᆞᄂᆞ니라如斯히立法行政司法의三權은各其特殊ᄒᆞᆫ機關의翼贊ᄒᆞᄂᆞᆫ바ㅣ나此를總攬統轄ᄒᆞᆷ은元首의大權이니라

大凡我國体ᄂᆞᆫ君主國体로專制政体를依ᄒᆞᆫ바곳君主專制政体시니其尊嚴密勿ᄒᆞᆫ体裁ᄂᆞᆫ吾人臣民이中外에誇示ᄒᆞᆯ바ㅣ니라皇祖建國以來로一天萬乘의君上이億兆에君臨ᄒᆞ사一日도寶籙이勿替ᄒᆞ야亂臣賊子의敢히覬覦치못ᄒᆞᆷ은玆에更言ᄒᆞᆯ바ㅣ아니오時或世運의推移ᄒᆞᆷ을隨ᄒᆞ야權親貴戚의跋扈ᄒᆞᆷ이有ᄒᆞ나或은主權行動形式에

正變이有ᄒᆞᆯᄲᅮᆫ이오主權所在에至ᄒᆞ야ᄂᆞᆫ依然히皇帝掌中에在ᄒᆞ시니故로政体와國体ᄂᆞᆫ百世를亘ᄒᆞ야一定不動ᄒᆞᆫ바ㅣ되니라大凡君主ᄂᆞᆫ固有의權力을依ᄒᆞ야一國을統轄ᄒᆞᄂᆞᆫ者어ᄂᆞᆯ彼支那及歐洲의往古歷史와日本國關白의制度를按ᄒᆞᆯ진대名은皇帝라稱ᄒᆞ나實은人民代表者에無過ᄒᆞᆫ者ㅣ多ᄒᆞ야或은國体의變更이無常ᄒᆞ고或은主權의移轉이頻數ᄒᆞ니此ᄂᆞᆫ主權의一部를掌握ᄒᆞ고其全部를不有ᄒᆞᆫ者오或은其本体를僅有ᄒᆞ고行用의權能을不有ᄒᆞᆫ者ㅣ니總히君主의名稱

中興帝業

은有ᄒᆞ고君主의實權은無ᄒᆞᆫ者ㅣ라此例로써萬
世一統千古不易된我國体에比ᄒᆞ면엇지天壤의
差가有ᄒᆞᆯᄲᅮᆫ이리오我國에在ᄒᆞ야ᄂᆞᆫ不然ᄒᆞ니統
治의諸機關은天然的憲法範圍內에在ᄒᆞ야行動
ᄒᆞ고主權의体用은恒常皇帝掌握에在ᄒᆞ야一國
統治의大典及法令은總히陛下의權力으로制定
ᄒᆞ시ᄂᆞ니此ᄂᆞᆫ各君主國에比類ᄒᆞᆷ이無ᄒᆞᆫ바곳我
國体의特質이니라
神聖文武ᄒᆞ오신我大皇帝陛下ᄭᅴ오셔臨御三十
載에百度ᄅᆞᆯ更張ᄒᆞ시고誓告文과勅語ᄅᆞᆯ煥發ᄒᆞ

사(開國五百三年十二月十二日及十三日)國体와밋政体ᄅᆞᆯ確立ᄒᆞ시고臣民
의權義ᄅᆞᆯ明示ᄒᆞ시며國法과밋國制ᄅᆞᆯ一定ᄒᆞ사
舊邦의命을維新케ᄒᆞ시고前人의烈을增光케ᄒᆞ
시니此ᄂᆞᆫ宇內萬國의欽仰崇敬ᄒᆞᄂᆞᆫ바ㅣ라玆에
立憲制의或은萬一의弊가有ᄒᆞᆷ을軫念ᄒᆞ사아직
大憲을發布치아니ᄒᆞ심으로立法의機關은姑無
ᄒᆞ나行政及司法의機關을分設ᄒᆞ사統治의主權
으로此ᄅᆞᆯ總攬ᄒᆞ시고樞院을特設ᄒᆞ사言路ᄅᆞᆯ廣
開ᄒᆞ야人民의게叅政權을거위附與ᄒᆞ시니此에
不文憲法은儼然存在ᄒᆞ야國朝五百有餘年純正

ᄒᆞᆫ歷史上에一倍의光輝를添ᄒᆞ야中興의丕基를益益鞏固케ᄒᆞ신바ㅣ라吾人臣民된者ᄂᆞᆫ聖謨의優渥ᄒᆞ심을体念홈애엇지感激無涯ᄒᆞᆫ바ㅣ아니리오

列國憲法의大體

今에諸外國의憲法의大体를講確ᄒᆞᆯ진대開卷第一에統治의主体된皇位皇位繼承에關ᄒᆞᆫ事를大書ᄒᆞ고次에統治의客体된國土臣民에關ᄒᆞ야其權能義務를規定ᄒᆞ고次에統治의機關된國會政府로브터諸般作用에及ᄒᆞ얏시나皇位ᄂᆞᆫ統治의主体곳一國을統轄ᄒᆞᄂᆞᆫ主權의所在됨을表示ᄒᆞ

統治權

야皇帝ᄂᆞᆫ唯一無限의主權者됨을明確히ᄒᆞ고皇帝ᄂᆞᆫ統治의体用을併有ᄒᆞᆫ者로서立法行政의權能의由出ᄒᆞᄂᆞᆫ바오皇帝ᄂᆞᆫ國法과機關을依ᄒᆞ야統治ᄒᆞ나唯一無二의國權을掌握ᄒᆞ야神聖不可侵ᄒᆞᆫ바ㅣ되며皇帝ᄂᆞᆫ憲法及法律을制定ᄒᆞ야國法의源泉이된다ᄒᆞ니統治의主權은一國의元首된皇帝가掌握ᄒᆞ야此를世世相紹ᄒᆞ야永遠히皇裔에傳ᄒᆞᄂᆞᆫ바ㅣ되ᄂᆞ니今에我國体에比ᄒᆞᆯ진대些少도差異ᄒᆞᆫ바ㅣ無ᄒᆞ고憲法은다만此를特書ᄒᆞ야成典으로써明示홈에無過ᄒᆞ도다

國土及臣民

國家의本은國土와밋臣民에在ᄒᆞ니故로各國의憲法은國土와臣民에關ᄒᆞᆫ事ᄅᆞᆯ皇帝大權에次ᄒᆞ야記載ᄒᆞ니라大凡統治權은皇帝가國家에君臨ᄒᆞ야臣民을撫綏ᄒᆞᄂᆞᆫ至高ᄒᆞᆫ權이니立法行政百揆의事가此로브터出ᄒᆞᄂᆞᆫ바ㅣ라故로內에對ᄒᆞ야ᄂᆞᆫ不法을糺明ᄒᆞ야社會의幸福을增進ᄒᆞ고外에對ᄒᆞ야ᄂᆞᆫ國難을防禦ᄒᆞ야國勢ᄅᆞᆯ振張ᄒᆞᄂᆞ니臣民이此ᄅᆞᆯ依ᄒᆞ야其堵ᄅᆞᆯ安ᄒᆞ며此ᄅᆞᆯ依ᄒᆞ야其業을樂ᄒᆞᆷ으로忠君愛國의精神은統治權의完全ᄒᆞᆫ作用과서로表裏가되ᄂᆞᆫ바ㅣ니라我邦에在ᄒᆞ

야振古以來로一定ᄒᆞᆫ國土와一定ᄒᆞᆫ主權下에一定ᄒᆞᆫ臣民이生存幸福의樂을完全히ᄒᆞᆷ은總히我歷代聖皇의洋洋ᄒᆞ신聖德과赫赫ᄒᆞ신威靈을依ᄒᆞᆷ이니我臣民된者ᄂᆞᆫ益益히皇室을敬愛ᄒᆞ고國法에從順ᄒᆞ야忠勇禦侮의志ᄅᆞᆯ奮勵ᄒᆞᆷ이可ᄒᆞ니라

第二章 國民의本務

國民의本務

國이有ᄒᆞ면民이有ᄒᆞ니民은一定ᄒᆞᆫ國土와밋主權과ᄒᆞᆷ믜國家組織上에相離치못ᄒᆞᆯ者ㅣ라於是乎法律은其權利와밋義務ᄅᆞᆯ規定ᄒᆞ야吾人臣民

國權에服從ᄒᆞᄂᆞᆫ臣民의第一本務.

된者의國家에對ᄒᆞᆫ關係를明示ᄒᆞᄂᆞ니라

大凡臣民의第一本務ᄂᆞᆫ國權에服從홈에在ᄒᆞ니權利의享有ᄂᆞᆫ服從의結果ㅣ니라故로吾人이其生命財産名譽에關ᄒᆞ야國家의完全ᄒᆞᆫ保護를享受홈은總히國家統治權에對ᄒᆞ야服從의義務를完全히홈에職由홈이니라

我國家와臣民間에存ᄒᆞᆫ特別關係

特別히我大韓帝國에在ᄒᆞ야ᄂᆞᆫ臣民이國家에對ᄒᆞᆫ本務가諸外國과逈別ᄒᆞᆫ바ㅣ有ᄒᆞ니我太祖高皇帝씌오셔海內를掃蕩ᄒᆞ시고皇業을一統ᄒᆞ오셔萬世不易의丕基를神州漢陽에肇建ᄒᆞ

심으로브터爾來歷世相承ᄒᆞ사一系五百有餘年에綿綿ᄒᆞᆫ寶籙으로今日에式至ᄒᆞ시니帝國의國土ᄂᆞᆫ實로皇祖皇宗의創定ᄒᆞ신바오帝國의國民은大概神孫皇族의外裔로셔祖先以來로此土에生息ᄒᆞ야萬世一統의皇室에奉公ᄒᆞᆫ者ㅣ라故로我國에在ᄒᆞ야ᄂᆞᆫ皇室은國土와人民의本源이시니彼外邦에在홈과ᄀᆞᆺ치數多의異人種이羣集ᄒᆞ야契約或은强迫으로君臣의關係를定ᄒᆞ야써國家를建設ᄒᆞᆫ者와同日에論홀바ㅣ아니니라故로吾人臣民된者ᄂᆞᆫ國家에對ᄒᆞ야絕對의服從과忠

勇의精神으로써其本務를遂行홈이可ᄒᆞ니라大凡吾人은歐米諸國에在홈과깃치自己固有의權力을國家에讓ᄒᆞ야一定ᄒᆞᆫ條件下에服從홈을契約을成ᄒᆞᆫ者ㅣ아니니其服從은合意上으로出홈이아니오實로萬古不易된我國体의使然ᄒᆞᆫ바ㅣ라故로臣民이國家에對홈이자못一家의子女가其家長의게對홈과깃ᄒᆞ니라

權利義務ᄂᆞᆫ服從의結果

帝國臣民은國權에服從ᄒᆞᄂᆞᆫ結果로其權利義務를保有ᄒᆞᄂᆞ니今에吾人臣民의權利를言홀진대憲政國과깃치代議機關을設ᄒᆞ야國家事業에直

臣民의權利

接參與홈은無ᄒᆞ나諸般公共業務에就ᄒᆞ야得ᄒᆞᄂᆞᆫ바公權外에居住身体信敎言論著書集會請願等의自由를保有ᄒᆞ고또財產의安固와書信의秘密等을維持ᄒᆞᄂᆞᆫ權利를保有ᄒᆞᄂᆞ니라大抵居住身体의自由ᄂᆞᆫ人生의目的을得遂ᄒᆞᄂᆞᆫ바ㅣ니故로社會의安寧幸福을跂圖ᄒᆞᄂᆞᆫ政府ᄂᆞᆫ반다시此를保護홈으로先務를삼ᄂᆞ니라信敎의自由ᄂᆞᆫ國家의安寧秩序를妨害치아니ᄒᆞ고또臣民된本務에違背치아니홀限에在ᄒᆞ야ᄂᆞᆫ臣民自由에放任홈이可ᄒᆞᆫ바ㅣ라故로政府ᄂᆞᆫ人心의信仰思想의自

由를妨害홈이不可ᄒᆞ니라또公衆에對ᄒᆞ야我의思想을吐露ᄒᆞ며互相의意見을交換홈은吾人의均共히希望ᄒᆞ는바ㅣ라言論著書集會等은곳此目的을達ᄒᆞ는바ㅣ니社會의進步를爲ᄒᆞ야一日도欠闕치못홀者ㅣ니라請願은民意를上達ᄒᆞ는바ㅣ니輿論을貴重히녁이고公議를尊尙ᄒᆞ는政体에在ᄒᆞ야는또ᄒᆞᆫ必要ᄒᆞᆫ事로認ᄒᆞ는바ㅣ라故로國法은法律範圍와밋相當ᄒᆞᆫ規定下에在ᄒᆞ야並히其自由를容認ᄒᆞᄂᆞ니라住所居宅은곳吾人의城郭이니諸般의自由는其中에保護홈이되고

諸般의秘密은其中에儲藏홈이되여決斷코他人의侵入搜索홈을容許홀바ㅣ아니니라財産의安固됨이可ᄒᆞᆫ理由는玆에贅言홀者ㅣ아니오書信은他의轉聞을忌ᄒᆞ는바秘密ᄒᆞᆫ事件을相通ᄒᆞ는要具가됨으로써假令官廳이라도敢히吾人의書信의秘密홈을暴露홀者ㅣ아니니라以上諸般의權利는憲政國에在ᄒᆞ야는憲法의明文으로써規定ᄒᆞᆫ바ㅣ나帝國에在ᄒᆞ야는아직大憲章으로써明示홈은無ᄒᆞ고自來의固有慣例와各種法令을據ᄒᆞ야足徵홀바ㅣ니不文憲法이라稱ᄒᆞ야도足

國家의 憲法

히妄言이라아니ᄒᆞ노라
如斯히國家ᄂᆞᆫ法令과其他方法을依ᄒᆞ야吾人臣
民의安寧幸福을爲ᄒᆞ야其權利ᄅᆞᆯ認ᄒᆞ고他의侵
害毁損ᄒᆞᆷ에對ᄒᆞ야此ᄅᆞᆯ保護ᄒᆞᄂᆞᆫ責을自任ᄒᆞᄂᆞ
니吾人臣民된者가此에服從ᄒᆞ야其本務ᄅᆞᆯ自盡
ᄒᆞᆷ은本來當然ᄒᆞᆫ바ㅣ니라
國家ᄂᆞᆫ다만他의侵害凌辱에對ᄒᆞ야吾人의生命
財産과밋名譽ᄅᆞᆯ保護ᄒᆞᆯ뿐아니라臣民의利益과
幸福을增進ᄒᆞᆷ이되ᄂᆞᆫ者ᄂᆞᆫ此ᄂᆞᆫ勸奬勉勵ᄒᆞᆷ에不
怠ᄒᆞ야或은臣民으로ᄒᆞ여곰其職業과天分을應

ᄒᆞ야必要ᄒᆞᆫ教育을享得케ᄒᆞ며或은殖産興業의
道ᄅᆞᆯ開拓ᄒᆞ고市場을設ᄒᆞ야貿易을奬勵ᄒᆞ며或
은諸種藝術에特秀ᄒᆞᆫ者ᄅᆞᆯ優待ᄒᆞ며또諸般制度
의組織을設ᄒᆞ야臣民이不幸에陷ᄒᆞᆷ을防禦ᄒᆞ고
또임의不幸에陷ᄒᆞᆫ者ᄅᆞᆯ救濟ᄒᆞ며또外邦에對ᄒᆞ
야ᄂᆞᆫ自國臣民의名譽ᄅᆞᆯ顯揚ᄒᆞᆷ에勉力ᄒᆞᄂᆞ니吾
人臣民이一個人又ᄂᆞᆫ國民이되여安寧幸福의生
活을享得ᄒᆞᆷ은總히國家保護에基因ᄒᆞᆷ이라云ᄒᆞ
야도過言이아니니라此等保護ᄂᆞᆫ臣民自身의忠
實ᄒᆞᆫ服從으로브터享得ᄒᆞᆫ바ㅣ라故로吾人臣民

된者ᄂᆞᆫ日夕에國家의惠澤을感銘ᄒᆞ야圖報의實効ᄅᆞᆯ必要ᄒᆞᆯ지라

臣民의本務

然則臣民의本務ᄂᆞᆫ何ᄅᆞᆯ謂ᄒᆞᆷ이오其主要된者ㅣ大凡四種이有ᄒᆞ니一曰法律에服從ᄒᆞᄂᆞᆫ本務오二曰兵役에就ᄒᆞᄂᆞᆫ本務오三曰租稅ᄅᆞᆯ納ᄒᆞᄂᆞᆫ本務오四曰子女ᄅᆞᆯ敎育ᄒᆞᄂᆞᆫ本務가是니라立憲國에在ᄒᆞ야ᄂᆞᆫ代議士選擧ᄒᆞᄂᆞᆫ本務ᄅᆞᆯ並ᄒᆞ야合其五種의本務가有ᄒᆞ니라

國法을遵奉ᄒᆞᆷ

國家에對ᄒᆞᆫ臣民의第一本務ᄂᆞᆫ國家의規定ᄒᆞᆫ바法律에服從ᄒᆞᆷ에在ᄒᆞ니此ᄂᆞᆫ多言을不須ᄒᆞ고可

知ᄒᆞᆯ바ㅣ니라大抵法律은國家의基礎ㅣ니國家가此ᄅᆞᆯ依ᄒᆞ야써一個人의私心私慾을抑制ᄒᆞ고臣民公共의利益을爲ᄒᆞ야公平無私ᄒᆞᆫ權力을普及케ᄒᆞᄂᆞᆫ바ㅣ니라또法律은萬物의保障이니暴力으로ᄒᆞ여금公道에服從케ᄒᆞ고公道로ᄒᆞ여금暴力에不屈케ᄒᆞ며正義ᄂᆞᆫ此ᄅᆞᆯ保護ᄒᆞ고奸惡은此ᄅᆞᆯ懲戒ᄒᆞ야社會의秩序로ᄒᆞ여금一毫도紊亂ᄒᆞᆷ이無케ᄒᆞᄂᆞᆫ바ㅣ니라物이有ᄒᆞ면반ᄃᆞ시則이有ᄒᆞ니國家가一日이라도法律이無치못ᄒᆞᆯ지라故로法律에服從치아니ᄒᆞᄂᆞᆫ者ᄂᆞᆫ國家의敵이니

國家保護下에置홈이不可ᄒᆞ니라
法律은다만國內의平和를維持홈에欠闕치못홀者ㅣ될뿐아니라또一國의獨立을保障ᄒᆞᄂᆞᆫ者ㅣ니라萬一國民으로ᄒᆞ여곰其國法에服從치아니ᄒᆞ면此ᄂᆞᆫ所謂無政府니一朝에外敵의侵入을遇ᄒᆞ면자못滅亡홈에至홀지라古來로브터邦國의滅亡홈은大概法令이國內에不行ᄒᆞ야臣民이其運動을同一히아니홈을因홈이니라

或은言호대不正ᄒᆞᆫ法律은此를遵奉홀本務가無ᄒᆞ다ᄒᆞ나決斷코不然ᄒᆞ니라法律은國家主權者

國法에對ᄒᆞᆫ臣民의服從은絶對的이됨

의命令ᄒᆞᄂᆞᆫ바ㅣ니臣民된者ᄂᆞᆫ其主權에對ᄒᆞ야絶對的服從의本務가有홈으로써國家保護下에在ᄒᆞᆫ以上은반다시絶對的으로此를遵奉치아니치못홀지니라萬一其法律로ᄒᆞ여곰眞個正當치못ᄒᆞᆫ者ㅣ有홀진대맛당히相當ᄒᆞᆫ方法으로써此를改良홈을講究홈이可ᄒᆞ니立憲政体된者ᄂᆞᆫ實로如斯ᄒᆞᆫ公議衆論을容認ᄒᆞᄂᆞᆫ必要로브터成立ᄒᆞᆫ바ㅣ니라

法律과命令곳勅令은國家統治의作用이니總히皇帝大權에出홈으로써此를遵奉홈은곳國家情

國法의大体를通曉홈은臣民의本務

神에服從홈이니라大凡法律이란者ᄂᆞᆫ立憲政体에在ᄒᆞ야ᄂᆞᆫ立法機關된國會의議定을經ᄒᆞ야裁可로써發布ᄒᆞ고專制政体에在ᄒᆞ야ᄂᆞᆫ行法機關된政府의制定을依ᄒᆞ야裁可로써發布홈을謂홈이오命令이란者ᄂᆞᆫ立憲과專制를勿論ᄒᆞ고元首의大權으로써直行發布홈을謂홈이니라

前條에述홈과ᄀᆞᆺ치法律에服從홈은國民의第一本務ㅣ니我國民이忠君愛國의精神이素富홈은本來中外에無愧ᄒᆞᆫ바ㅣ라敢히國家의大法을背戾ᄒᆞᄂᆞᆫ者ㅣ無ᄒᆞ나大概國法의大体를通曉홈이

아니면自治의精神으로臣民의公德을維持홈이不能홀지라故로適宜히國家의法律을從順코져홀진대미리其大体를了知홈이可ᄒᆞ니라大抵今日時代에在ᄒᆞ야ᄂᆞᆫ高尙ᄒᆞᆫ愛國心이라도完全ᄒᆞᆫ國家的知識과互相表裏홈이아니면往往無謀非道의擧動이無홈을確保키難ᄒᆞ니自國体制의法律大要를通曉홈은今日臣民된者의急務라謂홀지니라

官吏를尊敬ᄒᆞᄂᆞᆫ本務

國家의法律에從順ᄒᆞᄂᆞᆫ者ᄂᆞᆫ또ᄒᆞᆫ國家의官吏를尊敬치아니치못홀지니何者오官吏ᄂᆞᆫ國法을施

行ᄒᆞᄂᆞᆫ職務ᄅᆞᆯ帶ᄒᆞ야곳國家統治의權力을代表ᄒᆞᆫ者ㅣ된所以니라故로一個人으로特別히尊敬ᄒᆞᆷ을不要ᄒᆞᆯ人이라도官吏가된以上은相當ᄒᆞᆫ尊敬을表ᄒᆞᆷ이理에當然ᄒᆞᆫ바ㅣ어ᄂᆞᆯ世人이往往官吏로ᄡᅥᄒᆞᆫ갓壓制ᄅᆞᆯ行ᄒᆞᄂᆞᆫ者로認定ᄒᆞ야妄悖히反抗輕侮의風習을示ᄒᆞ고慷慨義俠으로ᄡᅥ自居ᄒᆞᄂᆞᆫ者ㅣ有ᄒᆞ니此ᄂᆞᆫ곳國法을蔑視ᄒᆞ며侮辱ᄒᆞᄂᆞᆫ者ㅣ라決斷코忠良ᄒᆞᆫ臣民의得行ᄒᆞᆯ바ㅣ아니니라

兵役의本務

兵役의本務ᄂᆞᆫ臣民이國家에對ᄒᆞ야當然히負擔

ᄒᆞᆫ바ㅣ니라大抵兵은兇器니軍旅干戈의事ᄂᆞᆫ國家가期期코忌避ᄒᆞᆷ이可ᄒᆞᆫ바ㅣ나內外의形勢ᄅᆞᆯ觀察ᄒᆞᆯ진대아직須臾間이라도兵備ᄅᆞᆯ解除ᄒᆞᆷ은事實上到底不能ᄒᆞᆫ바ㅣ니라國家의目的은外로列國에對ᄒᆞ야ᄂᆞᆫ獨立의國体ᄅᆞᆯ保全ᄒᆞ고內에在ᄒᆞ야ᄂᆞᆫ臣民의安寧幸福을計畫ᄒᆞᆷ에在ᄒᆞ니故로

兵備의必要

世界萬國中에並立ᄒᆞ야此目的을得遂코저ᄒᆞᆯ진대맛당히外로ᄂᆞᆫ外敵의侵掠을防禦ᄒᆞ고內로ᄂᆞᆫ叛徒의不逞을鎭撫ᄒᆞᄂᆞᆫ準備가無치못ᄒᆞᆯ지니兵力은곳此의準備라故로世界萬國이古來로브터

兵備의無ᄒᆞᆫ國이無ᄒᆞ니라

一國의兵備ᄂᆞᆫ其國의臣民으로써此에充ᄒᆞᄂᆞ니
此ᄂᆞᆫ國民이總히兵役의本務ᄅᆞᆯ負擔ᄒᆞᆫ所以니라

我邦은國初로브터中葉에至ᄒᆞ기ᄭᆞ지海內의壯
丁이總히軍役에服從ᄒᆞᄂᆞᆫ本務가有ᄒᆞ더니中葉
以後로昇平日久ᄒᆞ야文治ᄅᆞᆯ專尙ᄒᆞ고武道ᄅᆞᆯ不
備ᄒᆞᆷ으로士大夫와軍民의階級이懸隔ᄒᆞ야軍丁
은平民에限ᄒᆞᆫ바ㅣ되고近代에至ᄒᆞ야ᄂᆞᆫ軍丁은
一個特別ᄒᆞᆫ種族이되며軍籍에編載ᄒᆞᆫ者ᄂᆞᆫ世世
로其役을襲服ᄒᆞᆷ으로此ᄅᆞᆯ軍族이라指稱ᄒᆞ더니

龍德이中興ᄒᆞ샤百度ᄅᆞᆯ更張ᄒᆞᆷ으로브터軍制도
亦ᄒᆞᆫ一變ᄒᆞ야

大皇帝陛下ᄭᅴ오셔親히大元帥位에居ᄒᆞ샤軍機
ᄅᆞᆯ總攬ᄒᆞ심에全國의臣民은共히兵役의本務ᄅᆞᆯ
負擔ᄒᆞᆫ바ㅣ되니라兵役은大槪現役豫備後備의
三種으로分ᄒᆞ고徵兵令으로써全國의成年된男
子ᄅᆞᆯ徵募ᄒᆞ야現役에服從케ᄒᆞ며此ᄅᆞᆯ常備軍이
라ᄒᆞ고常備軍으로滿期된者ᄂᆞᆫ豫備軍이되여服
役케ᄒᆞ고豫備軍으로滿期된者ᄂᆞᆫ後備軍이되여
服役케ᄒᆞ며此外에다시國民軍의一種特制ᄅᆞᆯ設

ᄒᆞ야常備豫備後備에不在ᄒᆞᆫ者ᄂᆞᆫ總히此에編入ᄒᆞ야一朝有事ᄒᆞᆫ時ᄂᆞᆫ臨時에此를召集ᄒᆞᄂᆞ니國家ᄂᆞᆫ國家를組織ᄒᆞᆫ바臣民全体로써持保ᄒᆞᄂᆞᆫ原理에出ᄒᆞᆫ所以니라以上의軍制ᄂᆞᆫ今日世界萬國이總히國民皆兵의主義를取ᄒᆞᆫ바ㅣ라故로我邦에在ᄒᆞ야셔도大概此制度를採用ᄒᆞᆫ바ㅣ나庶軍草創ᄒᆞᆫ今日을當ᄒᆞ야아직徵兵法을實行치못ᄒᆞᆷ은吾人國民된者의甚히遺憾ᄒᆞᄂᆞᆫ바ㅣ니라彼文化程度가아직幼穉ᄒᆞᆫ國에在ᄒᆞ야ᄂᆞᆫ大概雇傭兵으로써軍備에充ᄒᆞ야國家干城의任을擔負케ᄒᆞ

ᄂᆞ니此等國의臣民된者ᄂᆞᆫ自身의本務를抛棄ᄒᆞᆯ뿐아니라國으로써敵의게與ᄒᆞᆷ이니吾人은此에對ᄒᆞ야엇지戒懼ᄒᆞᆯ바ㅣ아니리오

兵役은國民의特有ᄒᆞᆫ權利

또他一方으로觀ᄒᆞᆫ즉兵役의本務됨은國民의特有ᄒᆞᆫ權利니外國人은決斷코此權利를享得치못ᄒᆞᆯ바ㅣ니라我의마장敬愛ᄒᆞᄂᆞᆫ바國家를爲ᄒᆞ야身命을捨ᄒᆞ고戮力ᄒᆞᆷ을得ᄒᆞᆷ은엇지吾人臣民된者의最大本務됨과同時에最大名譽됨이아니리오今에我大韓帝國의現狀을觀察ᄒᆞᆷ애宇內列國間에對峙ᄒᆞ야激烈ᄒᆞᆫ生存競爭場裏를經過치아

尙武는國朝의固有制度

니치못ᄒᆞᆯ지라殖産興業은富國强兵ᄒᆞ는道에本
來欠闕치못ᄒᆞᆯ者ㅣ나一朝有事ᄒᆞᆫ時ᄅᆞᆯ當ᄒᆞ야國
家의獨立을維持ᄒᆞ고國威ᄅᆞᆯ奮揚ᄒᆞ는者는專히
兵力에在ᄒᆞ니萬世無疆ᄒᆞ신皇室을奉戴ᄒᆞ고天
壤無窮ᄒᆞᆫ國土에棲息ᄒᆞ는我帝國臣民된者는君
國을爲ᄒᆞ야敵愾奮勵의志ᄅᆞᆯ蓄積ᄒᆞᆷ이可ᄒᆞ니라
大凡武道ᄅᆞᆯ尊尙ᄒᆞᆷ은國朝의固有ᄒᆞᆫ制度ㅣ라皇
祖씌오셔武威文德으로써海內ᄅᆞᆯ定一ᄒᆞ심으로
브터歷代聖主는武備에不懈ᄒᆞ샤皇都에五衛及
訓鍊院을設ᄒᆞ시고國內諸道에兵馬及水軍節度

使ᄅᆞᆯ置ᄒᆞ시며其他要害地에鎭堡와兵營을設ᄒᆞ
샤國防을嚴히ᄒᆞ신지라故로太祖朝에在ᄒᆞ야琉
球王이使价ᄅᆞᆯ派來ᄒᆞ야藩臣을稱ᄒᆞ고暹羅王이
方物을貢獻ᄒᆞ며降倭가六等의土物을獻ᄒᆞ야化
氓됨을願ᄒᆞ고野人酋長의게萬戶의職을除授ᄒᆞ
샤聖恩의如天ᄒᆞ심을示ᄒᆞ심으로브터皇國의武
威가四藩에赫赫ᄒᆞ니라自後定宗朝로브터成宗
朝에至ᄒᆞ기ᄭᆞ지女眞萬戶好時乃等과日本國五
島守源勝과肥前守源盛等의貢獻이不絕ᄒᆞ고世
宗及成宗聖代에在ᄒᆞ야對馬州越中守盛弘이就

降ᄒᆞᆷ에其歸化ᄒᆞᆫ種族을薺浦鹽浦及釜山浦에移殖ᄒᆞ야其聖德의懷柔ᄒᆞ심을亦ᄒᆞ시고宣祖聖代에在ᄒᆞ야日軍의十萬이東土에壓殺됨으로브터外寇가敢히神州를窺覦ᄒᆞᄂᆞᆫ者ㅣ無ᄒᆞ니爾來大韓帝國의國光이四海에遠揚ᄒᆞ야宇內의耳目을驚動ᄒᆞᆷ에至ᄒᆞ니라今에往史를追究ᄒᆞᆯ진대總히列聖朝의武威文德을因ᄒᆞᆷ이나또ᄒᆞᆫ我邦人士의忠勇ᄒᆞᆫ精神이素富ᄒᆞ야一心奉公ᄒᆞᆷ이아니면엇지此를得致ᄒᆞ리오吾人臣民된者ᄂᆞᆫ맛당히勇敢ᄒᆞᆫ兵士가되며奮勵의志氣로其役에就ᄒᆞᆯ지며임의

其役에就ᄒᆞᆫ時ᄂᆞᆫ信義를守ᄒᆞ고忠節을盡ᄒᆞ야써吾人祖先의名譽를失墜치아니ᄒᆞᆷ으로自期ᄒᆞᆯ지니라

租稅를供納ᄒᆞᄂᆞᆫ本務

租稅를供納ᄒᆞᆷ이國民의重大ᄒᆞᆫ本務됨은玆에贅言ᄒᆞᆯ바ㅣ無ᄒᆞ니何者오國家ᄂᆞᆫ臣民을保護ᄒᆞᆷ으로第一의目的을삼ᄂᆞᆫ故로臣民保護ᄒᆞᆷ을爲ᄒᆞ야要ᄒᆞᄂᆞᆫ바費用은臣民이此를負擔ᄒᆞᆷ이可ᄒᆞᆫ所以니라世人이往往租稅로써다만政府를爲ᄒᆞ야供納ᄒᆞᆷ으로誤認ᄒᆞ야不平ᄒᆞᆫ意思를懷ᄒᆞ고誹訕의言語를出ᄒᆞᄂᆞᆫ者ㅣ不無ᄒᆞ니此ᄂᆞᆫ畢竟無知蒙昧

ᄒᆞ야國家須要의費途를不辨홈에職由홈이니라

一人一家의安全ᄒᆞᆫ幸福은衣食住ᄲᅮᆫ으로써得홈이可ᄒᆞᆫ者ㅣ아니오社會國家의安全幸福을必須ᄒᆞᆯ지며社會國家의安全幸福을維持홈에ᄂᆞᆫ完全ᄒᆞᆫ政府의組織을必須ᄒᆞᆯ지니此ᄂᆞᆫ곳一國의臣民된資格을保全코져ᄒᆞᆯ진대반다시政府의須要ᄒᆞᄂᆞᆫ바費用을支應치아니홈이不可ᄒᆞᆫ所以니라

以上에述ᄒᆞᆫ바本務ᄂᆞᆫ大概國法으로써規定ᄒᆞᆫ바에基因홈이나玆에法律의制裁로써强行홈을不待ᄒᆞ고一個의國民이되여一般人民의必行ᄒᆞᆯ本

務가有ᄒᆞ니何者오곳子女를教育ᄒᆞᄂᆞᆫ本務가是니라

子女教育의本務

子女의게普通教育을施與홈은一個人되여世의父母된者의本務ㅣ니라然이나世의子女된者ᄂᆞᆫ父母에對ᄒᆞ야子女됨과홈ᄭᅴ一國에對ᄒᆞ야셔ᄂᆞᆫ臣民이된지라故로世의父母된者ᄂᆞᆫ其子女를私有物로認定치말고各各一個의臣民이되여他日에國家를裨益홈에必要ᄒᆞᆫ教育을施與홈을要ᄒᆞᆯ지니此이곳父母된者의國家에對ᄒᆞᆫ本務ㅣ니라

子女ᄂᆞᆫ父母의私有가아니오國家의臣民이라

如斯ᄒᆞᆫ精神으로써子女의게教育을施與ᄒᆞ면다

만國家의有益ᄒᆞᆫ人物을得成ᄒᆞᆯ뿐아니라또ᄒᆞᆫ子女自身의幸福이此에過ᄒᆞᄂᆞᆫ者ㅣ無ᄒᆞᆯ지니라

國家ᄂᆞᆫ國民으로써組織ᄒᆞᆫ바오個人은國民을組成ᄒᆞᄂᆞᆫ元素ㅣ니故로一個人의賢愚勤惰ᄂᆞᆫ곳一國上에多少影響이延及ᄒᆞᄂᆞᆫ者ㅣ니라또一個人이되여如何히優秀ᄒᆞᆫ資性을具有ᄒᆞᆯ지라도萬一國家의一民이되여何等의功績이無ᄒᆞᆯ진대此ᄂᆞᆫ足히國民의本務ᄅᆞᆯ盡ᄒᆞ엿다謂ᄒᆞ기不能ᄒᆞᆯ지니故로世의子女ᄅᆞᆯ敎育ᄒᆞᄂᆞᆫ者ᄂᆞᆫ恒常國家의性質을對照ᄒᆞ고其目的과情狀을應ᄒᆞ야指導의方法

國民敎育의必要

을取ᄒᆞᆷ이可ᄒᆞ니라비록學藝ᄅᆞᆯ通ᄒᆞ고才智가長ᄒᆞᆯ지라도萬一國家利害에思想이冷落ᄒᆞᆫ者ᄂᆞᆫ決斷코贊賞ᄒᆞᆷ이可ᄒᆞᆫ者ㅣ아니오또國家의岌嶪ᄒᆞᆫ時ᄅᆞᆯ當ᄒᆞ야逡巡狐疑ᄒᆞᄂᆞᆫ者ᄂᆞᆫ一個人이되여비록完全ᄒᆞᆫ才學을兼備ᄒᆞᆯ지라도다만世人의唾罵ᄒᆞᆷ이될뿐이니此ᄂᆞᆫ實로國民敎育의必要된所以라世의父母된者ᄂᆞᆫ맛당히深思熟考ᄒᆞᆯ바ㅣ니라

然ᄒᆞᆫ故로各種專門의敎育은各各其人의所好ᄒᆞᄂᆞᆫ바에放任ᄒᆞᆷ이可ᄒᆞ나父母된者ᄂᆞᆫ其子女로ᄒᆞ여곰國家의制定ᄒᆞᆫ바普通敎育은반다시受學케

ᄒᆞᆷ이可ᄒᆞ니此ᄂᆞᆫ一個國民된資格을保有ᄒᆞᆷ에欠闕치못ᄒᆞᆯ者ㅣ됨으로써ㅣ니라

以上은다만國家에對ᄒᆞᆫ本務의ᄀᆞ장主要된者로概擧ᄒᆞᆯᄲᅮᆫ이오其詳細ᄒᆞᆫ者에至ᄒᆞ야ᄂᆞᆫ玆에枚擧ᄒᆞᆷ에不遑ᄒᆞᆯ지니其要ᄂᆞᆫ國法의規定ᄒᆞᆫ바로隨ᄒᆞ야其職分을忠實히遵奉ᄒᆞ고ᄯᅩ國家의獨立富强을爲ᄒᆞ야臣民된本務로盡行ᄒᆞᆷ에在ᄒᆞ니라

國家에對ᄒᆞᆫ本務와家族社會에對ᄒᆞᆫ本務의關係

然이나國家에對ᄒᆞᆫ本務ᄂᆞᆫ家族社會에對ᄒᆞᆫ本務로妨害ᄒᆞᄂᆞᆫ者ㅣ아니오도로혀家族社會에對ᄒᆞ야完全ᄒᆞᆫ本務로盡行ᄒᆞᆷ은곳國家에對ᄒᆞ야忠良

ᄒᆞᆫ臣民된所以니大凡此로倫理學上으로보터見ᄒᆞᆯ時ᄂᆞᆫ家族이라云ᄒᆞ고社會라云ᄒᆞ며ᄯᅩ國家라云ᄒᆞᄂᆞᆫ者ᄂᆞᆫ總히人生幸福의目的을達ᄒᆞᆷ에須要된手段에不外ᄒᆞᆷ이니라人生은出生ᄒᆞᆷ으로보터社交的動物이라離羣索居ᄒᆞ야能히幸福될바ㅣ無ᄒᆞ니於是乎一家族을成立ᄒᆞ니라然이나家族은單獨히存在ᄒᆞᆷ이不能ᄒᆞᆯ지니牆外로擧ᄒᆞ야敵地로假定ᄒᆞᆯ진ᄃᆡ其生活은慘憺搖落ᄒᆞᆷ에自止ᄒᆞᆯ지니於是乎其利害로共同히ᄒᆞᄂᆞᆫ人民이相聚ᄒᆞ야社會로組成ᄒᆞ니라然이나人이多ᄒᆞ면意가相

合치못ᄒᆞ며意가相合치못ᄒᆞ면一定ᄒᆞᆫ目的과整齊ᄒᆞᆫ秩序로써一人과ᄀᆞᆺ치行動ᄒᆞᆷ이不能ᄒᆞᆯ지라故로家에家法이有ᄒᆞᆷ과ᄀᆞᆺ치社會도ᄯᅩᄒᆞᆫ統治의主体가無치못ᄒᆞᆯ지니於是乎主權者가起ᄒᆞ야此主權을行動ᄒᆞᄂᆞᆫ바機關을設ᄒᆞ야玆에國家의基礎ᄅᆞᆯ建ᄒᆞ니라故로家族의必要된所以ᄂᆞᆫ곳國家의必要된所以니ᄒᆞᆷᄭᅴ人生의須要된者ㅣ니라如斯히家族과社會와國家ᄂᆞᆫ並히同一의目的으로由來ᄒᆞᆫ者ㅣ됨으로其間에本務의衝突이有ᄒᆞᆯ理가毫無ᄒᆞ니라

公私兩德의調和

然ᄒᆞᆫ故로私德과밋公德과社會家族에對ᄒᆞᆫ本務와國家에對ᄒᆞᆫ本務ᄂᆞᆫ決斷코離背或은矛盾될事가無ᄒᆞ니라君에忠ᄒᆞᆷ은곳父母의게孝ᄒᆞᄂᆞᆫ바오國家ᄅᆞᆯ篤愛ᄒᆞᄂᆞᆫ者ᄂᆞᆫ곳社會ᄅᆞᆯ爲ᄒᆞᄂᆞᆫ바오人人이其職을勉勵ᄒᆞ며其業을謹務ᄒᆞ면家族이其惠ᄅᆞᆯ蒙ᄒᆞ고社會가其澤을被ᄒᆞ며國家가ᄯᅩᄒᆞᆫ其益을受ᄒᆞᆯ지오國難에赴ᄒᆞ야勇이無ᄒᆞᆷ은國家에不忠됨과ᄒᆞᆷᄭᅴ父母의게不孝되ᄂᆞᆫ者ㅣ오同胞에對ᄒᆞ야信이無ᄒᆞᆷ은社會에不義될ᄲᅮᆫ아니라ᄯᅩᄒᆞᆫ家族에不德되ᄂᆞᆫ者ㅣ니人生의道德은公私自他ᄅᆞᆯ

立憲國臣民의代議士選擧ᄒᆞᄂᆞᆫ本務

勿論ᄒᆞ고서로關聯調和ᄒᆞ야決斷코乖離睽違ᄒᆞᆷ이無ᄒᆞ니라萬一不然ᄒᆞ야善惡邪正이事와物을應ᄒᆞ야眞面을變換ᄒᆞ고名義를倒錯ᄒᆯ時ᄂᆞᆫ家族과國家ᄂᆞᆫ一日도安全ᄒᆞᆷ을得保치못ᄒᆯ지니라

玆에吾人의叅考ᄒᆞᆷ을爲ᄒᆞ야代議士選擧의本務를大略尾陳ᄒᆞ노라代議士選擧의本務ᄂᆞᆫ立憲國臣民된者의ᄀᆞ장愼重ᄒᆞᄂᆞᆫ바ㅣ니諸般本務ᄂᆞᆫ法律의詳細規定ᄒᆞᆫ바를依ᄒᆞ야此를遂行ᄒᆯᄲᅮᆫ이나代議士選擧ᄒᆞᄂᆞᆫ本務에至ᄒᆞ야ᄂᆞᆫ國法은其大要만槪示ᄒᆯᄲᅮᆫ이오選擧ᄒᆯ人物의如何ᄂᆞᆫ人民自由

에放任ᄒᆞᆷ으로써其責任이一層重大ᄒᆞ니라

大凡代議士를選擧ᄒᆞᆷ은要컨대多數人民의意見을徵ᄒᆞ야公議輿論으로써決行ᄒᆞᆷ을爲ᄒᆞᆷ이니下으로郡市面村會議員으로브터上으로國會議員에至ᄒᆞ기ᄭᆞ지總히其國人民에直接利害가有ᄒᆞᆫ바國家의政治를協贊ᄒᆞᄂᆞᆫ者ㅣ됨으로써人民은公明正大ᄒᆞᆫ方法을依ᄒᆞ야ᄀᆞ장適當ᄒᆞᆫ人物을選擧ᄒᆞᆷ이可ᄒᆞ니라就中國會ᄂᆞᆫ一國의樞要된統治機關이니立法에叅與ᄒᆞᆷ과國庫歲計의豫筭을議定ᄒᆞᆷ과決筭을審査ᄒᆞᄂᆞᆫ權能을保有ᄒᆞᆫ者ㅣ라故

投票에關ᄒᆞᆫ選擧人과被選擧人의本務

로代議士의選擧는特別히鄭重親切ᄒᆞᆫ意로此를執行ᄒᆞᆯ지니善良ᄒᆞᆫ代議士를得ᄒᆞᆷ은一國臣民의福祉가될뿐아니라上으로元首의渴望ᄒᆞ는聖衷을奉荅ᄒᆞᆷ이됨으로써ㅣ니라

萬一故意로써投票權을放棄ᄒᆞ고或은偏頗의私情으로써不適當ᄒᆞᆫ人物을投票ᄒᆞ거나又는投票를賣買ᄒᆞ고或은賄賂로써不正ᄒᆞᆫ多數의投票를得코져ᄒᆞᆷ은다만一個人의卑野ᄒᆞᆫ行爲가될뿐아니라上으로國家皇室에對ᄒᆞ고下으로社會人民에對ᄒᆞ야其本務를失墜ᄒᆞ고公德을欠缺ᄒᆞ는者

ㅣ라謂ᄒᆞᆯ지니라故로選擧人된者는미리被選擧人될者의人物德行學識等에關ᄒᆞ야果然人民을代表ᄒᆞ야大政에叅與ᄒᆞᆯ資格이有ᄒᆞᆫ與否를鑑別ᄒᆞᆷ이可ᄒᆞᆯ지며또被選擧人될者는미리自己의主義와意見을發表ᄒᆞ야此를選擧人의輿論에一任ᄒᆞ야公正ᄒᆞᆫ手段으로써投票ᄒᆞᆷ을請求ᄒᆞᆷ이可ᄒᆞ니金力으로써投票를買收ᄒᆞᆷ은ᄀᆞ장卑劣ᄒᆞᆫ行爲니라

第三章 愛國心

愛國心

國法에服從ᄒᆞ고兵役에就ᄒᆞ며租稅를納ᄒᆞᆷ은總

國民의本務ᄂᆞᆫ愛國心에根基홈을要홈

히國民의本務ㅣ니此等의本務를極盡히홈은다만法制의規定ᄒᆞᆫ바를不得已ᄒᆞ야遵奉홈을云홈이아니오國家를愛護ᄒᆞᄂᆞᆫ精神곳眞誠으로브터出홈을要ᄒᆞᆯ지니라一國의法律制度ᄂᆞᆫ如何히善美ᄒᆞᆯ지라도此를遵奉ᄒᆞᄂᆞᆫ臣民으로ᄒᆞ여곰至誠ᄒᆞᆫ愛國心으로브터出홈이아니면決斷코贊賞ᄒᆞᆯ바ㅣ아니니何者오다만法을畏ᄒᆞ야此를守ᄒᆞᄂᆞᆫ者ᄂᆞᆫ法이無ᄒᆞᆯ時ᄂᆞᆫ반다시惡事를行홈에忌憚이無홈으로써ㅣ니라

愛國心의必要

法律로써規定ᄒᆞᆫ바本務ᄂᆞᆫ要컨대消極的이되ᄂᆞ

니太平無事ᄒᆞᆫ時에在ᄒᆞ야ᄂᆞᆫ此로써足ᄒᆞ다ᄒᆞᆯ지나國步艱難ᄒᆞᆫ時를當ᄒᆞ야ᄂᆞᆫ國家의事ᄂᆞᆫ國民의義勇을必須ᄒᆞᆯ지니此ᄂᆞᆫ法으로써定ᄒᆞᆯ바ㅣ아니오國民各個의愛國心에一任ᄒᆞᆯ바ㅣ니라

ᄒᆞ믈며太平無事ᄒᆞᆫ時를當ᄒᆞ야셔도國家의富强은다만國民의消極的本務로써得致ᄒᆞᆯ바ㅣ아니니万一一國을擧ᄒᆞ야私利에孜孜ᄒᆞ고一人도國家의福利를爲ᄒᆞ야鞠躬ᄒᆞᄂᆞᆫ者ㅣ無ᄒᆞ면國運이日蹙ᄒᆞ야獨立平和를維持홈에困難ᄒᆞᆯ지니故로愛國心은一國幸福의根蒂라云ᄒᆞ야도決斷코過

愛國心의起原

言이아니니라

大凡愛國心은멀니國家歷史에起原ᄒᆞ고깁히國民腦髓에浸潤ᄒᆞ야並行不悖ᄒᆞᄂᆞᆫ者ㅣ라我大韓帝國은建國以來로一定ᄒᆞᆫ國土를據ᄒᆞ고萬世一統의皇室을戴ᄒᆞ야由前五百有餘年間에國家의寶籙이一日도或替ᄒᆞᆫ바ㅣ無ᄒᆞ시니臣民은總히皇室의外裔오皇室은實로國民의宗家ㅣ라其間에一種不易의國風을成ᄒᆞ야內外로브터攝取ᄒᆞᆫ百般事情이此에同化ᄒᆞ야國家의基礎를玆에確定ᄒᆞᆷ애千秋萬古에白岳의不騫ᄒᆞᆷ과東溟의無盡

ᄒᆞᆷ과ᄒᆞᆷᄭᅴ悠久悠長ᄒᆞᆷ을可期ᄒᆞᆯ지라故로我邦에在ᄒᆞ야ᄂᆞᆫ國家ᄂᆞᆫ자못一家와同ᄒᆞ야皇室은父母오人民은子女ㅣ니愛慕扶翼의情이特別히浹洽ᄒᆞᆫ바ㅣ니라또國土ᄂᆞᆫ吾人의祖先이玆에生長ᄒᆞ며玆에棲息ᄒᆞ야汗으로써此를肥ᄒᆞ고血로써此를護ᄒᆞ야맛ᄎᆞᆷ내遺骨을藏ᄒᆞᆫ바오百世에欽慕ᄒᆞᆷ이可ᄒᆞᆫ許多事蹟의興廢와千秋에景仰ᄒᆞᆷ이可ᄒᆞᆫ忠臣義士의存亡ᄒᆞᆫ바오吾人의思想感情風俗慣習을作成ᄒᆞᆫ一切歷史의終始ᄒᆞᆫ바ㅣ니國土ᄂᆞᆫ實로歷史의墳墓ㅣ라稱ᄒᆞᆷ이可ᄒᆞ니라ᄒᆞ믈며吾人

我國民의愛國心은맛당히世界에冠絶ᄒᆞᆯ原因

은此土에生ᄒᆞ고此土에長ᄒᆞ야萬古不磨의秀麗ᄒᆞᆫ山川을日夕에瞻望ᄒᆞᄂᆞᆫ바ㅣ니此에셔더옥親切ᄒᆞᆫ知己가何에在ᄒᆞ리오愛國心은實로這中에得來ᄒᆞ야國民의堅確ᄒᆞᆫ志氣와國家의隆盛ᄒᆞᆫ基礎를作成ᄒᆞᄂᆞᆫ者ㅣ니라

同一의國土라도同一의人民과同一의主權에係ᄒᆞᆫ바ㅣ아니면能히愛國心을發生치못ᄒᆞ며또同一의人民이라도一定ᄒᆞᆫ國土와一定ᄒᆞᆫ主權에係ᄒᆞᆫ바ㅣ아니면또ᄒᆞᆫ足히愛國心을發生치못ᄒᆞᄂᆞ니我大韓帝國은建國以來로一定ᄒᆞᆫ人民이一定

ᄒᆞᆫ皇室을愛戴ᄒᆞ야一定ᄒᆞᆫ國土에棲息ᄒᆞᆫ者ㅣ니吾人은各各素富ᄒᆞᆫ愛國心을더옥涵養ᄒᆞ야맛당히世界萬邦에卓冠됨을自期ᄒᆞᆯ지니라

愛國心의發表

然이나自國의觀念은他國을對ᄒᆞ야비로소生ᄒᆞᆷ과ᄀᆞᆺ치自國을愛ᄒᆞᄂᆞᆫ心은外國을對ᄒᆞ야비로소自覺됨이有ᄒᆞ니라故로愛國心이素富ᄒᆞᆫ國民이라도他國과交涉이無ᄒᆞᆫ時ᄂᆞᆫ맛ᄎᆞᆷ내此를自覺ᄒᆞᆯ機能이無ᄒᆞ니故로我邦古訓中에ᄂᆞᆫ愛國心을說道ᄒᆞᆫ者ㅣ幾稀ᄒᆞ니라然이나一朝에外邦과干戈로相交ᄒᆞ거나或은外寇의게恥辱을見ᄒᆞᆯ時ᄂᆞᆫ忠

勇ᄒᆞᆫ臣民의愛國心은미양偉大ᄒᆞᆫ敵愾心이되여顯出ᄒᆞᄂᆞ니宣祖壬辰에李忠武公(名舜臣)의輸忠奮威와趙重峯(名憲)高霽峯(名敬命)의仗義殉國ᄒᆞᆷ을因ᄒᆞ야鄰敵으로ᄒᆞ여곰國威를慴服케ᄒᆞᆷ과仁祖丙子에金文忠公(名尙容號仙源)의自縊과鄭桐溪(名蘊)의割腹과三學士(洪翼漢尹集吳達濟)의罵賊就死ᄒᆞᆷ을因ᄒᆞ야遼虜로ᄒᆞ여곰國光을景仰케ᄒᆞᆷ과聖上光武九年乙巳十月에閔忠正公(名泳煥)의白刃自裁와趙忠正公(名秉世)의仰藥自盡ᄒᆞᆷ을因ᄒᆞ야東土舍生으로薪에臥ᄒᆞ야膽을嘗케ᄒᆞᆷ은總히國家를愛護ᄒᆞᄂᆞᆫ精神으로出ᄒᆞᆫ바ㅣ

라歷代忠良의日星과又ᄒᆞᆫ炳義孤節은엇지다만勤王靖社ᄒᆞᆫ一時冤動에止ᄒᆞ리오其忠魂毅魄이萬古에不死ᄒᆞ야今日吾人腦髓에個個精靈을鍾毓ᄒᆞᆫ바ㅣ니라帝國三十餘年間에列邦과交好의約을締結ᄒᆞᆷ으로브터對外思想이國民間에勃興ᄒᆞ야世界에對峙ᄒᆞᆫ本邦의位置를自覺ᄒᆞᆷ에至ᄒᆞ니國民의愛國心은玆에一層加倍ᄒᆞᆯ지라ᄒᆞ믈며吾人의愛國ᄒᆞᄂᆞᆫ心은今日에初有ᄒᆞᆷ이아니라歷史上精華를並蓄ᄒᆞ야特種固有ᄒᆞᆫ根性을成ᄒᆞᆷ이리오

愛國心은國民의心을結合홈

大凡愛國心은國民의心을歸一케ᄒᆞᄂᆞᆫ者ㅣ라愛國心에對ᄒᆞ야ᄂᆞᆫ私怨도無ᄒᆞ고私利도無ᄒᆞ고私爭도無ᄒᆞ야國民全体의勢力이此心으로브터비로소表顯됨을得ᄒᆞᄂᆞ니故로深厚ᄒᆞᆫ愛國心을保有ᄒᆞᆫ國民은千萬人을通共ᄒᆞ야一髮을容ᄒᆞᆯ餘地가無ᄒᆞᄂᆞ니此ᄂᆞᆫ곳戰陣에臨ᄒᆞ야向ᄒᆞᄂᆞᆫ바의對敵ᄒᆞᆯ者ㅣ無ᄒᆞᆫ바ㅣ되ᄂᆞᆫ所以니라

愛國心은一國의元氣

愛國心의盛衰ᄂᆞᆫ곳一國元氣의消長되ᄂᆞᆫ바ㅣ라國家의强弱汚隆은專히其國民이其國을愛ᄒᆞᄂᆞᆫ精神多少에在ᄒᆞᄂᆞ니此ᄂᆞᆫ歷史上에明白ᄒᆞᆫ事實

이니라國을不愛ᄒᆞᄂᆞᆫ民은곳公으로써私에殉ᄒᆞᄂᆞᆫ民이니公으로써私에殉ᄒᆞᄂᆞᆫ民은其心이散離ᄒᆞᆯ지라民心이散離ᄒᆞ고國家가엇지호올노成立ᄒᆞᆷ을得ᄒᆞ리오一朝에內訌外憂를遇ᄒᆞ면土崩瓦解ᄒᆞᆷ에至ᄒᆞ리니此時를當ᄒᆞ야二三慷慨의士가忠을奮ᄒᆞ고義를仗ᄒᆞ야既傾ᄒᆞᆫ大厦를一木으로支撑ᄒᆞ고既倒ᄒᆞᆫ狂瀾을隻手로挽回코져ᄒᆞᆯ지라도時晚의嘆을空懷ᄒᆞᆯ지니古來로브터亡國의末路가擧皆如是ᄒᆞ니라

愛國心의ᄆᆞ장現出ᄒᆞᆷ은國家有事ᄒᆞᆫ時에可見ᄒᆞ

ᄂᆞ니此時를當ᄒᆞ야國家의命令이一下ᄒᆞ면國民은生命을抛棄ᄒᆞ고國難에勇赴ᄒᆞᆷ이可ᄒᆞ니라今日은兵勇을徵募ᄒᆞᆷ에關ᄒᆞ야一定ᄒᆞᆫ國法이有ᄒᆞᆷ으로써一個의私勇으로大事를妄擧ᄒᆞᆷ이不可ᄒᆞ니다만徵兵의令이有ᄒᆞᆯ時ᄂᆞᆫ欣然히應募ᄒᆞ고決斷코奔竄逃匿ᄒᆞ야公事에赴ᄒᆞᆷ을圖避ᄒᆞᆷ이不可ᄒᆞ니라萬一榮幸으로軍伍에編列ᄒᆞᆫ者ᄂᆞᆫ맛당히勇往直前ᄒᆞ야死ᄒᆞᆫ後已ᄒᆞᆯ지니人이世에生ᄒᆞ야一死치아니ᄒᆞᄂᆞᆫ者ㅣ誰가有ᄒᆞ리오맛당히死ᄒᆞᆯ바에死ᄒᆞ면死ᄒᆞ야도오히려生ᄒᆞᆷ이니라國家를

爲ᄒᆞ야身을犧牲에供ᄒᆞ며皇室을爲ᄒᆞ고又ᄂᆞᆫ後世子孫을爲ᄒᆞ야一命을捨ᄒᆞᆷ은眞正ᄒᆞᆫ帝國男子의ᄆᆞ장名譽로自許ᄒᆞᆯ바ㅣ니라

排外心과愛國心

然이나愛國心이有ᄒᆞᆫ者ᄂᆞᆫ其行爲가往往過激ᄒᆞᆷ에失ᄒᆞᄂᆞᆫ弊가有ᄒᆞᄂᆞ니吾人은맛당히愼重ᄒᆞᆷ을要ᄒᆞᆯ지니라ᄒᆞ믈며故意로써外人을輕蔑히ᄒᆞᆷ은自己의狹量偏見을表示ᄒᆞᆷ에無過ᄒᆞᆷ이니決斷코文明國人의行ᄒᆞᆯ바ᄂᆞᆫ아니니라自國을愛ᄒᆞᆫ다ᄒᆞᆷ은他國을排ᄒᆞᆷ에不在ᄒᆞ고다만自國의獨立幸福을愛護ᄒᆞ며此를妨害ᄒᆞᄂᆞᆫ者에對ᄒᆞ야正當ᄒᆞᆫ防

平時의愛國心

禦ᄅᆞᆯ力行ᄒᆞᆷ을謂ᄒᆞᆷ이니라

愛國心은다만國家非常ᄒᆞᆫ時에在ᄒᆞ야만發顯ᄒᆞᄂᆞᆫ者ㅣ아니오無事ᄒᆞᆫ時에在ᄒᆞ야도ᄯᅩᄒᆞᆫ戰時와ᄀᆞᆺ치表著ᄒᆞᆷ이可ᄒᆞᆫ者ㅣ니一己의自利心을棄ᄒᆞ고國家ᄅᆞᆯ爲ᄒᆞ야裨益ᄒᆞᆫ事業을成ᄒᆞᆷ은곳其國을愛ᄒᆞᆷ이니라戰爭에在ᄒᆞ야其責任을當ᄒᆞᆫ者ᄂᆞᆫ專히兵士라稱ᄒᆞᆯ지나平素에國家의裨益을計圖ᄒᆞᆷ은何人이라도得行ᄒᆞᆯ바ㅣ니大抵本務ᄂᆞᆫ能力이有ᄒᆞᆫ바에存在ᄒᆞᄂᆞ니故로國利ᄅᆞᆯ計畫ᄒᆞ고世益을經紀ᄒᆞᆷ은國民의固有ᄒᆞᆫ바義務ㅣ니라

第四章　皇室에對ᄒᆞᆫ本務

皇室에對ᄒᆞᆫ本務

我國의建國及國體

神聖文武ᄒᆞ오신我太祖高皇帝ᄭᅴ오셔皇天의明命을誕膺ᄒᆞ사磐泰의丕基ᄅᆞᆯ神都에奠安ᄒᆞ오셔我大韓帝國을肇建ᄒᆞ심으로브터萬世一統의帝胄로列聖이相傳ᄒᆞ사上下五百有餘年에無疆大曆服을嗣ᄒᆞ오시니歷世에在ᄒᆞ야道의隆衰와時의治亂이無ᄒᆞᆷ은아니로대일즉邊警의不虞ᄅᆞᆯ因ᄒᆞ야版圖의欠虧ᄒᆞᆫ바ㅣ無ᄒᆞ며墻禍의不逞을因ᄒᆞ야神器의累汚ᄒᆞᆫ바ㅣ無ᄒᆞ시고先皇의典禮ᄅᆞᆯ子孫의게丕顯ᄒᆞ시며天下의福樂을臣民과共享

ᄒᆞ사寶祚二十八世에皇統이綿綿ᄒᆞ시고皇道ㅣ蕩蕩ᄒᆞ시니彼列邦歷史에廢讓이無常ᄒᆞ고革命이踵起ᄒᆞ야國典이無稽ᄒᆞ고王綱이屢絕ᄒᆞᆫ者와相較ᄒᆞ면汚隆의差別이엇지天壤에比ᄒᆯ뿐이리오千載隆運의今日을當ᄒᆞ야友邦의和好ᄂᆞᆫ衣裳의會盟을宛成ᄒᆞ고外臣의賀儀ᄂᆞᆫ玉帛의聘幣가相望ᄒᆞ야國体의崇嚴ᄒᆞ심과大權의神聖ᄒᆞ심이環球萬邦의瞻仰欽慕ᄒᆞᄂᆞᆫ바ㅣ되시니吾人帝國의臣民된者ᄂᆞᆫ歷代의深厚ᄒᆞ신聖謨와祖宗의宏遠ᄒᆞ신遺德을仰体ᄒᆞ야萬一의報荅을自期ᄒᆯ지니라

皇室의大恩

歷世의優渥ᄒᆞ신皇恩은敢히讚譔ᄒᆞ기難ᄒᆞ나其遠大ᄒᆞᆷ을言ᄒᆯ진대皇祖ᄭᅴ오셔此國을肇基ᄒᆞ심으로브터今日에至ᄒᆞ고其廣博ᄒᆞᆷ을言ᄒᆯ진대億兆로브터四海를含包ᄒᆞ야멀니異邦에至ᄒᆞ기ᄭᆞ지覃及ᄒᆞ얏도다ᄒᆞ믈며政教가浹洽ᄒᆞ고典憲이燦備ᄒᆞ야洪纖을不遺ᄒᆞ고遐邇를一視ᄒᆞ심이리오普天의下와率土의濱이福樂을共享ᄒᆞ고壽康을均得ᄒᆞᆷ은莫非帝室의惠撫慈養ᄒᆞ심이니其廣大無涯ᄒᆞ심이嵬嵬ᄒᆞ고蕩蕩ᄒᆞ야天의覆ᄒᆞ고地

君主ᄂᆞᆫ國家의中心이라

의載ᄒᆞᆷ과同ᄒᆞ신지라民의能名ᄒᆞᆯ바ㅣ아니로다

大凡君主ᄂᆞᆫ國家의中心이니億兆臣民의休戚이係ᄒᆞᆫ바ㅣ니라吾人人類된者ㅣ社會ᄅᆞᆯ成立ᄒᆞ고國家ᄅᆞᆯ組織ᄒᆞᆷ을當ᄒᆞ야반다시此ᄅᆞᆯ統治ᄒᆞᄂᆞᆫ바主權者가無치못ᄒᆞᆯ지니於是乎小ᄒᆞᆫ者ᄂᆞᆫ酋長이有ᄒᆞ고大ᄒᆞᆫ者ᄂᆞᆫ君主가有ᄒᆞ야자못一家中에家長이有ᄒᆞᆷ과ᄀᆞᆺᄒᆞ니라如斯히統治의大權이一身에集中ᄒᆞᆷ은團体結合으로브터生ᄒᆞᄂᆞᆫ自然의結果곳天地自然의大則이니蜂과蟻와ᄀᆞᆺᄒᆞᆫ者도ᄯᅩᄒᆞᆫ首領이有ᄒᆞ며다만生物界ᄲᅮᆫ아니라太陽系에

團体에君主가有ᄒᆞᆷ은天地의大法이라

在ᄒᆞ야셔도太陽이中心에在ᄒᆞ야諸星의運行을調和ᄒᆞᄂᆞᆫ地位ᄅᆞᆯ占有ᄒᆞ니라一國의君主도ᄯᅩᄒᆞᆫ此와ᄀᆞᆺ치衆庶의上에在ᄒᆞ야統治의大權을掌握ᄒᆞᄂᆞ니此ᄂᆞᆫ곳人民의幸福을增進ᄒᆞᆷ에在ᄒᆞ야必要ᄒᆞᆫ條件이되ᄂᆞᆫ바ㅣ라假令共和民政國에在ᄒᆞ야셔도반다시統領을置ᄒᆞᆷ은此理로出ᄒᆞᆫ바오ᄯᅩ社會平等이實行키難ᄒᆞᆷ은곳國家에主權의必要가有ᄒᆞᆫ所以ᄲᅮᆫ아니라君臣의別은天地自然의組織으로不得不然ᄒᆞᆷ에出ᄒᆞᆷ을因ᄒᆞᆷ이니라

皇室과臣民의

ᄒᆞ믈며我邦의國体ᄂᆞᆫ一種不易의特質이有ᄒᆞ야

關係

君臣의關係는異邦의例로써類觀ᄒᆞᆯ者ㅣ아니니此는我國民의特別히記憶ᄒᆞᆯ바ㅣ니라既述ᄒᆞᆷ과又치我邦의臣民은諸外國과又치一時勢力의結果로契約或은强迫으로써異種의民族을臣屬케ᄒᆞ야君臣의分義를成ᄒᆞᆫ者ㅣ아니오皇祖建國以來로神孫皇族이國中에蕃衍ᄒᆞ심에我臣庶는玆에倫理가相連ᄒᆞ고氣血이相混ᄒᆞ야璿派의外裔로出ᄒᆞ지아니ᄒᆞᆫ者ㅣ幾稀ᄒᆞ니此로써觀ᄒᆞᆯ진대大韓帝國은一大宗戚의黨이團結ᄒᆞ야國家를形成ᄒᆞ얏다ᄒᆞ야도過言이아니니라然ᄒᆞᆷ으로我邦

에在ᄒᆞ야는君臣의情誼가公式을除ᄒᆞᆫ外에特別히親密ᄒᆞ니맛당히忠君愛國의精神이根性으로브터流出ᄒᆞᆯ바ㅣ니라

一家와一國

一家와一國의比較는我邦에在ᄒᆞ야ᄀᆞ장適切ᄒᆞᆫ바ㅣ라我國은곳同黨이同居團圞ᄒᆞ는一家ㅣ니皇帝陛下는곳親系外黨의家長이시며億兆臣民은곳親子外孫이라故로吾人臣民된者는各各家庭에在ᄒᆞ야祖와父母를供奉ᄒᆞ는바로써一國에在ᄒᆞ야皇帝陛下를供奉ᄒᆞᆷ이可ᄒᆞ니此는父母를事ᄒᆞ는孝로써君을事ᄒᆞ면곳忠이되는所以니라

君臣의情誼

如斯히吾人臣民은全國一種上下同氣의人民이됨으로써皇室에對ᄒᆞᆫ本務에在ᄒᆞ야도他邦臣民에比ᄒᆞ야더욱敦厚懇惆ᄒᆞᆷ을要ᄒᆞᆯ지니라ᄒᆞ믈며歷代聖君씌오셔皇祖皇宗의鴻猷駿德을紹述ᄒᆞ사皇國에君臨ᄒᆞ심애吾人臣民의祖先은모다世世皇室의鴻恩을厚浴ᄒᆞ고其餘慶을다시世世子孫에傳垂ᄒᆞ야써今日에至ᄒᆞ얏스니吾人의子孫도ᄯᅩᄒᆞᆫ長遠히皇子皇孫의聖恩을霑得ᄒᆞ야장ᄎᆞ天壤과ᄒᆞᆷᄭᅴ無窮ᄒᆞᆷ에至ᄒᆞᆯ지라故로我邦君臣의情誼ᄂᆞᆫ決코一朝一夕에成ᄒᆞᆫ바ㅣ아니오멀니建

國ᄒᆞᆫ同時로브터由來ᄒᆞ야斯後萬世下에傳至ᄒᆞᆯ이可ᄒᆞᆫ者ㅣ니라

君主ᄂᆞᆫ天下의心으로써心을삼으시며萬民의休戚으로써一身의利害를삼으시ᄂᆞ니故로歷代聖主씌오셔或凶歲를當ᄒᆞ사我民의饑饉을偏憐ᄒᆞ오셔御膳을減省ᄒᆞ시며或冬夜에在ᄒᆞ사我民의寒苦를偏憐ᄒᆞ오셔御裘를解除ᄒᆞ시니宵衣旰食으로國民一般의利害를爲ᄒᆞ사宸衷의煩惱ᄒᆞ심이如許히深厚ᄒᆞ심은吾人臣民된者의아직十分報荅치못ᄒᆞᆫ바ㅣ니라ᄒᆞ믈며國에不虞의變이有

從順ᄒᆞᆷ은臣民의第一本務라

ᄒᆞ면皇室의歲費를蠲減ᄒᆞ사國防을親飭ᄒᆞ시며國에非常ᄒᆞᆫ災가有ᄒᆞ면內帑의鉅額을捐發ᄒᆞ사窮民을親賑ᄒᆞ시니君父의元元赤子를慈諒惠顧ᄒᆞ시ᄂᆞᆫ一念의優渥ᄒᆞ심은山이비록高ᄒᆞ고海가비록深ᄒᆞ나足히써比ᄒᆞ지못ᄒᆞᆯ바ㅣ라吾人臣民된者ᄂᆞᆫ念念ᄒᆞ야玆에及ᄒᆞᆷ애實로感淚縱橫ᄒᆞᆷ을自覺치못ᄒᆞᆯ바ㅣ니라

ᄯᅩ吾人臣民의生命財産으로브터名譽信敎에至ᄒᆞ기ᄭᆞ지安全ᄒᆞᆷ을得ᄒᆞᆷ은君主의統治ᄒᆞ시ᄂᆞᆫ道가得中ᄒᆞ심을因ᄒᆞᆷ이니此를人体에譬ᄒᆞᆯ진대君

主ᄂᆞᆫ心神과ᄀᆞᆺᄒᆞ시며臣民은四肢百体와ᄀᆞᆺᄒᆞᆫ지라四肢百体가安全健康ᄒᆞᆷ을得ᄒᆞᄂᆞᆫ所以ᄂᆞᆫ專主히心神의指導調護ᄒᆞᆷ이其宜를得ᄒᆞᆷ을因ᄒᆞᆷ이니四肢百体中에萬一心神의命ᄒᆞᄂᆞᆫ바를隨ᄒᆞ야行動치아니ᄒᆞᄂᆞᆫ者ㅣ有ᄒᆞᆫ時ᄂᆞᆫ心神은其目的을得遂치못ᄒᆞᆯ지며全体도ᄯᅩᄒᆞᆫ此를因ᄒᆞ야活用ᄒᆞᆷ을不得ᄒᆞᆯ지니此ᄂᆞᆫ곳臣民이君主에對ᄒᆞ야從順치아니ᄒᆞᆷ이不可ᄒᆞᆫ所以니라從順ᄒᆞᆷ은實로臣民된者의第一本務오ᄯᅩ最大ᄒᆞᆫ美德이니此ᄂᆞᆫ君臣의自然ᄒᆞᆫ情誼오ᄯᅩ社會의秩序를維持ᄒᆞ며國家의

福利ᄅᆞᆯ增進ᄒᆞᄂᆞᆫ바ㅣ니라

義勇奉公

臣民은다만從順ᄒᆞᆷ에止ᄒᆞᆯᄲᅮᆫ아니라萬一事가皇室에關ᄒᆞᆫ者ㅣ有ᄒᆞᆫ時ᄂᆞᆫ國法의容許ᄒᆞᄂᆞᆫ限에在ᄒᆞ야義勇의志와忠良의誠으로各各皇室의干城이되여碎骨粉身ᄒᆞᆷ으로自處ᄒᆞᆯ지니帝國의臣民이되여皇室을爲ᄒᆞ야一命을犧牲으로供ᄒᆞᆷ은實로千載一遇의名譽라謂ᄒᆞᆯ지니라

國家와皇室의關係

我邦에在ᄒᆞ야ᄂᆞᆫ皇室은國權의存在ᄒᆞᆫ바오統治의本源이시니一切의法律命令은皇帝ᄭᅴ셔制定ᄒᆞ시ᄂᆞᆫ바ㅣ니라歐洲諸國中에或은統治의本体ᄂᆞᆫ國家에存在ᄒᆞ고君主ᄂᆞᆫ다만行用의權을保有ᄒᆞᆷ으로써國法을定ᄒᆞᆫ者ㅣ有ᄒᆞ니此ᄂᆞᆫ我國体와一切相反되ᄂᆞᆫ바ㅣ니라我邦에在ᄒᆞ야ᄂᆞᆫ國家ᄂᆞᆫ皇位와須臾도相離치못ᄒᆞ야皇位ᄂᆞᆫ곳國家의生命이시니皇室의隆替ᄂᆞᆫ곳國家의盛衰니라皇室이無ᄒᆞ면帝國이無ᄒᆞᆯ지라故로忠君과愛國은其名은相異ᄒᆞ나其實은곳同一ᄒᆞᆫ바ㅣ니라大凡眞正ᄒᆞᆫ愛國心이라도此ᄅᆞᆯ集中ᄒᆞᄂᆞᆫ바極点이無ᄒᆞ면散漫無紀ᄒᆞ야効果가少ᄒᆞᆯ지니譬컨대一物을擧ᄒᆞᄂᆞᆫ者ㅣ其重力의中心에對ᄒᆞ야其力을用치

아니ᄒᆞ면能히十分의効果를見치못ᄒᆞᆷ과又ᄒᆞ니라皇室이國家에在ᄒᆞᆷ은곳大車의機軸과光線의燒点과同一ᄒᆞ야一國活動의中心이되ᄂᆞ니故로眞誠으로國家를愛ᄒᆞᄂᆞᆫ者ᄂᆞᆫ반다시皇室에對ᄒᆞ야盡忠ᄒᆞᆷ이可ᄒᆞ니라

皇室을扶翼ᄒᆞᄂᆞᆫ道ᄂᆞᆫ他에在ᄒᆞᆷ이아니라國法을遵奉ᄒᆞ야公益을務圖ᄒᆞ며一朝有事ᄒᆞᆫ時ᄂᆞᆫ義勇으로奉公ᄒᆞᆷ에在ᄒᆞ니라我帝國의今日盛運은歷世聖君의偉業으로써遂成ᄒᆞᆷ인故로此를保守翊衛ᄒᆞ야天壤과ᄒᆞᆷ긔無窮ᄒᆞᆷ은吾人臣民의當然ᄒᆞᆫ

本務ㅣ니라此目的을遂成ᄒᆞᄂᆞᆫ道ᄂᆞᆫ다만一身을修ᄒᆞ고一家를齊ᄒᆞ야其身体를健康히ᄒᆞ고其產業을安全히ᄒᆞ야平素에忠勇ᄒᆞᆫ精神을涵養ᄒᆞᆷ에在ᄒᆞ니라臣民으로ᄒᆞ여곰文弱ᄒᆞᆷ에流ᄒᆞ야尙武의氣像이乏ᄒᆞ고忠憤의精神이無ᄒᆞ면맛ᄎᆞᆷ내國家ᄂᆞᆫ萎靡ᄒᆞᆷ에自底ᄒᆞ고皇室은衰替ᄒᆞᆷ에自歸ᄒᆞ리니然ᄒᆞᆫ즉吾人臣民은君國에對ᄒᆞ야不忠不義의罪를得免치못ᄒᆞᆯ지니라

第五章 國際의本務

國際의本務

前章에在ᄒᆞ야ᄂᆞᆫ國家와밋皇室에對ᄒᆞᆫ臣民의本

務ᄅᆞᆯ述ᄒᆞᆫ바ㅣ나世界에國을建設ᄒᆞᆫ者ㅣ一에止치아니ᄒᆞᄂᆞ니万國交通의今日을當ᄒᆞ야ᄂᆞᆫ國家가恒常諸外國과交好치아니치못ᄒᆞᆷ으로써互相間에當行ᄒᆞᆯ本務가不無ᄒᆞᄂᆞ니此ᄂᆞᆫ本來國政에當局ᄒᆞᆫ者가直接으로關係ᄒᆞᆯ바ㅣ나一般臣民도ᄯᅩᄒᆞᆫ其大体ᄅᆞᆯ通曉ᄒᆞᆷ을要ᄒᆞᆯ지니라

一個人과國家의類似ᄒᆞᆫ点

大抵道德上으로觀ᄒᆞᆯ時ᄂᆞᆫ一國은자못一人과ᄀᆞᆺᄒᆞ니다만此ᄂᆞᆫ一個人이오彼ᄂᆞᆫ一個人의集合体된差別이有ᄒᆞᆯ뿐이니라國家의心性은主權이니此이곳一個人과ᄀᆞᆺᄒᆞᆫ바오國家의意志ᄂᆞᆫ法律이

니此이곳一個人과ᄀᆞᆺᄒᆞᆫ바오國家의目的은幸福이며國家의生命은獨立自由니此이곳一個人과ᄀᆞᆺᄒᆞᆫ바ㅣ니라其他財産名譽ᄅᆞᆯ具有ᄒᆞᆷ이些少도一個人과無異ᄒᆞᆫ지라故로一個人이其生命財産名譽ᄅᆞᆯ保全ᄒᆞᄂᆞᆫ權利가有ᄒᆞᆷ과ᄀᆞᆺ치國家도ᄯᅩᄒᆞᆫ其獨立財産名譽ᄅᆞᆯ侵害치못ᄒᆞᆯ權利가有ᄒᆞ니라

國家互相間의本務

大凡獨立平等의地位ᄅᆞᆯ各保ᄒᆞ야其權利ᄅᆞᆯ서로尊重ᄒᆞᆷ은國家互相間의本務ㅣ니國家가萬一他의攻擊을遇ᄒᆞᆯ時ᄂᆞᆫ其獨立과利益을完全히ᄒᆞᆷ을爲ᄒᆞ야正當防禦의權을保有ᄒᆞᆷ이자못一個人과

一個人과國家의差別

無異ᄒᆞ니라然이나此權利ᄅᆞᆯ使用ᄒᆞᄂᆞᆫ바方法은一個人과國家間에著大ᄒᆞᆫ差別이有ᄒᆞ니一個人이暴力으로써他의暴力을防禦ᄒᆞᆷ을得ᄒᆞᆷ은다만法律의保護ᄅᆞᆯ必須ᄒᆞᆷ에無暇ᄒᆞᆫ非常ᄒᆞᆫ時에限ᄒᆞ고平時에在ᄒᆞ야ᄂᆞᆫ다만國家의手段을藉ᄒᆞ야此權을行得ᄒᆞᆯᄲᅮᆫ이니故로一個人을保護ᄒᆞ야不正ᄒᆞᆫ行爲ᄅᆞᆯ責罰ᄒᆞᄂᆞᆫ者ᄂᆞᆫ國家ㅣ니라然이나國家에在ᄒᆞ야ᄂᆞᆫ不然ᄒᆞ니一個의權力이各國을牽制ᄒᆞ야各國으로ᄒᆞ여곰其制裁判決에服從케ᄒᆞᄂᆞᆫ者ᄂᆞᆫ決無ᄒᆞ니라萬一如斯ᄒᆞᆫ權力이有ᄒᆞ다ᄒᆞᆯ진

대各國은임의獨立의主權을失ᄒᆞᆫ者ㅣ라謂ᄒᆞᆷ이可ᄒᆞᆯ지라故로國家의獨立을危害ᄒᆞ고名譽ᄅᆞᆯ毁損ᄒᆞ며財產을侵奪ᄒᆞᄂᆞᆫ者ㅣ有ᄒᆞᆫ時ᄂᆞᆫ此ᄅᆞᆯ防禦ᄒᆞ며責罰ᄒᆞᄂᆞᆫ者ᄂᆞᆫ國家自身이니所謂國際公法이란者가有ᄒᆞ나此ᄂᆞᆫ他法律과ᄀᆞᆺ치行使ᄒᆞᄂᆞᆫ바一定ᄒᆞᆫ主權이無ᄒᆞᆷ으로써其本領은全然히各國德義心에存在ᄒᆞᆫ者ㅣ라謂ᄒᆞᆷ이可ᄒᆞ니라

如斯히國家ᄂᆞᆫ自己의權利ᄅᆞᆯ侵害ᄒᆞᄂᆞᆫ바暴力에對ᄒᆞᆷ에ᄯᅩᄒᆞᆫ暴力으로써ᄒᆞ야自己의利益을保護치아니치못ᄒᆞᆯ지니戰爭이곳是니라

戰爭은國家의正當防禦라

戰爭의性質됨은本來正當防禦로出ᄒᆞᆫ者ㅣ나戰爭을起ᄒᆞᄂᆞᆫ權利ᄂᆞᆫ國家自由에存在ᄒᆞ고他에此를牽制ᄒᆞᄂᆞᆫ바權力이無ᄒᆞᆷ으로ᄡᅥ其理由ᄂᆞᆫ반다시正當ᄒᆞ다謂치못ᄒᆞᆯ지니此ᄂᆞᆫ古今歷史上에明確ᄒᆞᆫ事實이오ᄯᅩ國際公法은不正ᄒᆞᆫ戰爭을責罰ᄒᆞᄂᆞᆫ權力이無ᄒᆞ고다만國家道義心에一任ᄒᆞᆷ에不外ᄒᆞᆫ者ㅣ니라自國의强大ᄒᆞᆷ을恃ᄒᆞ야弱小ᄒᆞᆫ者를抑壓ᄒᆞ며自國의利益을爲ᄒᆞ야他邦의膨脹ᄒᆞᆷ을妨害ᄒᆞᆷ은其擧措의不正ᄒᆞᆷ이更言ᄒᆞᆯ바ㅣ아니나世界今日의實際狀況은아직腕力을全依ᄒᆞ

ᄂᆞ니純然ᄒᆞᆫ道德의制裁를依ᄒᆞ야國際의關係를調和ᄒᆞᄂᆞᆫ時代에至ᄒᆞ기ᄭᆞ지ᄂᆞᆫ前途가오히려悠遠ᄒᆞ다謂ᄒᆞᆯ지니라

然이나恒常國際公法을標準ᄒᆞ야正理와公道를遵守ᄒᆞ야正當ᄒᆞᆫ理由가아니면敢히干戈를動치아니ᄒᆞᄂᆞᆫ國家ᄂᆞᆫ眞個國家된本務를保守ᄒᆞᄂᆞᆫ者ㅣ니此ᄂᆞᆫ吾人의賛賞ᄒᆞᄂᆞᆫ바ㅣ라距今一百二十年前에北米合衆國이英吉利國과兵을交ᄒᆞᆷ은其暴戾ᄒᆞᆫ政策을除排ᄒᆞ고自國의獨立을維持ᄒᆞᆷ에職由ᄒᆞᆷ이니其正大ᄒᆞᆫ理由와義勇의精神은世界

萬邦의感嘆ᄒᆞᄂᆞᆫ바ㅣ라實로千古의義戰이라謂ᄒᆞᆯ지니라

戰爭의目的은勝利에在ᄒᆞᆷ

임의開戰ᄒᆞᄂᆞᆫ不得已ᄒᆞᆫ境遇에至ᄒᆞᆯ時ᄂᆞᆫ國家ᄂᆞᆫ十分完全ᄒᆞᆫ手段을豫備ᄒᆞ야勝利의目的을得達ᄒᆞᆷ이可ᄒᆞᆷ은玆에贅言ᄒᆞᆯ바ㅣ아니니라然이나其手段은다만勝利의目的을達ᄒᆞᆷ에止ᄒᆞᆯᄲᅮᆫ이오萬一勝利에必要ᄒᆞᆷ이되지아니ᄒᆞᄂᆞᆫ者ᄂᆞᆫ假令敵國의一物이라도此ᄅᆞᆯ侵害ᄒᆞᄂᆞᆫ權利가無ᄒᆞ니라

戰爭中의本務

敵의兵士와軍屬을殺傷ᄒᆞᆷ은敵兵의戰鬪力을弱ᄒᆞ게ᄒᆞᄂᆞᆫ理由에出ᄒᆞᆷ인故로반다시正當ᄒᆞᆫ權利

라謂ᄒᆞᆯ지나武器ᄅᆞᆯ携帶치아니ᄒᆞᆫ者假令婦女子又ᄒᆞᆫ者에對ᄒᆞ야ᄂᆞᆫ決斷코危害ᄅᆞᆯ加ᄒᆞᆷ이不可ᄒᆞᆯ지며囚虜ᄂᆞᆫ禁錮ᄒᆞ야繼戰치못ᄒᆞ게ᄒᆞᆷ이足ᄒᆞ고決斷코此ᄅᆞᆯ殺戮ᄒᆞᆷ이不可ᄒᆞᆯ지며敵의城郭堡壘ᄂᆞᆫ此ᄅᆞᆯ破壞ᄒᆞᄂᆞᆫ權利가有ᄒᆞ나戰爭에不係ᄒᆞᆫ建築物等은毁損ᄒᆞᆷ이不可ᄒᆞ고다만償金의擔保로敵國의所有物을占有ᄒᆞᆯᄲᅮᆫ이며또海上에在ᄒᆞ야ᄂᆞᆫ敵國의船艦을捕獲ᄒᆞᆷ이可ᄒᆞ니라玆에更言ᄒᆞᆯ진대敵國의財産을占有捕獲ᄒᆞᄂᆞᆫ權利ᄂᆞᆫ總히國家主權에存在ᄒᆞᆫ바ㅣ니兵士軍夫가되야此等의行

古今戰爭의差別

爲가有ᄒᆞᆷ은偸盜와無異ᄒᆞ니라
往古의人文이未開ᄒᆞᆫ時에在ᄒᆞ야ᄂᆞᆫ戰勝ᄒᆞᆫ者ᄂᆞᆫ敵國의子女ᄅᆞᆯ刼掠ᄒᆞ고財産을橫奪ᄒᆞ며家屋은燒壞ᄒᆞ고原野ᄂᆞᆫ荒蕪케ᄒᆞ야其暴虐ᄒᆞᆫ行爲가無所不至ᄒᆞᄂᆞ니此ᄂᆞᆫ戰勝의威ᄅᆞᆯ乘ᄒᆞ야私慾을充ᄒᆞᆷ이니크게國家道義에背違ᄒᆞᄂᆞᆫ者ㅣ니라近世에在ᄒᆞ야ᄂᆞᆫ各國이서로平和의手段으로써國際의葛藤을裁決ᄒᆞᆷ을要ᄒᆞ고不得已ᄒᆞᆫ境遇가아니면妄悖히干戈ᄅᆞᆯ不動ᄒᆞ며또一朝에開戰ᄒᆞᆷ을宣告ᄒᆞᆯ지라도互相間에國際의德義ᄅᆞᆯ敦守ᄒᆞ야或

도殘忍暴虐의行爲ᄅᆞᆯ不行ᄒᆞᄂᆞᆫ傾向에至ᄒᆞᆷ은곳人道公義의進步ᄅᆞᆯ表彰ᄒᆞᆷ이니라
國과國의關係ᄂᆞᆫ各國上에立ᄒᆞ야此ᄅᆞᆯ牽制ᄒᆞᄂᆞᆫ主權이無ᄒᆞᆷ으로써다만各國主權者의判斷을依ᄒᆞᄂᆞᆫ外에他道理가無ᄒᆞ니此ᄅᆞᆯ牽制ᄒᆞᄂᆞᆫ主權이無ᄒᆞᆷ을乘ᄒᆞ야暴力으로써正義ᄅᆞᆯ蹂躪ᄒᆞᄂᆞᆫ者ᄂᆞᆫ其國이비록强大ᄒᆞᆯ지라도決斷코國家의永遠ᄒᆞᆫ名譽ᄅᆞᆯ成ᄒᆞᄂᆞᆫ바ㅣ아니니라大抵各國互相間에道ᄅᆞᆯ守ᄒᆞ고德을行ᄒᆞᆷ이一個人과ᄀᆞᆺᄒᆞᆷ에至ᄒᆞ기以前에ᄂᆞᆫ世界의道義ᄂᆞᆫ아직圓滿ᄒᆞ다稱ᄒᆞ지못

結論

ᄒᆞᆯ지니라

國家를成ᄒᆞᄂᆞᆫ者ᄂᆞᆫ個人이니個人의道德이完全無缺ᄒᆞ고國家가호올노엇지非道悖德됨이有ᄒᆞ리오今日國際의道德이아직完全치못홈은畢竟個人의道德에在ᄒᆞ야欠缺ᄒᆞᆫ바ㅣ有ᄒᆞᆫ所以니라

第六章 結論

大凡道德의原理ᄂᆞᆫ古今을通ᄒᆞ야有一無二ᄒᆞᆫ바ㅣ나此를一國一社會에適當히施用ᄒᆞᄂᆞᆫ情狀에至ᄒᆞ야ᄂᆞᆫ其風俗慣習歷史國体等의相異홈을隨ᄒᆞ야各各變更치아니홈을不得ᄒᆞᆯ지니此ᄂᆞᆫ吾人

의마장研究ᄒᆞᆯ바ㅣ니라

道德의原理

道德의原理라홈은何를謂홈이뇨一言으로써蔽ᄒᆞᆯ진대善行을奬ᄒᆞ고惡事를戒홈에在ᄒᆞ니라何를善行이라云ᄒᆞ며何를惡事라云ᄒᆞᄂᆞ뇨此ᄂᆞᆫ곳倫理學의根本的問題니人生의目的을確究홈이아니면解釋키不能ᄒᆞᆫ바ㅣ니라

人生의目的

人生의目的이라홈은何를謂홈이뇨圓滿ᄒᆞᆫ幸福이곳是니라幸福이란者ᄂᆞᆫ다만口体耳目의慾望을充홈을謂홈이아니오또ᄒᆞᆫ良知良能의至高ᄒᆞᆫ滿足을謂홈이니人生의榮華가비록極盡ᄒᆞᆯ지라

도良心의苛責을受홈이有ᄒᆞ면其人은決斷코幸福이아니니라故로圓滿ᄒᆞᆫ幸福은快樂과德義의融和一致홈을要ᄒᆞᄂᆞ니라

幸福을求ᄒᆞᄂᆞᆫ道

圓滿ᄒᆞᆫ幸福을求ᄒᆞᄂᆞᆫ道ᄂᆞᆫ何에在ᄒᆞ뇨人類의天性을完全히發展홈에在ᄒᆞ니라人性의發展을害ᄒᆞᄂᆞᆫ者ᄂᆞᆫ惡事오利ᄒᆞ게ᄒᆞᄂᆞᆫ者ᄂᆞᆫ善行이니此이곳道德의原理니라

道德의原理와此를實行ᄒᆞᄂᆞᆫ方法의比較

然이나其國이相異ᄒᆞ고其人이相殊ᄒᆞ면此의原理를實行ᄒᆞᄂᆞᆫ方法도ᄯᅩᄒᆞᆫ相異ᄒᆞᄂᆞ니所以로世界萬邦이各各特殊ᄒᆞᆫ情狀이有ᄒᆞ니라故로彼로

써此를推論홈은到底不能ᄒᆞᆫ바오其要ᄂᆞᆫ다만人生의目的을均共히得達홈에在ᄒᆞ니라然홈으로我邦에ᄂᆞᆫᄉᆞᄉᆞ로我邦固有의道德이有ᄒᆞ니此ᄂᆞᆫ人種歷史國体等의使然ᄒᆞᆫ바ㅣ됨으로吾人人民의幸福과終始隨伴ᄒᆞ야決斷코相離치못ᄒᆞᄂᆞᆫ바ㅣ니라

我邦道德의根蒂와標準

忠信孝悌ᄂᆞᆫ我邦彝倫의根蒂오共同愛國은國民德義의標準이니或此에違反되ᄂᆞᆫ倫理ᄂᆞᆫ我國民의不要ᄒᆞᄂᆞᆫ바ㅣ니라故로人情이不同ᄒᆞ고國政이相殊ᄒᆞᆫ諸外國의偏頗或固定ᄒᆞᆫ國教道德等은

其外形의美觀을見ᄒᆞ고一時艶羨ᄒᆞ야此로곳我邦에移植코져ᄒᆞᆷ은實로我邦固有의道德이有ᄒᆞᆷ을不知ᄒᆞᄂᆞᆫ者ㅣ니此ᄂᆞᆫ社會主義의利一邊을見ᄒᆞ고國家主義의害一邊을未見ᄒᆞᄂᆞᆫ者ㅣ니라彼에利가有ᄒᆞᆫ者ㅣ반다시我에益이有ᄒᆞᆫ바ㅣ아니오其要ᄂᆞᆫ一國의特質에適應ᄒᆞᄂᆞᆫ與否에在ᄒᆞ니此ᄂᆞᆫ國家主義의道德의必要ᄒᆞᆫ所以니라

國家的道德과世界的道德

人이或國家主義의道德으로써狹隘不通ᄒᆞᆷ이라ᄒᆞ야世界平等의原理로써곳實際에施行코져ᄒᆞᄂᆞᆫ者ㅣ有ᄒᆞ니深思熟慮치아니ᄒᆞᆷ에職由ᄒᆞᆷ이로

다今日에幾多의國家가世界에樹立ᄒᆞᆷ은實로各國民族의特性에基因ᄒᆞᆫ者ㅣ니其根據가深ᄒᆞ고大ᄒᆞ야各其特質을保有ᄒᆞ고또ᄒᆞᆫ各其利害를相異케ᄒᆞᆫ지라其利害를相異케ᄒᆞᆫ國民의게平等一致의道德으로써ᄒᆞᆯ진대決斷코施行됨을未見ᄒᆞᆯ지니라此를施行코져ᄒᆞᆷ은곳一國의特質을湮滅ᄒᆞᆷ이오國民의特質을湮滅ᄒᆞᆷ은곳國民이無ᄒᆞᆷ이니國民이無ᄒᆞ고國家가엇지호올노存在ᄒᆞᆷ을得ᄒᆞ리오

世界와國家

大凡吾人은世界의一員된者ㅣ나同時에國家의

國家와國民

一民이오吾人은世界에住在ᄒᆞᆫ者ㅣ나直接으로其保護를仰賴ᄒᆞᄂᆞᆫ바ᄂᆞᆫ國家ㅣ니라吾人은玆에生ᄒᆞ야玆에家ᄒᆞ고玆에生命財産名譽의安全홈을享受ᄒᆞᄂᆞ니吾人의幸福은世界의賚與ᄒᆞᆫ바ㅣ아니오곳國家의恩이니라然홈으로吾人은民됨에在ᄒᆞ야何國에던지可ᄒᆞᆫ바ㅣ아니오반다시一定ᄒᆞᆫ國家에臣屬치아니치못ᄒᆞᆯ바ㅣ니此ᄂᆞᆫ偶然히然ᄒᆞᆫ바ㅣ아니오實로吾人의特性과相離치못ᄒᆞᆯ關係가有ᄒᆞᆫ所以니라

故로國家ᄂᆞᆫ圓滿ᄒᆞᆫ幸福을享受홈에在ᄒᆞ야人生

의須臾도相離치못ᄒᆞᆯ바ㅣ니라吾人은國家를依ᄒᆞ야世界에生活ᄒᆞᄂᆞᆫ者ㅣ오世界를依ᄒᆞ야國家에生活ᄒᆞᄂᆞᆫ者ㅣ아니니吾人의幸福은總히國家幸福에隨伴되ᄂᆞᆫ바ㅣ라故로人生의目的을得遂코져ᄒᆞᆯ진대國家의獨立盛大홈을計畫치아니치못ᄒᆞᆯ지니此ᄂᆞᆫ國家가맛당히實際道德의標準됨이可ᄒᆞᆫ所以니라

國民의心을結合홈은國家의盛大홈

國家의盛大홈을得致ᄒᆞᄂᆞᆫ所以ᄂᆞᆫ其道가唯一이有ᄒᆞᆯᄲᅮᆫ이니國民의私利私慾으로ᄒᆞ여곰國家公共利益에服從케홈에在ᄒᆞ며또國民으로ᄒᆞ여곰

을得致ᄒᆞᄂᆞᆫ所以라

國家의福利로브터由來ᄒᆞᄂᆞᆫ者를除却ᄒᆞᆫ外에個人의福利가無ᄒᆞᆷ을覺悟케ᄒᆞᆷ에在ᄒᆞ니詳言ᄒᆞᆯ진대民心을結合ᄒᆞ야國家를爲ᄒᆞ야盡力케ᄒᆞᆷ에在ᄒᆞ니라大抵一國의强弱은專主히民心結合의如何ᄒᆞᆷ에在ᄒᆞ니萬一民心이乖離ᄒᆞᆯ진대金城鐵艦이라도足히依恃ᄒᆞᆯ바ㅣ아니오民心이結合ᄒᆞᆯ진대비록百萬勁敵이라도足히畏慮ᄒᆞᆯ바ㅣ아니라

民心을結合ᄒᆞᄂᆞᆫ道

民心을結合ᄒᆞᄂᆞᆫ道ᄂᆞᆫ何에在ᄒᆞ뇨民族의特性에基本ᄒᆞ고國体의要義를應ᄒᆞ야國民的道德을確

立ᄒᆞᆷ에在ᄒᆞ니라忠信孝悌와共同愛國은我邦道德의標準됨이可ᄒᆞᆫ者ㅣ니前者ᄂᆞᆫ各人의德行을修ᄒᆞ야國家의基礎를鞏固케ᄒᆞᄂᆞᆫ바오後者ᄂᆞᆫ國民의義勇心을培養ᄒᆞ야不虞의緩急을備禦ᄒᆞᄂᆞᆫ所以니라

임의國家로써道德의標準을삼을진대私德은맛당히公德에服從ᄒᆞᆯ지며個人的道德은맛당히國家的道德에讓步ᄒᆞᆯ지니個人과國家가同等의地位를持保ᄒᆞ야相對ᄒᆞᆯ진대國家의統一과民心의結合은到底히期望치못ᄒᆞᆯ지니라

然이나國家의道德은決斷코個人的道德에背戾ᄒᆞᄂᆞᆫ者ㅣ아니니라個人이家族을成ᄒᆞ고家族이社會ᄅᆞᆯ成ᄒᆞ며社會가國家ᄅᆞᆯ成ᄒᆞᆷ이總히人生의目的을達ᄒᆞᄂᆞᆫ必要로出ᄒᆞᆷ이니엇지其間에利害의衝突이生ᄒᆞᆯ理가有ᄒᆞ리오國家에利가有ᄒᆞᆫ者ᄂᆞᆫ個人이ᄯᅩᄒᆞᆫ其益을享ᄒᆞ고個人에害가有ᄒᆞᆫ者ᄂᆞᆫ國家가ᄯᅩᄒᆞᆫ其弊ᄅᆞᆯ受ᄒᆞᄂᆞ니個人은國家의損害ᄅᆞᆯ因ᄒᆞ야一時의私利ᄅᆞᆯ享得ᄒᆞᆯ지라도其害가반ᄃᆞ시踵을旋치아니ᄒᆞ야卽至ᄒᆞᄂᆞ니라個人의福利ᄂᆞᆫ國家와ᄒᆞᆷᄭᅴᄒᆞᆷ이아니면決斷코永續ᄒᆞᆷ이

可ᄒᆞᆫ者ㅣ아니니故로國家의利害ᄂᆞᆫ곳個人의利害니라

國家的道德은一國敎育의基礎됨이可ᄒᆞᆷ

國家的道德은반ᄃᆞ시一國敎育의基礎됨이可ᄒᆞ니國家的敎育이곳是니라通商以來로我邦人士가歐米及日本의文物을採取ᄒᆞᆷ에當ᄒᆞ야長短을不問ᄒᆞ고彼國의事物로ᄡᅥ모다善타ᄒᆞ고東洋及我邦의事物은모다陳腐로歸ᄒᆞ야맛ᄎᆞᆷ내我帝國固有의德敎ᄭᆞ지併히此ᄅᆞᆯ放棄코져ᄒᆞᆷ에至ᄒᆞ니故로世人이各其見聞ᄒᆞᄂᆞᆫ바에迷惑ᄒᆞ야左牴右牾에漠然히其趨向ᄒᆞᆯ바ᄅᆞᆯ知치못ᄒᆞᄂᆞᆫ지라我至

仁至慈ᄒᆞ신大皇帝陛下씌오셔此ᄅᆞᆯ軫念ᄒᆞ사教育에關ᄒᆞᆫ勅語ᄅᆞᆯ屢下ᄒᆞ사懇惻히忠信孝悌共同愛國의大道ᄅᆞᆯ指示ᄒᆞ사國民으로ᄒᆞ야곰矜式ᄒᆞᄂᆞᆫ바ᄅᆞᆯ知得케ᄒᆞ시니我邦臣民된者ᄂᆞᆫ聖旨ᄅᆞᆯ欽奉ᄒᆞ야써國家的教育의美果ᄅᆞᆯ擧ᄒᆞᆷ을自期ᄒᆞᆯ지니라今에我邦은임의物質上의文明을輸入ᄒᆞ야一個의外形을改新ᄒᆞᆫ지라此에接續ᄒᆞᆷ에道德上의改良으로써ᄒᆞ야擧國臣民이眞正ᄒᆞᆫ國家的教育의薰陶ᄅᆞᆯ受ᄒᆞ야生長ᄒᆞᆯ진대國威의振興은日을指ᄒᆞ야可待ᄒᆞᆯ지니라

倫理學教科書卷四 終